在评审宁夏沙坡头景区规划时，我提出：从比较优势中找出独特卖点，是产品建设和市场营销的精髓。大漠、长城、丝路、黄河，是世界级、国家级的资源，也是许多地方旅游产品建设的重点。但据我考察，以上四个卖点聚于一处，只有宁夏沙坡头。国学大师王国维赞王维诗句“大漠孤烟直，黄河落日圆”为“千古壮观”。如果在沙坡头建一处王维诗碑，将是欣赏“千古壮观”的绝佳处。根据我的创意，沙坡头景区选址建了王维诗碑。游客站在此处，四大世界级奇观一览无余，在全球都是独一无二的。这就有了独特卖点，也是“给游客一个不得不去的理由”。（详见丛书之六《芒鞋竹杖写春秋》）

联合国世界旅游组织秘书长弗朗加利先生为我的丛书写序并友好会见。

与世界休闲组织主席德雷克·卡塞会见。他赞扬说：“《无锡旅情》很有名，创意好，效果也好。”

被美国前总统约翰逊称为“金手指”、被世界财富500强奉为“高层管理者精神导师”的弗朗西斯·麦奎尔，来华演讲时互相赠书，合影留念。

北京大学设立“旅游精英实践讲坛”。2006年4月12日，北大邀作者在英杰中心讲授营销策划课。此图为讲座前一周，北京大学设计的在校网发布和在校园内张贴的讲座招贴画。

2010 年 4 月 26 日，在上海世博会举行的“国际旅游品牌发展论坛”上发表演讲。

接受七集文化纪录片《旅游中华》摄制组访谈中国旅游标志和《无锡旅情》歌曲的策划过程。

2003 年 7 月 4 日，央视一套《夕阳红》栏目访谈，介绍广西德天瀑布。

被品牌中国年度人物组委会评为2008年度十大品牌专家。

2015年12月28日，被中国品牌策划大会评为“推动中国好品牌创新发展领军人物”。

邵春旅游丛书之三：供给改革篇

产品建设笈与穹

邵春 著

中国旅游出版社

责任编辑： 刘志龙
责任印制： 闫立中
书名题字： 陈松南
封面设计： 中文天地

图书在版编目（CIP）数据

产品建设笈与窍 / 邵春著. -- 北京 : 中国旅游出版社, 2019.8

（邵春旅游丛书）

ISBN 978-7-5032-6248-7

Ⅰ. ①产… Ⅱ. ①邵… Ⅲ. ①旅游产品－产品管理－研究 Ⅳ. ①F590.63

中国版本图书馆 CIP 数据核字（2019）第 077254 号

书　　名： 产品建设笈与窍

作　　者： 邵春　著
出版发行： 中国旅游出版社
（北京建国门内大街甲 9 号　邮编：100005）
http://www.cttp.net.cn　E-mail:cttp@mct.gov.cn
营销中心电话：010-85166536
排　　版： 北京旅教文化传播有限公司
经　　销： 全国各地新华书店
印　　刷： 北京盛华达印刷有限公司
版　　次： 2019 年 8 月第 1 版　2019 年 8 月第 1 次印刷
开　　本： 720 毫米 × 970 毫米　1/16
印　　张： 28.5
字　　数： 394 千
定　　价： 68.00 元
I S B N　978-7-5032-6248-7

出版前言

十几年以前，我出版了《天南海北话旅游》《品牌策划36计》后，又写了《营销新论》《策划论纲》《城市营销》《海天片羽》，这后四本书稿一直压在案头，没有出版。十几年过去了，有些内容也已陈旧。退休12年，70多岁了，出书的兴头日益变淡了。

最近几年，朋友相聚，觉得我写了近3000篇文章，不择要集纳成书，扔掉太可惜了。北京大学吴必虎教授也曾说，现在大学里缺乏案例教学，你应该把案例整理出来，提供给学生们，对培养旅游专业学生的实操能力有利。世界旅游组织原秘书长弗朗加利先生、美国科特勒营销集团总裁米尔顿·科特勒先生在为我的丛书写的序言里，也特别强调了这一点。前年，接受凤凰网旅游频道主编孙小荣采访，他在题引中加了一段话："他是中国旅游产业30多年来快速崛起的推动者和见证者，是中国旅游品牌营销最具实践精神和话语权的专家之一。"这些鼓励时时提醒我：退休了，但还有没做完的事情。

案例和实操，是学生和旅游工作者最需要参考的。美国学校是案例教学，培养出来的学生往往动手能力强。我们的学校学生们系统地学习理论，但到工作岗位上后，实操能力不够。想要帮助他们提高实操能力，就要结合中国实际，用案例解剖说话。我参加旅游工作26年，退休后又在这个行业奋斗了10多年，近40年时间，参与了1000项以上规划评审、策划，为各地讲课600多场，做案例100多个。把思路和案例花点时间精选梳理出来，进行适度解剖，可能对旅游工作者和学生会有一些帮助。

在朋友们的鼓励和撺掇下，把没有出版的几部书稿拆解打乱，精简理论部分，剔除过时内容，突出案例解剖，结合工作所需，分篇重新编辑为：《艰难起步篇：春潮带雨晚来急》《品牌建设篇：品牌策划36计》《供给改革篇：产品建设笈与窍》《市场推广篇：案例剖白说营销》《六洲旅痕篇：海天片羽化霓虹》《记者笔耕篇：芒鞋竹杖写春秋》《学者本色篇：见学授业走八方》《温泉创新篇：教你泡出健康来》等，得以成此丛书。70多岁了，该淡出“江湖”，过休闲生活了。把这套丛书献给我曾为之奋斗的中国旅游业，作为“告别演出”的礼物，也算了结自己一桩心愿。

这本书，是我的第三本丛书:《供给改革篇：产品建设笈与窍》。笈：书箱，内有知识和答案，秘籍之谓也；窍：孔洞，窍门，指解决问题的好办法，诀窍之谓也。既然是书箱，就要给人以知识，要从理论的高度，梳理旅游及旅游产品的概念体系，明了中外专家如何认识和解读旅游业、实践中有什么经验、形成了哪些基本思路、如何结合实际进行创新。

随着需求的多样性、资源的差异性，必须向社会提供各类适销对路的特色产品。本书分四个部分，即概念评述篇、顶层设计篇、产品建设篇、特色项目篇，共26章，从作者发表过的近3000篇文章中选取一小部分，分类集纳，举案说理，抛砖引玉，使读者触类旁通，创造性地得出自己的结论。

邵　春

2019年5月19日

篇首语

联合国世界旅游组织原秘书长弗朗加利先生亲自在邀请书上签字，邀请作者参加世界旅游组织第十五届全体大会。

Preface

China is an important destination for global tourism. Its tourism industry has enjoyed tremendous achievements in the last two decades. In the 21st century, China's tourism industry promises immense opportunities.

The further development of China's tourism industry will require thoughtful analysis and effective management. With over 20 years of tourism marketing experience and several books to his credit, including 36 Strategies for Brand Planning, A Marketing Proposition, The New Marketing Theory, and Case Studies Abroad, Mr. Shao Chun has combined his experiences with principles, analysis, and case studies. He has discussed the importance of recognition, methodology, opportunity, creativity, and practice in tourism marketing. These studies and discussions are important for developing such tourism industry as China's.

I warmly congratulate Mr. Shao Chun's for the publication of these books. I also hope the Chinese tourism industry will keep prospering and contributing to the world tourism industry development.

Francesco Frangialli

Secretary-General

World Tourism Organization

篇首语译文

中国——作为全球重要的旅游目的地和客源发生地，近20多年来，旅游业取得了令世人瞩目的业绩；就发展前景而言，必将有更加光辉的未来。

旅游业的发展，需要加强旅游理论的研究，需要有一批努力奋斗这一研究的著述者。邵春先生结合自己20多年旅游工作的实践，所写的《品牌策划36计》《策划论钢》《营销新论》和海外采访录《海天片羽》等作品，无疑是中国旅游业所需要的。其中许多作者亲历的案例，创意新颖，效果奇佳；由此阐发的道理丰富了旅游应用理论的宝库。

我祝贺邵春先生作品的出版，也预祝中国旅游更加蓬勃发展，并为全球旅游业提供更多的经验。

世界旅游组织秘书长　弗朗加利

序言

XUYAN

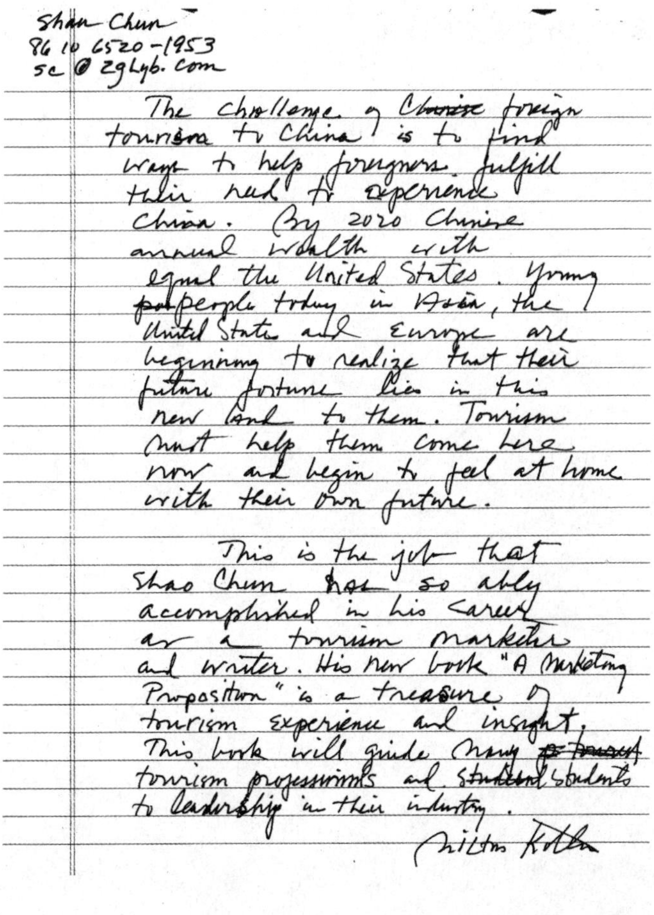
Shao Chun
86 10 6520-1953
sc@zglyb.com

The challenge of ~~Chinese~~ foreign tourism to China is to find ways to help foreigners fulfill their need to experience China. By 2020 Chinese annual wealth will equal the United States. Young ~~pa~~people today in Asia, the United States and Europe are beginning to realize that their future fortune lies in this new land to them. Tourism must help them come here now and begin to feel at home with their own future.

This is the job that Shao Chun has so ably accomplished in his career as a tourism marketer and writer. His new book "A Marketing Proposition" is a treasure of tourism experience and insight. This book will guide many ~~of tourist~~ tourism professionals and ~~student~~ students to leadership in their industry.

Milton Kotler

序言译文

如何帮助外国人满足他们的需求，是中国旅游业的一大挑战。专家预测，到2020年，中国的年产值将与美国持平。今天的年轻人，无论在亚洲，美洲，还是欧洲，都清醒地意识到他们的前途将寄于中国这个新的市场。旅游业是其他行业的先行军，它引领外国人来到中国，并帮助他们在此找到自己的未来。

这正是邵春先生一直努力奋斗的事业。作为一名旅游工作人员和作家，他具有丰富的经验和能力，并在旅游工作中获得了很多成就。他的新书对于中国的旅游业来说是很有价值的。书中大量的充满了洞察力的实例分析揭示了旅游营销的过程，并总结了宝贵的经验。这套丛书对旅游从业人员和学生们来说是一本很有教育意义的指南。

美国科特勒营销集团总裁　米尔顿·科特勒

目 MULU 录

Part 1　概念评述篇

Part 2　顶层设计篇

Part 3　产品建设篇

Part 4 特色项目篇

Part 1

概念评述篇

腹有诗书气自华。人有知识，如同一个国家有历史，在世界之林中就不被小瞧。知与行，先知后行，知行合一，有真知才有真行。无论从旅业，还是做游人，都需学点理论知识为好。所以，本书先从“概念”开篇，正是索“笈”寻“窍”，明理正行之谓也。

第一章　旅游概念点评

旅游业是旅游营销的基础。搞好中国旅游营销，既要学习西方旅游营销的理论和经验，又要熟悉中国旅游业的历史和现状。首要的是弄清一些最基本的概念。

第一节　关于“旅游”的原始概念

一、“旅”字最早的定义

安阳羑里城，号称中国历史上的“第一监狱”，是殷纣王关押周文王的地方。司马迁说：“文王拘而演《周易》；仲尼厄而作《春秋》。”羑里城有一块巨大石碑，镌刻着文王所演的“六十四卦”。其中第五十六卦为“旅”卦。现将卦象、卦名、卦辞解释一下：“旅”卦卦象为䷷，上离为火，下艮为山”，“山止于下，火炎于上，为去其所止而不处之象”。故卦以“旅”名

之。卦辞为："小亨，旅贞吉。"意思是：客居他方，受人恩惠，各方关系处理得好，可得平安，旅途受条件所限，不可能成就大事，故辞曰"小亨"。然而要实现这个"小亨"，也不可随便从事，要坚守正道，方可获吉祥，故卦辞曰"旅贞吉"。正如朱熹所说："旅非常居，若可苟者，然道无不在，故自有其正，不可须臾离也。"也就是说，旅游是外出寻求乐趣，但也要守法遵规，方可平安无事，正所谓"旅之时义大矣哉"！

在中国文化中，《周易》对"旅"字的阐释，是我所发现的关于旅游最早的定义了，距今已3100多年，比南朝（梁）诗人沈约的《悲哉行》所提及"旅游"一词要早1600年。其关于"旅"所强调的许多内容，至今仍有现实意义。所以，要研究旅游基础概念的开端之据，这《周易》六十四卦中的"旅"卦不可不提。

点评：古人对旅游下的定义最简洁、最本质，只有七个字"去其所止而不处"，意思是"离开原来处所停下来而不久居"，这正是旅游活动的基本内涵。这个内涵被近百年的经济学家和旅游研究者表述得冗长而难懂，我们不得不再一次对古人、古文表示敬意。

在魏晋南北朝以前，大量典籍记载了"旅"或"游"字。《尚书·大禹谟》"罔游于逸"；《诗经》"驾言出游，以写我忧"；《论语·里仁》"父母在，不远游，游必有方（去处）"；《楚辞·远游》"悲时俗之迫厄兮，愿轻举而远游"；《史记·太史公自序》"二十而南游江淮"；等等。至于像庄子更是在其著作中频繁描述这种所谓旅游活动，据统计，"游"字在《庄子》中竟出现100次以上。

从《周易》到春秋战国的名家著述，"旅"或"游"虽然单独为词，但意思相近。"旅"和"游"的目的，或者出自政治的需要（游说），或者由于际遇的无奈，或者因为耽于哲学的思考，远不及现代"旅游"内涵这样丰富。

二、"旅游"一词的出现

在我国，"旅游"作为"旅"和"游"的合成词，出现在南朝（梁）诗人沈约的《悲哉行》一诗：

旅游媚年春，年春媚游人。徐光旦垂彩，和露晓凝津。

时嘤起稚叶，蕙气动初蘋。一朝阻旧国，万里隔良辰。

点评：此时诗中对“旅游”的含义，已与《周易正义》（唐·孔颖达）释“旅”字“旅者，客寄之名，羁旅之称；失其本居，而寄他方，谓之为旅”的表面字意不一样了，已经体现了人们通过山水诗表达出来的对自然美的审美意识。谢彦君先生在他的《基础旅游学》中也强调了这样的观点。

三、唐诗中的“旅游”

唐代大诗人白居易在《宿桐庐馆同崔存度醉后作》诗：

江海漂漂共旅游，一尊相劝散穷愁。

夜深醒后愁还在，雨滴梧桐山馆秋。

点评：从《周易》产生的年代，跨越了1000多年，经过秦汉三国南北朝，进入隋唐，社会稳定，旅游成了文学主题之一和社会日常用语，山水诗状物抒情。此时，诗人羁旅江湖，与友人同游，旅途胜景，无心评述。而愁思萦绕，一定有让诗人连觉都睡不踏实的理由。所以，除了美景外，身世、处境、人文，也是旅游感怀的重要内容。

四、国内外关于“旅游”起源的研究

如果“旅游”是指“旅游活动”的意思，这一活动已有数千年历史。由美国人罗伯特·金托什、爱希肯特·波特所著的《旅游学》认为：旅游的起源大约是在公元前4000年，当时的苏莫（巴比伦）人发明了货币，贸易交往随之兴起，标志着“旅游行为”的开始。该书还认为，世界性的旅游行为是在距今数千年以前的古埃及产生的。大约在公元前1490年之际，荷赛普赛特女王就曾兴致勃勃地访问了旁特（Punt）地区（可能是今日的索马里）。作者认为这是世界上第一次“为和平和游览”的目的所进行的旅行。中国旅游界的两位老先生沈受君、杨时进在他们的著作中谈道，在中国也有这类的史载：在公元前1001—前947年，就有周穆王与西王母相会于昆仑山的旅行。《山海经》是一部奇书，其所载正是当时人们外出旅行的所见所闻。此书中的一部分内容，美国学者考证后认为完全符合美国包括大峡谷在内的山岳地貌，若此说成立，则中国的先民是曾经到过北美的。这当然不是定论，而只是一种猜测。

点评：上述材料至少可以证明：旅游作为一种历史现象是早在数千年以前就发生了。杨时进、沈受君在他们所著的《旅游学》中，为“旅游活动”所下的定义是：“以一定的经济、社会存在和发展为依托，由旅游主体、旅游客体和旅游媒体互为条件，相互作用所产生的诸般现象和关系的总和。”这个定义自然是宽泛的、符合各个时代旅游活动基本特征的。

第二节　关于“旅游”的近代定义

一、学者关于“旅游”的定义

▲交往定义：“旅游，狭义的理解是那些暂时离开自己的住地，为了满足生活和文化的需求，或个人各种各样的愿望，而作为经济和文化商品的消费者逗留在异地的人的交往。”

——1927 年，蒙根·罗特，德国《国家科学词典》

点评：全国旅游院校统编教材《旅游学概论》（P7）称，在德语中，“旅游”这个词是由“陌生”和“交往”两个词复合而成，故此定义突出了人际交往的意思，故起名为交往定义。看看，用了 66 个字表达了 3000 年前《易经》仅仅 7 个字的意思。

▲空间定义：“旅游是一个人回到其出发地所经历的旅程；是一次出自商务、娱乐或教育的目的所作的旅行，旅行期间通常按计划的线路访问不同的地方。”

——《韦伯斯特大辞典》

点评：这个定义强调旅游者起始返还经历，勾勒出一个空间移动的轨迹和个人初心的关系。

▲时间定义：旅游可以理解成是暂时在异地的人的空余时间活动，主要是出于休养；其次是出于受教育，扩大知识和交际的原因的旅行；再次是参加这样或那样的组织活动，以及改变有关的关系和作用。

——20 世纪 50 年代，奥地利维也纳经济大学旅游研究所

点评：这一定义出发点是旅游的要素之一——闲暇时间，利用这段闲暇开展各种活动以及因此产生的各类经济现象。

还有一个更具体的时间定义：1979 年，美国通用大西洋集团有限公司马丁·普雷博士到中国讲学时说：旅游是为消遣而进行的旅行，在某一国家逗留的时间至少超过 24 小时。国际上通行统计的逗留（过夜）人天数，就与逗留时间有关。

这是为了使统计口径一致所作的规定，对于旅游业的管理是必要的。

▲客流定义：1972 年，英国萨里大学的伯卡特和梅特利克认为："旅游发生于人们前往和逗留在各种旅游地的流动，是人们离开平时居住和工作的地方，短期暂时前往一个旅游目的地运动和逗留在该地的各种活动。"

点评：这一定义指出旅游最本质的特征是"客流"，"物流"和"客流"是区别所有有形产品和旅游产品的最重要标志。没有"客流"，就不会有旅游。

▲消闲定义：1966 年，法国学者让·梅特森说："旅游是一种消闲的活动，它包括旅行或在离开定居地点较远的地方逗留。其目的在于消遣、休息或为了丰富经历和文化教育。"道格拉斯·皮尔斯（D.Pearce）在 *Tourism Today* 一书中指出："旅游是人们出自休闲和娱乐的目的而旅行以及暂时居留而引起的关系和现象。"

点评：有了"闲"就要消费，旅游者是用"钱"买条件、服务和环境，消费的是"闲"。这正好与新世纪兴起的"第四次浪潮"——休闲旅游相契合。内尔·雷坡尔指出，"所有的休闲都带有某种逃逸的意思"。"旅游者向一个或几个休闲目的地的旅行过程就是这种逃逸（escape）的表现。"是指对日常工作及生活环境的躲避。

▲目的定义：旅游是以消遣、公务、朝觐等为目的的到惯常环境之外的地方旅行，时间在 12 个月之内的游客的活动。

点评：外出旅游的目的是"求异"，去异地寻求文化背景的差异和由于地理差异造成的自然景观，以满足舒缓放松、休闲娱乐和增长见识的目的。

▲经济定义：从经济角度给"旅游"作定义的，较典型的是奥地利经济学家 Herman Von Schullard 所阐述的观点："旅游是外国或外地人口进入非定居地并在其中逗留和移动所引起的经济活动的总和。"

点评：谢彦君教授指出，此后所有以经济眼光审视旅游现象的学者在表达其观点时都未能出其右。如果考虑在市场经济的宏观背景下，把旅游作为产业，作为经济的增长点，强调其经济内涵无可厚非，但旅游的文化、社会功能也不应忽视。否则，一切从钱字出发，对旅游业的健康发展没有好处。

▲文化定义：冯乃康先生在《中国旅游文学论稿》中指出："旅游是以

去异地寻求审美享受为主要内容的一种短期生活方式。”谢彦君进一步补充说：“旅游是个人以前往异地寻求审美和愉悦为主要目的而度过的一种具有社会、休闲和消费属性的短暂经历。”

点评：当然，需求的多样化决定了旅游目的的复杂性，仅从文化的角度难以概括。瑞士学者汉泽克尔与克拉普夫在1942年他们合著的《普通旅游学纲要》一书中这样定义旅游，“旅游是非定居者的旅行和暂时居留所引起的现象和关系的总和。这些人不会导致永久定居，并且不从事任何赚钱的活动”。

当今的旅游已发展到很成熟的阶段，其表现的内容已有许多增添。比如，商务旅游就是其中的重要内容，如果说旅游者“不从事任何赚钱的活动”似乎不妥当、不准确。

▲非基本生存定义：全国岗位培训系列统编教材《旅游规划原理》是这样阐述旅游内涵的：“旅游是为非基本生存需要所作的旅行而引起的一切现象和关系的总和。”（为休闲、观光、宗教、交往、集会、采风、健身、求知、猎奇、购物、探险、特殊爱好等目的，去异地他乡的活动现象属于旅游。）

点评：依据这个定义，不难看出，旅游是一种非基本生存需要，旅游的历史不可能与人类的历史相始终，它是人类生活质量提高的体现，是人们享受生活的重要内容。人类在相当长的历史阶段中，不得不为自己的基本生存而终日忙碌，无暇顾及旅游。由于生产力的提高，财富和闲暇的增加，旅游活动必然更加丰富多彩，因此，旅游是经济发展到一定阶段的产物，逐渐从少数人的爱好变成大众的一种生活方式。因而成为旅游产业，进而成为“中国的战略性支柱产业”。

▲双向定义：美国普度大学教授威廉·瑟厄波德主编、张广瑞等人翻译的《全球旅游新论》中，引述玛斯逊和沃尔的话说：“旅游指人们离开其日常工作和居住场所前往目的地的暂时性移动、在目的地逗留期间所从事的活动和为满足他们的需求所提供的设施。”

点评：这个定义从旅游者单方面活动阐述，也从产品提供者方面来阐述，这是供需双方合作才能完成好的一项复杂工程。这里需要强调的是：不仅提供设施，更重要的是提供服务，因此，旅游业是服务业的龙头。

▲三体定义（或称三要素定义）：杨时进、沈受君在他们合著的《旅游学》一书中的定义更好一些："旅游是以一定的经济、社会存在和发展作为依托，由旅游主体、旅游客体和旅游媒体互为条件，相互作用所产生的诸般现象和关系的总和。"

点评：这两位是中国旅游业创业初期的我的领导和战友。他们给出的这个定义，强调旅游的产生和发展必须以经济、社会宏观背景为前提，并吸纳了美国夏威夷旅游学院原院长朱卓仁教授关于旅游三要素的学说，概括得全面、简洁、科学。

▲多方位定义：范能船先生在其为章必功所著《中国旅游史》写的序言中，对旅游作了如下界定："（1）旅游是一种广义的审美（人类求取与外部世界的和谐）形式，是人类最基本的活动之一；（2）旅游是一项广义的文化活动，它既是文化的创造过程，又是文化的消费过程；（3）旅游具有跨越空间的特点，往往超越地区、国家和洲际界限，并正在向太空发展；（4）旅游的历史与人类的历史相始终。"

点评：这个定义相对而言较为全面，旅游是审美形式、文化活动，其特点是跨越空间、贯穿时间，较之"现象和关系的总和"易于掌握。但旅游还是旅游者和旅游经营者同时参与的经济活动。旅游不是如同吃饭那样关乎生存的一种活动，而是社会经济发展到一定阶段的产物。试想，从人猿相揖别之际到出现社会分工和简单商品交换以前的一段相当长的时期，估计不会有旅游出现。因此，"旅游与人类历史相始终"的说法值得商榷。如果放牧、打猎、砍柴都是旅游的话，那就是泛化无边了。

▲泛化定义：旅游可定义为"在吸引和接待旅游者及其访问的过程中，由于游客、旅游企业，东道政府及东道地区的居民的相互作用而产生的一切现象和关系的总和"。

点评：这是1980年，美国密执安大学罗伯特·麦金托什和夏希肯特·格伯特教授在《旅游学——要素·实践·基本原理》一书中对旅游所下的定义。他罗列了与旅游相关的各方面要素，并总括为"一切现象和关系的总和"。有的学者不同意把东道政府也扯进来，但就许多落后国家的实践而言，在市场经济没有健全以前，政府的主导和指导地位是不言而喻的。待到市场机制形成以后，政府的作用应该淡出。

二、专门机构的定义

对这一节的定义仅逐一注释，再作统一点评。

▲英语“旅游”概念的用词

在英语中，旅游为“tourism”，旅行为“travel”。这两个词基本是同义语，但北美的管理者也常用“旅行和旅游”（travel and tourism）的术语。

▲ IASET（艾斯特）定义：“旅游是非定居者的旅行和暂时居留而引起的现象和关系的总和。”

注释：这是1942年，瑞士学者汉泽克尔、克拉普夫在《普通旅游学纲要》中提出的，1970年，被旅游科学专家国际联合会（International Association of Scientific Experts in Tourism，IASET）所采用，又称“艾斯特”定义。

▲ BTS（英国旅游协会）定义：“旅游是人们离开其通常居住和工作的地方、短期前往目的地的暂时性运动以及在目的地逗留期间的各种活动。”

注释：这是1974年，英国萨里大学的伯卡特和梅特利克提出的一个新定义，比1972年由他们提出的前面已介绍过的“客流定义”更简洁。1979年，英国旅游协会（BTS）正式采用了这个定义，因而得到人们广泛认可。

▲ WTO定义：世界旅游组织（WTO）对旅游的定义曾有过几种表达：

WTO 1991年定义：一个到惯常环境之外的地方旅行、停留在一个特定时间之内，且旅行的主要目的不是通过从事某项活动从被访问地获取报酬的人的活动。

注释：1991年6月，由世界旅游组织（WTO）和加拿大旅游局共同发起的一个具有划时代意义的会议在加拿大渥太华召开，代表90个国家的250人参加了这次会议。大会决议中，产生一个重要成果就是确定了这个旅游定义。

WTO 1992年定义：“旅游是人们在持续不足一年的时间内出于休闲、商务和其他目的而离开惯常环境的旅行和逗留活动。”

WTO 1995年定义:“旅游是人们为了休闲、商务和其他目的离开他们惯常的环境到某些地方以及在那些地方停留的活动。”

注释:这个定义是1995年世界旅游组织和联合国统计委员会共同确定的。WTO定义的几次变化,越来越科学、准确,并具有概括性,便于管理和统一口径,而将概念性和技术性的定义作了归纳后提出的工作性定义。

点评:在漫长历史和诸多专家对“旅游”所作的定义,是对旅游行为某一个角度的研究和概括,一般表述比较长,也不好记。最简洁、最本质、最基础的概括是《易经》的七字箴言:旅卦之象就是“去其所止而不处”。意为“外出离开原居所,停留下来,暂住而不久居”,四处看看,游览名胜,观察风物,增长见识,就成了旅游的基本目的。3000多年过去,弹指一挥间,旅游的这一简洁定义至今还成立。真佩服老祖宗,一个废字没有。7个字如同催化剂,从这个基础定义出发,对今人的定义就能消化了。

第二章　旅游产品的定义和特征

第一节　旅游产品的定义

旅游产品是对旅游各类资源规划、整合、建设后供旅游者消费的成品，是旅游供给侧的主体内容。旅游产品的定义要从旅游消费主体和旅游经营主体不同的角度进行分析，就有综合性定义与单项旅游产品定义。

总体旅游产品（Total tourist product）：旅游业为满足旅游者的旅游需求而提供的设施、物品和服务的总和。对于旅游者来说，旅游产品是一次旅行的完整经历，是旅途和目的地提供的综合性服务。

单项旅游产品（Specific tourist product）：是不同的旅游企业向旅游者提供的单项的旅游设施和服务。这些企业有自己经营的不同范围，但很难单独满足旅游者的旅游全程的全部需求。专业经营的组合形成旅游业。酒店、航空公司、景区等度假地，提供给旅游者多项形式的产品，但它们仍然是总体旅游产品的组成部分。

也有的定义是从纵横两个视角给出的。美国的马尔科因·J·汤姆先生认为：旅游产品指的是旅游时从抵达目的地直到离开的经历。它是由诸多因素前后连贯形成的。由朱卓仁教授等合著的《旅游业》一书，给旅游产品的定义：旅游产品是三个主要部分的混合物：旅游目的地的吸引物、旅游目的地的设施、旅游目的地的易达性。这是从横断面上指出了旅游产品的三个要素。因此，可以认为，旅游产品是旅游吸引物、旅游服务设施和旅游交通及相关因素的有机组合，也是娱乐性、可逗留性和可进入性的和谐统一。

旅游产品的要素，有硬件，也有软件；有物质，也有精神；有现实，也有历史；有文化，也有科技；有有形，也有无形；有实体，也有虚幻，等等。不可粗放型地开发，不可只满足消费者浅层次的需求；市场化、人性化、精细化是未来产品开发的方向。

第二节　旅游产品的特征

按照一般产品的结构、开发、生产、包装、运输、储存、销售等环节，将旅游产品与普通工、农业产品作个对照比较，不难找出旅游产品的许多特性。

旅游产品的无形性、综合性、不可运输性、包装更趋于形象性、现场消费性（一次性消费、不可存储）、管理难度大（成本大、标准化难，质量的人为因素大、关联的行业多，影响因素多，敏感性行业）、促销的异地性（客源地与目的地分置，重点不是本地必须走出去营销），产品的使用价值不同，购买的不是日用品，不是消耗品；享受方式不同，既是物质的，也是精神的。我经过研究对比，找出了旅游产品的十大特点。

一、旅游产品的无形性

传统的工、农业产品都是有形的，而旅游产品的形状是难以用语言描述的，是无形的或无定形的。高山、大川、雪域、草原、海水、沙滩、白云、蓝天、清新的空气、变化的色彩、历史的沉淀、民族的风情、优质的服务甚至热情的微笑等可闻、可视及不可闻、不可视的、有形无形的东西都可成为构成旅游产品的单元。

二、旅游产品的综合性

旅游产品不像有形产品那样，是一个具体的东西，而是由多种要素组合起来的，而且这种组合因游客的需求不同而随时自选和搭配。这种复杂性引起专家不同角度的研究而得出旅游产品结构的不同结论。有以美国夏威夷旅游学院原院长朱卓仁为代表的三分法，即主体、客体、媒体；有我国10多年来较一致的六分法，即行、游、住、食、购、娱六要素；原国家旅游局局长李金早提出了14要素："吃、厕、住、行、游、购、娱"和"文、商、养、学、闲、情、奇”旅游综合要素体系。

不仅整体的旅游产品比工农业有形产品结构复杂得多，即使一个景区、一个酒店、一个旅行社的某一次具体的节庆活动所推出的具体产品，其复杂程度也要比有形产品如一个茶杯复杂得多。这种复杂性表现在内涵多样和外延模糊，因而旅游产品的体量较之具体的有形产品宏大得多。

三、旅游产品“包装”更加突出形象性

在“包装”这道工序上，不像有形产品那样制作包装瓶、包装盒、包装箱，在产品实体或包装器具上作品牌标识、防伪标志等，主要功能是在运输中便于对产品的保护、搬运和识别。旅游产品的包装与其无形性相一致，体现在形象上，增加品牌价值和无形资产增量上。如绿化、亮化、美化、文化，打造理念、提炼形象、浓缩口号等，这些都是营销的必要措施，不是为了运输方便。

四、旅游产品消费的现场性

由于自然风光、名胜古迹、民俗风情及旅游服务设施本身的不可移动性，旅游产品必须现场组合、现场作业、现场服务、现场消费。而且这种消费具有不可替代性，谁去谁消费；不可携带回家消费。

五、旅游产品的不可运输性

与有形产品相比，旅游产品在流通形式方面表现出鲜明的特点。一般的有形产品可以运输、携带，可以买回家里去使用、享受，是一种“物流”形式。旅游产品不可移动、不可运输，旅游者只能从家里走出来到目的地去享受，去体验，是一种“人流”形式。

六、旅游产品的不可储存性

不像有形产品那样，一般都有仓库，即使供不应求的“零库存”产品，在整个生产流通环节中，也存在短期储存问题。旅游产品的仓库设在天地间，不可能盖一个大房子把高山、大川、雪域、草原、海水、沙滩、白云、

蓝天、清新的空气、变化的色彩、历史的沉淀、民族的风情、优质的服务甚至热情的微笑等都储存起来。旅游产品只有被旅游者购买，它的价值才能实现。某个旅游者不能同时购进两项产品，而将另一项储存起来。只能购买消费一个，然后才能购买消费另一个。

七、旅游产品的使用价值偏于体验性

与日用品、易耗品不同，旅游产品不是为了满足人们日常生活的需求而设计的，它是人们购买的一次经历、一次体验。一般产品的价值具有某种工具性，而旅游产品的价值具有享受性，这是比仅为生存而忙碌的生活更高质量的一种生活状态。

八、旅游产品经营管理的艰巨性

由于上述原因，旅游经营管理的难度加大。综合性决定了产品体量大，成本高，绝不是过去一些人认为的旅游是一个低成本高利润的行业，发展旅游业必须有大投入。由于游客需求越来越向个性化发展，专项、特色产品的品种必然越来越多，不能像有形产品那样大批量、同质化、流水线生产，这样，旅游标准化难度较大。由于与旅游业相关联的行业多，影响因素也多，几乎涉及国际国内政治、经济、环境、安全各方面因素。比如，“非典”、禽流感高发期，旅游业都受到威胁和重创，因而，有人称旅游业是“敏感行业”。所有这些都说明，旅游产品的经营管理的艰巨性。

九、旅游产品营销的异地性

由于旅游客源地与目的地分置，目的地的产品要卖给客源地的消费者，营销活动不是做给本地领导和百姓看的，而是要让客源地的人看到，因而必须异地进行营销。

十、旅游产品营销理论探索的迫切性

在整个经济发展序列中，旅游业是一个后来发展起来的行业，旅游理论特别是旅游营销理论没有建立起来。尤其是中国现代旅游业的发展较欧美晚了近百年，至少也晚了半个世纪。目前，我们的旅游营销人员许多人没有经过专业训练，只凭经验做事。即使经过专业学习的大学生，所学的理论大多仍然是20世纪五六十年代欧美创立的有形产品的营销理论。在实践中，由于旅游产品存在的诸多特性，完全套用有形产品营销理论，出现了错位和困惑，增加了营销的难度，许多营销措施在有形产品营销中立见成效，但在旅游营销中如隔靴搔痒。现实呼唤旅游理论尤其是旅游营销理论的创新。

第三节　中国旅游产品自身的特点

中国旅游产品除了具备上述10个特点外，还有以下特性，我概括为：

一、中国旅游业与发达国家相比，产品结构形成顺序的超前性

与发达国家旅游业相比，中国旅游业在旅游产品结构形成的先后顺序方面走的是一条独特的发展道路。在发达国家，旅游业与国民收入、与社会经济发展是同步的，上百年来，经历了近程—远程—洲际，国内—国际—出境这一市场自然发展、逐渐成熟的道路。而中国的旅游业在发展之初，还不是国内公众的一种消费形式，而是为了满足对外开放需要，以创汇为目的而优先发展国际旅游。

20世纪70年代后期，邓小平同志在概括我们为什么要改革开放的问题时说，改革开放就是要学习人家搞经济的先进经验，要进口先进的技术和设备，这就需要外汇。外汇从哪里来？他当时说，要靠“两you”：即“石油”和“旅游”。这是一个战略家对当时中国发展雏形的描绘，是对实现这一战略应采取的手段的思考。当时我们的工业产品在国际上没有竞争力，深加工水平很低的农产品换汇比值差，相反，旅游资源却十分丰富，因而邓小平同志1979年1月6日指出：“旅游事业大有文章可做，要突出地搞，加快地搞。”从此迎来了中国旅游业大发展的春天。因此，中国旅游业优先发展国际旅游，是国家战略的需要。

从70年代末至今，旅游业经历了先国际后国内再到出境旅游这一超前的速成过程。中国旅游业跨越一个发展阶段，即跨越了最先发展国内旅游的

阶段，而以其自身若干不成熟的条件与已有百年旅游业发展史的发达国家在国际市场上展开了激烈的角逐，走过了40年一边学习一边发展的艰难而辉煌的历程。

中国旅游产品结构形成顺序的超前性，是中国旅游业超前性的核心表现。认识这一特点，就能看到中国旅游业的远大前程。“朝阳产业”的提法与超前性有关，产业的带动功能与超前性有关，当然，一切困难与这个超前性也有关。“六要素”与发达国家相比，均有很大的差距，根本原因在于我们是“初级阶段”。辩证地理解这个超前性，克服暂时的困难，支持旅游业的发展，是全国人民共同的责任。同时，对于新的经济增长点和可持续发展战略，旅游业也完全有条件做出自己的贡献。

二、中国旅游业在新经济运行中的便利性

电子计算机的普遍使用，是新经济的一个特点。电子化经营使网络购物和手机支付成为现实。这个过程有几个重要的环节：第一，有货物配送系统；第二，电子支付手段；第三，网络安全。当然，诚信理念是保证这一秩序正常运行的基础。网上点击，完成预订，就要有一个与之配套的货物配送系统，但旅游业不需要。前边说过，旅游产品的不可运输性，决定了消费方式的易地性。也就是说，一般商品流通方式的主体是以物流为主，而旅游产品流通方式是以人流为主。旅游者完成了电子支付以后，必须到目的地去消费，因而，不需要货物配送系统。所以，与所有其他商品交换、流通相比，旅游业最适于电子网络和网上支付，在新经济秩序的运行中具有极大的便利性。与美国等西方国家支付方式的不同，我们不仅可以使用信用卡刷卡机，更流行的是通过手机在网上支付，这在美国都没有的支付系统，在中国已成为平常事。这一特点，决定了中国旅游业能够迅速地被现代化手段所武装而成为最有竞争力的行业。

与一般商品相比，我总结出旅游产品的10个特点和中国旅游业的独特性。为便于记忆，归纳以下几句顺口溜：

物流变人流，出口变进口；
售出货依在，积压库无有。

电付更便利，构序超前走；
包装为形象，理论找接口。

“物流”变“人流”。“物流”是当今一个时尚字眼。交通与网络是物质商品传输的依托，物流配送中心是现代商品流通的组织者、实施者。“物流”是工业产品流通的主要形式。但旅游产品（除了物质消费品外）的流通不是“物的流通”，而是“人的流通”。不像工业产品那样，消费者可以买回家去享受；旅游产品的不可移动性决定了消费者必须移动。于是，旅游者形成的巨大“人流”，就成了这个行业区别于工业行业的显著标志之一。目的地“异地宣传”的重要性、“人流”形成的季节性，全程服务的人性化关照程度等诸多方面，有着比其他行业都广阔的拓展空间和发挥的余地，都有特殊的规律可以探索和总结。

“出口”变“进口”。“出口”和“进口”，习惯上也是指工农业产品对外贸易的两类基本业务。为了追求贸易顺差，任何国家都不忽视“出口”的重要性。有人概括旅游创汇是非贸易创汇，是“风景出口”。这当然不全面。从产品组成来看，旅游业不仅是“风景出口”，除了名山大川外，还有历史古迹、风土民情、本土化的特色服务、现代化文明成果等，也都是旅游者感兴趣的东西，因而也都是旅游产品的组成部分。由于上述这些产品的不可移动性，旅游产品“出口”是以吸引海外客源“进口”的形式来实现的。在这里，“进口”变成了“出口”，同样，“出口”也就变成了“进口”。“出口”是“进口”的基础和前提。

“积压”无“库存”。有形产品如果销售不出去，就造成库存和积压。这个仓库空间小，易发现。成本收不回，利润实现不了，是商家最着急的。旅游产品建成后，如果客人来得少，成本收不回来，利润实现不了，这如同有形产品库存积压一样，但由于这个仓库不是一个大房子，而是天仓地库，空间宏大，不易发现而已。

特征即差异。解决任何问题，无外乎有两种办法：一是在创意中制造差异；二是在个性中寻找共性。创意就是创造差异和效益。有了差异化观点，可以从劣势中分析出优势。比如，地处中心位置当然好，但边缘位置也不是没有出路。边际化、边缘化的东西容易出彩：胡杨林处于草原与沙漠之间；

红树林处于海洋与陆地之间；鸭嘴兽处于胎生与卵生、爬行与哺乳动物之间；有些真正的人才，也是长期被排斥、冷落而坐冷板凳的“另类”。这个边际带是具标志性且多姿多彩的节点，因而值得引起关注。我们搞旅游，中心地带交通发达，这是优势。但几乎所有边缘地带，景观都有独特性，这是后劲所在，潜力所在，竞争力所在。

旅游产品的同质化，就是忽视特征的结果。任何创新都是揪住特征不放，把特征放大再放大，就打造了独特卖点，因而抓住了竞争的主动权。有的企业家整天陷入事务，不善于从理论高度思考突围之策；有的满天下考察，采取“拿来主义”，同质化复制，不善于从特征分析入手打造差异化产品，所以干了几十年，成了“油子”，也不可能把企业做大做强。

Part 2

顶层设计篇

顶层设计——一个工程学术语变成了时髦的名词：制度和政策，是国家的顶层设计。策划和规划，是产品建设的顶层设计。不论哪个层面，顶层设计都要从战略着眼，循趋势而行，提纲挈领，权衡重轻，远近同虑，巨细呼应。

第三章　策划引领

策划、规划属于顶层设计。其任务是站在国家和本区域发展战略的高度，从市场需求出发，优化整合各类资源，制定战略定位、发展目标、产品布局，未来市场前景和投入产出分析。

在某一区域做规划之前，先聘请专门机构，拿出一个概略性的方案，供决策者拍板、立项。20 年前，往往先搞一个《可行性研究报告》，近几年通行做《概念性总体规划》。这些报告和规划都是规划编制启动前的策划性成果。

策划的高手，应该对策划理论了然于心，运用自如，接触到具体的策划客体，就激情澎湃，创意泉涌，拿出的方案也令人折服。这不是江湖术士开药方，也不是用时髦概念做拼凑。概略地弄清策划是什么，不是什么，对于我们从理论和实践中领会策划的含义和澄清一些模糊认识很有好处。

第一节　策划理论概要

一、引子：研究品牌策划的必要性

为什么要讲品牌策划？原因有以下五点：

1. 与一般产品相比，旅游产品具有不可移动性，不可运输性，消费的异地性，这些特殊性决定了其产品建设与市场营销不可生搬硬套现成的理论，必须加强策划。

2. 旅游产品不像有形产品那样具象，而是无形的或无定型的。

高山、大川、雪域、草原、海水、沙滩、白云、蓝天、清新的空气、变化的色彩、历史的沉淀、民族的风情、优质的服务甚至热情的微笑等可闻、可视及不可闻、不可视的、有形无形的东西都可成为构成旅游产品的单元。

所以，与工农业产品相比，旅游产品的内涵更丰富、外延更广阔，产品的建设和市场营销的难度更大。因此，必须加强策划。

3. 品牌策划，是企业做大、国家富强的需要。我们盼望祖国的日益强大，寄希望于有更多的旅游企业不断壮大规模和实力，摆脱目前我国旅游企业“满天繁星，不见北斗”的散、小、弱的局面。为早日实现世界旅游强国的宏伟目标，必须加强品牌策划。

4. 从企业经营角度看，经营的目的不是获得市场平均价值，而是获得附加值，只有品牌价值高的产品才能实现这一目的。据国际著名品牌评估机构估算，如果一般产品品牌实力倍数为 1 的话，知名品牌的实力倍数则为 6~20，这是企业经营所追求的目标之一。

5. 湖南旅游学会开展的“湖南百景暨新潇湘八景”评比活动，就是湖南旅游业品牌策划的大手笔，必将在湖南旅游发展史上产生深远影响，并在全国旅游产品建设和品牌策划方面起到示范作用。

综上所述，品牌策划关系到国家的繁荣昌盛，关系到旅游业的兴旺发达，是企业做大做强之所需，是旅游产品打造独特卖点之所需，这确实是一个关乎全局、值得探讨的题目。因此，品牌是生产力，品牌是推进器，品牌是催化剂。地区经济要跨越式发展，企业实力要做大做强，必须加强品牌策划。

二、策划论纲梗概

把策划理论引入旅游业是我多年致力的目标。20 多年来，我对策划理论学习和研究的成果集成了两本书，书名曰《品牌策划 36 计》和《策划论纲》。前者已出版，反映很好。后者主要内容如下：

除“序”以外，包括策划认识论——解读和回答什么是策划？策划方法论——论述策划的思维模式、策划的操作要点；策划实践论——讲的是在城市、区域、产业、行业、企业、产品建设、经营、营销方面策划理论如何应用；策划重点论——举例分析策划必须抓住主要矛盾和矛盾的主要方面；策划机会论——“兵者，机也”，把握了机遇，策划就可成功；策划系统论——就一个体系、产业、区域进行全面策划，如全域旅游；策划借鉴论——举例阐述在产品建设和营销中，如何学习海内外的先进经验；策划创新论——一部《品牌策划 36 计》，是从当前经济活动需要出发，试图对传统理论的创新。

以上“八论”由以下具体内容支撑：一个总体思路（资源优化配置说）；两条基本原理（宏观采气，微观求义）；策划的三种思维模式（正向思维、横向思维、逆向思维）；克服四种策划误区；产品规划和营销中的五种值得注意的倾向；六个策划要点与跨越式发展；七大策划流派简析；十大策划理念阐述（定义简析）；十五章策划主体内容；策划 36 计；近百个策划创意及典型案例剖析；有关城市、企业、景区策划、新闻策划要点；可供借鉴的海内外著名企业经营理念和营销口号集锦、世界旅游日主题口号及全国各地、景区口号等。

尽搜脑中记忆、遍检天下经典，而成八论十数章，掬献于读者，以求举一反三，触类旁通，启迪开智，用策划武器，助事业腾飞。“这是您的心愿，也是我的心愿。”

八论十数章，一学期的课程，此书不能尽述，只捡少量内容于后。

三、何谓策划

（一）介绍几种定义

关于策划的定义，可以说古今中外诸子百家，众说纷纭。但各自有各自观察分析的角度，切入点不同，表述自然也有差异。现在介绍以下几种。

1. 哈佛定义。美国《哈佛企业管理通书》编纂委员会认为：策划是一种程序，在本质上是运用脑力的理性行为，是针对未来要发生的事情做当前的决策。即策划是预先决定做什么，何时做，如何做，谁来做。

美国是 IT 业的策源地，因而这个定义强调按信息处理的“程序”来诠释策划。

2. 高桥定义。日本《策划学》的作者高桥宪认为：策划就是为达到目的，组合一些要素而付诸实行的计划，是效率、智慧综合的结晶。

被称为“经济动物”的日本强调发展经济的目的是追求“效率”。这种效率不仅仅靠苦干实干，还要靠智慧来巧干，这正是策划所追求的目标。

3. 郭泰则定义。中国台湾《企划案》一书作者郭泰则认为：企划与计划不同，企划近似英文 STRATEGY（战略）加 PLAN（设计），而设计则是英文 DESIGN。前者必须有创意，后者无须一定有创意。

近代或现代策划业兴起于西方，东渐于日本、港台地区。台湾的经济理论家着眼于创意。其实，好的设计也必须有创意。

4. 孙子定义。对策划的概念表述得越具体越力求全面，越显得没有包容性。还是古人的说法言简意赅，所以，我认为孙子兵法的八个字“策之而知得失之计”最为精要。让我们分析一下这句话的含义：此句中心词是“计”，即“计策”“方略”“文案”。是什么样的“计策”“方略”“文案”呢？定语是“知得失”。古人军师、师爷、门客“献计”，要有上、中、下三计，在权衡利弊、得失后，取其中之一。这样的计谋是怎样得来的？孙子明确地说，是由策划而来的。对什么进行策划呢？孙子定义中为“之”，“之”即策划的客体、对象。因而，“策之而知得失之计”，意思是经过对客体的策划、分析利弊、权衡得失，而得出的计谋、方略。策划是靠知识、靠科学、靠智慧、靠大聪明，不是靠小聪明；策划的目的是“知得失”，情况千变万化，预案千条万条，不是简单地指条路就拉倒，而是权衡、比较，两利相权取其重，两弊相权取其轻，最大限度地趋利避弊。“知得失”是一种比较之理，选择之术，优化之说，求胜之法。“策之而知得失之计”，此八字概之简而析之全，意之赅而行有则，实为策划定义之精要也。

5. 我给策划下的定义：策划从本质上讲，是智力对资源和市场的优化配置。这种配置是线性和非线性关系的交错，是显性和隐性规律的链接，是时间和空间相关要素的整合。

先举几个例子加以说明：

▲数以千计的方块字摆在那里，排列组合的顺序不同，就会出现千差万别、意境高下的诗文，因而有诗仙、诗圣之称。南朝梁武帝萧衍从王羲之遗文中拓出 1000 个不重的单字，命给事中周兴嗣编成韵文。排列组合，而且

要求意美韵美，千万次比对，脑子飞转，比电子计算机还快。周兴嗣一夜不眠，黑发尽白，将毫无关联的1000个字以四字组合，自江阳韵始，编成了“天地玄黄，宇宙洪荒……”共250句，阐述自然、社会、历史、伦理、教化等知识的《千字文》，成为中国1600年启蒙的教科书。难乎哉？确难也！（此为时间和空间相关要素的整合）

▲中国有八大菜系，讲究烹调技艺，正料、作料成千上万。配比、火候不同，做出的菜饭味道各异，因而厨师有级别之分，大厨工资高过元首。我想，造字者仓颉一定尝过鱼羊匹配的高汤味道之美，因而造出“鲜”字，以至数千年之后的饕餮之族又端起了鱼羊鲜汤，搞得草原超载，江海乏鱼。（此为线性与非线性的交错）

▲人们常说旱瓜涝枣，因而知道北方缺水的地方瓜甜。但本人近日去浙江象山，1400多毫米的年降水量，却培育出了极甜的西瓜。一问才知，海边滩涂万物难生，但盐碱地却长出了甜西瓜，正应了那句古话：“要想甜，加点盐。”（此为显性与隐性关系的链接）

习文作诗、烹调稼穑，这都是资源匹配。佳文美味、优良瓜果那都是资源优化配置的结果。搞经济工作、旅游工作何尝不是如此呢？

我讲课时常说：资源是规划的基础，规划是产品的基础，产品是营销的基础，营销是效益的基础。在资源—规划—产品—营销—效益这个链条中，前者是散乱的资源，是客观条件，后者是加进主观意识进行资源优化配置的策划过程。在现代社会中，几乎所有资源都能共享；发展的快慢有别，全在于资源优化配置的水平不同。

在制定规划、策划项目时，诸多资源要素中，如果某种要素和另外的要素在组成产品时存在着优化配置的关系，那么，策划就是发现这种关系的线性求解过程。在案头工作阶段，研究的是宏观问题，这种资源如同司令部在地图和沙盘上作业，线性规律表现得比较明显。然而，策划方案的实施中，情况十分复杂，如同作战方案搬到战场上时一样，许多情况就是非线性的。

有人认为策划难乎其难，不知从何下手。其实，这是未能理解策划的定义和破解其规律的缘故。策划客体各要素间的关系，有显性的、隐性的和创新性的。

显性的一定是线性的，是从表面就能看出来的，因而是很容易就被发现的，策划案也是好做的。我们基层、企业所写的工作类规划、计划所整合的客体多为这种显性关系，大家比较熟悉，这里不细谈了。

隐性的关系就比较难以发现，需要下一点功夫。这里举个例子加以说明。达尔文曾经发现：某地猫多则牛壮。何也？猫和牛有什么关系？于是，进行观察研究，发现了一个生物链：牛吃红三叶花—蜜蜂传花粉—田鼠吃蜂卵—猫食田鼠。这个生物链反推上去就明白了：猫养多了—鼠就少了—蜜蜂卵被吃得少了—花粉自然传播得快—三叶花繁茂—牛就肥壮。于是，“猫多则牛壮”的隐性关系被揭开了，要想发展养牛业，就要先发展养猫业，猫业牛业并行发展的规律找到了。

此例使我想到学哲学时曾概括的一句话：世界是物质的，物质是运动的，运动是有规律的，规律是可以被发现的。为什么能够被发现？因为物质不是孤立的，而是互相联系的，其运动就是互相作用的结果。发现了联系的链条，就发现了规律。从这个意义上讲，策划的题目是作不尽的。当然，发现这类隐性的关系，有时是线性的，更多的情况是非线性的，操作的难度会大一些。但不管它们有多么隐蔽，只要勤奋，讲究科学，善于总结规律，再隐性的关系也会被发掘出来。

由此不难看出，符合我的这个定义的策划，分了三个层次，多个维度：会对客体显性关系进行策划的，是初级策划；会对客体隐性关系进行策划的，是中级策划；能创造出跨行业、跨时空、跨境界的新的客体关系进行策划的是高级策划。三个层次多个维度在显性和隐性、线性和非线性四种阶段或形态中有交叉。认清了其中的规律，策划水平就会一步步得到提高。我作为一个不懂日语的人，在日本请一位著名词曲作家编一首唱中国无锡的歌曲，能够一炮打响，这就是调动多方资源、进行多维度的策划的效果。再举一个我策划的案例，是“中日樱友谊林活动”，既是两国间的一项可持续的友好活动，又是几十万日本人参加、调动了73位日本政要的支持、樱花在中国种了30多座城市，成立了上千家中日合资企业，吸引日资超过37亿美元，在改革开放之初产生了巨大影响。这也是调动多方资源、进行多维度策划的结果。

小结：

孙子定义是策划目的论。

哈佛定义是策划程序论。

高桥定义是策划的要素论。

我给策划下的定义是策划的多维度整合论。

用形象性语言描述策划。如果以上的几种定义有的同志仍感到干巴、枯燥，那就让我再用形象易懂的语言概括一下：策划拒绝平庸，策划是知识和智慧，是别出心裁的创意；好的策划是讨巧，不可常有，不能克隆，它是引以为自豪的杰作；策划不是一锤子买卖，而是有目的、不断深化的社会效益、经济效益俱佳的一连串的系列活动，因而可以出成果、出人才、出品牌。用形象的语言描述：条条大路通罗马，条条大路通北京，策划是从千万条道路中寻找一条最近的路；策划又是在若干交通工具中挑选一个最便捷的工具。使用最快的交通工具走一条最近的路，在竞争之中，必然捷足先登，稳操胜券。所以，策划又是一种智力竞争，是知识之树结出的一个硕果。

（二）策划不是什么

明确了策划是什么，还应该明确策划不是什么。这样才能与一些模糊认识划清界限，才能在正确的理论指导下从事策划实践；才能去伪存真，防止骗子以售其奸。

我这里强调几种：策划不是包装，策划不是算卦，策划不是炒作，策划不是神话。

1. 策划不是包装

在商品紧缺时代，国民消费水平低，人们重内容而轻形式，没有多余的钱花在包装纸上。商品丰富以后，包装也成为商品品质的一个组成部分。所以厂家重视包装本来无可厚非。但是，产品质量和包装价值应相匹配。做过了头就会使人感到华而不实，有上当受骗的感觉，让人望而生厌。比如，市面上的有一种西洋参礼品盒，一个大大的纸盒露着一个小小的透明窗口，排列着鱼鳞状的参片，你会以为整个盒子都是人参。谁知打开一看，除了小窗口之外，整个盒子里填充的都是塑料泡沫，于是大呼上当。这样的包装，运输时浪费集装箱，储存时浪费仓位，卖出后欺骗顾客，没有多少好处。有的商家尝到了弄假的甜头，不仅包装商品，又开始包装明星，美其名曰文化大策划。某歌星本来是演艺行里的大姐大，让港台一包装给包砸了，至少浪费了她美好的年华，丢了许多观众，真是令人惋惜。相反，陈红的《常回家看看》，朴实无华，以情动人，引起国人普遍共鸣。看来，只在眉毛、发型、服装上下功夫，往往本末倒置，事与愿违。这种策划的命运只能是失败。

2. 策划不是算卦

策划需要明确目标，目标的实现需要预期。预期的手段有两种；一种是靠科学分析；一种是靠封建迷信占卜，靠撞大运。大家熟悉的《三国演义》历史故事“借东风”，诸葛亮先卖关子，后祷上苍，设七星祭坛，执旗仗幡，装神弄鬼，呼风唤雨，借得东风，烧败曹兵。实际上是诸葛亮上知天文，下晓地理，以丰富的天文知识观天象、测气候，才预知东风必起。“借东风”不是靠奇门遁甲，而是靠科学分析。

近几年，国内策划业大行其道，涌现出了一些较好的专家，也有一些术士，把预测当成“拆八字”，用风水先生的视角策划房地产和景区建设，其中许多人无大道行，只会要点儿小聪明。

戳穿神话和把戏伪装的武器是科学，科学是由先进的理论、知识组成的。一位美国管理咨询专家说：“不发达国家之所以不发达，与其说是缺乏资金，不如说是由于缺乏创新。”如果一个策划方案神乎其神，让你如坠云里雾中，那就绝不是一个好方案；如果充满了思维创新、观念创新，使你的思路高屋建瓴、豁然开朗，眼前出现了一片新天地，这个方案就是一个好方案。

策划学是一个系统工程，需要复合型、交叉型科学，需要对社会学、经济学、管理学、运筹学、文化学、市场学、广告学、统计学、环境理论，特别是哲学思辨、逻辑推理等专业知识有所研究和在运用中有独到见解。这样的策划方案才是可行的，经得住历史和实践检验的。

3. 策划不是炒作

策划方案当然要有理念的提出，有品牌形象设计和市场营销策略；产品的推广当然要做广告，要通过媒体进行宣传。但产品的市场占有率不仅要靠宣传，更重要的是靠产品质量和周到的售前售后服务。宣传的力度要适中，有的市场专家分析，一般情况下，广告费占营业额 3% 较为合理，特殊情况下，也可以有较大的投入，但必须从自己的实力出发。不分时机、不顾能力一味地炒作，就可能成为泡沫，而泡沫是注定要破灭的。

大家不会忘记几年前央视标王争夺战，也不会忘记牟其中“倒飞机—放卫星—炸喜马拉雅山”的炒作，但越狂跌得越惨：南德垮了，爱多病了，秦池亏了，亚细亚日落了，还有的企业改姓了、嫁人了、拍卖了、倒闭了……连美国《财富》(FORTUNE) 杂志也评述说：“亚洲经济危机的直接后果便是使那些随着亚洲奇迹的泡沫一起吹大的企业一个一个地破灭。”

这当然指的不仅是中国的几个有名的企业，但这些企业成为吹起来的泡沫族的成员是确定无疑的。这一结果当然是这些企业的老板们的失误造成的，但与某些“策划家”“崽花爷钱不心疼”，为其出了馊主意，策划了巨额炒作方案，使其放光了血，导致元气难复不无关系。

4. 策划不是神话

目前策划业中流行“包装术”，某些策划家在包装他人之前，首先包装自己，凭几个“点子”就到处骗钱。因此，我们要提醒人们对那些满嘴跑火车、吹得神乎其神的、只会玩“空手道”、靠“关系”提高身价的和只凭着几个新名词到处唬人的所谓“大师”要提高警惕。

5、关于策划人的素质

“精诚所至，金石为开”。这应该是策划人的座右铭。

“金”者，是策划客体的奋斗目标。为此而出计策方案，应该是“金点子”。出“金点子”的人，无论是企业老总或员工，无论是咨询公司还是独立策划人，要有“黄金眼”，会划“黄金线”，能塑“黄金魂”。

要有“黄金眼”。不能把黄金看成硫酸铜，也不能把硫酸铜看成黄金。要具有准确的、公道的、专业的鉴赏力。比如开矿，把富矿看成贫矿，把贫矿看成富矿，这肯定是不专业的；把铜矿看成金矿，肯定是不准确的。再比如相马，把病马当成千里驹，肯定是不公道的；企业的上级如果用错了老总，或是企业的老总如果用错了人，就会伤及企业。所以，这“黄金眼”不能不锤，不能不炼，故而有“火眼金睛”一说。

会划“黄金线”。把长为L的直线段分为两部分，使其中一部分对于全部的比等于其余一部分对于这部分的比。即X：L=（L—X）：X。这一定律被称为“黄金律”。自古希腊以来，一直有人认为，这种比例在造型艺术中有美学价值，故称“黄金分割”，其比值为0.618。比如，据说标准美女身材比例就符合“黄金分割”，其值为0.618。“黄金分割”被用在科学实验和生产工艺条件选择中，称为“优选法”。我国著名数学家华罗庚就曾大力提倡普及这种方法。策划，是资源的优化配置。这个“黄金分割”线的划定就符合优选法的规则。但资源是变化的、隐现相间的，配置的过程不一定是线性的，因而，不一定是比值为0.618的数学公式计算出来的。更多的“优化”是智慧化的产物。

塑造“黄金魂”。企业的第一桶金可能是方法对头，也可能是碰上了好运。但要保证一桶一桶的金不断淘出来，就要塑造“黄金魂”。“上下同心，力可断金”，是说众志成城，无坚不摧。这种企业文化，是一种团队精神。“精诚所至，金石为开”，说的是高尚、纯粹、专一的诚信精神。有了这样的精神，才可能有好的作风，才能掌握正确的方法。精神之所以重要，是因为它是承载体的支柱，没有了精神，其他要素都无以附着。所以，企业文化是塑造企业灵魂的，是市场竞争的决定性筹码，核心竞争力的表现。

第二节　策划的发展实践

一、中国是策划古国、策划大国

“策划”一词，古已有之。《周公六韬》《孙子》《左传》、吕尚奇谋，春秋五霸、战国七雄，“合纵”“连横”，儒家之学，法家之术，兵家之智，黄老之道，诸葛隆中对，子厚封建论，都是东方古国策划学的结晶。

二、策划成为西方经济的一大产业

从世界范围来看，策划异曲同工。美国称为“咨询”，日本称为“企划”。用在商业上的日本“企划”是20世纪60年代西风东渐的结果，以后逐渐在港台传播，80年代由港台传入中国内地。

在美国，制造“概念”的公司成长最快。1990年，美国最大的12家公司都是做销售的；1999年，12家最大的公司只有两家是做销售的，10家是制造业、金融业和高科技企业；2000年，成长最快的是出售概念的公司——这就是咨询业的策划公司。

这些公司不仅为企业策划，还参与政府行为策划。连总统竞选的顾问班子里，也留有著名策划家的身影。据说，1992年克林顿谋求总统连任，因“婚外恋”被曝光，支持率一路下跌14个百分点。克林顿将策划大师罗宾斯和科维用飞机接到度假地进行密谈，策划了与希拉里一起发表电视讲话，演播室上方一物落下，克林顿一把将夫人抱在怀里的情节。一对恩爱夫妻形象通过媒体转播产生了戏剧般的效果，使克林顿重新赢得了选民的支持，为其再次入主白宫打下了基础。尽管这种策划有点欺世盗名、骗取信任的味道，但这至少说明策划业在现代生活中已经到了无孔不入的程度。

在美国，大的公司都有“智囊团”“顾问团”为其策划，最著名的50个美国大脑库策划业务遍及全球。

著名的美国的两位国际策划大师开始关注和参与中国经济建设。

米尔顿·科特勒是全球顶尖营销顾问公司——美国科特勒营销集团（KMG）的总裁，KMG为全球500强中的300多家提供成功营销策略。近5年来，为我国的许多著名企业如TCL、创维、华润、海尔等做过咨询服务，接受过KMG指导和培训的中国企业不下1000家。因为我在营销策划方面所作的案例，如《无锡旅情》被科特勒讲课时所引用，故而有机会结识这位国际著名策划大师，他爽快地应允为我的丛书作序。

弗朗西斯·麦奎尔被誉为美国联邦快递、肯德基、美洲航空、美国广播公司等世界顶级企业、《财富》500强企业高层管理者的精神导师。美国前总统约翰逊有句人尽皆知的名言：“麦奎尔是金手指，他指向哪里，哪里就会变成金子。”40年实践证明此言不虚。“金手指”弗朗西斯·麦奎尔来华讲学，北京梅地亚中心座无虚席，我作为嘉宾应邀出席与“金手指”会见并互相赠书，合影留念。我将《品牌策划36计》送给他，他回赠以他的新作《金手指》中文版，并幽默地说：我书中写了21条，你写了36条，比我多15条。我说，好的东西都不以多少论短长。后来他给我信息说，你的36计都是金点子。

在中国开展品牌策划，要以很大的激情和欲望向国际上的大师们学习，并紧密结合我们的实际，搞好品牌策划。与国外策划公司相比，中国国内目前的策划业还处于咿呀学语的阶段，策划业的发展还要走漫长的道路。除了一些大专院校和科研单位还活跃着一些专业研究所和咨询策划公司。中国策划业总的特点是小而散，如同春秋战国，各自为王，扯杆旗、挂个牌就开业。有的是三五同人组织的“工作室”，专门为别人包装提供咨询，有的企业老板本人就是策划人。中国的策划业尽管在规模、业绩、影响和策划人的学识等方面还无法与国外著名的咨询公司相比，但这毕竟是中国市场经济的产物，是中国现代策划业的先行者，将来的策划大师和跨国策划公司必然会在这个基础上成长起来。

清代学者王夫之说：“意犹帅也，无帅之兵，谓之乌合。”“意”为文眼，是文章中的核心和卖点，“意”也如策划中的创意，是策划的统帅和灵魂。无帅之兵，谓之乌合；无纲之链，谓之乱珠。这里将策划的作用放在“过程”中进行分析，强调了策划是过程中诸因素中的关键性、决定性的因素，不可忽视。

第三节　策划与品牌建设

一、策划如同“捅破一层窗户纸”

策划人是资源配置师。如果资源到目标的某条路径是存在的，所谓策划不过是“线性和非线性、显性和隐性规律”的求解过程。在分散的资源之间寻找内在、外在联系，找一个恰当的接口或结合点，把断线连接起来，规律被发现了，求解过程完毕。

这个过程往往隔着一层窗户纸。策划，就是做捅破窗户纸的事。我帮桂林策划“总统之旅”的实践就是做了一件“捅破窗户纸”的事。

1998年，《中国旅游报》与桂林市政府共同举办龙舟赛。在市政府召开的龙舟赛总结会上，我发表了总结意见后，向市政府提出搞“总统之旅”的议案。为了有说服力，我讲了几条理由：

1. 有“桂林山水甲天下”之誉的桂林，是我国旅游业最早对外开放的地方，有一定知名度。但这个知名度不可估计过高。1997年，有56家美国旅行社访问北京，仅有2人知道桂林。这说明所谓“甲天下”的“天下”是指中国，而不是指世界。连旅行社的老板绝大多数都不知道中国有个桂林，更何况普通美国人民呢？我们就是要通过一次又一次的宣传把桂林的知名度搞得更大。现在机会来了，美国总统克林顿访华，拟定路线中有桂林。借总统之名扬桂林之名，正是我们宣传桂林的一个机遇。

2. 不要以为搞个人崇拜、追星是中国人的专利，“从众”“从名”是人类重要的消费心理。在美国南达科他州拉什莫尔山（Mt. Rushmore）上，因雕刻着华盛顿、杰弗逊、罗斯福及林肯四位总统的巨型头像，而成为举世闻名的旅游景点。欧美人无论老幼，追星族不少。总统游览过的地方，自己也想走一遍。所以，“总统之旅”“女皇路线”在旅游市场上很好卖。这就是名人效应。

3. 过去，卡特、尼克松、撒切尔都曾来过桂林，为什么这条路线在欧美知名度不高？原因是只把总统来访作为上级交给的最大政治任务接待了，只要保证安全，让客人满意，就完成任务了。谁也没有想到把政治任务转化为经济行为，把接待外国元首当作促进本地经济发展的难得契机。结果99%的力气都花了，就是最后一分力没尽到，这个契机就没抓到。一层窗户纸没被捅破，窗外的大好风光就看不到。这最后一点工作就是：随总统来访团队拍一部片子，然后精心剪辑成“总统之旅”短片，拿到美国市场或西柏林旅游交易会上去宣传，就可以把欧美人引进来。

我在同广西壮族自治区原副主席袁凤兰和桂林市市长交流上述观点时，他们表示赞许。但市长说，克林顿来访，安全措施很严格，市里能随团的也就是一两位市领导，派人录像没有可能。袁主席爽朗地说："这件事决定要干，就要想办法干好。自治区的电视台如有困难，我与外交部或中央电视台商量解决。"后来，她亲自疏通协调关系，桂林市还与克林顿访华时去过的北京、西安、上海一起合作，制作了"总统访华之旅"短片。据说促销效果不错。

这个例子可以说明：策划并不神秘，当你选准了创意之后，干起来不过是捅破一层窗户纸。这个创意就是借克林顿之名扬桂林之名；这个"窗户纸"，就是把政治接待任务转化为促进经济发展的契机；捅"窗户纸"的工具，就是一部"总统访华路线"短片。这个策划实施的"关节点"或称"接口"，就是落实一位记者拍好这个短片，既可在新闻联播时用，又为旅游短片剪辑提供素材。资源还是那些资源，你只要做一个口袋，把资源装进去，口袋上写着"总统之旅"，扔到西柏林交易会或美国旅行商那里，你就等着接客吧。用不着去喊叫漓江、阳朔什么的。这就叫策划。这样做的结果证明了策划的正确，"总统之旅"打开了欧美市场。

二、策划的两条基本原则

（一）宏观采气

宏观采气，是借用气功的理论，没有"气场"，气功是练不好的。只有探讨策划客体的外部环境，才能为客体"定位"，从宏观上理出思路。比如，原山东省旅游局曾请我为山东旅游业出点主意，我在分析宏观环境方面讲了三个观点：

老天爷偏爱山东。常言说："老天爷不会把好雨都下在一个地方。"就全国而言，有的地方资源丰富但经济落后，比如西部有的省区，旅游业发展较慢；有的地方经济发达，但旅游资源缺乏，如深圳，只能靠人造景观作为旅游吸引物，旅游发展无疑受到限制；而有的地方，旅游资源丰富，而且经济发达，旅游业如虎添翼，山东就是这后一种典型省份。既有人文顶级资源——孔孟故里，又有世界双遗产——五岳之首泰山；既有内陆又有海滨，西部比之贫穷，中原比之干渴，都市比之喧闹。老天爷把好雨都下到了山东，再加之山东的政策环境好，因而迅速成为经济大省和旅游大省。

齐头并进，梯次发展，前景更好。要为山东旅游业定位，就要将其与全国做一宏观的对比。我经过长期观察和分类，全国各省区市旅游业发展大致有六种类型：（1）大都市型：京、津、沪、渝，特点是经济、文化发达，客源集中，但地域有限，自然资源品类不多；（2）大马拉车型，省城旅游业发达，带动了一大批中小城市，如陕西、浙江等；（3）中心城市辐射型，以省城为中心建起了陆路、航空辐射网，如云南；（4）偏师借重型：旅游接待量最多的城市不在省城，如桂林之于广西、大连之于辽宁、张家界之于湖南；（5）待发展型：资源丰富、潜力巨大，但目前旅游业规模较小，如西北五省区；（6）齐头并进型：特点是包括省城在内，有好几座城市旅游业规模差不多，形成齐头并进的局面。山东就是这种类型。内陆的济南、泰安、济宁和沿海的青岛、烟台、威海，六市旅游业规模相仿，互相比劲十足。而且随后还有一大批地市不甘落后，如潍坊、临沂、聊城、滨州等蓄势待发，力谋破壳之术，紧跟前六市之后，梯次前进。2002 年全省旅游接待人数在全国名列第三，仅次于广东、北京。从前景上看，整体发力，实力很强，后劲十足。

这种齐头并进的发展形势要求对过去的思路要做调整，比如，使用了多年的“一山一水一圣人”的促销口号已完成了它的历史使命，应改换一个有利于调动全省积极性的口号。不久前，报载山东新的主题形象口号确定为：“走近孔子，扬帆青岛。”与原来的“一山一水一圣人”相比，“三龙头”变成“双龙头”，重点更突出；既照应了历史文化的衔接，又增加了现代化意识。与有些兄弟省市的旅游口号相比，文字简约，切合实际。应该是个进步。但与“山水浙江，诗画江南”相比，过于具象，包容不够；稍嫌太实，缺乏韵味，限制了想象的空间，因而似乎仍有斟酌的余地。当然，抽具虚实，历有两派，孰优孰劣，本无定论，与时俱进才是真理。只要上下求索，相信总能找到更中意的。

从三种文化类型的比较中认清竞争的最终优势是文化底蕴。山东沿海的几个城市旅游业发展起来以后，特别是青岛啤酒节越办越好，人们就对“山东的拳头产品是什么”产生了不同看法。我认为，文化是地区不同经济类型的纽带。

古人傍河而居，中华版图三条大河形成三种文化类型：珠江文化、长江文化、黄河文化。其积淀和影响由南向北渐增。珠江文化积淀较浅，人们意识中偏重各自为政，强调自我，表现在经济上企业多而规模小，有人说有一点“满天星斗，缺少明月”的感觉。不过积淀少，包袱少，船小好调头，因而市场经济能最早从珠江三角洲启动。长江文化积淀渐增，这个中间带文化有南北交会、融合的特征。黄河文化在中华民族历史上影响最深远，孔孟文化是重要源头之一。这种文化追求“大一统”境界，“讲政治，看大局”，有集体主义和团队精神，因而才有海尔、青啤这样大型的国有企业。说到底，山东各地在文化底蕴上是共通的，这种文化底蕴是竞争的根本优势之一。

因此，明了中国的宏观文化图景，才能更准确地为山东旅游业的定位，继而厘清今后的发展思路。

（二）微观求义

如果说“宏观采气”是探讨策划客体的外部环境，为客体“定位”的话，“微观求义”就是探讨客体的内在规律，为客体“定性”。只有在“定位”“定性”的基础上，才能为客体“定向”。

我参与清华大学21世纪研究院编制的内蒙古“库布齐沙漠生态旅游区”规划时，就有这样的感受。策划“文案”文眼在“创意”，好的创意具有唯一性、排他性。比如CI设计，如果模仿别人，就容易雷同，只有从特定客体本来意义上发现特征，才有“唯一性”。原来的口号是：“让你一次玩个够！”无个性，也拒绝了回头客。经过调查比较，我建议他们把原来十多句口号修改为这样两句：“库布齐——您身边的大漠”，反映了都市人向往大漠风光，也符合库布齐是距北京、天津、西安等大城市最近的沙漠的事实。周末游客可以轻松往返，市场上有竞争优势。另一句口号是：“到库布齐——可识弯弓射大雕。”沙漠边上是成吉思汗陵，“只识弯弓射大雕”是毛泽东对“一代天骄”的评语，只改一字，可借名扬名。“库布齐”是蒙古语“弓弦”之意，即以黄河为弓，以沙漠为弦，视角恢宏，符合地貌特征，巧寓“弯弓射大雕”之诗意，上口、易记，便于推广。在此基础上，我为库布齐设计了徽标：一张巨弓，弦为黄色，代表大漠；弓为蓝色，代表黄河；底为绿色，代表草原。

这样的口号、徽标是对特定客体内在特征分析中找出的个性，是“微观取义”的结果。既不和别地口号重复，别处又很难盗用，这就为景区将来打造核心竞争力增加了一个筹码。

“天下没有两片相同的树叶”，是说任何事物都有其独特的个性。我所强调的策划师应该做到的微观求义中的“义”，就是准确找到这片树叶与其他树叶的不同之处，即差异化之所在，并将这差异化包装成亮点、卖点。因此，能否准确“求义”，就是策划水平高下之别。

三、策划的三种思维模式

我向来认为，人从本质上来讲，应该是平等的，不应该分为三六九等，这是人本主义和坚持公平的出发点。但从人的品质来看，又是有区别的，这是人才战略和坚持效率的基础点。

一次同洛阳市旅游局原局长刘祥顺闲聊，他说：我在强调职工加强理论学习时讲，人分上、中、下三等：上等人是用理论指导行动的人，中等人是用目的指导行动的人，下等人是用感觉指导行动的人。我以为然，于是略加思索，说：“你这一等人为理智之人，二等人为性情中人，三等人为蒙昧之人。这一等人中，还可以细分为上、中、下三级：用别人的理论指导行动的人为上中之下人，用自己的理论指导行动的人为上中之中人，用自己正确的理论指导行动的人为上中之上人。”

我们各级领导、企业的老总和想成就大事业的预备者，要努力成为上人和上中之上人。这必须是一种善于学习的人，善于总结的人，善于抽象出理论的人，又反过来以正确的理论指导实践、以正确的思维解决实际问题的人。

思维无定式，思维也不应有定式。思维定式了，也就使思想窒息了。思维应有方向，选准了方向，解决问题的门路就打开了。

思维之向可分三维：纵向、横向、逆向。它对策划关系重大，故分而析之。

（一）纵向思维

纵向思维（有时也称正向思维）是对原来理论、思想、观点、认识的深化。比如，本书开头对“上等人”（理智之人）的三种细化分析，就是循着刘祥顺局长“人分三等”的思路深入挖掘得出的看法。

纵向思维在解决实际问题中也经常运用。这里举个例子加以说明。2003年5月，我去桂林阳朔，有一家旅游景区向我咨询起死回生的办法。我对这家企业一无所知，是来到阳朔才听记者站的同志们介绍的，于是就随他们一起去了。这是一处依托阳朔山水所建的人造景观，名曰“蝴蝶泉”：在公路旁的山崖上造了一只巨大的水泥蝴蝶；背后山腰一个洞口用人工抽水办法造了一个瀑布；山坳平地处是一个网棚，里边养了成千上万只蝴蝶；一个巨大的塑料口袋做成的蝴蝶躯体形通道，用电路模拟出蝴蝶的脏器、血管、神经等。人们走过这个通道时，就通过讲解员的介绍学习到生物科学方面的知识。主题是昆虫科普知识教育。景区已投入了800万元，但开业以来，客人不多，景区的老板急于请人为其策划。

座谈会上，我帮他们分析，指出在此处做蝴蝶文章没有独特的地方特色，科普文章也是蜻蜓点水，市场定位没有相对固定的客源层，这是产品缺乏吸引力的主要原因。阳朔，一个县城，学生的数量有限，即使所有学生都去参观，也无法支撑一个景区常年的客源。况且距县城10公里远，不是统一组织，个人去很不方便。这个市场定位、产品定位就先天不足。最好的办法是“更换主题，重新包装”。但经营者表示已无力再做大的投入，现有的景点设施还想保留。这就只留下了一条路：纵向思维——在深化主题上做文章。

“蝴蝶”可以生发出两个主题：一是科普；二是爱情。单一的科普主题已经失败，唯一选择是做爱情主题。做这个主题，原来蝴蝶的设施还可以续用；把景区内的一条溶洞作为一个爱情传统故事的展示场所，许多钟乳石造型就赋予了生命；周围自然景观如“酒瓶峰”等就有了说头；原来从科普角度取名的“漏斗石”，也可用“滴水穿石”的意境佐证忠贞不渝的爱情；风雨桥也有了用场；“情人谷”也就有了客源。以此为思路，对所有景观重新命名，参观线路重新编排。建议把公路旁山崖上的水泥蝴蝶处理掉，用相连的两颗心的图案表示爱情，重叠的部分又像蝴蝶的身躯。这个图形作为景区的形象标志，承载了爱情主题的价值以昭告路人。除了景观突出这个主题以外，还要编排一场“蝶舞”；以婚宴、生日宴为主题的餐饮，通过媒体招徕新婚旅游者、银发旅游者、家庭旅游者；还可与电视台等媒体一起举办类似

“玫瑰之约”“情人聚首”“黄昏之恋”节目等。爱情主题，古今中外，内容丰富，永无枯竭，是挖掘不尽的宝藏。

这个纵向思维所产生的深化主题的策划方案，使景区老板脸上的阴云散去。

（二）横向思维

如果说纵向思维是在原来理论、认识轨迹上的一种“前进”，在实际工作上是向“深度”的进军，那么，横向思维就是以原来的理论、认识为轴向周边的“拓展”，在实际工作上是向“广度”的进军。

横向思维要求有广阔的视野。比如，学习外来经验，要有比较和抓住实质。举一个桑拿和温泉的例子。

《读者》杂志2000年第12期有篇文章，题目是《路的旁边也是路》，讲的是日本企业家西田千秋为自己企业的策划。其策划思路用的就是横向思维。文章的梗概是：

1956年，松下电器与日本生产电器精品的大阪制造厂合资，设立了大阪电器精品公司，制造电风扇。当时，松下幸之助委任松下电器公司的西田千秋为总经理，自己任顾问。

这家公司的前身是专做电风扇的，后来开发了民用排风扇。西田千秋准备开发新的产品，试着探询松下的意见。松下对他说：“只做风的生意就可以了。”

四五年之后，松下又到这家工厂视察，看到厂里正在生产暖风机，便问西田：“这是电风扇吗？”

西田说：“不是。但它和风有关。电风扇是冷风，这个是暖风，你说过要我们做风的生意。这难道不是吗？”

后来，西田千秋一手操办的松下精工的“风家族”，除了电风扇、排风扇、暖风机、鼓风机之外，还有果园和茶圃的防霜用换气扇，培养香菇用的调温换气扇，家禽养殖业棚舍换气调温系统……

西田千秋只做风的生意，就为松下公司创造了一个又一个的辉煌。

生活中，我们在一条路上不断地走，总觉得自己已经把路走绝了，再不能走出一片崭新的天地，再不会有更大的成就。实际上，路的旁边也是路。

可能我们一生注定只能奔赴一个方向，如果总是沿着那条老路前进，当然有把路走烦、走厌、走绝的时候。西田千秋试着往旁边跨了几步，就发现了无数条路，而且条条都是全新的路，并最终引领他走向了成功。

事实上，更多的时候，我们在生活的路上走得不好，不是路太狭窄了，而是我们的眼光太狭窄了，所以最后堵死我们的不是路，而是我们自己。难道策划的思路不也是这样吗？

正好有一段精彩的话引用在这里，是牛津大学心理学博士爱德华·波诺说的："纵向思维是在挖同一个洞，横向思维是尝试在别处挖洞。"其特征是："不是过多地考虑事物的确定性，而是考虑它的多种选择的可能性；关心的不是怎样在旧观点上修修补补，而是如何提出新观点；不是一味地追求正确性，而是追求它的丰富性；不拒绝各种机会，尽可能去创造和利用机会。"爱德华博士把我们对横向思维的认识提到理性的高度。与纵向思维相比，横向思维没有对原来观点那么强烈地遵从；与逆向思维相比，横向思维也没有对原来观点的果断抛弃。横向思维是集思广益、发扬民主的好东西，也是打开策划思路的法宝。

（三）逆向思维

前边我们从正向思维的角度探讨了纵向思维。这种思维适用于一种理论、思想、认识和一种实业的初创期、发展期。但当其发展到成熟期后，条件和环境变化了，开始走下坡路了，还坚持原来的思维模式，就掉到理论和认识的陷阱里去了。

在古今中外历史转折时期和重大历史事件中，这方面的例子太多了。随手举一个滑铁卢之战的例子：1815年6月18日，法国统帅拿破仑在比利时滑铁卢被英、普（鲁士）联军击败，当了战俘，客死他乡。"滑铁卢"也因此成为全世界公认的"失败"的代名词。

英军统帅威灵顿在战场目睹了法军的血肉横飞，流着眼泪说："胜利是除了失败之外的最大悲剧。"这句富有哲理的名言是对拿破仑的评价。这个评价被他的盟军——普鲁士的军事理论家劳塞维茨的"进攻顶点"理论阐释得明明白白。连续26年的战争已使拿破仑创造了无数辉煌，他的功业远远超过了亚历山大、汉尼拔、恺撒和腓特烈大帝，但他却不知"适可而止"，竟以全欧洲为敌，先陷西班牙，再败莫斯科，终结于滑铁卢。如果他能“功成身退”或见好就收，也不至于处在“进攻顶点”时继续前进而走向灭亡。拿破仑在征俄惨败时曾经说过：“从伟大崇高到荒谬可笑，其间只相差一步。”这本来应该后退的一步他却迈出去了。于是，迈进了陷阱，迈进了雷区。此一战例可以看出：失败往往不是战术的错误，而是理论指导和思维模式的错误。

在处于“进攻顶点”的时候，必须头脑冷静，突破窠臼，另辟空间。这在思维方式上是逆向思维，逆向思维是对原来理论的扬弃，是认识上的创新，是工作思路的根本性或战略方向性的调整。

比如，美国西北大学教授、营销专家唐·舒尔茨的营销名言：“把冰卖给因纽特人”；还有一个故事，说的是“把梳子卖给和尚”。这都是一种逆向思维。TCL 总裁在谈到为什么请韩国影星金喜善做形象大使时说：“我们研究的是买点，而不是卖点。”这也是逆向思维。“卖点”关注的是自己，是生产者的产品；“买点”关注的是市场，是消费者的资讯（包括收入、习惯、心理、距离、使用周期等）。只有在对自己的产品有信心的前提下，才能有精力专注“买点”。与关注“卖点”的企业相比，这无疑是一种跨越。在市场经济中，就是要“你打你的，我打我的”，就是要“东方不亮西方亮”，不跟着别人后面走，而是另辟蹊径。这方面成功的例子比比皆是。

日本诺贝尔奖获得者江崎的成功就得益于逆向思维。代替电子管的新元件是晶体管，制造晶体管的原料是锗。全世界都在研究如何才能把锗提炼得更纯。日本新力公司的江崎博士和助手黑田百合子也孜孜不倦地探索。黑田十分小心地操作，但不可避免地总会混进一些杂质。她提心吊胆地一次次测量其参数，却发现每次都显示出不同的数据。于是她想：既然绝对提纯不可能达到，倒不如干脆采取相反的做法，故意一点点地添入少量杂质，看一看能提炼出什么样的晶体。这虽是违反常规近似荒唐的念头，江崎博士知道了这个构想后却拍案叫绝。照此方法，他们进行了一连串的实验。结果，当他们不断增添杂质把锗的纯度故意降到一半时，一种极为优异的半导体晶体诞生了。为此，江崎荣获了诺贝尔奖。所以，“反其道而行之”是一种科学试验中的常用办法，也应该是其他工作打破僵局的一种思路。

我们做新闻工作，有时也要善于“换一种思路”来考察同一件事物。举一个例子，是新华社记者写的两篇短文。

标题是：内地招商闹香江——媒体双方称各得其利　香港经济不旺都难

据新华社5月12日报道，五月香江，分外热闹。翻开香港各大报章，山东、湖北、河南等省市招商引资的消息、专访、广告、特刊比比皆是，版版相连。香港诸多展览场地、大酒楼，因连场的项目推介会、说明会、酒会而忙得不亦乐乎，街头闹市、金店银庄，出出入入的，许多是操着普通话的内地客商。

据媒体报道，内地招商，带旺香港，直接刺激了市场消费。调查数字显示，每位内地来港游客平均消费1万港元；而业内人士估计，每个招商团成员的平均消费应是一般游客的5至8倍。

有位出席山东临邑县招商酒宴的港商，叹于主人所赠礼品金马时钟的精致之余，感慨地称，一个县来港招商有这样的气派，内地经济的发展水准不可小看。以往港人引为自豪的“机灵应变、勤奋创新”的香港精神，已在内地经济迅速发展过程里闪放光芒。“祖国好”的实感，从招商活动的环环细节中折射出来，潜入港人的心坎。“祖国好，香港好”，不再是空泛的口号概念，成了港人在经济低迷环境中激励自己奋发图强的切身体会，也为香港精神注入新的内涵。

此文旁边加了个短评，标题：如此阔绰，还招什么商？

新华社记者方立新、黄冠撰文说，读罢上边这则消息，开始挺为港人高兴，后来却越读越觉得不对劲。

笔者想做一次“小人”，度一度“君子”之腹：“君子”们花的钱是不是地方？是不是还有乱开发票做假账——花了公款又能赚一笔？这些内地的“招商团队”，如此阔绰、竞比豪奢，花钱的理由纵使一万条，都难脱“公款旅游”“公款购物”“公款享乐”的嫌疑！

内地经济的发展水平真的“不可小看”吗？谁都明白内地多数地方与香港是怎样的差距。这样阔绰，如此“有钱”，还缺什么资金项目？还跑到要靠你们去“带旺”的香港招什么商？话说回来，如真能带回项目，招来商，而不是停留在“计划”和不知怎么搞出来的“数字”上，那倒真是百姓之福、国家之幸了。

我们希望内地“带旺”香港，但是坚决反对内地的公款消费者去“带旺”香港；香港人心中的“祖国好”，也绝不应该是“祖国的招商团大把花钱好”。

同一件事，两种看法，观点相反，各自成理。这也是一种逆向思维。从正反两个方面考察同一事件。如果说这是辩证法，是防止片面性的一种认识论。其中，逆向思维功不可没。

（四）三种思维方式的结合

为了叙述方便，上边对纵向思维、横向思维、逆向思维分别做了考察。但在实际研究和工作中，这三种思维方式互相间都不是孤立的，而是互相联系，有时是互相连通或并用的。

社会现象和实际工作中的思维方式运用要比一首诗复杂得多。比如，人类社会经历了农业社会、工业社会，现在到了信息社会。工业社会的基础是材料和产品，信息社会的基础是知识和管理。中国是一个半生不熟的社会。工业社会许多东西还未完善，产品品牌和诚信还未建立起来、现代管理制度在相当多的企业里还不知为何物的情况下，又要赶信息社会的班车了。保守了不行，照抄别人的也不行。有些时候，在有些问题上，中国人的思维方式与外国人也不一样。比如，一个村镇、一个城市盖房子，在中国，房子的外形往往“趋同”。但外国人习惯于“求异”，房子的外形很少重样，因而建筑风格丰富多彩。“趋同”是纵向（正向）思维，“趋异”是逆向思维。这种情况与中国数千年“大一统”传统思想影响有关，改革开放后有所好转。旅游者旅游的动机是“求异”。所以产品建设应多运用横向思维和逆向思维的原理。这也符合观光型、大众化产品向休闲型、个性化产品转变的潮流和趋势。

目前的中国，几种经济形态并存，因而这些形态下产生的观念也同时并存，我们在认识和对待所遇到的问题的时候，很可能几种思维方式交错使用才能奏效。这对中国的管理者、企业家提出了更高的要求：他们是具有理论水平的实践家，是在夹缝中生存、发展的高手。他们率领的企业，在什么时候运用什么思维方式，就好比一支掘进队在矿床里采矿，巷道有时是纵向的，有时是横向的、逆向的。巷道方向的确定原则，应该是哪里有矿石、哪里便于科学作业，就选择什么方向掘进。只按一个方向走，出了“圈”还不回头，就得亏血本。

中国正在赶队。“发展是硬道理”已成为每个中国人的共识。美国未来学家阿尔文·托夫勒指出：“第三次浪潮的开始，中国并不占先。但实现跨越式发展是完全可以的。但是你不能跨越教育。教育是一个国家发展的前提。而宽带正是提供这种教育的利器之一。”

套用阿尔文·托夫勒的话，教育也是一个人发展的前提。这个前提是不能跨越的。要想使自己有个光明的前程，就必须学习；要想策划好工作，就必须先策划好自己；而任何歪门邪道的策划都不能提高自己的实际水平和能力，只有加强各方面知识的学习才是立世之本。其中，锤炼自己的思维方式、努力加强理论修养是这个学习的重要内容，也是提高解决实际问题的一把钥匙。

四、重点策划：抓住“六点”搞策划，发展才能“跨越式”

在原青海省旅游局召开专家学者座谈会和在贵阳召开的中国西部旅游发展战略研讨会上，我在发言中强调：通脉活络，需要点穴之术。西部地区要实现超常规、跨越式发展，策划不应该眉毛胡子一把抓，而应该抓重点。应该在“关键点”“关注点”“关节点”“优势点”“激活点”“制高点”等部位上进行策划。

（一）大刮头脑风暴，在人们观念更新的“关键点”上进行策划，造就一批策划家

“关键点”是人的观念、人的认识，尤其是领导层的观念和认识的提高，是关键中的关键。要使地区经济和旅游业快速发展，要重视人才，培养和造就一批策划家，使他们成为智囊团、顾问团。并通过他们影响骨干和群众。

（二）举办具有轰动效应的大活动，在公众“关注点”上进行策划

大活动带来大效应，已被世人公认。运动会、展销会、各种级别的政治、经济、文化类会展和论坛是人们关注的焦点，因而形成了会展经济、会展产业。据国际会议组织（ICCA）统计，每年全世界举办的各种国际会议

达 40 万个，总开销 2800 亿美元。接待会展活动和安排会前会后旅游也就随之成为重要的旅游产品。

人们不仅看到了某次会展活动带来的经济效益，更重视这个活动所带来的轰动效应，对主办地知名度的提升、产品上市、准入度的提高，对城市综合功能及人们观念的转变所带来的重大促进作用。这就是奥运会、世博会每届竞争主办权达到白热化程度的动力性原因。北京申奥成功，让中国人亲身体验到奥运会不仅仅是个重要的体育赛事。昆明世界园艺博览会的举办，使昆明市政建设提前了 10~20 年，使原来比较后进的云南旅游业一下成了全国的亮点和热点。1998 年 9 月，由澳大利亚原总理霍克等几国原政要发起的亚洲论坛，在海南博鳌举行。使原来素不知名的博鳌因举办“亚洲论坛”而名声大噪。这是一个非官方、非营利、定期定址的高级别的国际会议组织。论坛每年举行一次，博鳌被确定为永久性会址，这是海南的幸运！更是博鳌的幸运！西部地区也应策划举办具有轰动效应的大型活动，如西部论坛之类。抢占制高点，夺取控制权、主动权、主导权，不断从四大高原（云贵高原、青藏高原、黄土高原、内蒙古高原）上发出鸣响，让这种轰动效应吸引世人关注，吸引外界资金优势与这里的资源优势对接，使外界的先进观念与这里的奋斗精神对接。火热的西部开发和赚钱机遇又引来科技、人才等重要发展要素，跨越式发展的气候形成了。有了蛋和孵化器，还愁飞不出金凤凰吗？

（三）重视在“关节点”上搞策划，使旅游业形成产业链

每年秋后春初，大约半年时间，全国许多地方成为旅游淡季，但一南一北却形成了两头热，特别是春节黄金周，海南、黑龙江游客盈门，形成了中国旅游业的两大亮点。

黑龙江的冬季旅游产品是滑雪。由于政府主导型战略的实施以及滑雪产业观念的夯实，老天爷给予北方的白雪，变灾为宝、变雪为金。冰雪活动调动了人民的积极性，调动了交通、通信、园林、城建、金融、保险等多方面的积极性，吸引性政策调动了海内外、省内外的资金、人才涌入。滑雪带动和形成了一个庞大的产业链，旅游业的关联、拉动作用得到良好的体现，新的经济增长点的观点得到一个有力的实证。这样发展旅游，才能得到社会各种力量的支持；反过来，各种力量的支持又使旅游业得到跨越式的超常规发展，形成良性循环。这就是强调抓“大旅游”的观念的体现。黑龙江注重产业链培育的经验值得西部地区借鉴。“关节点”就是产业链上的关节点。在这些关节点上搞好策划，就能拉起一条产业链，对地方经济的振兴作用是巨大的。

西部地区旅游业起步晚，产业规模小，要注重先抓那些既有一定的知名度基础，又能调动相关行业积极性的项目进行策划、开发。这些项目是联结网络、穿成线路的“关节点”。抓住这些“关节点”，就能调动各地、各方力量，建设一大批不同层次、不同级别、针对不同目标市场、各有特色和吸引力的产品集合，形成巨大的产业链，使旅游业成为社会各界都来参与的大产业。实现这一目标，要靠政府主导型战略的推进，靠旅游主管部门制定规划、制定标准、抓好人才培训，推动、监督规划和标准的落实。西部省区市旅游局应把主要精力放在“关节点”上。比如，青藏铁路的建设是青海旅游业发展的重大契机。铁路沿线旅游产品的建设应早规划、早动手，以使铁路投入使用时旅游产品正好应市。这有可能成为中国的又一条黄金旅游线。由铁路线带动旅游线，推动形成沿线的产业链，进一步带动整个青藏高原经济跨越式腾飞。这也是国家投巨资建设这条铁路的目的。旅游业在其中的地位和作用，无疑是这个链条中的重要环节和动力性因素。

（四）要实现跨越式发展，必须在“优势点”上进行策划

“优势点”有“先发优势点”“后发优势点”“比较优势点”和“不对称优势点”。

与“先发”地区相比，落后地区已没有先发优势，但可以把“后发优势点”一个一个找出来。比如，别人别地别国的先进经验、优秀成果、超前理念，可以结合此地实际进行嫁接、改造、创新，将其优势发挥到极致，这就是一个“后发优势点”，是站在巨人的肩头上。策划要首先寻找可供你站上去的“巨人”。再比如，别人掉下去的陷阱，走过的弯路，踩响的地雷，你要绕过去、跨过去，不犯别人犯的错误，这也是“后发优势点”。我国早期建设的许多旅游景区，由于缺乏经验和环保意识，把服务设施建在核心景区，造成了生态破坏；现在不得不大批拆迁，也造成经济上的巨大浪费。这个教训，后发地区就可吸取。

经过多年努力，我们的大环境经过多年努力有了很大的改善，这一点决定了后发地区的发展基础、起点已大大高于先发地区。充分挖掘、利用好这种大环境，也是“后发优势点”。比如，西部大开发带来的政策、投资和观念更新优势；机场、高速公路、通信设施、电子计算机网络的普及、青藏铁路、WTO、北京奥运、出入境手续的简化等，都为西部地区带来了千载难逢的机遇。把这些机遇都找出来，抓住不放，引入策划理念，使这些“后发优势点”的优势最大限度地释放，西部地区就可以甩开常规的羁绊，实行跨越式发展。

此外，要在“比较优势点”，特别是在“不对称优势点”上进行策划。“人有我优”是比较优势，比较优势可建成“精品”。“人无我有”，是不对称优势，不对称优势可建成“绝品”。比如，青海的水脉、山脉（如三江源）就是不对称优势，这是一种垄断优势；青海湖、黄河游、民族风情等是比较优势。相邻的省区如有不对称优势，你不要与其竞争，而要与其竞“和”，避其锋芒，借势扬名。比如，因修建青藏铁路而形成的“青藏之旅”，因为青海是中间环节，应与西藏、甘肃捆绑发展，不要企图甩掉人家。我们要把这些“不对称优势点”和“比较优势点”一一找出来，进行策划、包装、促销。这是能给人们留下印象，代表青海形象的产品优势。

（五）抓住处于“半苏醒”状态的“激活点”进行策划

许多资源在不同的生产力背景下其价值是不一样的。比如，在计划经济时代，张家界被视为穷山恶水，多划一座山头就多了一份负担。但改革开放，搞了旅游，同样的山水一下成了宝贝，于是出现了抢地盘、炸梯子的事件，边界纠纷不断，为了加强统一管理，发展旅游业，国务院才批准成立了张家界市。类似的事例国际上也有，著名的例子是阿拉斯加。阿拉斯加原来在加拿大的版图，但一直是俄国的势力范围，1867 年，美国花了 720 万美元买了下来，俄国人当时认为不仅得了一大笔钱，还甩掉了一个大包袱。美国国会和舆论也认为主张买阿拉斯加的国务卿司瓦德（SEWARD）做了个愚蠢的决定，甚至嘲笑阿拉斯加是司瓦德的大冰箱。但不久，这里发现了黄金，又陆续发现了煤、铁、石油，很快成为美国最富裕的州之一；阿拉斯加 170

万平方公里，是美国最大的州，比我国新疆还大；60 多万人口，10 万土著因纽特人，不仅具有战略地位，而且是极具吸引力的旅游胜地；720 万美元买 170 万平方公里土地，4.2 美元买 1 平方公里土地，是世界上最划算的房地产，俄国人和加拿大人肠子都悔青了，美国人捡了大便宜。

我国西部地区是一块古老而神奇的土地。在农业社会、工业社会，这里的许多资源显示不出巨大的优势，所以在漫长的历史长河中，这些资源是闲置的、处于休眠状态的。在后工业社会和信息社会、网络社会，人民生活水准的提高，回归自然的心理需求的增长以及交通、通信的现代化使空间距离感拉近等因素，使得青藏高原成为人们旅游的重要吸引物和目的地，使原来闲置资源变为有用资源。只要我们把资源合理、优化配置，资源优势就会变成产品优势，进而变成经济和效益优势。

资源等级有别，开发成本不同，财力物力有限，全部资源不可能一下都进入开发利用状态。要从沉睡的资源中选择"半苏醒"状态的资源作为"激活点"，可能是资源优化配置的捷径。改革开放以来，随着内外部某些诱因的产生，青藏高原上许多地方逐渐为世人所知：从鸟岛到青海湖、原子城、三江源、可可西里无人区、万山之宗的莽昆仑、塔尔寺及各地的多姿多彩的民族风情等。这些应该是青海的亮点。已有相当的知名度、处于半苏醒状态的资源，应该是整个青海旅游资源配置中的激活点。在各个级别上选择并抓住一大批"激活点"进行策划，调动各方力量加以完善，这些"激活点"编织的网络将成为青海旅游业的重要基础和产品群。从系列产品中选择最具卖点的产品作为王牌产品，或称拳头产品。只有到这个时候，中西部旅游业的品牌才能真正形成。

（六）抢占"制高点"，是打造品牌的攻坚战和持久战

有一部老电影，讲的是敌我两军从两面攻占一个小山头。我军因先头一步登顶，居高临下，组织火力把敌人压了下去，赢得了整个战役的胜利。因而，抗美援朝战争的许多攻坚战、阵地战都以"某某高地"命名。大凡军人都懂得抢占制高点对于夺取战斗、战役胜利的关键作用。古今中外战例不胜枚举。

事不同而理同。商场既然有竞争，这种抢占制高点的作为也就成了商战的关键战法。

1. 抢占观念的制高点

观念的制高点是理论创新的策源地，是开风气之先的智慧囊，是行业排头兵的培训营，是大牌企业家的孵化器。谁抢占了观念的制高点，谁就执牛耳矣，所有竞争对手都会唯马首是瞻。

所以，古今中外的大战略家、大政治家、大策划家、大企业家无不重视“概念”的提炼和打造。因为他们懂得“炒热一个概念，转变一种观念”；因为他们懂得，概念是观念的表述，概念是理论的关键词，概念是品牌的主题词，概念是商战的领军旗，概念是企业文化的凝聚点。比如，“全聚德”烤鸭店是什么意思？周恩来总理为其概括为“全而无缺，聚而不散，仁德至上”三句话，使“全聚德”这个老字号字字千金，成为企业文化理念的经典，从而也提升了品牌价值。

目前，在国际政治、经济、文化生活中，大行其道的“×× 论坛”，就是观念创新的制高点，是新理念产生的策源地。因为这些“论坛”产生的新观念、新理论所产生的影响，也使“论坛”的举办地和创始人名声远播。比如“达沃斯”（DAVOST），是瑞士阿尔卑斯山脚下的一个小镇，原来并不知名。有一位名叫施瓦布的大学教授，在这里策划了“世界经济论坛”。[注：世界经济论坛（World Economic Forum）成立于 1971 年（原名欧洲管理论坛 European Management Forum），它是一个完全独立于任何政党、国家和利益团体的国际性非营利基金会。它和联合国保持咨询关系。每年年初在瑞士达沃斯召开年会；1976 年，改为会员制组织；1979 年，出版第一部年度《世界竞争力报告》；1979 年第一个进入中国的国际非政府组织，与中国国家经委下属的中国企业管理协会建立友好往来，中国开始每年派政府和企业代表团参加达沃斯年会；自 1980 年起，每年与中国企业管理协会共同举办中国企业高峰会；1987 年，更名为“世界经济论坛”。“世界经济论坛”是当今全球第一流的国际组织，它将企业界、政界、学术界和媒体结成伙伴关系，致力于改善世界经济状况。“世界经济论坛”在全球商界内部以及商界与政府之间建立了一个最高级的交流渠道，为全球经济、社会和政治发展议程提供行动计划。“世界经济论坛”的核心是 1000 多家全球第一流的企业。“世界经济论坛”的座右铭是：致力维护全球公共利益。]

由于有各国政要和世界500强企业参加，“世界经济论坛”年会成为一个影响世界的非官方、非营利的最高级别的国际会议组织。从此，达沃斯（DAVOST）成为全球经济和智慧的代名词，成为全球著名的旅游胜地。

我们要把国内的“论坛”办好，认真学习国外的经验很重要。达沃斯论坛本来是“非官方的组织”，却成了各国政要关注和讨论经济问题必去的场所，“非营利组织”也成了赚大钱的机构。人家是“欲擒故纵”“放长线钓大鱼”。我担心我们的有些“论坛”“短见”“浮躁”，不善于占领观念的制高点，而是一开始就商业气味十足，直奔主题（赚钱）而去。这可能适得其反。

2. 抢占科技的制高点

邓小平说：“科学技术是第一生产力。”这种概括，就是说，在所有生产力要素中，科学技术是制高点。

科学技术是知识经济的核心内容之一，谁掌握了领先的科学技术，谁的发展就快，谁的腰杆就硬。美国在国际社会中之所以这样“牛”，一个重要的原因就是领先的科学技术所打造的经济实力。2002年3月22日，英国的一家权威的私人思想库——罗伯特·哈金斯研究所一份研究报告指出：美国主宰着世界知识经济。报告中援引的数据是：

全球知识基础50佳地区中有45个在美国，其中以明尼阿波利斯——圣保罗地区为最佳，那里也是高技术制造商3M公司所在地。硅谷所在地旧金山地区位居第二。报告排名突出了美国与欧洲之间的竞争差距。斯德哥尔摩是美国以外入选地区中位置最靠前的地区，但也仅列第22位。伦敦位居第50名。欧元区经济规模最大的德国排名靠后，得分最高的汉堡被挤出前50名而排在第62位。

报告按照各地区的“知识竞争力”加以排名。所谓“知识竞争力”是指这样一种能力：不仅能够创造新思维，而且能够利用其经济价值。

报告是在特别敏感的时期出台的。报告公布一周前，欧洲联盟领导人在巴塞罗那举行的峰会上显然未能实现其大肆宣传的宗旨：更加紧密地团结欧洲联盟，在21世纪的第一个十年结束时使之成为世界最具竞争力的经济体。

在报告列举的“世界知识竞争力指数”中，美国入选地区由于公司的研究与开发支出较高、教育开支较高以及高度发达的信息技术设施而得分较高。

衡量“知识竞争力”的其他标准包括：知识密集型行业（如计算机制造部门和高科技服务部门）的就业水平和获得专利的数量。

罗伯特·哈金斯研究所认为澳大利亚和新西兰正在挤入世界知识经济的行列。

在知识竞争力指数排名中，前 50 名没有亚太地区。东京是亚太地区得分最高者，位居第 54 名。

正因为我们处于后进地位，只有占领科技制高点，才能实现跨越式发展。在这方面，无论是国家、企业还是个人，都有许多工作要做。国家应完善法律、政策和健全激励机制，企业应扩大和增加科技含量，个人也要更新知识，要立志在本单位、本行业、本地区抢占科技制高点。有条件的也可以抢占国际科技制高点，以使企业的实力不断壮大，进而为不断壮大国家的实力做出贡献。这应该是新时期、新世纪有作为的企业家为之努力的一个目标。

3. 抢占品牌的制高点

经过市场经济几年的洗礼和锻炼，使中国的企业家懂得了名牌、品牌的意义和作用，因而上演了一系列品牌争夺战。这里边或巧或拙，或智或愚，值得评说。

抢注商标之战。在国际国内大市场中，关于商标的异议案、争议案、抢注案、流失案、注册不当案、违法和侵权案不断发生。其中商标抢注案是案中案、战中战，有些案例很有戏剧性。

商标抢注，实际上是一种通过抢在原商标所有者之前在某国或某地通过合法手续注册该商标，以获取经济利益的竞争行为。抢注的商标通常是在市场上已有一定知名度或知名度预期很好的商标，具有经济、产权、信誉、艺术及社会影响力等多重价值。抢注的目的或者自己使用，以利用这一商标的知名度获取牟利的捷径；有的抢注后并不使用，而是束之高阁，以此堵截原商标所有者进来瓜分市场，从而保住自己产品的市场份额；有的抢注后高价转让。

商标是区别商品或服务的标志，而注册商标则是保证商品或服务合法竞争的武器。世界各国的商标法共同的一点，即对于商标权的保护是建立在商标注册的基础上的。同一商标，谁先注册了，谁就等于掌握了同类商品或服务市场的权力。所以，商标抢注是伴随市场竞争而出现的。商标抢注是无情的商战杀手，是市场竞争中的“撒手锏”。

这里分析一个关于“欧元”被抢注的案例。

欧盟成员国按照《马斯特里赫特条约》的规定，原计划于1999年1月1日实现欧洲统一货币。经过激烈的论争，欧盟成员国于1995年12月将统一货币定名为“欧元”（EURO）。然而1996年夏初荷兰一名普通公民向荷兰最高法院状告欧盟盗用“欧元”名称，此案在欧盟成员国中引起了不小的风波。

这名荷兰籍公民叫艾邦，是位建筑工程师。1995年10月4日，艾邦在海牙的商标注册办事处，把欧盟当时正在讨论的未来货币名称“欧元”悄悄注册为商标。1995年12月，欧盟成员国领导人在马德里举行的首脑会议上才最后正式把欧洲未来统一货币命名为“欧元”。按照欧盟国家的法律，已注册的商标未经允许是不能随便使用的。

荷兰财政部指责艾邦抢注的做法是投机行为，欧盟各国政府也对荷兰政府施加压力，要求荷兰司法部门按照法律程序以“商业犯罪和投机罪”的罪名起诉艾邦，强迫他撤销对“欧元”名称的注册。

艾邦向荷兰阿姆斯特丹最高法院提出起诉，指明欧盟是1995年12月才正式定为“欧元”的，比他注册晚了两个月，因此状告欧盟盗用他的注册商标，并指责欧盟是“官压民”。

阿姆斯特丹最高法院表示，艾邦在法律上是占上风的，欧盟将来使用“欧元”这个名称前必须付给艾邦一笔费用，以向他购买“欧元”这个商标。

欧盟各国官方被荷兰一个小百姓玩了一把，不仅使欧洲统一货币名称启用受阻，而且还得支付高额转让费。

至于我国名牌商标被人抢注的案例更是俯首皆是。

如“青岛”啤酒在美国、“蝴蝶”牌缝纫机在印度尼西亚、“竹叶青”酒在韩国、“天坛”牌蚊香在马来西亚等均被抢注。云南“红塔山”牌香烟在菲律宾被抢注，所注册的外观与中国云南“红塔山”完全一样，只是产地不同，其产量已接近于中国。在我国与菲方交涉中，菲方表示，无论中方出多少钱，也绝无商量余地。这就是说，中国的“红塔山”香烟已无进入菲律宾的可能，一旦进入就构成侵权。在韩国抢注中国商标之风甚烈，像“同仁堂”“全聚德”“安宫丸”等老字号，以及“孔府宴”“健力宝”“青春宝”等，都被抢注。有关资料称，我国已有 180 个品牌在澳大利亚被抢注，48 个品牌在印度尼西亚被抢注，100 多个商标在日本被抢注，我国产品在海外申请注册时有约 15% 的品牌遇到已被抢注的尴尬局面。

试举“狗不理”在日本被抢注的例子加以分析。

1996 年 5 月，天津狗不理包子集团在申请境外商标注册时意外地发现：“狗不理”服务商标已被日本大荣株式会社抢先在日本注册 1 年多了。

天津狗不理包子集团早在 1984 年就与日本大荣株式会社结成联营伙伴。同国内联营伙伴一样，大荣在日本以“狗不理”包子店名义和工艺技术独立从事经营，每年支付给天津狗不理包子集团一定的费用。但在 1992 年 9 月，大荣株式会社背着天津狗不理包子集团在日本申请了“狗不理”服务商标。1994 年 11 月 10 日，日本商标当局发布了公告，由于天津狗不理包子集团不知此事，因而也就不可能提出异议，如今法定的 1 年异议期已过，大荣株式会社已顺利地取得了“狗不理”在日本的商标权。

“狗不理”商标虽然是我国的一个老字号品牌，有一定的知名度，但在国外没有其分店，从而在国际市场上的覆盖面窄小，国家商标局也难以将其确定为中国驰名商标。而同类的有些服务商标，如“麦当劳”“肯德基”等已成世界驰名商标，在世界市场上“遍地开花”，自然谁也不可能抢注。大荣的商标抢注在日本已具有合法性，所以官司难诉。正宗的“狗不理”要在日本落脚，看来只好先买大荣的牌子了。

我国一些名牌商标在国外被抢注，主要原因是其拥有者在商标的国际保护方面意识淡薄。1985 年，我国加入《商标国际注册马德里协定》，但到外国注册的国内商标仅有 82 件，而外国企业到中国注册的商标共 5973 件。截至 1995 年年底，我国企业到海外 120 个国家和地区申请注册的商标共 11322

件，而日本一年内在我国注册的商标就有 1.8 万件，美国为 2.3 万件。

我不赞成“抢注”，更不赞成“偷注”。但这毕竟只是一种道德观念。市场竞争不相信眼泪，不能单纯依重道德，要更多地相信和依重法律。明明是自己的东西，被别人抢走，经过法律判决又不能物归原主，这只能怪商标的创造者法律常识的缺乏，只能在饮恨自责中买个教训。

抢占遗产（遗迹）之战。中国旅游业的大发展，使许多原来的无用资源变成了有用资源。比如杜康酒的产地、赤壁之战的遗址、陶渊明笔下的桃花源、《西游记》的花果山位居何处，就有好几个地方在争抢；黄帝陵、黄帝城、黄帝出生地等，全国有陕西、河北、河南等地分别在做黄帝文章时，都在称自己是“唯我独有”。

抢夺品牌之战。在国内这类争夺战中，云南人的手段最高。试举两例：泸沽湖位于滇川交界，湖的面积大部分和沿湖多数村庄属四川盐源县；泸沽湖镇在四川，末代王妃肖淑明和走出女儿国的歌手杨二车娜姆都是四川人。但四川没有看到泸沽湖的价值，而云南人敏锐地看到从远古保留下来的这个母系部落对外的吸引力。于是修整景点、打通道路、加强宣传，把“女儿国”的品牌牢牢抓在手中，国内外游客源源不绝地从昆明绕道丽江去泸沽湖探秘。待到四川方面觉醒时，已经晚矣。游人先入为主，都知道“探秘女儿国”的产品是云南的。

最精彩的例子是关于“香格里拉”品牌之战。

“香格里拉”在藏语中称“香巴拉”，早有故事和歌曲传世。故事和歌曲描述的是一个理想的王国，是一个有雪山、峡谷、湖泊、草甸、喇嘛庙的藏汉居住区。这里天人合一，社会安宁，是一个世外桃源。

事业和信念的结合可以带来无尽的动力和追求，行业和宗教的结合可以产生神秘和深邃。早在 200 多年以前，即 1775 年，六世班禅贝丹益喜写了一部《香巴拉王国指南》。这可能是我国最早的一部导游书。因为六世班禅是佛祖的代言人，他的这部指南也就成了藏经的经典之作。依据此书记载，两个多世纪以来，很多探险家和考古学家在藏区境内外对“香巴拉”进行了探寻。有人称，“香巴拉”在帕米尔高原，有人称在塔里木盆地，有人称在西伯利亚，有人称它的通道就在布达拉宫的下面……

由于有两个外国人的参与，将这个话题扯成了一个国际题目。一个是美籍英国著名作家詹姆斯·希尔顿，他1933年写了小说《消失的地平线》。书中描写了在中国藏区，有一个世外桃源，喇嘛寺领导着整个山谷，称为“香格里拉”。其意境与藏区原有的传说大致吻合，“香格里拉”与“香巴拉”在发音和语意上也基本相通。

《消失的地平线》出版后立即畅销，并获得英国著名的霍桑登文学奖。1944年，好莱坞投资250万美元将小说改为电影，主题歌《这美丽的香格里拉》传遍全球。

“天堂”是宗教的理想境界，无论是佛教、伊斯兰教还是基督教，都追求这种境界，而“香格里拉”正是这种境界的物化，一下沟通了东西方文化价值观念。《不列颠文学词典》中称:《消失的地平线》的“一个最大贡献，就是为英语词汇贡献、创造了‘香格里拉’这个新词。对它的解释为：与世隔绝的世外桃源，那里没有战争，是一片宽容、安宁、祥和的净土；是一片神奇、拥有无与伦比原始自然美丽的乐园，那里的生活是透明而清澈的，它远离正在走向毁灭的西方现代机器文明世界”。

还有一位美籍奥地利人洛克博士，被西方称为“纳西学之父”，从20世纪20年代起，在丽江旅居27年之久，写了《中国西南古纳西王国》一书。书中认为丽江更像“香格里拉”的“蓝月山谷”。这里的雄古村还发现了光绪年间的石刻，上面的“香各（格）里拉”依稀可见。

于是，有六世班禅活佛亲撰的藏经传世，有好莱坞大片《消失的地平线》的宣传，有人类学家洛克的考古成果为证，“香格里拉”成为人类的梦想家园。商人们也看到了它的含金量，因而纷纷抢夺这个品牌。

香港的郭氏家族买断了这个词汇，为自己的酒店商号命名为“香格里拉”，于是成为一家世界连锁酒店集团。

但“香格里拉”毕竟作为旅游目的地更为贴切。印度和尼泊尔捷足先登。1957年，印度旅游局向外界宣布，位于印度一侧的克什米尔喜马拉雅冰峰下的巴尔蒂斯镇为“香格里拉”。1992年，尼泊尔旅游局宣布，该国的边陲小镇木斯塘为“香格里拉”。

然而，《消失的地平线》分明说，“香格里拉”在中国的藏区，即使别的地方风光地貌有类似之处，来抢这个品牌也未免牵强。近几年来，西藏的林芝、云南的迪庆、四川的稻城，甚至青海、甘南的藏区，从横断山脉到青藏高原，凡有雪山、峡谷、草甸、湖泊的藏区，大都参与了抢夺“香格里拉”“香巴拉”品牌之战。但多数地区只顾埋头建景点、圈内搞宣传，“缘槐夸大国”，不懂得旅游是外向型经济，更不懂得抢占制高点。只有云南迪庆州竞争技巧高人一筹。他们不仅对外宣布自己是“香格里拉”，而且在打造产品的同时，他们报请国务院批准，将中甸县更名为“香格里拉县”。为表庆祝，迪庆州委、州政府定于2002年5月5日至5月10日举行系列活动。主要活动有：中甸县更名香格里拉县庆典暨第三届迪庆香格里拉艺术节开幕式、《香格里拉之春》游演焰火晚会、藏传佛教文化调演《仙境灵光》《香格里拉神韵》歌舞表演、民族歌手演唱会、香格里拉摄影作品展、民族服饰展演及其他风格迥异的民族文化活动。这一“体验香格里拉”活动，已列为第三届中国昆明国际旅游节的主要活动内容之一，并在北京人民大会堂召开了香格里拉县更名大会。

这一下，许多地方傻了眼。品牌一旦被别人抢走，自己以前的努力就成了“无用功”。联想到那个攻占山头的情节，在品牌之战这个回合中，一些地方是输了。这就是市场经济的无情，这就是抢占制高点的好处！

以上所述，“关键点”“关注点”“关节点”“优势点”“激活点”“制高点”是旅游业未来的“亮点”和“卖点”。选择和抓住这六个“点”进行策划，进而开发、完善，连点为线，以点带面，形成产业链。这样，西部省份目前“资源大省，发展总量小省”的形象就会改变；超常规、跨越式发展的目标就可实现。这个原则不仅适于西部，全国各地都可参考。

五、机会策划

机会策划案例很多，比如抓住建城、建厂周年、名人生日、重大事件纪念日等进行营销策划。我做的《无锡旅情》、樱友谊林活动、桂林总统之旅等策划，都是抓住时机进行策划的结果。任何策划都是在一定时空背景下取得的，机会稍纵即逝，抓不住，往往导致策划的失败。

六、系统策划

一个地区、一个企业旅游业的发展，抓好一时一事、一个产品的策划固然重要，但注重做好总体、系统的策划更重要。比如在规划中搞好总体策划，在指导全局时善于做总体策划，都是着眼于大视角、能收大实效的做法。

湖南举办的“百姓喜爱的湖南百景暨新潇湘八景评选活动”，就是这样一个关乎全省旅游品牌打造的系统性策划。

这个活动策划有以下几个特点：

1. 普遍发动，历时一年

从2004年年初着手准备，动员全省老百姓参与，400多个主要景点景区报名，在此基础上评出“湖南百景”，尔后再进一步评选出百姓喜爱的“新潇湘自然八景”“新潇湘人文八景”和“新潇湘休闲八景”。评选过程由于有数十家媒体参与，全省百姓推荐，100景和三个“新潇湘八景”都在媒体上展示，年底前公布评选结果，评比过程就是品牌宣传和品牌打造过程。

2. 高层重视，加强领导

由于本人参与了此项活动的策划，并兼任活动组委会副主任，所以，了解这个活动的组织架构。此活动是非政府、非营利性的，部分市场化运作的活动。活动由湖南省政协原副主席游碧竹为首的湖南省旅游学会担纲，得到了省五大班子领导的一致支持，集结了省内外一大批专家为之出力。5月份新闻发布会，省委宣传部部长亲临会议作发动，于是媒体闻风而动，均以显著位置、大篇幅进行报道，立时形成气候，而后各地市报名踊跃，会后举办的第一个论坛——旅游品牌策划讲座（作者担任主讲），反响强烈。

3. 意义重大，影响深远

“湖南百景暨新潇湘八景评选活动”，是对以往湖南全省旅游产品的重新盘点和更新换代，是为加强旅游目的地建设而做的十分重要的基础性工作。老潇湘八景已有千年历史，这次进行调整，以新品牌代替老品牌具有历史意义，影响深远。评比所及纵贯千年，遍布全省，可称得上纵横交错的系统策划。

4. 示范作用，值得推广

湖南的这个系统策划，在全国各省区市具有示范作用。许多地方在历史上都有“八景”“十景”的称谓，其中有些已消失，而随着20多年旅游业的蓬勃发展，又涌现了一大批著名的新景观。品牌及其效应是需要培育的。湖南的做法就是品牌培育的很好形式，值得推广。

5. 关乎品牌，全力支持

《中国旅游报》对湖南的这次活动，不仅参与策划，而且要全程跟踪报道，并承诺以最优惠的价格为其做数十个版面的集中展示，奠定三个“新八景”的品牌地位和提高其在全国的知名度。对其他省区市开展的类似活动，《中国旅游报》也将给予同样的支持。

第四节　策划案例：中国龙城——山东诸城

2008年年初，受山东省领导、原山东省旅游局、诸城市委市政府委托，作者作为“中国龙城——山东诸城”恐龙项目总策划，对国内外恐龙资源及开发状况、可借鉴的经验进行调研，而后拿出策划方案，作为进一步做规划的总体思路。策划成果向省市领导汇报后，获得肯定。

山东诸城白垩纪公园策划方案

——策划目的论、策划程序论、多维整合论三者结合的成果

一、主题词：三龙戏珠 惊世骇俗 科技作翅 龙城飞腾

二、本案策划背景

山东省诸城市以出土巨型鸭嘴龙化石而闻名，被称为“鸭嘴龙的故乡”。

1964 年，国家地质队在诸城市区西南 10 公里的吕标镇龙骨涧进行地质考察时发现鸭嘴龙化石。1982—1989 年、1992—1996 年进行过两次发掘，共发掘装架了 4 具恐龙化石骨架，其中 3 具分别陈列在北京中国地质博物馆、天津自然博物馆和山东省博物馆。

按古生物学的划分，地壳上不同时期的岩石和地层，（时间表述单位：宙、代、纪、世、期、阶；地层表述单位：宇、界、系、统、组、段）。（见表 1）

在形成过程中的时间（年龄）和顺序。地质年代可分为相对年代和绝对年龄（或同位素年龄）两种。相对地质年代是指岩石和地层之间的相对新老关系和它们的时代顺序。地质学家和古生物学家根据地层自然形成的先后顺序，将地层分为 5 代 12 纪。即早期的太古代和元古代（元古代在中国含有 1 个震旦纪），以后的古生代、中生代和新生代。古生代分为寒武纪、奥陶纪、志留纪、泥盆纪、石炭纪和二叠纪，共 6 个纪；中生代分为三叠纪、侏罗纪和白垩纪，共 3 个纪；新生代只有第三纪、第四纪两个纪。在各个不同时期的地层里，大都保存有古代动、植物的标准化石。各类动、植物化石出现的早晚是有一定顺序的，越是低等的，出现得越早；越是高等的，出现得越晚。绝对年龄是根据测出岩石中某种放射性元素及其蜕变产物的含量而计算出岩石的生成后距今的实际年数。越老的岩石，地层距今的年数越长。每个地质年代单位应为开始于距今多少年前，结束于距今多少年前，这样便可计算出共延续多少年。

化石简介
fossil-china.com

- 古生物化石的综合价值(1)
- 古生物化石的综合价值(2)
- 地质年代与生物事件对照表

化石收藏

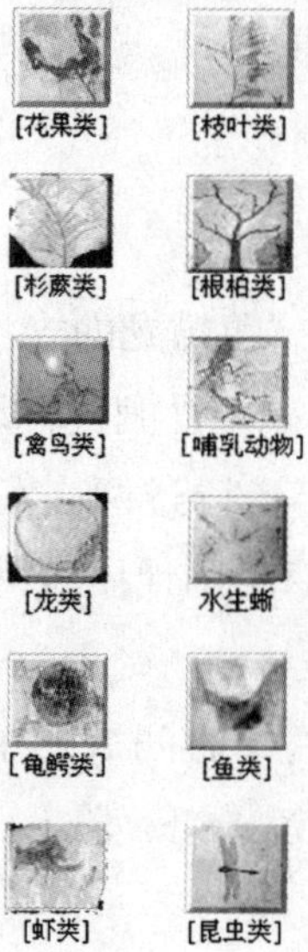

[花果类] [枝叶类] [杉蕨类] [根柏类] [禽鸟类] [哺乳动物] [龙类] 水生蜥 [龟鳄类] [鱼类] [虾类] [昆虫类]

表 1　地质年代与生物历史对照表

代	纪	距今百万年	主要生物事件：动物界	动物时代	主要生物事件：植物界	植物时代
新生代	第四纪	1.81		哺乳类时代		被子植物时代
	近新纪	23.8	← 人类出现			
	古新纪	65				
中生代	白垩纪	141	←恐龙类大灭绝	恐龙时代；爬行类时代		
	侏罗纪	230	←原始鸟类出现 ←哺乳动物出现		←被子植物出现	
	三叠纪	251				裸子植物
古生代 晚古生代	二叠纪	298	←爬行动物出现	两栖类		
	石炭纪	354			←种子植物出现	蕨类时代
	泥盆纪	410	←陆生动物出现	鱼类时代		
早古生代	志留纪	440			←陆生微管植物出现	裸蕨时代
	兴陶纪	495	←原始鱼出现			
	寒武纪	545	←寒武纪大爆发			
新古生代	末元古纪	650	←艾迪卡拉生物群 ←动物出现		←多细胞藻类大发现	藻类时代
	成冰纪	850				
	拉申纪	1000	叠石管繁盛			
中元古代		1600				
古元古代		2500	←真核生物出现			
太宇宙		3900	←原始生命出现			
冥古宙		4500	←地球形成			

上一页<<<　[1] [2] [2] [3]
■返回页首

恐龙生存的年代是中生代，此期间的三叠纪、侏罗纪、白垩纪时间在距今 2.51 亿年 ~6500 万年前（三叠纪：2.51 亿 ~2.30 亿年前，侏罗纪：2.30

亿~1.41 亿年前，白垩纪：1.41 亿~6500 万年前）。整个中生代是恐龙时代、爬行动物时代、被子植物时代。这个时代经历了将近 2 亿年时间，是研究古生物学和生物进化科学的重要阶段。

2008 年 7 月 21 日，作者与诸城龙骨涧国家地质公园建设领导小组副组长刘作光、诸城市旅游局王克柏局长赴加拿大卡尔加里恐龙地质公园考察

恐龙是全球许多国家和中国不少省份都十分重视的科普资源和旅游资源。

山东省领导、原省旅游局和潍坊市、诸城市委、市政府十分重视这一资源的价值，曾召开会议研究开发恐龙资源的政策、措施；成立市恐龙化石资源开发及龙骨涧国家地质公园建设领导小组；组织专业队伍进行深入调查，在全市范围内发现26处恐龙化石集中地，然后展开大规模恐龙化石发掘，现已发掘50吨骨骼化石，可复原组装100只巨龙骨架；面积为5400平方米的诸城恐龙博物馆已经建成，并对外开放；由原省旅游局和诸城市领导带队、聘请国内省内知名专家参与的专题考察调研组，到常州“中华恐龙园”、郑州“地质博物馆”和美国纽约自然博物馆、华盛顿自然博物馆、洛杉矶侏罗纪公园、加拿大世界自然遗产艾伯塔省恐龙公园参观考察。

本人有幸作为特聘专家参与了国外部分的考察活动。这次考察，由时任诸城市恐龙化石资源开发及龙骨涧国家地质公园建设领导小组常务副组长刘作光、市旅游局局长王克柏和我同行。我们多数时间乘红眼飞机夜行，白天抓紧考察，晚上碰头研究。为给领导决策和即将进行的规划工作提供参考意见，特将观感写成本策划案。

三、策划的基本思路

1. 策划定义

孙子定义：策之而知得失之计——策划目的论。

哈佛定义：策划是一种程序，在本质上是运用脑力的理性行为，是针对未来要发生的事情作当前的决策。即策划是预先决定做什么，何时做，如何做，谁来做——策划程序论。

我给策划下的定义：策划从本质上讲，是智力对资源的优化配置。这种配置是线性和非线性关系的交错，是显性和隐性规律的链接，是时间和空间相关要素的整合——策划多维整合论。

此方案是策划目的论、策划程序论和策划多维整合论三者结合的研究成果，具有强烈的实战特点。

2. 策划原则

宏观采气，微观求义；

抢占高地，铸造品牌；

移穗接砧，杠上开花；

借势造势，借名扬名。

3. 工作路线

政府主导，市场运作；

调研入手，策划先行；

高手参与，规划创新；

半年策规，半年招商；

两年建设，产品落地；

全程营销，品牌形成。

四、诸城恐龙主题公园做到什么程度

1. 不干大，不如不干

从目前得到的消息，诸城白垩纪公园要干，但干到什么程度还不明确。是小干，中干，还是大干？要通过调研和策划做出最终决策。

经过多年特别是近两年来的努力，对诸城恐龙资源开发高度重视，做了许多发掘工作，博物馆已建成。投资2000万元建成恐龙公园七区40景，诸城旅游网的定位是“江北县级市最大的恐龙公园”。但与国内、国际同类项目比仍是中小规模，如果仅突出了部分展示功能，文化创意内容不做大，只属小干。

在品牌竞争时代，不干大，不如不干；小打小闹没啥意思。没大效益，没影响力，通过以恐龙为载体提升城市形象的目的根本无法实现，景区经营不死不活，投资回收困难，更不必说有更大的盈利空间。做不大，就不要做。

2. 为什么要大干

这就要认清做大的必要性。

现在认识上要明确：恐龙资源不是独特稀缺资源，地球上中生代长达2亿年的时间，恐龙统治整个世界，在很多国家、国内很多地区都有恐龙骨和恐龙蛋的发现，开发利用都在做。河南西峡恐龙蛋蕴藏15万枚，恐龙成了热门话题和热门开发主题。

当前恐龙资源的开发利用有两种形式：展示型和演示型。

展示型主要是恐龙骨架等化石实物展示；演示型无实物而是用科技手段作仿生性演示。具体分为几类：有龙无蛋，有蛋无龙，既无龙又无蛋只有仿制品。

建设景区，特别是建设主题公园，最忌讳的是同质化资源近距离的复制。同质化程度严重的资源，过去讲，一是溶洞，二是温泉。现在应该说，最同质化的资源就是恐龙。同质化的资源复制容易，市场竞争激烈，脱颖而出的难度大，做好做大靠水平，靠创新。仅仅以骨架展示为主，目标市场狭窄，回头客少，无法做大。

做大做强是国家强盛、企业发展之所需。企业、产品是一个国家的经济细胞，比如美国经济实力强，主要是企业强。世界500强大多数是美国的。

品牌建设是旅游业提高产业素质的必由之路。我国旅游业的规模、素质、效益提升的空间非常大。山东提出的组建、改制、引进一批大企业的决策是有远见的，把恐龙公园做大的策划是符合国家、省市和企业根本利益的。

所以，干大是必要的。

山东诸城鸭嘴龙生活在白垩纪。诸城市恐龙博物馆陈列的恐龙化石是目前世界上最大的鸭嘴恐龙化石骨架，被著名的恐龙研究专家赵喜进先生命名为“巨大诸城龙”，高9.1米、长16.6米，距今约7000万年。这是接近地球上恐龙灭绝最近的年代，因而对研究恐龙生存、进化、灭绝之谜最有价值。

结论：诸城恐龙主题公园做强做大不仅是必要的，而且是可能的。要干大，就得大干。只有干大才有出路，才有意义。

五、干大需要做什么

1. 名称：中国（山东诸城）白垩纪公园

2. 定位：突出白垩纪鸭嘴恐龙为主的中生代古生物理论科研科普和以恐龙为主题的具有趣味性、惊险性、娱乐性场所。建成中生代科普教育园地，古生物理论研究基地，国内一流世界著名休闲娱乐园区，中国文化创意示范园地，国际古生物学大会永久会址，国家5A级景区和世界地质公园，世界自然文化遗产。

3. 占领制高点

为达此目的，必须惊世骇俗，占领制高点。

（1）占领规模档次制高点

规模、体量世界第一，做到“四最”：主体最大，环境最美，配套最全，空间多维。

让恐龙不仅在展馆里，而且出现在天上、地上、厅馆、隧道多维空间。

（2）占领科技制高点

好莱坞侏罗纪公园没有真恐龙化石，但使用了最先进的科学技术，仿真水平产生了巨大感染力。我们的白垩纪公园要在有真恐龙化石展示基础上，大力采用最先进的科学技术，做到以下七个“结合”。

创意与科技结合；

展示与演示结合；

石化与活化结合；

科普与娱乐结合；

参观与参与结合；

安静与刺激结合；

淡化同质化与强化独特性结合。

（3）占领理论制高点

与国际国内顶级科研单位合作，请他们来设点、讲学、开会、办论坛，在顶尖刊物上得到介绍，如国际古生物学会会刊、《国家地理》杂志、《中国国家地理》杂志等。

（4）占领服务制高点

服务设施硬件配套和软件、素质要占领制高点。

努力做到“势形质”兼备：千尺取其势，百尺取其形，咫尺取其质；

“策划、细化、深化、活化、强化”五化并举；

强调达到“四致”：努力做到精致、细致、周致、极致。

精心做好针对青少年、儿童、妇女等不同目标客源层的见学、服务项目。比如：在展示馆里为儿童特设的人鸟鱼虫石植物种子等标本室，有标签、说明、图件，注明“可触摸”，学习华盛顿国家自然博物馆的做法，提供显微镜和放大镜，让孩子们仔细观摩。提供婴儿、老人、婴儿车、残疾人车箱包寄存、借存服务，这是体现“四致”的最感人之处，也是抓住回头客的关键。

（5）占领品牌制高点

如不打折扣、毫无倦怠地做到上述四点，品牌的制高点也就拿下了，目标规定的几块牌子就会到手，品牌实力系数将倍增，市场穿透力、影响力、占有率将直线蹿红，国内一流，世界著名的品牌地位经过努力便可获得。

六、如何做大——观念是关键

1. 指导思想更新

从策划、规划之初，必须请高手，高起点，高目标，高投入，才能高回报。

要纠正那种“旅游业是门槛低，易进入，科技含量少”“低投入，高产出”等传统观念。这是山水观光游初期低档次、初级阶段形成的认识，现在要搞个性化、精细化的休闲娱乐旅游、特别是文化创意性产品，粗放型、低投入、急于回收、短期效应的思路必须纠正。

2. 实现目标

当仁不让，誓做龙头。诸城打好恐龙牌，以白垩纪巨型鸭嘴龙为城市形象，建设中国龙城，带动产业升级和城市转型，建成山东旅游产品的新类型，做中国乃至世界恐龙项目的龙头老大。不能停留在“江北县级市最大的恐龙公园”这样的定位和目标上。这样的目标，只是江北少数县级单位的龙头，不是江北最大，不是国内最大，更不是世界最大。

要著名，先正名，再借名，后扬名。争做世界著名恐龙公园，先盘点自己的资源，如世界第一高大鸭嘴恐龙等，把能够正名“龙头”的旗帜打起来。在策划、规划、建设和管理等各环节，请国内乃至世界著名的专家参与，站在“大个子”的肩头上。扬名，需要一系列营销推广手段，要做专门的规划。

要争一流，先做“三流”。即抓住古生物进化源流，突出先进科学主流，服务休闲娱乐潮流，才能创造国际水平一流。

七、项目布局

1. 主体建筑为三龙戏珠

河为一条中国巨龙，以拱形桥将河分为三段，河水从龙头穿出；

沿河两岸各做一条500~800米长的巨龙。一条是鸭嘴龙，一条是霸王龙；

三条巨龙正前方做一圆形10000平方米玻璃建筑，呈现三龙戏珠态势，将古生源和中国魂结为一体。河流从龙头流出后从巨珠下方流过。

2. 巨珠一分为三

功能为：游客中心，购物商场，中间8000平方米为热带植物园和各种舒适雅静的休闲空间，为新婚旅游者设立婚纱摄影和举行婚礼的殿堂。

3. 水上游览

河湖相连，河中可乘各种造型（恐龙形、中国龙形等）的游船开展水上活动，年纪大的、时间紧的游客可乘船到购物场购物。小型龙船可从球形建筑下划出或开出到大湖中游弋。

4. 鸭嘴兽巨龙的功能是恐龙展示馆

（1）四条腿是四部电梯；前腿两部电梯直通恐龙长颈滚动式电梯；（2）恐龙头部是巨大观景台和旋转餐厅；（3）鸭嘴兽恐龙身躯内设展厅、演示厅和各类服务设施：

底层5代12纪古生物进化史馆，重点是中生代三纪动物、植物标本、图片、声像、图书等。

宽阔的腹腔设100具以上恐龙骨架展示馆。

腹腔上层设巨大共性天幕或巨大宽屏幕立体电影馆，放映《侏罗纪公园》和《白垩纪公园》等电影。

被子植物等中生代植物展示馆。

发掘过程展示馆：发掘、建馆文件、决定、证书、场景、工具等。要特别保留一段没有挖掘而让游客看见的土壤和岩石中的恐龙骨架断层。

儿童、学生见习馆。要特别为儿童设计一个自然标本馆和恐龙等自作纪念品作坊；学龄前和低年级学生要有大人陪同，各标本箱有放大镜，必要的地方装几部显微镜，学生可触摸标本，家长或讲解员为孩子们介绍各标本知识；制作馆里有专业人员指导，做成大恐龙等生物形象纪念品，付成本钱后打上名字、馆章和日期，孩子们可带走留作纪念。

会议室、投影机、文件、资料复印机、饮水机、冷暖气、厕所、婴儿照护处、婴儿车借寄处、手机充电桩、Wi–Fi 全覆盖等应有尽有。

5. 巨大的霸王龙是惊险刺激的游乐馆

真实的鸭嘴龙是食草龙，体重相当于 14 头大象重量，是霸王龙体重的 20 倍。霸王龙是食肉动物，前腿退化为捕捉动物的利爪，生性猛烈。这只霸王龙后退粗壮，前爪正要抓面前不远处一堆恐龙蛋，目光炯炯有神，眼皮会眨动，不时发出吼声。

游客从游客中心进入，看了整个园区项目介绍，参观了鸭嘴兽古生物展示馆后，从尾部出来，乘观光大巴过河，路上遇到地震、山洪暴发、鳄鱼食人等仿真场景，就到了霸王龙游乐馆的尾部。

在霸王龙腹内做惊险经历，场景与霸王龙性格协调。乘上恐龙形船经过隧道星空、太空旅行、暴雨雷电区，从霸王龙腹部驶出。在一片湖边，遇一仿真霸王龙向观众袭来，被体量大 20 倍的鸭嘴龙一尾巴扫到；有一个鳄鱼钻出水面，向游人游来，鸭嘴兽张开巨嘴咬住尾巴把它甩到湖的另一边，保护了人群，以培育它与游客之间彼此的好感。

6. 购物场所

游客从霸王龙游乐馆出来，正好到商品、纪念品购物场，选择他们需要和喜欢的东西。

7. 恐龙翻滚过山车

为了从高空俯视整个园区，跨越三条巨龙的世界最高、最长的空中轨道，形若恐龙的飞车在空中高速飞驰，充满惊险和刺激。

数字噱头和四个世界第一：三条巨龙和翻滚过山车属于世界第一的规模，影响力会很快得到传播。

翻滚过山车轨道长度、三条巨龙长度总和以河桥分出的三段不同长度切合一些重要数字：如诸城建城年数；山东鸭嘴恐龙生存年代距今年数；中生代恐龙生存距今年数等。

八、配套设施

恐龙酒店。头朝四方的鸭嘴恐龙身体架起酒店骨架。这是一座从外形到内装，从用具到饰品，从家具到餐具，从用品到厅室名称，从餐食到饮品，从员工工装到背景音乐，处处体现恐龙主体酒店的设计经营理念和匠心。

城堡式宾舍。随山就势退台式成组式客舍，这是一种消除目前遍布城乡的火柴盒式酒店审美疲劳的崭新建筑形式。

风味美食店。由于这个公园的规模和独特性，足够两天的见学、休闲、娱乐内容，吃的需要很突出。鸭嘴恐龙头上的旋转餐厅需要预订，临时就餐没有机会；除酒店提供特色餐饮外，应逐步引进世界各国和中国各地的名优风味小吃，办起一个特色餐饮组群，含有各色大餐和快餐店。游龙城，吃天下——这也是卖点之一。

会所。国际古生物学研究会所和大会会址、中国科学院古生物研究基地，平时可承接各类会议、论坛、研讨活动。

康体健身场所。为住园游客准备的SPA、按摩、洗浴等康体健身设施，也应突出恐龙主题。

九、环境回归

这组特大体量的游乐项目坐落在什么环境下，能不能协调？是一个必须认真对待才能解决好的。由河流、山脉，还要有很好的林相、水相。要根据需要挖几个有功能的湖泊。美化环境，栽植树木，要有大树。为了强化中生代环境特征，要在适当位置做一些仿真植物，如当时茂密生长的银杏树等“史前丛林”。

在大环境烘托下，广场、湖畔等游人集中的地方，有人穿恐龙服同游人打招呼、合影。在适当位置设置仿真龙、恐龙蛋窝。间或可见龙形、蛋形园林小品，柱头、桥栏、喷水口甚至将步道垃圾箱、音响箱等做成恐龙状。翻滚过山车要在“史前丛林”中间和上空穿行，游人要有身置中生代游历和探险的感觉。

环境是景区的外衣，色彩是环境的外衣。除了恐龙原色外，建议主导色彩为绿白结合。绿色是植物色彩的代称，绿化增加了对“史前丛林”的渲染，是调浓调重绿色的基本思路。以景区内自然的山谷地貌为依托，加上人工修筑的瀑布、河流、湖泊，和以大量的白垩纪时期的植物景观，如苏铁、娑罗、银杏、高大蕨类植物，能种真的就种真的；种不了真的，可以仿真；也可引进，比如澳大利亚正出售恐龙时代的瓦勒迈杉。总之，要千方百计营造出翠绿的山谷、茂密的丛林、壁立的山崖、从山崖上跌宕而下的大瀑布，在潭边和丛林里饮水觅食的恐龙、在沙丘边、沼泽地追逐争斗的恐龙、高大的树林里若隐若现的巨大鸭嘴龙。

强调建筑物多用白色，是因为要突出白垩纪的特点。“白垩”两字看似神秘，实际并不神秘，意思是俗称的“白土子”，石灰岩的一种，白色，质地软，主要成分是碳酸钙，由古生物骨骼积聚形成。古生物学称中生代第三纪为“白垩纪”，就是因为这个纪古生物骨骼积聚多，形成的“白土子”厚这一特点而的命名。人们曾挖掘这种材料来做粉笔和粉刷材料。

十、商品、纪念品开发

恐龙主题商品应该是大宗的。除了恐龙牌各类食品外，儿童们最喜欢的恐龙睡枕、抱枕和各类恐龙玩具、书籍、CD 等。要搞好合作设计开发。国内外有许多好的做法，要学习各方面经验。如贵州开发了侏罗纪龙酒，杭州友苏地质标本厂开发的岩石标本、古生物化石标本，既可收集来做展品，又可作商品、纪念品。如果诸城大宗开发这种标本形成市场，如同其他文物市场一样会引起爱好者争相收藏。恐龙仿生玩具、恐龙拼图、梦回侏罗纪声像制品，在阿里巴巴网站应有尽有。栩栩如生的智能遥控机器人恐龙在阿里巴巴 195 元一个，网上订货，两天发货。不要把这些视为竞争者，要寻找厂家与我们合作。

十一、整合全市资源，形成优势互补

要壮大诸城旅游业实力和独特卖点，应该进行资源的空间和类别整合。

诸城蓝宝石产地虽在空间上与恐龙涧有一定距离，但在地质大概念中，与恐龙化石有关联，可以联合捆绑申报世界地质公园。在同一块牌子下，进

行优势互补，整合开发。

诸城旅游形象应有新的概括、概念和形象标识。

诸城，诸龙之城——简称“中国龙城”，这是本案对诸城城市形象的新概括，突出了恐龙资源作为城市营销载体的优势。但与别处的恐龙不同，诸城的鸭嘴恐龙如果脖子佩戴上诸城的蓝宝石项坠，两大资源在此合一，这个独特卖点别的恐龙公园不具备，因而品牌价值更显突出。这个佩戴蓝宝石项坠的鸭嘴恐龙，就成为诸城的吉祥物、形象代表和城市标识。蓝宝石制作的婚戒，应为上品。

在白垩纪公园三龙戏珠的巨珠，约 10000 平方米面积，一分为三，左右各 1000 平方米作为游客中心和商品展卖柜台，中间剩下的 8000 平方米地下是河道，玻璃铺地可见滚滚洪流和龙船游弋，上面是热带植物园，正中是数十米高的观光电梯。整个中厅布置成婚庆场地和婚纱摄影现场。

在这里举行婚典，环境独特，乐曲悠扬：

“在第一高旋上举行盛宴，

东方明珠是举办婚礼的殿堂，

两条恐龙为您献瑞祝福，

乘坐潍河龙船龙凤呈祥。

一对对新人在幸福和激情中荡漾，

爱恋在蓝宝石信物中熠熠闪光。”

而后，新人被送进有特色的洞房。

在这独特的环境里，在这美妙的婚礼进行曲中度过人生最幸福的时刻难道不令人神往吗？山东白垩纪公园能没有吸引力吗？！

这样作为白垩纪公园增加了一个新卖点，为蓝宝石寻找了新卖场，为恐龙寻找了蓝宝石项链，为诸城寻找到新的形象。品牌就这样在“多维整合”中形成了、壮大了。单独做都没有这样的效果，所以，建议联手开发，共同做大。

十二、谁来做

总原则是政府主导，市场运作。

聘请国际国内一流专家组成设计队伍，根据总体策划做出规划。

其中有国内著名策划、规划专家、古生物专家、文化创意和动漫专家（能制图、能建设的专家最好），要聘请好莱坞侏罗纪公园和迪士尼的设计专家。

探索与好莱坞合作，作为好莱坞拍摄基地之一，提供优惠条件。可否请《侏罗纪公园》作者、导演以山东龙为创作原地拍摄《白垩纪公园》。中央电视台播放的《动物秘笈》，恐龙占了很大篇幅。要把国内外关于恐龙的资料收集起来，为《白垩纪公园》的拍摄作准备。

在省内外招标，引进50亿元左右的资金，尽快进入建设阶段。

聘请和组建一流管理公司进行培训、管理。

十三、市场营销

策划方案通过后，总体规划和建设性详细规划一经启动，要着手编制营销规划。提早进行蓄势造势。重点在打造口号，整合媒体，开展活动。要分别设计，多种手段强化、推广龙城形象，如：

山东诸城，中国龙城。

游得龙城白垩纪，梦回历史两亿年。

十四、策划思路总结：五个多维

在结束本策划方案写作时，再把思路清理一下，做个总结。

1. 思路多维

本策划是"三论合一"的创造，是以美国哈佛的"程序策划论"为主线，揉进孙子的"目的策划论"和作者本人的"多维整合策划论"形成的策划成果，是实战派的典型案例，理念、概念可直接落地，因而指导性强，可操作性更强。

多维整合策划论，是智力对资源要素的优化配置。这种配置是线性和非线性关系的交错，是显性和隐性规律的链接，是时间和空间相关要素的整合。

2. 方法多维

比较、鉴别、提高、创新；跳出诸城看诸城，对国内外经验不拘泥，不单一，不仿造，更不复制；不杂烩，不堆砌，将科普、娱乐、配套、环境等内容协调，目标指向一致，突出恐龙主题；用智慧将历史、现实、空间、时间等多维资源进行整合，发挥最佳效益。

有比较，才能有鉴别；有鉴别，才能有创新。在对国内外利用恐龙资源开发科研、科普、娱乐产品的考察中，笔者通过比较、鉴别，找到了诸城提升、创新之路。

世界自然文化遗产——加拿大艾伯塔省恐龙公园，地形特殊，恐龙品种很多，只有展示功能，手法传统，没有文化创意产业和娱乐设施，因此，吸引的是科研科普专业人士和一般观光客，游人不多。

与此不同，洛杉矶侏罗纪公园所在的好莱坞，原先是一个偏僻的养鸡场，喜欢搞电影的山立格来这里创业，由于夫人喜欢种植叫作“好莱坞”的冬青树，此地改名为好莱坞。好莱坞发展为世界最大的电影制作中心，这里的房地产业也迅速升温，全世界的大亨以在此有一处别墅为荣，真是寸土寸金。环球影城中的侏罗纪公园，无恐龙资源可言，只是为电影搞的一处拍摄场地。结果成为世界闻名的恐龙主题公园，整日游人如鲫，一张票 75 美元。既是电影拍摄场地，又是参观景点，几个耙子捞钱，在全球所有恐龙主题公园中，效益最好。《侏罗纪公园》影片由于通过由电脑技术设计的“活”恐龙，满足了人们想看到真恐龙的愿望，给观众带来全新的震撼感受，获第 66 届奥斯卡最佳视觉效果等三项金奖。该片在美国第一天公映就获得了 1900 万美元的收入，成为该年度首日最高开映纪录的第三名。大片使得“恐龙热”再次来袭。这就是文化创意产业与科技手段结合产生的巨大效益。学不到这一条，有多少恐龙资源也白费。单纯的展示做不大，只有与文化创意结合，与科技结合，与娱乐结合，才能超值利用好资源，从而产生巨大的效益。

恐龙热席卷全球，阿联酋计划投资 11 亿美元（约合 81 亿元人民币），在距阿拉伯城海岸 9.6 公里的地方，打造世界上第一个“仿真版”侏罗纪公园。开发商将展示数百条恐龙骨骼化石，同时把钱主要花在文化创意产业上，希望它能成为阿拉伯半岛的标志性娱乐产业。看来，迪拜与洛杉矶有一拼，长于洛杉矶的是真假结合。

国内恐龙热一浪高于一浪。云南禄丰将投资近20亿元打造东方迪士尼，说明竞争形势加剧。

横向比较，好莱坞无实物较活；加拿大艾伯塔有实物较死；纽约自然博物馆真假都有，但展序杂乱无章；国内各地资源较多，都在跃跃欲试，但“满天星星，不见月亮”。若不出头，将在一场乱仗中被淹没。因此，笔者结论是不大干，就别干；要干，就必须大干。因此，笔者设计了大投入的“三龙戏珠”为主体的白垩纪公园。

此外，王婆卖瓜会卖，张员外改文会改，诸城搞恐龙公园也要会吆喝。王婆卖瓜，自卖自夸，不自夸谁夸？不过，自夸要有艺术，张员外先抑后扬手法值得参考：

天下文章数三张，张家文章我家香。

我家文章数我儿，我给我儿改文章。

绕了一圈，张员外实质上夸自己的文章写得最好。先抑后扬，自夸得不漏痕迹。

诸城可以用蒙太奇手法，从远到近推出一群项上戴着写有“诸城”字样蓝宝石项坠的恐龙奔驰而来。

画外音：

一个没有恐龙的地方，通过创意，建成了侏罗纪公园，成为全球游客蜂拥而至的景点——这就是洛杉矶好莱坞；

两处虽有恐龙，但体量不大，也成了中国著名景点——这就是自贡和扬州；

一个恐龙化石遗存量大而全，遗骸与蓝宝石相伴，全球只此一处——这就是中国诸城。

随后，推出营销口号：

山东诸城，中国龙城。

游得龙城白垩纪，梦回历史两亿年！

这种策划方法也是比较、鉴别、提升、创新。

3. 产品多维

创意与科技的结合，恐龙骨架、标本展与恐龙游乐馆结合，恐龙主题与蓝宝石在地质主题下结合，优势互补，独特卖点凸现。实物与声光电影像手段结合，强化效果。

4. 客体多维

比如恐龙，地上跑的，天上飞的，水里游的，洞里钻的，丛林中藏的，让它们站起来，动起来，唱起来，舞起来，活起来，最终火起来。

5. 视觉多维

游客可以在洞里、室内、野外、空中、水下、幻梦中欣赏、亲近、研究恐龙，也可以买回家去品味。

第四章 规划先行

第一节 《旅游规划通则》的实施

在策划方案完成以后，立项和土地指标得到政府的批准和确认，规划进入编制程序。

十多年来，规划的指导性、规范性依据是《旅游规划通则》（GB/T 18971—2003）。国标中对旅游区规划的分类有四种：旅游区总体规划，控制性详细规划、修建性详细规划、功能性专项规划。四个层次的规划内容清晰，不可互相替代。总体规划规定“做什么”，控规规定开发的限制性条款“不准做什么”，详规回答“如何做”，专项规划是根据需要编制的市场营销、环境保护、用水用电、垃圾处理等专项规划。

《旅游规划通则》执行15年来，对景区建设起到较好的指导和规范作用。但实际执行中，有些小投资商为了节省成本，不做规划就建设；更多的情况是重总规轻控规，因而低水平的开发，资源浪费，业态单一，效益很差；甚至过度开发，红线突破，环境破坏。今后，应该特别强调编制控规的必要性。

一部好的规划应该做到政府和投资商都满意。但政府关注的是，开发给地区带来的社会效益、经济效益和生态效益，社会效益中尤其关注旅游扶贫的作用体现和模式打造；经济效益主要是税收贡献；生态效益就是环境的修复、污染的治理，保住绿水青山和可持续发展。因而对战略研判、定位体系、发展目标、市场前景、项目布局、生态保护等特别关注。企业关心的重点往往忽视战略，关注盈利项目、投入产出比，希望成本最小化，利润最大化。许多投资商不懂旅游，坚守的还是传统的粗放型开发理念。如果再碰上不负责任、一味应付甲方的规划团队，这部规划很难做出亮点。

衡量一部规划的好和差，我认为标准是：规划能否和国家和区域发展战略紧密衔接；散乱的资源是否得到优化整合；整合后形成的产品有无独特卖点；营销手段能不能把产品卖出去？产品建成后，市场火不火，是检验规划水平的试金石。

第二节　全域旅游条件下的规划编制

严格地讲，《旅游规划通则》是景区景点时代的规划指导准则，在全域旅游时代，需要做出充实和修订。在新版修订出台之前，还应该继续执行。《“十三五”旅游业发展规划》《关于促进全域旅游发展的指导意见》这些重要精神和规定，也应作为今后规划编制的指导原则。

“十三五”及其以后全域旅游规划如何做

——与凤冈县领导和旅游局交流初步考察后的意见

2017 年 5 月 13 日上午，在普查凤冈旅游资源之后，凤冈县领导在政府办公楼会议室举行座谈会。我作为凤冈县聘请的旅游业总导师、县域总体规划特聘顾问谈了规划思路及要求。

一、先谈几点感受

规划团队于 5 月 2 日入场，12 天的时间，在旅游局吴局长陪同下，考察了 14 个乡镇的主要旅游资源，收获很大。

1. 我遇上了一个好的县委、县政府领导班子。他们从善如流，基本上采纳了我的一些观点：比如在作六池河沿线旅游规划时，我向书记、县长汇报搞乡村旅游要创新“三观”、实行“三化”的观点，即创新资源观、产品观和发展观；对田园实行景观化、村落意境化、旅农文融合实现产业链化。书记、县长接受了这些观点，要求主要农田不要再大面积地种植玉米，有观光价值又有深加工价值的万寿菊得到推广，农产品有机化率大大提升，我们提出的“长寿之乡、有机凤冈”成为县域形象的招牌之一。

2. 创造了令人折服的凤冈速度。省委赵克志书记、陈敏尔省长联名邀请邵氏茶酒总经理邵周详来贵州创业。从选址到生产线建成开业，不到4个月时间，当时我来参加邵氏茶酒工厂开业盛典时，已对这样的招商魄力和速度深有感触并且发表了演讲。再来凤冈，一座准五星级的酒店已经建成营业数月，从招商到开业仅用了不到7个月时间；一大批旅游项目正开工建设。这在很多地方是不可能做到的，创造了名副其实的“凤冈速度”。

考察了12天，深感凤冈县旅游资源丰富，但各镇资源品位和发展条件不平衡，既要提倡全域旅游，又要注重培植龙头和主干，有重点、分梯次发展，应列入指导思想。

二、“十三五”及其以后旅游规划如何做

1. 这次任务有三个：凤冈县全域旅游总规、玛瑙山古军事洞堡总规和详规。县里要求两个月内完成，限期太短，规划团队必须夜以继日，三规同启。

技术程序是现场考察+编写大纲+中期汇报+编制规划+完成评审。

规划核心是创新和提升。

2. 作风创新。规划团队不应该是为了挣点规划费，而是要怀着激奋的心情，深感重任在肩，不负信任，不辱使命。白天跋山涉水；车上梳理资源，提出亮点；晚上开会总结整理出两个文件包：资源包和创意包，做到好东西无遗漏，还要发现一批有价值的新资源。这些考察中就梳理出来的“零件”，大纲形成后，编制规划时，就对号入座，进行零部件拼装。零散的材料由于调研时已分类合并，有创意点引领，个性化主题，产品的设计就会有骨头有肉。

3. 套路创新。

这部规划（指《凤冈县旅游业发展总体规划》），要抛弃以往的套路，做到：

多规合一、三规并融、三度兼达。

①多规合一：“多规合一”是指在一级政府一级事权下，强化国民经济

和社会发展规划、城乡规划、土地利用规划、环境保护、文物保护、林地与耕地保护、综合交通、水资源、文化与生态旅游资源、社会事业规划等各类规划的衔接，确保“多规”确定的保护性空间、开发边界、城市规模等重要空间参数一致，并在统一的空间信息平台上建立控制线体系，以实现优化空间布局、有效配置土地资源、提高政府空间管控水平和治理能力的目标。在规委会统一领导下，一次会、一张图，上下位规划相衔接，既提高了效率，又规避了矛盾，有利于区域规划体系的快速推进。

②三则并融：《旅游规划通则》+《全域旅游规划》+《“十三五”旅游产业发展规划》，使三个规范文件和标准主要内容融会贯通。后一个规划由国务院下发不到半年，全国规划团队在项目规划中还没有来得及贯彻，我们要做积极贯彻者。

产品精细化和服务人性化、业态设计，新老六要素组成的业态落地，是旅游供给侧结构性改革的核心内容。

③三度兼达：做一部高度、广度、深度三度兼达的规划。

高度：政策高度，体现指导性；

广度：国际视野，体现引导性；

深度：业态打造，接地气，体现落地性。

总目标：

品牌最范特首

产品人性精细

营销合纵连横

形象通天接地

完成一部好规划，不是纯技术问题，不是按原有套路复制。以往的规划多按《规划通则》布局谋篇，这一次套路要创新，把实行了15年的《规划通则》重要的原则保留，吸收《全域旅游规划》和《“十三五”旅游发展规划》重要内容，即通则+全域+“十三五”规划，有机组合，不是拼装。国务院印发《“十三五”旅游业发展规划》才5个多月时间，各规划单位体现在规划课题里还没来得及调整和反映。《规划通则》和一般总规中有的内容：资源评价、战略分析、市场研判、定位体系、空间布局、投入产出，应该有。问题导向、五大创新、目标体系是“十三五”规划中重点要求的，应该补充进去。我们要创新，就要有高标准。

4. 规划主体：创新体系 + 提升规划。

5. 问题导向。凤冈县委、县政府的战略指导到位，产业定位、策划的产品布局、配套等方案很好，规划中要充分吸纳和保留。在充分肯定成绩的同时，要找准问题。这是国务院《“十三五”旅游业发展规划》中特别强调的。

凤冈县旅游业存在的主要问题：

（1）凤冈县提出的茶旅一体、农旅一体、牛旅一体、花旅一体、文旅一体等模式有首创性，基础产业确实得到快速发展，但旅游供给侧存在明显短板，没有形成旅游生产力，不足以和基础产业融合而形成一体；用“张五可”的标准（即张扬独特卖点，可向往、可进入、可停留、可消费、可回味）来衡量，目前没有一处可留住大批客人的景区，更没有在区域有巨大辐射力、影响力的龙头景区；所有景区处于初步开发或未开发阶段，业态严重不足，客源多为自发状态。

（2）品牌意识不足，是普遍存在的问题。开发中要坚持一镇一品原则，即不排除多种业态的前提下突出一种特色产业做强做大。大多数镇的产业雷同，与旅游业融合后也容易产品雷同，将会销蚀竞争力。这里有指导思想和眼界问题，比如，古镇不古、花坪无花、蜂岩有蜂无品等。

各乡镇开发的积极性有，但开发思路需矫正。古镇不古：平头溪茶马古道青石板上抹水泥，一个动作抹去了上千年历史；官田古寨作为古军事洞堡体系的组成部分，应恢复七座龙门和祠堂，这是习主席说的记住乡愁的内容，也是乡土文化意境化打造，本来花不了多少钱，但却花力气修了一片水泥石条现代建筑，官田之田成了“墓地”，“田”没有了，耕读文化就化为泡影，这类游离主题的做法是古镇修复的大忌。

蜂岩抓住蜂的传说，开展仁孝文化，方向对头，主题很好，镇级养老院、村民的仁孝成风给我留下深刻印象。但蜂产业要做出品牌，还缺乏意识和目标。

（3）由于游客的自发性大，景区资源原始，多无接待能力，统计水分较大。

找出问题，规划就要对症下药，有针对性地把空壳变为业态，把水分变为干货，把资源变为产品，把产品变为品牌。

6. 创新体系：根据《“十三五”旅游发展规划》，规定五大创新：理念创新、产品创新、业态创新、技术创新、市场主体创新。

（1）理念创新。前面讲了一些，如问题导向、供给侧结构性改革、品牌意识、三规合一等。

（2）产品和业态创新，是区域旅游业发展的核心。这里重点说一下产品创新。

从目标上讲，未来引领凤冈全域旅游产品集群应该有一句概括的话：

世界遗产地，国家公园群。

世界自然遗产：黔羽枝，全球水生植物向陆地植物进化的最早标本，比英国的早4000万年。全球仅见的角砾岩山洞（太极洞）；万佛山大峡谷桃花水母（待确认），被称为生物进化中的活化石，其地位不亚于大熊猫。结合境内其他有价值的地质现象申报世界自然遗产。

国家公园群可包括：国家地质公园、国家农业公园、国家森林公园、国家水利风景区；很值钱的国家级称号“中国长寿之乡”“中国健康小城”等。某些品位高的申报国家文保名录、中国传统古村落目录；还有一些文化遗产项目，如非物质文化遗产。申报称号之后，不是把证书束之高阁，而是要与产业结合，化为产品的骨骼和肌理。

（3）结构创新。过三两年用“一体两翼，凤翔高冈”，代替原来的“一心一城，两翼两区”。

（4）形象创新。

总体口号：长寿之乡，有机凤冈。

现在用的口号：“东有龙井，西有凤冈。”锌硒茶乡，长寿凤冈；酱酒茅台，茶酒凤冈；禅茶瑜伽，养生凤冈；良心产业，有机凤冈；凤冈牛，牛天下等作为产业细化和活动口号可以继续使用。但三两年后，建议用“长寿之乡，有机凤冈”代替。

（5）推出一批区域震撼性项目。

A. 西部水世界。位置可选在石径乡桃花岛，与九道拐水库结合打造戏水乐园和水上运动基地。满足四季经营，辐射重庆、贵阳等周边城市群。

B. 茶海之心度假区。现在茶产业基础好，环境也不错，景观效果美，不足就是旅游业态丰度不够，留不住客人；茶海之心温泉资源蕴藏量大、水质好、水温高，可打造3.0版本温泉（洗身体、洗文化、洗精神），以道家的出世文化包装温泉产品，并重点关注现代人的精神健康。

C. 玛瑙山古军事洞堡群。

D. 太极洞道茶一体项目。

E. 响水岩古银杏群落，资源品位之高，品种之多，全国罕见，可以打造成贵州乃至全国乡村旅游的一面旗帜，旅游脱贫致富的典型。

F. 蜂岩，以蜂蜜产业+仁孝文化，打造世界蜂都，树立品牌制高点。

G. 野鹿盖，沟峪经济、生态扶贫的典型。

H. 茶酒小镇（锌硒茶健康小镇）。酒文化和茶文化是典型的中国传统文化，茶酒小镇将两个文化融为一体。通过生态+生产+生活，茶酒小镇实现一、二、三产的融合。

I. 万佛山大峡谷，是个自然景观很好的登山探险项目，是个跨镇域的大项目。

J. 杨家寨：蜘蛛文化传奇的魅力、王寨中华山禅茶一体佛教文化项目（灵石传说）、石经镇青潭村帝师故里也是值得挖掘的。

K. 凤冈小吃一条街。高速路三个出口处，建设凤冈有机食品一条街，可吃可带；关键是有个好书记、一套好模式，才能学到袁家村、马嵬驿的经验。

（6）模式创新。

市场经济中竞争的要义是模式竞争。凤冈县创造了凤冈速度，但只有总结凤冈模式，才具有引领作用。栾川模式、莫干山模式、贵州模式，都是成熟经验。

凤冈模式有两个典型案例：

响水岩的模式：党建+产业+旅游=脱贫致富。把沙坝村打造成中国乡村旅游典范，其成功的核心经验是党支部建在组上，有一个好支书陈文明，公道吃苦有远见和市场意识，通过党组织的领导，村民恢复了对党的信任和热爱，种桑养蚕和发展旅游。

野鹿盖模式：品牌战略 + 公司农户共生 + 生态修复；有一个好企业家陈胜建，不急功近利，十年开发，十年治理，借鉴法国波尔多地区的发展模式，十年实现股份制，农民成为股东，带动 15 公里长的沟峪所有农民致富。农业创意园区将是这里的一大亮点。这样打造沟峪经济，在地无三尺平的贵州太有推广价值了。

一个好书记，一个好企业家，加上一个好的开发管理模式；田园景观化 + 乡村意境化 + 产业链条化，通过“三化”完成美丽乡村建设和六次产业融合；最大限度地提升了单位面积土地产出价值和劳动力价值，这是通过乡村旅游致富的秘籍所在。

景观化——种植作物需要景观化，要种出图案；意境化——意境是耕读文化，是乡愁记忆，把古村落的乡贤、祠堂、家训、农耕工具收集起来，变成游客可以感知的意境；产业链条化——选择具有观赏性、能延伸到第二产业做深加工的作物，产品用于旅游康养，这样才能让农村具有造血功能。

（7）旅游交通体系创新。

从外部看，国务院提出全国要建设 25 条国家旅游风景道，交通运输部已确定建设湄凤余茶海绿道，这条绿道有可能成为国务院提出建设的国家旅游风景道，凤冈是这条风景道上的核心段落，几条高速正在抢修。

从县域看，二级以上公路的改造，串联起十几个有影响力的景区，形成了“8”字环线。力求做到三线合一（融合自驾车、骑行、步道等多种游览道路）。沿线建设自驾车营地系统和综合服务系统，初步测定建设 22 个观景平台和拍摄点，提供 Wi-Fi 服务。

（8）传统产品提升规划。

A. 资源价值提升。省资源普查队对凤冈县 485 处资源单体进行普查和定级，在这个基础上，按旅游业产品组合的评价，进行价值提升：剔出重复的部分，如编号 65 和 69 重复；262 号举人故居不如改为帝师故里，皇帝的土家族蒙师全国唯一，举人可就多了；太极洞可从 3 级提升为 4 级；响水岩资源品位极高且非常丰富：千年古银杏群落、陈家传统古村落保存完整、古盐道是茶马古道丝绸之路的重要段落，还有千年梯田、古营盘、藏宝洞、河头水库等优质资源，集中互补，十分罕见，无形的资源是有个好书记，村风正民心齐，资源评价可以从 4 级提升为 5 级；这次考察还可能发现了新的价值极高的资源：万佛山峡谷桃花水母和进化镇盐井村盐井，这是茶马古道盐茶丝绸互市的罕见遗产，这两处资源需考证确定。

B. 业态提升：业态丰度是吸引和留住客源的关键。北区是业态提升重点，产品有模样，但业态欠缺，留不住人。在怎么留住人上下功夫，真正做到茶旅一体。

C. 茶海之心口号为茶旅一体，现状最大短板是有茶无旅。

D. 长碛古寨。

E. 玛瑙山古军事洞堡。

定名：改成玛瑙山古军事洞堡群，强化军事主题，对比海龙屯土司遗址、水洞沟、滨州魏氏庄园等景区，找出本案的差异性，然后策划业态。

定位比较：

宁夏水洞沟定位：明代古长城军事防御体系的一部分，是中国发现的保存最完整的长城立体防御遗址。

山东惠民魏氏庄园定位：具有古代军事防御功能的城垣建筑和四合院式民居融为一体的城堡式建筑群。

上两处遗址的地道都是人工开掘的，没有自然的水文系统，规模比玛瑙山小。玛瑙山及其周围共有 6 处营盘，仅玛瑙山主营盘巨石垒筑的城墙达 10000 米，地下自然洞穴三层，四通八达，加起来不少于 30000 米。

玛瑙山古军事洞堡群定位：利用天然溶洞、山形走势、城垣堞口、枪炮弓弩组成的古代立体军事防御体系和土家民居融为一体的城堡式建筑群。

F. 太极洞。道茶一体，以太极洞和八卦山为核心，从周边找八个山体，分别种出乾坤震巽坎离艮兑图案，在太极洞和八卦山上分别有最佳观景台可以看到八个卦象图案。

（9）科技创新。

旅游业发展的趋势是消费大众化、需求品质化、竞争国际化、发展全域化、产业现代化。现代化的旅游业要有科学技术的武装。作规划的目的就是增强开发的科学性，防止盲目性，科技驱动就是规划中的重要内容，也是国务院《“十三五”旅游业发展规划》中《科技创新，打造发展新引擎》专节要求的。在凤冈总规中，要有环保、节能、低碳的要求和设计；提倡智慧营销，做到渠道营销、产品营销、品牌营销相结合，加强数据库和渠道网建设，线上与线下、智能与管理、资金投入与情感纽带相结合；重视 Wi-Fi、景观拍摄点建设；竖立 PM2.5、负氧离子、土壤微量元素数据和锌硒对长寿的好处等标牌；实施茶、粮、果生物灭虫、有机肥循环农业措施；实行有机食品的监管：申报地理标志和产品原产地产业链追溯体系，这是建设长寿之乡，树立有机品牌，争取客源市场的必走的科技途径。

（10）营销创新。

这几年，凤冈的瑜伽营销已全国闻名，效仿者不少。

做一套营销规划。

暂时性建议：

A. 禅茶瑜伽大会：邀请印度顶级瑜伽大师参会，邀请国内顶级词曲作家和演唱家共同打造具有影响力和传唱性的主题歌曲；

B. 可否作中华旅游小姐环球大赛主办会场。

C. 世界蜂蜜产业论坛。

D. 中国军事论坛：与国防大学合作共同打造军事论坛，还可以开设研究军事题材的课堂。

（11）招商创新。

没有资金，再好的项目和规划，也无法落地。两个月规划完成后，要启动招商创新行动。由政府主要领导牵头，主管部门实施组织，请国家、省、市工商联召集投资商、专家演讲产品卖点、现场签合同，实现建设项目有人认领，投资快速到位的方式。

我做过的案例：杭州千岛湖招商、宁波象山 100 个亿招商、栾川招商。这要有策划方案、一系列准备工作和相关政策配套。

以上包括作风创新、套路创新，共 11 个创新点，这是做好这部规划和保证规划落地的几个要点。

为凤冈县旅游规划把关

第三节 《世界文化景观遗产西湖旅游发展战略规划》评审会上的总结发言

2012年8月31日，《世界文化景观遗产西湖旅游发展战略规划》（以下简称《规划》）评审会在杭州市召开。来自国家旅游局、浙江旅游局、杭州市旅游委员会、上海社会科学院、临安市旅游风景局等单位专家组成了旅游专家组，本人被推举为评审专家组组长。会议听取了西湖世界遗产管委会关于本次规划有关情况的说明，听取了《规划》编制单位北京昱盛宏方咨询有限公司的成果汇报后，专家们经过认真讨论，对《规划》成果作出较高评价。

我的发言提纲如下：

6位专家的发言很中肯，评价准确，修改意见具体，我基本同意，时间关系，不做概括。下面谈一下我的意见。我发言的关键词是：亮点、标杆、接口。分别阐述。

一、三大亮点

1. 从定位上提升

《规划》概括六大价值：政治西湖、文化西湖、城市西湖、公园西湖、景区西湖、遗产西湖。从区位上作了提升：西湖不仅是杭州的，而且是大上海的、长三角的、中国的、世界的。

从品牌上提升："上有天堂，下有苏杭"，是千年形成的口碑，是祖宗留下的无形资产。西湖是"人间天堂"的核心价值承载物，由此成为中国百姓心目中第一休闲度假地。1992年成为全国首批风景名胜区，2010年6月，被评为世界遗产。这是全球目前唯一的人工湖泊类世界遗产。将千年口碑上升为世界遗产，将区域认知变为世界认知，突出了西湖的普世价值。

2. 从文化上创新

《规划》提出新文化、新旅游、新经济的概念，是对过去西湖所做过的各类规划的提升，也是挖掘西湖新价值的努力方向。

文化集聚区、产业集聚区、旅游目的地建设，文化创意以旅游业为载体，形成产业融合新业态、产业经济新模式和复合型旅游目的地。过去的单打独斗、以邻为壑的局面结束了，西湖的旅游，不与水利、农业、林业、交通、文化等产业相融合发展，旅游带动功能怎么体现？战略性支柱产业地位如何培育？产业集聚效应怎么实现？如果还是就旅游抓旅游，邵市长没有必要亲自选定规划单位，并从全市经济、社会发展战略的高度重视西湖的建设。

3. 从业态上落地

这个《规划》，战略部分分析到位，落地项目设计得合理。空间布局"一核双环"，把水上游、岸上游、南宋古文化游、茶林田园游相结合，有的200多景点已经开放，还有10个收费景点。新设计的不是小打小闹，而是一个新产品体系。四大导则、六大产品支撑西湖新构想：秀场西湖、问印西湖、禅文西湖、婚庆西湖、隐逸西湖、南宋西湖，30多种业态，异彩纷呈。这样设计，战略是可以落地生根的。

二、三大标杆

品牌标杆。杭州是世界休闲组织确定的中国唯一永久性年会会址，因而杭州获得"休闲之都"的美誉。借此把西湖这一世界遗产提升为世界休闲度假地的标杆，是《规划》强调的一个目标。

服务标杆。另外，《规划》还提出通过《服务导则》，提倡服务智能化，发挥职能的五大功能，观点是新颖的。国务院 2009 年 49 号文件指出：要把旅游业培育成战略性支柱产业和人民群众更加满意的现代服务业。这是未来相当长时间内各级政府的工作目标之一。如果说服务，只有智能化还不够，还要有人性化和精细化。智能化技术是硬的，人性化是软的。科学发展观的核心是“以人为本”。人性化加智能化，才能有精细化。服务业要结束粗放发展模式，让人民更加满意，《规划》还应再强调服务的改进，要补充人性化、精细化的内容。这样，西湖可以建设成全国现代服务业的标杆，中国缺乏这样的标杆。

范式标杆。《规划》的过程是创新的。

在中国的品牌建设的路程中，人们企图走捷径，于是，品牌这个词变成了牌品。就是说，人们很浮躁，不是注重企业、产品的品质、品位、品格，而是先抓牌子。热衷于评比，争一个称号，然后，把称号束之高阁，再去争下一个称号。西湖管委会不是这样，他们获得世界遗产称号后，首先想到的是选择团队，做提升规划，在提高品质上下力气。这是头脑清醒，很有远见的做法。《规划》编制单位的工作路线，是进场后先做三个项目的研究报告，而后归纳提炼出《规划》文本，这个“3+1”模式比“1+3”要好，内容扎实。策划案 + 研究成果 + 项目设计，应成为今后规划成果的主体范式，有推广意义。在甲乙双方配合上，也有创新。编制规划过程中多交流、多沟通，用讲课的方式统一思路，一切解决在评审会之前，市领导、管委会、编制组都满意，评审会就成了一个程序，这样做专家也满意。

我这里强调一句，不是说这部规划已经完全达到三个标杆的要求，而是说全国的旅游产品要做好，应该向这三个标杆的方向努力。

不可讳言，这部《规划》也有瑕疵，比如有的数字不准确，是《规划》中的硬伤。但这容易修改，不影响通过评审。

如果提点参考性意见的话，我强调，历史文化和未来文化的关系要处理好。西湖新构想的关键是创造未来文化。历史文化遗产是古人留给今人的遗产，西湖新构想是今人留给后人的遗产。吸引外国人，不能只靠现代化，过分强调现代化，就销蚀了差异性，淡化了吸引力，西湖不能离开文化本底。西湖的文化本底就是“人间天堂”，这里包含着历代文人骚客的审美评价，有生态之美，人文之美。把西湖喻为“美人”和“画图”就是这种审美的高度概括（苏轼“欲把西湖比西子”，白居易“湖上春来似画图”）我们建设的西湖，未来留给世人的印象，应该是懂得诗词歌赋、琴棋书画的古代美女和现代知识女性的结合体，不应该是浅薄外露的网络超女；湖区美景的画图中，既有山水树木蒲稻花月，也有配得上这风景的现代人文胜绩、雕塑小品、休闲设施、智能服务，让人有美的享受，又能获得细致入微的人性关怀。这就是历史文化、现代文化与未来文化的结合。

三、如何做到文化与市场的无缝对接

要把区域认知变为世界认知，仅凭拿到一个世界遗产的牌子是远远不够的。这要靠正确的营销战略和一整套营销策略才能奏效。根据我的经验，开辟国内市场，要靠新概念先发制人、先声夺人，吸引注意力转移到你这里，紧接着要打出一套组合拳，征服了对手，俘获了人心，就获得了市场。我在发现、培育、宣扬无锡形象、宁波经验、焦作现象、栾川模式、岚皋特色等案例时用的就是这样的办法。

在开辟国际市场时，选择好“接口”，强调文化与市场无缝对接，十分必要。《无锡旅情》案例成功就是证明。

对外营销，由于国情、语言的不同，要寻找文化接口，要善于借名扬名。当初，我策划《无锡旅情》时，无锡市曾提出，对外宣传一定要用江南小调，使用吴侬软语。我解释说，如果你们派文工团出国演出，可以按这个要求办，但要让日本人开口唱，就不能这么办。说服不了，只好妥协，请中山大三郎同时创造一首江南小调，名曰《清名桥》。翌年，我见到中山大三郎先生，他抱怨说：把我累死了，我不懂吴侬软语，江南小调与日本曲调差别很大，费了我多半时间，才搞出来。开始，这两首歌录在一个磁带里，但日本人没人唱《清名桥》，以后也就只发行《无锡旅情》一首歌了。为什么

《清名桥》在日本发行不了，原因就是故意在做“有缝对接”，不符合日本的文化习惯，是不能普及的。而《无锡旅情》由于使用日本曲调、由日本词曲创作第一圣手操刀、大众偶像派歌手尾形大作演唱、影视发行大鳄山田广作推广、日本六大电视媒体免费宣传，这些“接口”使得本来“有缝”衔接变成了“无缝衔接”。今后，西湖的对欧美市场的营销，这个案例可能有参考价值。

第四节 关于对《丝绸之路旅游总体规划纲要》的修改意见

达沃斯巅峰是中国最大的旅游规划团队，承担了许多重要项目的规划任务。2007年，由国家旅游局出资，做跨省区的大项目规划。达沃斯巅峰旅游规划公司承担《丝绸之路总体规划纲要》(以下简称《纲要》)的编制任务。我被聘为顾问。大纲起草完成后，公司负责人刘锋博士请我把关，提出意见。以下是我作为第一读者提出的21条修改意见。

刘锋博士：

利用“十一”黄金周时间，对《纲要》拜读了三遍，反复斟酌，提如下修改意见：

一、考虑到公司现有力量和大家付出的努力，对《纲要》总体结构不提颠覆性意见，只提建设性意见。

二、读后，我的总体印象是：导语不错，布局也可，技术路线和框架基本可行。由于面面俱到，也由于是纲要，有很多东西没有展开之故，读过感到不解渴。

三、考虑到四个极点的需求，应作较大的修改，方可过关。这四个极点是：

国家旅游局的要求：最早定为国线（“七五”定为4条重点线之一，1992年定为14条专项旅游线之一，1997年定为16条专项旅游线之一，“十一五”规划定为12个重点景区之一）。区域最大、人文自然资源多样性最突出、国际影响最大，因而对规划班子的希望也最大。

第二极是地方的期待，这个地区集中了全国最贫困的区域（人均可支配收入和人均收入分别相当于同期全国水平的80%和79%。贫困县174个，占全国贫困县总数的29.4%）。政府和群众希冀丝绸之路规划的制定成为本省市经济振兴的契机，希望自己的景点在丝路中占有重要位置而得到提升和扶持，希望旅游成为拉动地方经济的动力和脱贫致富的抓手。

第三极是市场的需求，这是规划的出发点和落脚点，也是各方面认识上的难点，是需要下大功夫才能解决的。

第四极是课题组的重任，上述三条成为达沃斯的压力，达沃斯后退无路，只能竭尽全力，把规划做好。

四、从结构上补充，至少有两点：1. 内蒙古应补入丝绸之路。河南是传统丝路中没有的，这次加入，十分必要。《纲要》第39页写到，在国家文物局组织下，中国陕西、河南、甘肃、青海、内蒙古、宁夏、新疆丝绸之路沿线七省区申遗工作进入实质性筹备状态，而且这是国际丝路申遗工作的组成部分。内蒙古的草原丝绸之路是大丝路的重要组成部分，唐宋时期的契丹民族建立的辽国，通过这条草原丝路沟通了欧亚，世界上只知有契丹，不知有大宋，契丹成为英语和斯拉夫语系中国的代称。（俄语称中国为Kitay，拉丁语称中国为Kathay，中古英语和古代穆斯林文献称中国为Cathay和Kata，这都是“契丹”的译音——这些在俄汉、英汉等词典中均可查到。俄语至今仍然对中国保持Kitay这一传统称呼。在中华民族数千年发展史上，以一个少数民族的族名被世界公认为中国的名称，只有“契丹”一个。）外界对契丹的了解，丝绸之路功不可没。这次规划范围定为六省区，不含内蒙古，丝绸之路是残缺的，规划是不完整的。如不增加，将留下历史的遗憾。2. 应增加一章关于投入产出和投融资规划，把大纲中有关内容集中起来，并深化强化。

五、规划的高端，应该和区域经济社会发展规划相衔接。我们的《纲要》只在旅游圈内打转，层次太低了。旅游产业和区域经济产业是两个层面的问题，前者是旅游局长分内的、区域长官偶尔过问的事；后者是省区和城市决策者亲自把握的事；旅游不上升到区域经济产业的层面，其综合性强、关联度高、成长性好的优势就发挥不出来，旅游业就没有地位，就不能放在决策者的议程上，实现跨越式发展就没有指望。这一点要花点篇幅讲充分，把党委政府的精力吸引到旅游业这个西部大开发的突破口上来。

六、技术路线设计得实用，从市场需求出发是正确的。关键是在后边规划编制过程中，要贯彻好，要实操性强，防止概念化、书本化。在技术路线指导下，具体干活应本着八个字执行：分解、细化、穿联、提升，这是干活的指导思想之一。缺什么补什么，偏什么纠什么。

七、产品战略布局136（一轴三块六极）可作个形象概括：哑铃，口号：举起哑铃，追寻健康（精神和物质健康）。

八、在内容方面，修改意见是：《纲要》基本上是一个面面俱到的规划，由于求全，不少地方缺乏深度，缺乏有震撼性、有创意性、有策划水平的项目。由于资源没吃透，材料没用足，分析不到位，所以创意不到点。比如，材料没用足的地方较多。此章的图、表格较多，但多数没有用足，没分析到位。第30、第31页的两个表格就白扔在那里，一句分析都没有。有些东西分析了，但结论是从次要的东西总结的，最主要的东西没讲。如第31页的丝路旅游存在的问题和不足，分析了六大问题，都是表面的、看得见的，对看不见的观念上的问题，没有找出来。20多年来，西部旅游开发基本是资源依托型，要向市场导向型发展，观念的转变非常重要。这是整个规划的出发点，也是地方搞好产品建设的出发点。决定着市场把握能力和投资方向选择、建设时序排列的大问题。不把这个出发点端正了，搞明白了，一迈步就走错了，后边找出来的六大问题也无从解决。有些地方缺项，比如第二章第二节，大量篇幅只分析到客源地，没有找出目标客源层。游客评价中，只对服务设施作了评价，对最关键的要素——旅游吸引物、吸引力没有调查，没作评价，这对后边的产品建设而言就失去了依据。

九、第四章我给总体思路加了两句话，这样通章形成六六结构，即六个子项，每个子项六个要点。

十、品牌和提升这两章（第五、第六两章），地方上寄予的希望最大，也是期盼出彩的章节，应是整个规划的重中之重。但恰恰这两章写得平平，需要下大力气修改。这两章写好了，规划主体就立住了。后边分而述之。

十一、品牌一章写得一般化，是一些常规内容，没有写出品牌建设的精髓。品牌失衡、有牌无品、牌响品弱的问题不同程度地存在，各地争牌子的劲头大，在产品品质、品味、品格上下功夫不够，问题没有指出，当然也无药方开出。营销一节最没有创意，几种营销模式出现在许多本子里，主流媒体名单信手拈来，如不作进一步分析，不过是资料堆砌。市场细分不到位，因此，媒体的选择无的放矢，这样的营销规划指导地方，只能是引导地方花大钱收微效。这是多年来很多地方营销解决不好的问题。我们的这个规划，对这个问题应该有突破。

十二、对静止的、现成的数字材料都没用好，动态的、鲜活的东西更缺乏。比如是什么因素影响消费者选择或不选择去丝路旅行？旅游者来丝绸之路寻找什么？对什么感兴趣？达到目的了没有？原因是什么？他们的评判对什么满意？对什么不满意？不同国别、民族、年龄、性别的人需求的共同点和差异性是什么？要做切实的抽样调查，从中找出解决问题的思路和办法。这样的规划才够扎实。

十三、营销要善于找出“接口”，抓住特殊人物、特定地点发生的特殊事件，策划引爆性项目和引爆活动。如鸠摩罗什（344—413年）传奇（名字梵语“天童”，原籍天竺，生于龟兹，父亲印度人，佛教徒，母亲龟兹王女。7岁出家，遍访西域，精通梵文，后秦苻坚迎其到后凉武威，在此讲经17年。再后到长安，从事译经实业，由于他梵汉双语兼通，眼看梵文，口出汉话，徒弟笔记，创意译派，四大弟子当时被称为佛教四圣，可见其地位之重。他说到译经的准确性时，言之凿凿：如不准确，死后焚尸，舌头烧烂。果然，在长安逍遥园涅槃火化后，全身化尽，唯舌鲜活。他翻译经文达三百余卷，是中国佛经三大翻译家之一，早玄奘300多年，玄奘去印度17年，罗什在武威17年，足迹遍丝绸之路。很传奇，可大书特书。是对印度的接口。但大纲中无一字表述）。罗马兵团消失之谜等，也是丝路大事件。要抓住这些影响中外历史的事件设计数十个项目，有故事情节，有震撼性事迹。

十四、用骆驼做吉祥物可以。但形象口号的设计不振奋，不过瘾，较平淡，我一时也想不出代替性方案。主要原因是没到现场，激发不出灵感。如从高端策划理念出发，可试作三句：穿越丝路时空隧道，体验雄浑闲适融合；天下丝路，世界和谐；驼铃与帆影，穿越千年时空。

十五、《提升》这一章，分成主题吸引物和辐射吸引物不科学，在实行中害多而利少。在这个大通道内，人们不问谁是“主题”，哪是“辐射”，正所谓“黑猫白猫逮住老鼠就是好猫”。只要放眼所及，都是丝路产品，让人记住，引起震撼，长久不忘，就是强势吸引物，不管古今中外、自然历史、人文资源和自然资源，早已共融，人文的东西有个积淀过程，从秦汉始，到军垦乃至更近，都是丝绸之路上的景观。人为的分成“主题”和“辐射”，进而定为一级二级，很不合理。兵马俑可能是第一吸引物，却被定为辐射吸引物。主题吸引物不应该只是纯文化的，自然景观也不一定是辐射吸引物，没有西北戈壁的干燥，敦煌壁画就很难长久地存续，自然和人文早已融合在一起。硬分开，有碍于品牌打造，有伤地方的积极性。尤其是以这个分类来作提升的基础，使提升部分显得很薄弱。应和地方合作，在地方推荐和专家评定的基础上，确定提升详单，逐个提出提升方案。当然不是平均使用力量，抓住30~50个重点进行谋划，从产品建设到市场营销，作出整套营销方略（通过提升，打造一串珍珠链，比如，108颗经过拂尘开光后的“珍珠”，其间有不少于30克的特大号“夜明珠”，这是一个品牌产品群。提升的目的就达到了）。

十六、提升要把握层次：第一层面是地位提升，具有世界意义的大体量旅游目的地；不仅辐射周边8国，而且远至欧美，影响很大，加拿大征集的关于中国的口号“从丝路文明到奥运辉煌”，跨越5000年，选了两件事，第一个就是丝绸之路；政治影响力提升，和谐与反恐，丝绸之路都有重要意义。第二层面是品牌提升。第三层面是产品和服务质量提升。

十七、创意好要策划好，六“点”策划，要策划让人眼前一亮的兴奋项目、情景项目，策划有故事情节有说头的产品。要学习美国利用西部大开发遗留的资源搞旅游的经验，工业旅游、盐池、纪念品——驴皮枕头，搞好纪念品创意。

十八、交通规划较为详尽，火车、高速公路目前政府很重视，改进较容易；但对支线飞机和自驾车两项，不应一般提到，而应重点设计，拿出较详细的方案。自驾车也应包括汽车旅馆和汽车营地这样专项设计。这是解决“旅长游短”和“客源不足”，尤其是散客较少问题的两个突破口。

十九、有的概念含混：主题吸引物和辐射吸引物、辐射城市和辐射吸引物；节点城市有时是城市统称，有时是城市层级中的第四级。

二十、其他一些修改意见和文字错误，已在文中标出，但数字错误的修改无依据，如第10页的入境数字，肯定有误，但不知准确数字是多少。这一组数字都不对，请核。

二十一、从目录到各章节，统一风格和称谓，如丝绸之路和丝路。大纲汇报时，要增加图片和地图。

因没有去现场考察，很多灵感不能激发，以上意见，只是凭经验和感觉写的，不一定对，仅作参考。

盼望修改后拿出一个样板式规划。

邵　春

2007年10月7日

（注：你们就我的身份问题征求我的意见，署名丝路规划审读或顾问、评委均可。）

第五节　对广西梧州江南森林公园考察后的意见

应梧州市和中环国投旅游公司邀请，对江南森林公园做了两天调研考察。下面是作者就该项目的规划谈的几点意见。

一、梧州江南森林公园项目背景分析

就点做点只能把自己做死。必须分析宏观中观为自己定向定位。国家的乡村旅游、生态旅游、大健康战略是梧州项目的宏观方向，梧州的背景条件是项目发展的中观基础。

1. 历史：明代，两广总督府；

2. 文化：粤语发源地，岭南文化发源地；

3. 区位：广西东大门，珠江流域中部，三江交汇处，广州、南宁的正中间；

4. 战略：经济圈和城市圈。

三圈一带交汇点，珠北连线通道城：借合力之便，领风气之先。处于珠江经济圈、北部湾经济圈、大西南经济圈和西江经济带交汇点上；城市圈：梧州是西部 12 省区最靠近珠三角地区和粤港澳的城市，也是连接珠三角和北部湾的重要通道城市。

结论：这样的经济和交通区位，在产业集群中，旅游业没有形成生产力，与现代城市发展战略不协调。补齐这个短板，开发包括江南森林公园在内的旅游产品群，是梧州城市形象和产业发展之必需。

二、项目策划

（一）资源评价

考察两天，山前、山后、山上、城区。火山森林公园为主体的资源是区域性优质资源，可以打造区域性优质产品。保存这样完好、生态优良且还未开发的森林公园在全国中等城市边上属于难得的稀缺资源。这片资源坐落在有深厚历史文化背景和区位优势条件下，原有的价值可以大大升值。

1. 资源条件好：三江汇流、绿城水都；森林植被好，20 年的经营有贡献；康养产品有基础：六堡茶、龟苓膏、思委米、人造宝石；

2. 土地政府储备，所有权单一，开发手续简单；

3. 亚热带气候，造景成本低；

4. 距离城市近，基础客源有保障；

5. 只要资本与资源对接，有一部好规划，开发前景好。

（二）开发方向：主客共享、突出乡元、本土文化

1. 主客共享：不仅是市民休憩场所，也是游客旅游目的地，休憩休闲结合、公益和商业一体，主人客人共享。难度在于要设计好两种功能业态的区分；

2. 突出乡元：不做单纯的城市公园，突出乡村元素，打造城市人喜欢的世外桃源；

3. 本土文化：不突出全国共性文化，张扬本土文化的独特卖点。儒释道中选道，南越文化这里不是重要节点，本土文化中选岭南：龙母、耕读、非物质文化遗产，把道教文化贯穿于饮食、医疗康养、药膳理疗之中。

（三）定位体系

1. 主题定位：生态康养。这是由资源特质、国家政策、发展趋势综合因素而确定的。

2. 产品定位：目前单一的森林公园严格地讲，还没有旅游业态，只是未来旅游产品的基础。要打造一处融森林公园、农业公园、康养乐园、山地运动、乡野休闲多功能多业态的旅游融合体。可参考山东原山国家森林公园模式。

3. 市场定位：市场与交通半径关系密切。207、321、324 国道贯通，G65、G80 等 8 条高速已投入使用和正在抢修；广州至南宁高铁到达梧州仅 46 分钟，到南宁 1 小时 30 分钟，每日通过梧州 106 趟车，上下旅客达 1 万人次。在高铁 1.5 小时、高速路 3 小时半径内，有 8000 万客源储备。因此，市场定位：梧州市民 + 周边县市周末游 + 粤港澳与北部湾过往休闲客。自驾车市场和高铁家庭旅游是重点客源市场。

4. 功能定位：城市郊野公园，粤桂通道驿站，吃喝玩乐之所，生态康养乐园。

（四）空间分区和骨干项目

1. 山前山水乐园：震撼性项目——桂东水世界、丝路驿站情；

2. 山后世外桃源：农耕体验园、岭南文化园、非物质文化遗产演示园、珍稀植物园（野稻等）、道法养生园、食府山茶苑；

山腰临建民宿、树屋、竹楼；

利用防火道做山顶观光览胜、林荫漫步、山地运动、碉堡攻坚。

业态的丰度决定游客逗留的兴趣，但要和生态的承载力相适应。

第五章　对规划团队的辅导

2005 年 6 月 1 日，为浙江省旅游规划研讨班讲课

回顾一下历史：20 世纪发展旅游之初的 10 年，不做规划，产品建设凭拍脑袋做决定。从 90 年代初开始，强制做规划，没有规划不批项目。这时，成立了许多由大学教授和策划机构牵头成立的规划公司。他们为旅游业最初的规范发展起到不小的作用。随着旅游业的发展做规划的地方越来越多，教授们忙不过来，就制作了许多模板，如海滨旅游、乡村旅游、小镇建设等，都有套路。教授出面谈项目，回来交给学生套模板，于是，规划的同质化就产生了。我在全国旅游规划培训班上说了这个观点，地方赞同。规划的同质化导致产品的同质化，这是相当长一段产品建设的弊病。

所以，规划要做好，提高规划团队的水平很重要。我非常感谢北大和清华两所大学，聘请我为旅游规划高级顾问。每有旅游重大项目，大纲出来后，接我去提意见，吸收了许多旅游业发展中的经验教训，使规划成果更扎实了。我曾参与清华大学做的北川新县城规划征求意见研讨会，曾受聘丝绸之路总体规划把关专家、福建省旅游总体规划顾问、泰山风景区提升性规划顾问、杭州西湖申报世界文化遗产提升性规划顾问。我也给全国旅游规划培训班、浙江省旅游规划培训班、达沃斯旅游规划设计院、景域（驴妈妈）旅游规划设计院、金必德旅游规划设计院等讲过课。下面把部分讲稿摘要发表。

第一节　关于策划和规划

——在全国旅游规划培训班上的讲课稿（节选）

一、规划和策划的关系

2003年颁布的《旅游规划通则》（以下简称《通则》），明确了旅游区、旅游客源市场、旅游资源、旅游产品、旅游容量的定义，规定了旅游规划编制的原则、程序和内容以及评审的方式，是各级旅游发展规划及各类旅游区规划编制必须遵循的规范性文件。《通则》是指导规划编制的国家标准。在《通则》里，没有规定策划的是必须具备的程序。

但在编制规划的实践中，各地摸索出的路数之一，是在正式启动总体规划之前，要先拿出一个策划思路。二十几年前，这个策划思路被称为《可行性研究报告》（即平常说的《可研报告》）；现在，这个策划方案被称为《概念性总体规划》（以下简称《概规》）。这个《概规》要进行战略研究、市场分析、寻找独特卖点、进行区域定位、产品空间布局、土地如何用、投入产出预算等。其任务是为决策层下决心提供依据。如果这个《概规》通过了，就履行立项手续，开始编制《总规》《控规》和《详规》，这后边的规划体系是《通则》里规定的，其任务是指导产品建设的蓝本。

策划决定战略高度、格局和视野，是跳出项目和区域来进行战略和资源整合的，获得最佳生态效益、社会效益和经济效益，解决决策者关心的问题。规划是对土地最集约的利用、项目最适应市场的设计、经济效益和社会效益的兼得，解决投资者、管理者最关心的问题。

所以，策划和规划的内容不同，任务不同，不可互相替代。

二、规划编制工作的回顾

规划有两套：一套是产品规划；一套是营销规划。

中国旅游业发展 25 年来，前 10 年基本上没做产品规划。近 15 年来，各地区、各城市、各景区产品建设启动之前，做规划已成了必要的、法定的程序；不做规划就不能立项。这不能不说是一大成就。这期间，院校的教授们起了很大作用。

后来，随着旅游业的大发展，规划多了，教授们忙不过来，就出马谈下项目，规划交给学生。学生对旅游业不了解，就抄老师的本子，有时候，我参加评审，常遇到原先本子的地名都没改完，就提交评审稿了。

规划的同质化问题，不仅仅学校团队做的课题存在，社会上许多规划班子，规划文本的模式化日益突出，有的已经成了“套子”，或称“模板”。不同的项目套用不同的模板，于是出现了规划文本的同质化；旅游产品的同质化源于规划的同质化。许多地区试图寻找国际的班子做的规划，输入了市场营销新观念，但也存在着对中国文化消化不良的短处。所以，应提倡规划班子跨地域、多学科人才组合，尤其要吸收有理论积累、有实践经验的旅游工作者参与。无论国外的团队还是国内的团队，要互学所长，避己之短。对于规划班子而言，既然接了规划，就应以促进地方旅游业发展为目的，经济收益是第二位的；要跳出自己固有的模式，打造项目的独特卖点；规划团队也要不断培训、充电，提高规划的水平和能力。

三、衡量规划好坏的标准

衡量一个规划做得好不好，除了专家评审结论中必说的套话外，我经常参加省、市、县和景区规划评审，认为好的规划要符合几条标准：

一是散乱的资源是否得到了优化整合？不能搞简单的拼盘。

二是整合后形成的产品是否找到和强化了独特卖点？这是核心竞争力之

所在。

三是形象的提炼是否使产品品位得到了提升？要有叫得响的口号和引爆产品。

四是有独特卖点的产品如何卖出去？这就需要有确实管用的营销规划。

现在做规划，强调产品规划，普遍轻视营销规划。通行的做法是在总规里写一点市场营销的东西，多是套路，很不解渴。国际上的通行做法是，制定旅游发展总体规划时，单独制定旅游营销规划（也可称为旅游营销策划）。这两个规划同时产生，并行推进，互相倚重。前者着重于产品建设，后者着重于产品营销。

现在不是产品经济，而是市场经济；不是产品时代，而是营销时代。做旅游不会营销，早晚把自己做死；做营销，不做营销规划，就是打乱仗，乱花钱，不能收实效。

旅游营销理论需要创新。现在，大学课堂上讲的和各地实际运用的营销理论，是20世纪50年代欧美创立的有形产品的营销理论。与旅游无形产品或无定形产品营销相比，这种理论存在着缺陷和不足。比如，有形产品的流通是物流。而旅游产品的综合性决定其营销方式、渠道的多样性；旅游产品的不可移动性决定其流通主体是人流而非物流，便于电子支付和形象化促销。旅游营销理论要建立自己的一套形象、口号、接口、楔形布阵、目标市场和目标客源锁定等原理，从共性中找出个性。依据这种原理制定营销规划，以使产品的销售克服盲目性而带有预见性和目的性，从而获得最佳效果。

四、几个营销策划的案例

举最近经历的几个案例。江苏江阴市名列全国百强县前茅，经济实力很强，但在全国的知名度却不如其下属的一个自然村——华西村。原因何在？作者在同该市负责同志交换意见时说：原因在于江阴的宣传力度不如华西村大。华西一年上稿千篇，每天做到“广播有声，电视有影，报上有文”。因而，人们只知有华西，不知有江阴；更不知华西是江阴的一个村落。明确了这个道理，从而激发了江阴市对外宣传的决心，加大了对外营销的力度。

2003年年初，我参与了浙江象山县旅游总体规划的编制工作，并为其写出了《形象口号策划文案》。在县里开大会时，给他们做了“东方不老岛，海山仙子国”口号诠释，打动了投资商，三个月招商了100亿元，县里宣布“亿元以下投资免谈”。所以，好的营销口号，是政府抓旅游业的抓手，是招商引资的一面旗帜，是产品建设的依据，是市场营销的巨大吸引力。

广西德天景区由笔者策划、编写并作嘉宾在央视《夕阳红》节目中串讲，在京城引起轰动，数十家旅行社负责人联合去德天踩线。从“求你来”变成“我要来”。这对目的地而言，客源地代理商的主动，大大降低了营销成本。

《河南林州市旅游市场营销策划方案》2003年由我执笔完成，不仅解决了若干认识问题，找准了目标市场及市场接口，提炼了总体形象和营销口号，策划十多项营销活动等等，现在林州的营销活动搞得有条不紊、有声有色，客源和效益直线上升，市里的领导和旅游局的同志们都说，这个营销规划做得好、做得值。2003年年底，安阳市正式提出请我为他们作营销规划，并且市府为我颁发了安阳市荣誉市民证书。

更明显的例子是焦作。为了说明问题，我们拿焦作的发展做个对比：

焦作旅游发展的基础和区位优势比河南许多地方都差。从接待总量来看，2000年为95万人次，还赶不上县级市林州。2001年、2002年接待总量分别为221.83万人次、452.8万人次，三年同比增幅为81.3%、113%和104%。更重要的是，这种增长不是升虚火，而是一种效益型增长，每年门票和综合收入同比增长都高于人数的增长比例。2003年受“非典”影响，预计可接待650万人次，仍然保持增幅43%；门票收入首次突破亿元大关，综合收入达30亿元，两项同比增长74%和64%。这是全国罕见的高水平。

与这里的情况形成鲜明对照的是：“非典”使中国旅游业遭受重创。据统计，4月下旬到5月，全国11615家旅行社总体上处于歇业状态；8880家星级饭店的平均客房出租率不到20%；1062家A级旅游景区（点）的游客接待数量和营业收入同比下降80%以上；中国旅游车船协会105家会员单位的接待人数和运营收入同比下降90%。原国家旅游局预计，“非典”给全年旅游业带来的损失：旅游外汇收入将减少88亿美元，国内旅游收入将减少2037亿元人民币，旅游业总收入将损失2768亿元人民币，相当于2002年总收入的一半。在全国旅游收入普遍大幅下降的形势下，焦作不仅没有出现负增长，而且同比增长43%，在这里看不出“非典”使高速运转的旅游业的突然叫停的迹象，似乎这里不存在恢复和重振的问题。

连续3年，黄金周接待人数超过郑州、开封、洛阳，居全省第一；进而在2003年“十一”黄金周旅游总规模上超过桂林、张家界、黄山等全国著名的旅游城市；焦作同安阳、林州一样，火车运客没有优势，于是他们加大了专列促销，2003年8月6日，就有太原2趟、青岛1趟共3列火车同一天到达焦作，这在历史上从来没有过。这种变化，被业界和媒体称为“焦作现象”加以研究，从而引起《人民日报》《光明日报》《中国旅游报》等众家媒体的大讨论。

人们要问为什么？

我认为，原因是多方面的。但发展思路与营销投入是最重要的两条。

市里通过结构调整和产品建设，实行了“旅游带动战略”把“煤城”变成了“美城”。通过市财政对旅游营销加大投入，支撑了几大有影响力的活动的开展。三年市里拿出3100万元（2000年300万元，2001年500万元，2002年1000万元，2003年1300万元）专门用于媒体宣传。通过大力度投入支撑8个有影响的促销活动使知名度大大提高，开展了大篷车赴9省20多座城市宣传，中国焦作第一、二届国际太极拳年会，第一、二届焦作山水国际旅游节，第一届焦作山水国际摄影节，第一届焦作红叶节，河南省太极拳、剑、推手锦标赛，“云台山”杯全国武术散打擂台赛，“U—17”国际乒乓球擂台赛。

在营销规划的指导下，思路领先，投入加大，经过策划，炮炮打响，因此，使得一个旅游业名不见经传，又无区位优势和资源优势的地方，一下成为全国瞩目的“焦作现象”，实现了跨越式发展。

第二节　黄帝源景区调研策划后的咨询意见

2008年11月，上海博华展览公司要投资开发黄帝源景区，约我来考察，给该公司提供咨询性意见。

一、纠谬

黄山秦时称黟山。传说轩辕黄帝曾于此采芝炼丹，沐浴汤泉，乘龙升天。唐明皇李隆基崇信此说，故于天宝六年（747年）六月十七日，改黟山为黄山，后一直称为黄山。翻译“黄色之山”是错误的。

二、资源

品位高，黄帝主题文化内涵丰富。

黄帝源是中华始祖轩辕黄帝游憩之所，是世界自然和文化双遗产黄山的发源地。景区在黄山轩辕峰至光明顶之下的云海中。这里青山环抱，群山叠翠，古书参天，翠竹摇曳，溪水潺潺，峡谷怪谭，古迹胜景。固有神秘，藏龙卧虎，仙岛驻风。再现了《周书异记·神仙传》《黄山图经》以及《史记》有关黄帝的神奇传说，是体现中华文化，爱国主义教育的自然活教材；这里圣寺、古桥、驿道、书院等俯拾皆是，留下无数名人、墨客的足迹，是集皇权神圣于自然神奇的风水宝地。

全区现已发现可及的景区有：天台、鼎湖景区，紫芝源大峡谷景区，溶洞群景区和古文化遗迹群。主要景点有数十处。其中，天太古庵址（有名泉，是首次发现黄帝卧像之地），鼎湖（传为皇帝铸鼎炼丹之所及皇帝乘龙升天的圣地），石仙室（传为《黄帝图经》所在的黄帝游憩之所），神奇大峡谷（几乎注解了《黄帝图经》中记载的黄帝采紫芝炼丹、服丹、沐浴、乘龙升天的所有神奇故事），黄谷庵遗址最新发现自成墓、墓碑（疑为李自成归隐之处），黄帝源溶洞群（在轩辕峰东麓，初步发现百米以上和百米以下毗邻的溶洞十多个，十分罕见，洞内很多神宫宝殿尚是处女地），千年古柏

（树龄1500年左右，传为轩辕古刹的遗址），保存完好的唐代石拱桥（绿柳桥），李白客黄山故居（太白书屋遗址，李白在此创作了著名诗篇《赠黄山胡公晖求白鹇并序》），古驿道（可近黄谷庵自成墓）等最为神奇。

三、前途

景区的竞争力和生命力在于独特性和市场回应度。

文化的互补：黄山——徽州主流文化——地域性；黄帝源——黄山源头文化——认同性；黄帝源与黄山——文化的互补性，不可代替性，增加了黄帝源作为独立个体生存发展的理由、条件，具有独特性和回应度结合的不可多见的景区，从而具有了发展的广阔空间和深远前景。

大黄山升级型产品：黄帝源自然景观和文化遗存结合，又是人文始祖轩辕黄帝采芝炼丹，沐浴汤泉，乘龙升天之所，以此为据，可以在仙境一样的地方打造一处以《黄帝内经》、道家仙术为主题的休闲养生胜地，适应休闲时代的到来，又是对黄山观光产品的升级换代。

市场应对策略：对于近距离市场、回头客市场，可以作独立吸引物，具有目的地性质；对于远距离市场和初访客，应附着在大黄山的概念里，成为黄山的一个景点。近年来，市场营销策略，应该是把这两个功能捆绑，交替营销。

联合营销，要进线进网，列入旅行社产品链和省线国线小册子，近距离成为三山一湖（黄山、九华山、齐云山、太平湖）、杭千黄的争抢产品，争取上驻外办事处柜台对外推荐线路名单；单独促销，要有黄龙洞精神，立足一点，大做黄山文化，这就要有资本运营的能力，有现代营销意识，有开展营销活动打大仗的能力。

2008 年 11 月 20 日，与博华公司章学强总经理和规划团队考察黄帝源

第三节　给达沃斯巅峰讲课——规划中值得注意的倾向性问题

目前，各地都非常重视旅游规划的编制。笔者在参与一些地方规划评审工作时，认为有的课题组在编制规划过程中，存在某些倾向性问题值得注意。

一、一般产品和龙头产品

有的文本在资源上下了功夫，一口气列出了上百个产品项目，但哪个是龙头产品，需要重点开发，很不明确。这为今后的产品建设和市场营销埋下了隐患。宣传促销时，介绍许多项目，如果没有龙头产品，有可能搞得观众眼花缭乱，到最后一个也没记住。往木板里砸钉子，钉帽朝下是砸不进去的，只有钉尖朝下才能砸进去。产品推向市场的道理也一样。如果我们以楔形布阵，把最有吸引力的龙头产品放在楔尖位置上，一两个龙头产品宣传开了，后边的系列产品就会梯次跟进。如果不分主次，都挤着入市，就如同一群人挤在门口，谁也出不去。

强调龙头产品的重要性，并不是忽视产品的多样性、多元化、个性化。为了调动各地的积极性，形成产品多元化组合，在确定龙头产品重点建设外，其他产品建设也要详细规划，精心制作。这样，就能形成一个楔形产品阵。

二、区内产品和区外线路的衔接

现在编制规划有一个通病，对规划范围内线路设计下功夫多，对这些线路与外界的接口、与周边产品的连接考虑得少。其毛病出在缺乏产品观念和区域观念。就一般规律而言，一个中等城市范围内的某一线路能够满足近距离游客做“周末游”或“一二日游”，可以作为一个产品来推介。但对于远距离旅游者或海外团，这条线路就不是一个完整的产品，而是一个产品中的“零件”。往往客人是在入境后看了许多东西后才来看这条线路的，这条线路是客人行程中的“段落”或“分支”。在针对这类市场推介产品时，必须把自己的这个线路放在省线、国线中，甚至连出入口境岸都要介绍。这些口岸城市往往不在本地区内，但客源地的人们只有明白如何进，如何去，如何出，才有可能选择这个目的地。这一点在设计产品和对外营销时是十分重要的。我们一般人去商店买东西，除了特殊用途外，都是去买一个完整的产品，而不是去买零件。做旅游产品推介也一样，应该把一个完整的产品呈现在消费者面前。我常常看到我们的一些旅游产品介绍就缺乏产品观念，比如，封面上写着“中国 × × 县”。这个县本来就不知名，但它的上级市却很知名，产品的制作者认为写上这个市就是花钱替别人做宣传。岂不知过河要有“垫脚石”，你撤去了这个“垫脚石”，只能跳到河里去。“借光”“借势”“借名”是永远不能忘记的。

目前，规划，特别是地区规划，一般都是政府主导型经济的产物，文章只做在行政区划内。其实，旅游经济是区域经济，许多自然地貌、风土人情不以现在的行政区划为限；而且行政区划不断在演变，一些历史古迹、遗存和文化脉络是历史的产物，被现在的行政区分隔得七零八落。比如殷商和周易文化，在安阳周边许多市县都有遗存。如果突破行政区划，按区域整合，这个旅游项目就会更丰满充实，因而更有吸引力。如果这些地区的人们眼界开阔并加强合作，共同打造同一品牌，将出现优势互补和双赢的局面。有同类资源的许多地方，目前的问题是“竞争”多而“竞和”少，抢品牌多而共铸品牌少，互相诋毁掣肘多，而联合宣传少。这就需要输入产品和区域经济观念。在规划中，既要有短线，又要有长线，把市线与省线、国线衔接，以适应国家地区不同、旅游时间长短不同、旅游审美需求不同的旅游者选择。

三、资源取向和消费取向

过去在讲课中，曾说过一个观点："资源是规划的基础，规划是产品的基础，产品是营销的基础，营销是效益的基础。"这里既有链条环节不可倒置问题，又有操作时序不可互换问题。每一个环节的工作都做得很扎实，最后就只等着数钱了。

但事情都不是绝对的。比如"资源是规划的基础"，一般来讲是对的。但讲得绝对了，容易在规划中造成"资源取向"。资源好就一定能做出好的规划吗？反之，资源不好就不能开展旅游吗？许多实践已做出了回答："不一定。"深圳本来没有什么旅游资源，但却在规划指导下建成了几个著名人造景观：锦绣中华、中国民俗文化村、世界之窗。2000 年，深圳旅游收入超过 300 亿元，占本市 GDP 的 18%；2001 年，以"明斯克"航母为载体的现代军事旅游项目成为赴深圳旅客关注的又一个热点。这些策划出来的景点丰富了旅游产品，使深圳这个旅游资源匮乏的城市成为全国重要的旅游城市。上海本来也缺乏旅游资源，但他们在规划的指导下，使浦东乃至整个城市成为旅游吸引物，从而变成全国排位第三的旅游目的地。这些事例说明：旅游资源不只是"二老"（老天爷、老祖宗）留给我们的，也是可以由我们自己创造的；旅游产品不仅是对原有资源整合出来的，也是通过把策划理念贯穿在规划和产品制作中加工出来的。因而，只强调"资源取向"，在一些情况下是不全面的。

其次，对资源的评价，如观赏价值、游憩价值、使用价值、艺术价值、开发潜力及附加值的评判，在不同经济结构中是不同的。比如张家界的美丽峰林，在旧中国是穷山恶水、土匪藏身的地方；在计划经济体制中，山区闭塞，农民很穷，人们不但不把山水当宝贝，多划一块地盘就多一份负担；改革开放后，旅游业使山里人认识到山水资源的重要性，因抢地盘、占山头多次发生械斗。笔者在湘西就听到过两个县的老百姓为搞旅游抢一个山头而炸梯子的事件。据说，这也是后来国务院下决心组建大庸市，后来改为张家界市的一个重要原因。

对资源价值的评判，也因为旅游者消费心理的不同而不同。旅游的目的是“求异”。与自己生活环境差异越大的地方越有吸引力；与自己的环境完全相同或差异不大的地方，旅游者没有必要自己花钱去旅游、体验。比如内蒙古的沙漠，对当地的孩子来说，那不是宝贝，是灾害、是荒凉；而对大城市的孩子来说，那是新奇。我亲眼看到日本修学团的孩子在沙漠里玩得乐不思归，晚上在沙漠里看星星，夜晚在沙漠里睡觉，动员他们回宾馆都不走。许多当地的人不能正确评判本地资源的价值，这就叫“不识庐山真面目，只缘身在此山中”。因为他们没有比较，不了解旅游消费者的这种“求异”心理。通过上述分析可以看出，资源是重要的；但做规划中，只坚持“资源取向”是片面的。产品的建设必须立足于资源基础，坚持消费取向，根据消费者的心理需求，改造、整合、强化资源中的某些价值；修改、淡化资源中的另一些价值；甚至可以创造出新的资源，赋予它新的价值。所以，做规划要请专家，特别是要请有策划能力的专家，请能称得起“资源配置师”的专家，请能“无中生有”、化腐朽为神奇、创造新的资源的专家。同时，做规划要请外边的专家参与，因为他们有广阔的视角，有登高远望的“比较”优势，了解消费者“求异”心理和“求”的是什么“异”，以便在规划中直奔主题，便于提炼口号和选择龙头产品，便于布列针对性强、个性化强的专项旅游产品。

因而，不要盲目地排斥外来的专家。当然，规划做得好不好关键看水平，而不在于专家是“内地”的还是“外来”的。但话又说回来，任何“水平”都有局限性。比如，外边的专家对本地的资源不甚熟悉，国外的专家甚至有“水土不服”的弱点，这也是应当向当地专家学习的。所以，我赞成专家队伍由跨地区、跨行业、多学科的专家组成。这样，可以取长补短，弥补缺憾。

四、客源地和客源层

根据市场细分理论，我们一般对海外和国内客源市场分类分级，按客源市场—主要客源市场—目标市场顺序，逐步剥壳，以确定最终要下力促销的目标客源层。目前做规划或对外促销，只选择了客源地，没有进一步在这个客源地里找准客源层，致使客源的具体目标模糊，促销手段缺乏针对性，因而做不到位，浪费了钱财而效果不佳。我的体会是：客源层的捕捉要用“聚焦法”。比如，我国海外客源市场几乎遍布全球，但主要客源市场有十几个国家和地区，其中日、韩、中国港澳台和欧美为主要客源市场。上述这些国家和地区又可以细分成若干目标市场。客源地的目标确定后，如能进一步选定客源层，其宣传招徕的对象就锁定了。所谓客源层，是指该客源市场去某特定旅游目的地的、构成客源主体的、特定职业、性别、年龄段的人群层面。比如，20 世纪 80 年代初，来我国旅游的日本游客多数是侵华老兵。这些人已年逾古稀，必须寻找新的客源层作为招徕对象。一次，我与日本朋友聊天，谈及家庭旅游是客流的主体，就问他们：“在日本，决定一个家庭出不出去旅游谁说了算？”答曰：“男人说了算。”再问：“到哪里去旅游谁说了算？”答曰：“老婆孩子说了算。”这就是说，妇女是选择旅游目的地的决定者。于是，我利用参加 1985 年筑波世博会期间对日本市场做了全面调查，除了传统的专项旅游者外，得出日本市场目标客源层为：未婚女青年、家庭主妇和修学旅游的中小学生。针对客源层的选定，调整了宣传媒介，多邀请妇女读物和学校教谕（教导主任）常读的教育报刊的记者来华访问，回去做宣传效果较好。这些调研成果成为多年我们对日旅游宣传促销的基本对策。如果我们在制定规划、制作产品之初，就根据自己产品的特色和市场需求，选择准客源地的客源层，这对于选择宣传媒介、印制针对性强的宣传品，对于以这个客源层为突破口逐渐扩展到客源地更多阶层都是十分有利的。

在中国旅游产品从团体观光型向休闲度假型转变过程中，人人都喜欢的“大路货”越来越少，产品的指向性越来越强。做规划和促销中明确客源层更显得重要。要做到这一点，一要从产品自身的特点出发，再与客源市场的文化联系、经济往来、某些阶层的特殊兴趣等方面寻求结合点；还要在市场调查中不断矫正这个结合点。以使产品投其所好，成为某类消费者青睐的产品，客源层就抓住了。

五、距离决定论和消费水平参数

我曾发现：一条路线、一个产品的影响力、吸引力，符合牛顿“万有引力定律”，与客源地距离半径成反比。也就是说，近距离旅游，是目前旅游潮流的主要趋势。距离越远，吸引力淡化而客源量逐减。

目前，许多规划文本都有一张图表：以规划地为圆点，以不同距离为半径，画几个同心圆，然后，确定一级市场、二级市场、三级市场。其依据也许是从牛顿“万有引力”定律生发出来的。距离是个空间概念，它的长短与出游时间相关联。因为越近越省时间，所以客源发生地与目的地的远近，就成了决定客源输出量的重要因素。但旅游者决定能否到某地去旅游，除了目的地吸引力的客观条件外，就旅游者的主观条件而言，主要有两条：时间和金钱。上面我们所说的距离，主要考察的是时间因素。下面考察一下金钱对于旅游目的地选择的重要作用。按照国际旅游业发展的经验，人均 GDP 达到 1000 美元时，国内旅游就兴旺起来；达到 3000 美元时，就会出现到周边国家旅游的热潮；达到 5000 美元时，就会更多地追求周游世界。目前，我国人均 GDP 已超过 800 美元，很多城市居民人均 GDP 已超过 1000 美元，这是国内旅游这几年升温的经济原因。在我国一些阶层，收入已超过 3000 美元和 5000 美元，因此，出境游也十分火热。在京沪粤浙这样的阶层人数比较多。在珠江三角洲和长江三角洲，市场经济发达，民营企业蓬勃发展，先富起来的人相对比例较高。这部分客源对于北方或西部省市是很重要的目标市场。虽然距离不近，但如宣传招徕跟上去，也会吸引相当的客源。2001 年，乌鲁木齐接待广东的游客达 15 万人。所以，有了金钱就提高了消费能力，就可以突破距离的限制。再举个例子，全国 100 强旅行社中，有 47 家在珠江三角洲，说明这里是主要的客源发生地。有资料说，广州市 650 万人占全国人口的 1/200，但民间存款占全国 1/20，高出全国人均水平的 10 倍。广东城市居民人均可支配货币（扣除基本生活、医疗、教育等费用）达 1.5 万元，超过河南城市居民的人均收入。有人幽默地说，就经济效益而言，接待一个广东富人等于接待 10 个普通近距离旅游者。王连义教授提议：安阳人应打出“让客家人常回家看看”的口号，这不失为一个好主意。

在人们不太富裕又想旅游的时候，只能主要考虑近距离旅游。当人们富裕（包括有充足的时间和金钱）、社会提供的交通等旅游条件更便捷的时候，距离已不是限制和障碍的因素，远距离旅游（包括非洲，甚至星际旅游）就会成为时髦产品，人们在“求异”中享受距离产生的美。旅游和文化的融合，生活需求提升到审美需求，旅游既是载体，也是审美的重要途径。

六、圈层理论和外线作战

我们在规划中做客源市场分析时，思维不能绝对化，旅游规划工作搞了20多年，分析市场时，主流学派坚持的仍是圈层理论：划分和确定市场时，围绕目的地画的不同半径的几个同心圆，就确定了核心市场、开拓市场、机会市场（潜在市场）、海外市场。这样分析，在旅游业初始阶段情有可原，但如今市场竞争激烈，游客的消费能力各异，供给产品繁多，不做市场细分是不行的。只有客源地，没有目标客源群体更是不行的。吸引客源的魅力，主要是独特卖点和产品的精细化、服务的人性化。（注：贵州这几年提出的：农业文明看中原，工业文明看沿海，生态文明看山地。因此推出“山地公园省，多彩贵州风”，2016年年底编制了《贵州山地旅游发展规划》。据此，目标市场定位跳出圈层理论束缚，确定主打市场不是周边，而是工业发达省份和发达国家，因为那里的生态污染和破坏最严重，他们渴望贵州这样的原生态山水相宜的地方。于是，贵州营销规划做了重大调整，国内三大城市群和欧美发达国家被列入主攻方向，在国外设立了10多个办事处。这种跳出小天地外线作战的战略，是大手笔、大视野的创新战略。）

只以一定距离划个圈来确定市场等级的办法还不够，要把先富起来的地区和先富起来的人群也作为目标客源。即使这个市场距离（半径）远一点，也有可能升入较高一级的市场，从而作为重点进行规划和促销。这样，从距离和消费水平两个要素出发，编织成的市场网络，客源就基本上做到“疏而不漏”了。这是规划团队应该认识的问题，从而调整规划思路，做出的规划才具有战略性、指导性、可行性。

（原载《中国旅游报》2002年9月4日，收入此书时增加了第六部分内容）

第四节　给景域集团（驴妈妈）讲课——产品的优化组合

产品是营销的基础，资源是建设产品的材料。中国的旅游业从源头抓起，走出了资源—规划—产品—营销—效益这样一条旅游业发展的路子。

一、旅游资源评价

旅游资源评价是旅游产品组合的基础，建立一套科学的资源评价体系就显得十分重要。原《中国旅游资源普查规范》（1992 年）以及 1997 年提出的分类修订方案，是一个具有指导性、可操作性的资源分类体系。该规范将旅游资源分为已开发、待开发、潜在开发三种状态；景域、景段、景元三个级别；景系、景类、景型三个层次。从三种状态分析——三大规模分级（景域、景段、景元）——三大属性分类（景系、景类、景型），共分为 3 态（3 states）、3 级（3 trade）、3 景系（3 serials：自然、人文、服务）、10 景类（10types：地文景观、水文景观、生物景类、其他自然景类；历史遗产、现代人文吸引物、抽象人文吸引物、其他人文景类；旅游服务景类、其他服务景类）、95 景型（95 patterns）。按照这套体系对资源进行评价后，就为旅游产品的组合提供了先决条件。

国家标准颁布。资源开发和旅游规划是产品制作的最重要的基础，为了提高其规范化、标准化和科学性，必须制定国家标准。从 1997 年起陆续立项的三项国家标准《旅游资源分类、调查与评价》《旅游规划通则》《旅游区（点）质量等级的划分与评定》（修订稿）已经颁发，将使中国的旅游产品建设提高到一个新水平。

地方标准出台。在旅游产品建设中，许多地方都在摸索制定符合本地实际情况的地方性标准。比如，北京出台了餐馆星级评定标准。该标准规定：旅游餐馆划分为五个星级，从低到高依次为一星至五星；星级的划分以餐馆的建筑、前厅、厨房、卫生间、公共区域、设备及管理、餐饮质量、环境卫生、服务水平等为评定依据，且每一项都有严格的标准；旅游餐馆星级评定本着企业自愿申请的原则进行；餐馆星级评定后，每年进行复检，对不合格者取消资格。标准还将消费者满意程度作为评定依据，把为残疾人、儿童和老人提供特殊服务、能用普通话和外语服务等都列入星级评定的重要依据。

二、两个导向应主从分明

在产品建设中，是坚持资源导向还是市场导向，是发挥原有优势和再造优势相结合的问题，是强化市场经济观念的问题。有资源优势的地方，要充分利用自己的优势，这是产品建设的基础。但这个建设必须从市场的需要出发，否则，就有可能糟蹋了资源，再好的优势也发挥不出来。立足优势，依据市场，在配置时强化或淡化某些优势，还会使产品市场准入的穿透力更强，使产品的市场占有率更大。资源是“二老”（老天爷、老祖宗）给的，有些地方没有资源优势，是不是就没有了发展的可能了呢？有些地方的实践已经作出了否定的回答。新加坡和深圳的例子就十分具有说服力。有了市场观念，没有资源，可以创造资源；“二老”没有给留下遗产，自己要想办法生存，造出符合市场需求的产品来，日子可能过得更好。因此，资源是基础，是优势，但不是导向。在产品建设中，应该坚持市场导向。坚持市场导向，对于有资源的地方，问题的关键在于了解客源层的需求，要做详细的市场调研分析，不能靠拍脑袋、想当然或长官意志，这方面的教训太多了。老北京微缩景区就是一个典型事例。对于缺乏资源的地方，造出市场欢迎的产品，关键是观念创新、理论创新和较高的策划水平；有大宗的、稳定的客源层和与他们的消费水平相适宜的产品，就能获得较好的效益。

三、两个定律互为悖反

第一个定律是借用的“万有引力定律”。我在研究中发现：一个产品在市场上的吸引力，符合“万有引力定律”（$F=GM_1M_2/r^2$）即两个互相作用的物体的引力与两个物体的质量乘积成正比，与他们的距离的平方成反比。大家细想一下，产品的吸引力不也是这样吗？如果在这里质量和品质可以互换的话，那么目的地和客源地互相作用物的引力也与其质量成正比，与其距离的平方成反比。也就是说，由于受金钱和时间的限制，近距离旅游还是目前旅游潮流的主要趋势；距离越远，产品的吸引力淡化而客源量逐减。因而，许多产品规划文本都有一张图表：以规划地为圆点，以不同距离为半径，画几个同心圆，然后，确定一级、二级、三级市场。这里有意识或无意识地借用了万有引力定律。半径（距离）的长短，与目的地产品质量、知名度、交通便捷程度和客源地人们的品位、欣赏习惯和消费水平等因素有关。本人和几位专家议及此事，认为如果量化一下，以国内旅游为例，大概可以如下表述：250 公里半径范围内，适于“周末游”，这是“核心市场”；80% 的国内客源来自 500 公里半径范围内，这是“基本市场”；更远的距离占客源的 20% 左右，可以称为“机会市场”。因此，在交通、网络非常发达的今天，距离仍然是考察产品吸引力的一个重要因素。

第二个定律是一条美学定律。我在研究中还发现：旅游目的地对客源的吸引力还符合美学的一条定律，即“距离产生美”。旅游者旅游的目的是“求异”。从消费的角度分析，人有一个特点，即缺什么想什么，有什么烦什么。距离越远地貌变化越大，风土民情差异也大，因而越是人们所追求和向往的。如果时间、金钱和交通、身体等条件不成问题的话，远距离的目的地将是许多人的首选。从这个意义上讲，旅游目的地与客源地距离越远，吸引力越大。所以，近距离旅游是各种限制的产物，远距离的旅游是人们的渴求。

这个“美学定律”和前边借用的“万有引力定律”成了二元悖论，这就是辩证法。它告诉我们：想问题、做事情要“两点论”，不要“一点论”。做规划，也要考虑这两方面因素。不同的文化圈层产生文化的差异性，不同的地理单元，产生自然景观差异性。突破圈层，是人们在消费水平上升后能够实现的理想。所以，可以预言，有些有较大吸引力的度假地，客源的主体可能是远距离的客人。比如加勒比海的坎昆，客源主体就不是墨西哥本国本地人，而是欧美加为主的客人。你们的公司名称叫“景域”，我理解是一个旅游目的地的概念。这个“域”的大小，是随条件变化的。“域”越大，对远距离客人吸引力越大。

谈到“距离产生美”，手头正好有篇文章可作佐证：这就是《读者》2002 年第 19 期篇首语《熟悉的地方没有风景》，现照录如下。

美国《幸福》杂志曾在征答栏中刊登过这样一个题目：假如让你重新选择，你做什么？一位军界要人的回答，是去乡间开一个杂货铺；一位女部长的答案，是到哥斯达黎加的海滨经营一个小旅馆；一位市长的愿望是改行当摄影记者；一位劳动部长是想做一家饮料公司的经理。几位商人的回答最为离奇：一位想变成女人；一位想成为一条狗；更有甚者，想退出人的世界，化为植物。其间，也有一般百姓的回答，想做总统的，想做外交官的，想做面包师的应有尽有。但是，很少有人想做现在的自己。

人有时非常矛盾，本来活得好好的，各方面的环境都不错，然而当事者却常常心存厌倦。有时是不能用不知足来解释的。

我曾对住在森林公园的一对夫妻羡慕不已，因为公园里有新鲜的空气，有大片的杉树、竹林，有幽静的林间小道，有鸟语和花香。然而，当这对夫妇知道有人羡慕他们的住所时，却神情诧异。他们认为这儿没有多少值得观光和留恋的景致，远不如城市丰富有趣。

当时，我的感觉是，熟悉的地方没有风景。这对夫妇对这儿太熟悉了，花草树木、清风明月，在他们漫长的日子里，已不在有风景的含义，而是成为习以为常的东西。《幸福》杂志上的那些部长、商人及平民百姓们，之所以不愿做他们现在的自己，与住在森林公园的那对夫妇一样，是对长期拥有的那片风景，已经习以为常，风景已不再是风景了。

在人生的旅途中，最糟糕的境遇往往不是贫困，不是厄运，而是精神和心境处于一种无知无觉的疲惫状态。感动过你的一切不能再感动你，吸引过你的一切不能再吸引你，甚至激怒过你的一切也不能再激怒你，这时，人就需要寻找另一片风景。

工作和生活中，我们追求知识，挣脱旧我，纯洁精神，净化灵魂，升华自己。其实，深究其根源，也是因为熟悉的地方已没有风景了。

这篇文章告诉我们：出售旅游产品，寻找客源市场，也不要只盯着眼皮底下的一亩三分地，远的地方也有文章可做。

四、两种模式综合分析

当今世界经济发展模式有若干种，但增长模式主要有两种：增量模式和效益模式。市场化程度较高的经济发达国家，奉行的是效益模式；市场化程度较低的经济欠发达国家，奉行的是增量模式。增量模式以有形资源配置为主，效益模式以无形资源配置为主。我国长期以来奉行的就是增量模式为主的增长方式，很多企业的领导者重视有形资源，轻视无形资源。近几年这种状况在一些企业有所转变。入世后，我国经济增长模式逐步从增量模式转到效益模式上来，知识化、智能化、技术资本化进程加快步伐。应该在重视有形资产配置的同时，更注重无形资产配置。

经济的全球化是实力的竞争。中国的企业规模比较小，有人说入世后，在全球大市场上，我们是小舢板遇上了航母。但是，不下大海，就永远不能在游泳中学会游泳。比如，美国有几十家航空公司，西北航在美国规模并不大。但是进入 21 世纪的时候，全中国所有民用航空公司拥有的飞机总量才勉强相当于一个美西北航。但通过与西北航“代码共享”等合作，中国民航的管理水平和经营能力得到了很大提高。

在旅游业方面，我国 2000 年 8993 家旅行社总收入 56 亿美元，只占美国运通旅游公司收入 146 亿美元的 38%；北京排名前 5 名的国旅、青旅、中旅、神舟、中信营业收入之和为 4.27 亿美元，相当于运通旅游公司收入的 2.9%。入世后，对国内旅行社保护性政策将逐步撤销，允许开办中外合营旅行社，并逐步允许外资旅行社控股和设立外商独资旅行社。中国旅行社面临着大联合、大分化、大改组的局面，在竞争中逐步壮大产业规模和效益规模是大势所逼。

中国旅游业经过 40 年发展，在增量模式方面取得了辉煌成就。我们经过前 20 年的努力，已经完成了从“旅游资源大国”到“亚洲旅游大国”的跨越，几代人为此付出了辛勤的劳动。其重点是通过对有形资源的整合、配置，完成产品的配套建设。经过后 20 年的努力，我们完成从“亚洲旅游大国”向“世界旅游大国”的历史性跨越。我们今后的目标是：提升旅游产业水平，为国内外旅游者提供优质产品和服务，完成从“世界旅游大国”向

“世界旅游强国”的历史性跨越。在继续重视有形资源配置的同时，必须重视无形资源的整合、挖掘、配置，如文化层面的开掘，观念的转变、政府职能、经济结构模式的转变、人力资源的优化、企业文化的重塑、企业和产品品牌的打造和创新等，使产品更具有竞争力，以实现从增量模式向效益模式的过渡。

中国正在成为世界主要旅游大国。据世界旅游组织（WTO）2001 年公布的统计数字，1999 年和 2000 年，中国大陆接待入境过夜游客分别为 2700 万和 3120 万人次，仅次于法国、美国、西班牙和意大利，居世界第 5 位。国际旅游收入分别达到 141 亿美元和 162 亿美元，居美国、西班牙、法国、意大利、英国和德国之后，列于第 7 位。在这个排名榜中，美国、西班牙接待人数分别列于第 2 和第 3 位，但收入却列于第 1 和第 2 位，显然效益较高。而我国接待人数列于第 5，而收入列于第 7，说明我国旅游业的效益还不高。这里举一个德国的例子。2000 年，德国接待入境游客 1900 万人次，仅有我国的 61%，居世界第 10 位，但国际旅游收入却达 178 亿美元，超过我国外汇收入的 10.9%，居世界第 6 位，显然经济效益很高。尽管各国间物价水平有差异、客源结构、统计口径不同、地理位置有别，但总体上说，经济效益还是有可比性的。因此，德国的效益模式恐怕有值得我们学习、借鉴的经验。

从纵向发展看，自己和自己比，2001 年中国接待入境旅游者 8901 万人次，是1978年180万人次的49倍。旅游外汇收入178亿美元，是1978年2.36亿美元的 75 倍，显然数量和效益都在跨越式发展。但横向比，与发达国家比，我们的效益比较低。这里有宏观经济实力和旅游业发展阶段的原因，也有增长模式的差距。看来，从增量模式向效益模式的转变，是我们旅游产业改革的重要任务。当然，量和质是辩证的统一。没有一定的量，就不可能有高水平的质。量的积累是质的飞跃的前提。我们经过 20 多年的努力，为增量模式向效益模式转变打下了一个很好的基础。

令人高兴的是，2001 年的情况发生了转机，这可以看作是我国旅游业在新世纪的一个转折，是一个重大突破。从世界旅游组织公布的数字看，我国接待的过夜入境旅游者人数和收入双双跃入第 5 位，历史上第一次出现量效平衡发展的局面。效益最好的是美、德两国：美国接待人数第 3，收入第 1；

德国接待人数第11，收入第6。西班牙、意大利和中国两项指标都是持平，分别列于第2、第4和第5位。法国的效益较差，接待人数全球第1，效益名列第3，与美国形成鲜明对比，这可能是欧洲近距离入境旅游者较多的缘故。如果按照象限分析，我们是双高佳绩，属于“明星”一类。这个业绩的取得是不容易的。这是一个很好的兆头。说明我国旅游产品的品质在提高，市场化程度得到提升，增量模式在向效益模式转变。当然，就市场的高占有率和高增长率而言，我们的“段位”还不高，还不属于真正的“明星”，因为我们自定的目标——成为世界旅游强国，还有一二十年的距离。就目前的竞争对手而言，排在我们前面的还有四个国家，他们建立起来的增效发展模式已有多年的历史，其基础之雄厚、经验之丰富是我们现在可以学习但不是现在可以比拟的，更不是一两年就可以跨越的。

从增量模式向效益模式转变，我们还要走很长的路。从“硬实力”上来讲，要与国家总体经济实力的增强相协调。从“软实力”上来说，增强市场经济的理念，和建立一套与国际接轨又与我国国情相适应的管理、经营机制还有待完善。从行业产品建设来说，需要改进的方面更加具体，比如：许多景区、景点人满为患，特别是几个黄金周期间更甚。在这种情况下，不要过多强调接待人数，而主要看效益。这就需要一方面要扩大景点容量，一方面提倡躲高峰，推出一批淡季或温冷点地区的好产品，以分流客源；同时用价格杠杆调节客流，实行平、淡、旺季级差价格等措施。这对于保护环境、舒缓压力、增加效益，以形成正常秩序和良性循环，都有现实意义。

九万里风鹏正举。22年来，我们一路赶队，从1978年世界排名入境人数第48位、国际旅游收入为第41位，到2001年两项指标双双达到第5位，以平均每年差不多追过2个竞争对手的速度迅跑。田径场上，这样的队员夺冠是可以预期的。全世界都看好我国旅游业发展的这种趋势。WTO预测我国在2020年将成为全球首位旅游目的国，我们有条件、有可能提前兑现这个预测。到那个时候，旅游业将成为国家硬邦邦的支柱产业，为它而奋斗是无上光荣的。

五、产品建设的范例

在区域产品建设中，创建优秀旅游城市是一个创新的范例。旅游的人群集中在城市，旅游产品的建设总是以城市为中心展开。适时地开展争创优秀旅游城市活动，有利于提高旅游的产业地位，有利于政府主导型和市场主导型相结合，有利于旅游业各要素的配套和各种类型产品的优势互补。按照统一标准进行量化，建设产品群的集合，也有利于产品品位的提高。从1998年起到2010年年末，我国已评选出优秀旅游城市337座。如此规模、如此力度、如此方式抓旅游产品建设，这在世界上也是个创举。

六、洋为中用补不足

在微观产品建设中，引入一些国际上的好的做法，也应该算作一种创新。贵州省在请世界旅游组织推荐的专家编制的旅游发展总体规划中，对星级标准以下的住宿设施设计了“三朵花”的评定标准，很必要，很实用，也很好操作。一朵花：适于只有基本设施的家庭旅馆、小旅馆、生态旅游区的宿营地等；两朵花：适于设施和水准稍好的中等家庭旅馆；三朵花：适于接近一星级的高级家庭旅馆、小宾馆和生态小屋。规划中也申明，可以不用“花”来作标志。为体现省级旅店等级评估的乡土本质，也可以用一枚麦穗、一个玉米棒子或一棵树。这个办法对全国规范星级以下的旅店，提高产品的质量，都有参考价值。

在讲了这些规划理念后，笔者着重讲解了营销策划，我将用自己做的案例来说明，营销规划如何做。(驴妈妈，2010年8月24日)

第五节 规划提升：标准化、个性化、国际化
——给金必德规划院讲课提纲

工业革命给人类带来巨大进步，促成了全球的产业标准化、个性化、国际化。规划成果是规划公司的作品和产品，也应该标准化、个性化、国际化。

一、标准化就是精细化

有的专家反对标准，认为制定一个模板，把产品做成了同质化，减弱了个性化。这种把标准化与个性化对立起来的观点是不对的。为什么成立技术监督局？为什么要有“国标”“省标”？标准是科学的档次，是服务的质量。坚持了标准，才能分优劣。标准化是个性化的基础，标准以下的个性化是低层次的个性化。

改革开放以来，我国各项经济发展突飞猛进，但粗放经营是主流，今后企业生存得好不好，主要看服务质量。2009 年国务院 41 号文件指出：“要把旅游业培育成战略性支柱产业和人民群众更加满意的现代服务业。”满意不满意，标准是服务质量。精细化是市场竞争力的基础。口号、标识、奖牌，这些是外在的，是为了知名度；服务精细化是内在的，是塑造品格、品质、品位的慢工。

规划师是按国家标准打造精细化产品的设计者，因此，学习消化标准十分重要。金必德在这方面有差距，要努力。你们不是旅游行业成长起来的团队，是在产业、城市之间摸爬滚打闯过来的。有长处：擅长城市和产业战略研究，涉猎很广，做了许多成功的案例。有城市的、区域的和企业的，也有把产业做成城市品牌的。

你们这些年做的项目，我记忆中的有：保定“两白一城”休闲度假旅游聚集区发展规划、扬州市邗江区旅游发展规划、祥云县云南驿——二战飞虎队纪念园项目策划、普洱市宁洱县旅游产业发展规划、福建武夷山旅游产业发展规划、贵州省贞丰县“十二五”黄金及旅游产业发展规划、伊春北方绿色森林生态经济试验示范区产业发展规划、高邮市旅游产业发展规划、九寨沟灾后重建振兴规划。

因为我参与过上述一些规划的评审，应该说，你们的态度是认真的，工作是努力的，与企业的合作是真诚的，是在实践中摸爬滚打出来的实战队伍。

你们还参与了天津天士力集团有限公司、汇源果汁集团、三九集团、华侨城集团、华润蓝剑、剑南春集团、泸州老窖集团、方太厨具、蛇口工业园、康佳集团等企业的品牌推广策划。你们是从实践中锻炼出来的规划团队，擅长城市策划、产业规划，做了许多好案例。如普洱茶，是城市和产业结合的策划，很成功。

但是，景区的规划，必要的章节往往不全；定位不够准确；产业布局、产品细部设计、图文并茂的表达和阐述欠功夫；有些产品策划的点子不错，但细化展开不够，成了蜻蜓点水，形不成印象。队伍要修炼内功，首先要把行业标准烂熟于心，做成对标方案。

如何设计细节？布局、项目、单体，层层承接，互相间要有逻辑关系。各个层次都有标准，达标强调的是精细化，越落到单体，越要靠精细化取胜。我们赞赏古人留下的文化遗产，精细化让人叹为观止。建筑学讲究：千尺取其势，百尺取其形，咫尺取其质。拿到面前欣赏的，都必须是质地精细化。我们的规划作品，有时很粗，数据、文字方面有一些低级错误。

二、个性化就是竞争力

个性化就是产品的独特卖点，随着目标市场的细化，各种人群需要的产品是有差距的，一个模式针对所有市场，这样的产品是不会受欢迎的。独特卖点，英文叫 USP。UPS 理论的创立者是美国人罗瑟·里夫斯（Rosser Reeves），这一理论开始称为独特销售主张，被翻译成 Unique Sclling Proposition，也有人译为独特卖点 Unique Sales Point。产品建设的大忌是同质化，独特卖点既是产品建设的第一原则，又是市场营销的独特销售主张。

规划工作走过了 20 多年，开始是老师亲自做，后来规划多了，由学生做。学生没有实践经验，就抄老师的本子，有的到评审时地名都没改干净。于是，同质化的规划造成了同质化景区，形成了千景一面。再后来，做得大一点的公司，就整理出三五十个模板，哪一类的项目就套哪一类模板，如同工业生产线一样，个性化被淹没了。这个势头必须纠正。

没有模式不行。模式是创新的定型。形成模式后不思创新，脚步就停止了。有篇文章题目是《人人都有 7 种坏心理》，第一个心理就是鸟笼逻辑，惯性思维缺创新。惯性思维指习惯性地遵循以前的思路考虑问题。心理学上与之对应的说法叫“鸟笼逻辑”：屋里挂一个鸟笼，客人看到难免会问鸟在哪儿？无休止地解释会使主人不得不选择扔掉鸟笼或买只鸟。

所以，我最近研究地方政府如何实现二次创业时，提出5个模式对称：（1）思维模式选定与发展路径对称；（2）发展模式选定与行为模式对称；（3）产业模式设定与产业定位对称；（4）营销模式选定与市场定位对称；（5）盈利模式设定与利益关系对称。

个性化的规划，首先要打破规划师自己的模式，结合规划课题的资源个性特别是地域文化的独特性，进行深入量体裁衣的、私人定制的策划；淡化共性，张扬个性，避免近距离的产品样式同质化重复。这就要求，不仅对区域内的资源特质准确把握，还要对周边产品进行调研比较。金必德是在市场上摸爬滚打走过来的公司，意识到模式的长处和不足，所以强调调研、学习、请专家授课，这都是比较的方式，是个性化产品规划的基本功。

要做出个性化的规划，自然资源要调研、文化资源要挖掘，特别要寻找规划区域的场所意境和灵魂的保护神。

三、国际化就是市场化

旅游本身是为国际化而生。旅游是没有国界的，旅游产品要求国际化。旅游行业站在改革开放前沿，当初小平同志指出：改革开放学人家的经验，买人家的技术，这就需要钱。钱哪里来？靠两“YOU”：一是石油；二是旅游。规定到2000年旅游创汇100亿美元。旅游本身是为国际化而生，为改革开放而长。

改革开放后，星级酒店评定，执行的是国际标准，不是国家标准。旅游业是一个国际化很强的任务，产品对不对路，要研究国内外客人的习惯、爱好。举两个例子，不了解国际，容易闹笑话。

20世纪80年代，北京西城区复兴门附近建设了FUXING饭店，海外游客进来就要求找小姐，说是饭店的英文就是这个意思。后来只好将复兴饭店更名为燕京饭店。

另一个例子。1985年，我率团参加日本筑波世界博览会，回来后倡导新婚旅游。杭州是先行试点市。新婚新房对联红纸黑字，日本人不喜欢，他们认为婚姻是纯洁的，白色代表纯洁，对联要写成白纸黑字，而中国家里是死了人才挂这样的对联。这是民族风俗习惯的不同，不了解也会出笑话。

国外特别是发达国家，园林造景历史较长，经验丰富。研究植物花叶的季节色彩搭配，讲究层次感，不是只强调一个绿色，单色也会造成审美疲劳；绿色变多彩，照片的层次感才好。

【案例】

日本公园。日本园林植物配置的突出特点是：（1）同一园中的植物品种不多。常常是以一两种植物作为主景植物，再选用另一两种植物作为点景植物，层次清楚，形式简洁，但十分美观。（2）选材以常绿树木为主，花卉较少。日本园林一般都比较淡雅苍翠，但一旦利用色彩对比则很鲜明，如杜鹃、红枫、樱花与周围环境形成强烈对比。（3）常绿植物为主的园林并不一定色彩单调，它们的绿色也有从黄绿到蓝绿甚至墨绿色的区别。此外，有些常绿植物在春季还会长出浅绿色的针叶和球果，有些则在秋季结出红色或蓝色的浆果，从而使园林色彩更为丰富。

华盛顿的樱花。波托马克河流经的“华盛顿哥伦比亚特区”（Washington D.C.），由于波托马克河在林肯纪念堂西南方形成一个潮湾（TidalBasin），地势平缓，故而，此处安排了宪法公园、西波托马克公园和罗斯福纪念公园等一系列的公园和绿地，其间点缀着各种纪念雕塑和建筑精品。宪法公园内还开辟了一个很大的人工湖，自波托马克河西岸望过来，整个市中心都掩映在一片葱茏的秀色之中。成片成林的树木种类繁多，有青翠的美洲松、金黄色的橡树、火红的枫树，也有中国的松、柏，日本的樱树。每年 4 月 5 日前后半个月，华盛顿的樱花盛开。自 1912 年日本将 3020 棵樱花赠送给华盛顿以来，经过多年精心培育，目前华盛顿的樱花树已经多达 3700 多棵。樱花盛放时节，春和日丽，花团锦簇，粉白交织，连绵不绝，美不胜收。由美国三军队伍领队的樱花节游行则是华盛顿每年最隆重的活动之一，华丽的花车、巨大的缤纷的氢气球，充满活力的表演队伍，还有国家一流的游行乐队，吸引着来自全国乃至世界各地的观众。作为惯例，美国各界政要知名人士、为国家立功的荣誉军人都会被邀请走在游行队列的最前面。

日本樱花。我在 1985 年策划的“中日樱友谊林活动”已经开展了 30 多年，樱花在中国种了 30 座城市；日本引进了我国扬州的荷花，被称为“大使莲”，“中日友好花为媒”，成为两国交往的佳话。

国际化需要先进理念和科技的装备。

我在南非和澳大利亚，都见识了为世界500强老总们打造的度假村，屏蔽一切现代通信信号，连电话、电视都没有，吃饭靠服务员叫，他们休假就是在人间消失，谁也不必找到他们。有人问：“有事要找老板怎么办？”回答：“离开老板的指挥便不能运转，那还是世界500强吗？”言之有理——休闲，就是逃逸！

国际化不是对本地文化的格式化。

【案例】

坎昆，地处中美洲加勒比海，是墨西哥最东南伸向加勒比海狭长半岛的尖头。这是世界旅游组织推荐的度假样板，国内许多人去参观过。这里有世界上最白沙滩，海水洁净，色如翡翠，一派热带风光。经过20多年的建设，坎昆酒店区总长约25公里，库库坎大道贯穿整个岛屿，将其与陆地的307公路连接。酒店区总共分布着超过70家星级饭店和度假村，并有两座高尔夫球场。这里交通便捷，有国际机场。

坎昆模式的得失分析。依我看来，坎昆现代化水平是世界一流的，与纽约、巴黎的建筑没什么两样，但酒店造型慢慢将抵消吸引力，因为这里的本土文化被淡化了。墨西哥是世界文明的五大源头之一玛雅文化的发源地。设想，如果用玛雅文化作内涵，用现代科技装备度假区，坎昆的吸引力就是永恒的。

与坎昆开发理念不同的、离坎昆几十公里的Cozume岛，号称“世界第二岛礁”，也被开发为度假区。Cozume接受了坎昆的教训，注意了文化包装，景区不显得像坎昆那样喧嚣，安静而休闲。有国际机场，世界各地的游客不必从坎昆倒车；我们预订的酒店Elcozumelno，客房60多平方米，南北通透，北面观山，南面看海；走廊、楼梯有我们的2倍宽，显得舒适而高档；项目丰富，游泳、观鱼是常天项目，特别是观赏热带鱼，比坎昆、澳大利亚大堡礁方便，而且免费。除了游海泳外，酒店都有各式淡水游泳池，供家庭和儿童嬉戏；SPA紧靠酒吧，20多种酒水、饮料和西式糕点随时供应；菜单一周调换3次，各类餐饮、酒水、水果随用随取，不再收费；所有服务设施都是海草房，通风凉爽，空间宏大，海鸟穿飞，或停在屋梁上歌唱。墨西哥文艺节目一周调整3次，或舞蹈、杂耍，或绘画、竞技；高尔夫、沙滩网球、瑜伽等健身项目不少。墨西哥服务员厚道、勤劳、热情。丢了手机，一会儿就能在服务台找回；人被大洋暗流卷走，周围酒店出动摩托艇一会儿就能搭救回来。民风朴实，服务相当到位。

距离度假村不远的地方，有好几处玛雅文化的遗址。

坎昆和 Cozume 经营模式值得学习。度假区特别是海滨度假区，最忌讳带钱包。因为下水游泳，东西没法照顾。这两个地方，一次性包价，所有消费，不再收任何费用，客人不必带钱包；钥匙牌上不写房号，不用担心丢了别人会开你的房门；浴巾场地提供，回房时就地交还；服务员巡逻随时回答咨询，很友好，很方便，人们很放松。

考察戴维营（Camp David）：在风景如画的马里兰州弗雷德里克郡卡托克廷山地国家公园（Catoctin Mountain Park）。

戴维营最初被命名为香格里拉，也叫卡托克廷山庄，20世纪50年代，罗斯福总统把这里作为总统避暑别墅和休假地，距华盛顿半小时路程。1953年，艾森豪威尔总统以孙子戴维的名字命名了这个度假地，遂其名改为戴维营。

这里是卡托克廷山地国家公园三大公共游乐园的一部分，其他两处公共场所由于树木高大而看不到戴维营，但站在戴维营山上往下看却一览无余。戴维营由若干乡村别墅组成，有10多栋石木结构的平房，主要的4栋成为山杨屋、桦木屋、月季屋、山茱萸屋，其中山杨屋是总统寓所。外部普通，内部豪华，田园、古典、优雅，方便休闲和会见各国政要。

从77号公路出来，上园内公路，到接近山顶处，牌子上写了3个"NO"："NO PARKING，NO STANDING，NO CAMERA"：不准停车、不准下车观望，不准拍照。

戴维营与承德：地理位置相同，风貌相同；我们的历史更早一些；为什么美国首都圈都富了，我们的首都圈却很穷？人家是灯下亮，我们为什么是灯下黑？京津冀一体化，不解决这个问题，就“化”不了。

我们缺什么？市场观念。与观念相比，争取资金、外援、项目转移都是次要的。现在与地方同志讨论，他们仍关心后者，轻视前者，因此思路决定出路，多数决策者只是口头说说而已。谁都愿意把粉搽在脸上，不愿做看不见的事、固本而慢的事。这是由于考察干部政绩的制度造成的。因此，顶层设计，最核心的是决策者头脑中的程序设计。

四、标准化和个性化

市场经济运行中，有一对相关的问题值得论述，这就是标准化和个性化。

标准化和个性化又与规范和创新相关联。规范是实现标准化的工具，是实现现代化、国际化的前提；创新是对规范的冲击和提升，是实现民族化、多样化、个性化的必经之路。标准化提倡趋同性，个性化主张差异性，二者是市场经济的两条腿，交替使用，经济、社会、文化等才能顺利发展。我们不能只看到其矛盾的一面而否定其互动的一面。有时候，在政策上强调规模化、集团化，就是对标准化的支持；有时候强调反垄断法，就是对个性化的支持。

随着经济区域化、国际化、全球一体化的逐步发展，市场范围扩大，产品辐射半径延长，产品批量增加，质量和价格趋于统一，这就产生了各个层次的制定和协调标准的机构。比如，我国各级政府的技术监督部门和协会。中国标准化协会成立于 1978 年，经过 20 多年的发展，现已形成具有一定规模和多方位从事标准化学术研究、标准制定修订、宣传贯彻培训、技术交流、编辑出版、在线网站、咨询服务、国际交流与合作等业务的综合性社会团体。

国际上的技术监督机构和协会组织相对我国建立得更早一些。最著名的有世界三大国际标准标准化机构：国际标准化组织（ISO）、国际电工委员会（IEC）、国际电信联盟（ITU）。这些机构的成立和开展工作，产生一系列的行业标准、产业标准、国家标准、国际标准，并进行了认证等项工作。

标准化是技术运行的接口，是质量规范的入口。个性化是保持产品独特性的出口，是打造核心竞争力的本钱。随着市场消费群体多元化，消费需求多样化的发展趋势，趋同化产品就会丧失竞争力，而那些保持个性化的产品就会脱颖而出，格外受到市场的青睐。所以，没有取得“认证”的产品，应该努力达标；已经取得“认证”的产品，不应被“标准”捆死、窒息，而要努力跳出来，在“达标”基础上张扬个性，出售个性。

标准化与个性化有矛盾的一面，但有时矛盾并非悖反，而交错和互动是主要的。这里随便举个例子。有一篇文章，说的是大庆的“四个一样”“四个不一样”。“四个一样”：白天和黑夜一个样，坏天气和好天气一个样，领导不在场和领导在场一个样，没有人检查和有人检查一个样。这是体现大庆艰苦奋斗、万众一心精神的雏形。几十年来，各行各业结合自己的实际，使“四个一样”有了许多变化和创新。“四个不一样”：即“素质高低，使用不一样；管理好坏，待遇不一样；技能强弱，岗位不一样；贡献大小，薪酬不一样”。

“四个一样”和“四个不一样”相比较，前者强调同一，是道德诚信；后者强调差异，是分配原则。二者谁也不否定谁，是互补，是互动，都是市场经济所必需的。但“四个不一样”是把市场经济条件下的人才观、分配观、贡献观引到大庆精神里来了。这是对大庆精神的继承和发展。

个性化是趋同化的涅槃，是产品的新生。任何产品、行业、产业，只有在标准化和个性化这两条腿不断交替迈进中才能发展，质量在这两条腿不断交替迈进中才能改进，品牌在这两条腿不断迈进中才能铸造。

旅游业虽然是一个新兴的产业，但为了与国际接轨，为了保证产品质量，标准化的工作也要抓紧进行。比如，星级饭店、A级景区、优秀旅游城市、地质公园的评定，以及规范各地的旅游规划工作等，都制定了标准；国际上，参加世界遗产的申报等。大大加强了旅游行业管理，提高了旅游产品质量和在国际上的形象。

但旅游产品是一种特殊的产品。旅游者出游的目的，说到底是寻求“差异”。产品如果千篇一律，旅游者也就没有必要出游了。所以，个性化是旅游产品的生命，也是它在市场上存在的前提，是它参与竞争并期望取胜的本钱。你的产品核心竞争力的培育，源于产品个性化的突出；你的经营理念的提炼，源于产品个性化的内涵；你的产品形象概括、营销口号的提出，都应从产品个性化中抽取。在产品建设中贯穿了这些思路，你的产品才有独特的吸引力，才能制造出让消费者选择你的产品而不选择别人的产品的理由。这样的理由是同产品一起制造出来的。现在，有些产品缺乏竞争力，原因就在于没有制造这个"理由"，产品缺乏"灵魂"，是个死东西，千篇一律的东西。这样的产品即使"达标"，即使投入很大，硬件很好，但缺乏竞争力是肯定的。

规划团队的根本任务，就是努力设计有市场前途的、品质符合标准的个性化产品。这一条是对规划团队水平的检验。（2014 年 6 月 18 日）

【背景资料】

国际标准化组织简介

国际标准化组织（International Organization for Standardization，ISO）是目前世界上最大、最有权威性的国际标准化专门机构。1946 年 10 月 14 日至 26 日，中、英、美、法、苏等 25 个国家的 64 名代表集会于伦敦，正式表决通过建立国际标准化组织。1947 年 2 月 23 日，ISO 章程得到 15 个国家标准化机构的认可，国际标准化组织宣告正式成立。参加 1946 年 10 月 14 日伦敦会议的 25 个国家，为 ISO 的创始人。ISO 是联合国经社理事会的甲级咨询组织和贸发理事会综合级（最高级）咨询组织。此外，ISO 还与 600 多个国际组织保持着协作关系。

国际标准化组织的目的和宗旨是："在全世界范围内促进标准化工作的开展，以便于国际物资交流和服务，并扩大在知识、科学、技术和经济方面的合作。"其主要活动是制定国际标准，协调世界范围的标准化工作，组织各成员国和技术委员会进行情报交流，以及与其他国际组织进行合作，共同研究有关标准化问题。

按照 ISO 章程，其成员分为团体成员和通讯成员。团体成员是指最有代表性的全国标准化机构，且每一个国家只能有一个机构代表其国家参加ISO。通讯成员是指尚未建立全国标准化机构的发展中国家（或地区）。通讯成员不参加ISO技术工作，但可了解ISO的工作进展情况，经过若干年后，待条件成熟，可转为团体成员。ISO的工作语言是英语、法语和俄语，总部设在瑞士日内瓦。ISO现有成员143个。

ISO现有技术委员会（TC）186个和分技术委员会（SC）552个。截至2001年12月底，ISO已制定了13544个国际标准。

1978年9月1日，我国以中国标准化协会（CAS）的名义重新进入ISO。1988年起，改为以国家质量技术监督局的名义参加ISO的工作。近期将改为以中国国家标准化管理局（SAC）的名义参加ISO的工作。1999年9月，我国在京承办了ISO第22届大会。

Part 3

产品建设篇

根据《“十三五”旅游业发展规划》“问题导向”的原则，针对产品建设中存在的结构不合理，规模小、粗放型、同质化、创新差、建宣倒置等问题，本章强调以供给侧结构性改革、跨界融合、全域旅游、卖点打造、休闲研究、品牌建设等为专题，逐一分析解决产品建设的共性问题，以求旅游产业素质、旅游产品质量、综合效益贡献，再上一个大台阶。

第六章　供给侧结构性改革

为什么30000家景区门票收入比不上迪士尼？原因是我们的旅游企业规模太小。三个小时一顿饭，六个小时一宿觉，住一夜的收入是白天的3~5倍。大多数景区，旅游者绕一圈就走，能吃一顿饭就不错了。逗留时间是衡量效益的最重要指标。为什么大多数景区留不住人？就是业态单一，住宿、特别是休闲娱乐、可参与的项目太少，也就是说供给侧结构不合理。这里有认识、理念问题，也有实操问题。实操问题，就是旅游六要素行、游、住、食、购、娱缺乏落地项目。原国家旅游局局长李金早主政旅游工作后，又增加了“厕、商、养、学、闲、情、奇”等要素，景区更缺乏对应的产品，产品的短板显得更突出。我曾考察加勒比海尤卡坦半岛，100多个度假区，年收入在50亿元人民币的景区比比皆是，我们基本上没有这样的景区。人家的优势就是差异化发展，业态丰富得让你一次玩不够，下次还得再来，“回头客”是主要客源。我们在解决供给侧结构不合理问题之前，要下大力气解决观念问题。所以，我写了下面这篇文章。

历史的车轮滚滚向前，转眼到了2017年。新年伊始，全国旅游工作会议召开，李金早局长工作报告总结了12大突破，存在9大问题，要实施“三步走”战略，2017年的15个核心任务和42项具体举措，都需要全行业认真学习贯彻。我就旅游业供给侧结构性改革谈点学习体会。

需求和供给，市场和产品，是经济运行的核心问题，是理论问题，也是实践问题；既是老问题，也是新问题。搞好旅游业供给侧结构性改革，我以为要坚持辩证法思维和“五全理念”。

第一节 坚持三个辩证法思维

一、需求和供给的辩证法

供给侧和需求侧，是经济运行体中矛盾的两个方面，二者如影随形，此消彼长，交替发力。这如同两条腿走路，总有一前一后，交错迈步，正常人走路不能双腿蹦。当前强调供给侧，是因为供给侧结构不合理，欠账比较多，许多问题需要集中精力，上下一心，多层共识，形成合力才能解决。笔者注意到，原国家旅游局李金早局长在答疑的讲话中，提到供给侧结构不合理的三点问题：观光产品多，休闲度假产品供给不足；产品的数量和质量方面，防止片面追求数量，要强调“质量导向”和“效益导向”；旅游公共产品的供给不足，牵制了旅游存量和增量产品的全域整合与提升。这些分析是中肯的。

也许有人问，旅游业取得的成绩是巨大的，为什么还要找问题？世界最大的国内旅游市场，第一大出境旅游客源国和第四大入境旅游接待国；据联合国世界旅游组织测算，2016 年中国旅游业对国民经济综合贡献达 11%，对社会就业综合贡献超过 10.26%，旅游总收入预计达到 4.69 万亿元；我国旅游市场量质齐升，人均出游率近 3.4 次，而且提升的速度可以用突飞猛进来表述，我们为取得的伟大成就而高兴。改革大潮中，有为者要立志高远，要问题导向，必须明确建成世界旅游强国我们的差距在哪里？在需求和供给这对矛盾中，供给侧结构存在哪些不合理因素？比如，景区是供给侧产品的主体，大多数景区留不住人，业态单一。在国际旅游方面，中国不是欧美休闲度假首选的市场，主要是我们这方面产品供给的质量有问题，人性化、精细化程度差距相当大。这个问题不下大功夫解决，只靠抓市场推广和营销是不行的。要着力培养建成一大批多类型、差异化、世界级、国内国际回头客为主的休闲度假产品。否则，第四大入境接待国的地位就很难进位，世界旅游强国的目标就不能实现。差不多 10 年来，我国入境旅游人数就在第 4 的位置上下徘徊，有时还成为第3位。为什么前进一步、超越一国竟然如此艰难？卡在哪里了？因为产品供给侧的结构存在的问题没有根本性解决。我们的管理者、经营者不少人眼界窄，见识短，模式旧；提供的产品规模小、同质化、粗放型，供给侧结构的这些突出问题不解决，总目标实现不了。这再一次说明，解决供给侧的问题，要在需求侧上找原因，与需求对路的产品才是好产品。

抓供给侧结构性改革，也不可忽视需求侧存在的倾向性问题。旅游产业不像有些传统产业、行业那样产能过剩，大项目、特别是休闲度假类项目的投资正当其时，这是中国旅游业产品的短板；以风景和文化出口为特质的国际入境旅游，在三类旅游市场中也是需要加强的；旅游消费是终端消费，在大众旅游时代，也形成巨大消费潮流，起到回笼货币、促进和带动百业昌隆的作用。这恰恰体现了旅游业是供给侧、需求侧共进的朝阳产业特质。

二、市场和产品的辩证法

旅游业千头万绪，但两个问题最紧要：就是市场和产品。这是需求和供给嫡生的双胞胎。需求和供给命运如何？就靠这两个孩子打天下。于是，这两个孩子各守一方，分工协作：产品建设和市场营销，成为旅游管理和旅游企业最重要的工作。这些年，这两个方面也出现了一些问题：从总体上说，重产品建设轻市场营销，还不同程度地存在。我20年前就呼吁做产品规划的同时，要做市场营销规划，营销也需要有较大的投入；企业的营销是生存发展的必然，相对有积极性，而城市营销和整体营销在许多地方积极性不高；也有些地方忽悠市场，甚至提出低俗口号以博眼球，花了不少钱，还是留不住客人。凡涉及辩证法的问题，都不是一两句话能说清楚的。但必须坚持几条铁律：产品是营销的基础，产品不行，市场上说得天花乱坠，那就有欺诈之嫌，是必须力戒的。忽悠了多次，留不住客人，就是业态丰度、魅力不够，要先在这个基础上下功夫。山东淄博中郝峪村，针对青少年市场、城市居民策划的20多个项目，客源充盈，需要提前几个月预订床位。全域旅游的主体，就是区域领导者亲自主导的产品建设和城市营销、整体营销，只有这样，才能调动区域各类资源，发挥总体优势，延长市场半径和做大市场占有率。“集约型”的战略，是政策、资源、资本、创新等要素组合、特别是公共产品的配套，只有各级党委、政府重视，才能做到。这也是通过“比较集约型、较高集约型到高度集约型‘三步走’”战略，实现世界旅游强国目标的分阶段实施的具体举措。

三、利润和成本的辩证法

搞企业不搞成本核算是不行的。但所谓“利润最大化，成本最小化”，成了一些企业家的“魔咒”和“梦魇”。越小气越赚不到钱，成了这些人的命运。这个“最小化”和“最大化”，是资本原始积累的金科玉律。按照这个金科玉律，经营者只考虑自己的利益，必然是粗放型经营，把改善产品质量的投入压得极低，对消费者的欺骗和对同行的不正当的竞争手段随即产生。许多潜规则让顾客一眼看穿，还有信誉可言吗？来一个宰一个还会有回头客吗？如不下力气纠正，把有良心的经营者也带到沟里，这就是“劣币驱逐了良币”，就不会有服务人性化和产品精细化。2009 年国务院 41 号文件指出：“把旅游业培育成国民经济的战略性支柱产业和人民群众更加满意的现代服务业。”实现这个定位，就必须打破“利润最大化，成本最小化”这个金科玉律。全世界都一样，通过提供优质服务赚钱和淡化服务从消费者身上狠捞，是不同的出发点和不同的结果。良性循环和恶性循环是不同出发点导致的。我曾数次去欧美旅游者喜欢的度假地——加勒比海尤卡坦半岛采访，那里百家以上度假区年收入 50 亿元的比比皆是，诀窍就是服务的人性化和产品精细化。这样高收入的景区在中国极少，根本的问题就是经营的粗放型和片面追求利润最大化。因此，人性化是市场经济的灵魂。本持人性化，致力精细化，加大规范和市场整治力度，逐渐抛弃粗放型经营模式，才能把旅游业建设成战略性支柱产业和人民群众更加满意的现代服务业。如果不强调人性化和精细化，放纵粗放型经营，负面效应因“集约”战略而放大，是值得警惕的倾向。现在有许多大企业投资旅游业，有条件做人性化、精细化的产品供给，要用这些骨干企业引领、进而改造旅游经营体系的品质，创新现代企业管理经营模式，逐渐把那些“劣币”挤出市场，是政府引导公平竞争的历史责任。

第二节　坚持“五全”理念

“五全”理念是：全域旅游、全季开发、全产融合、全程策划、全身心体验，使市场供给实现多维度改造和提升。

一、全域旅游

全域旅游是战略，是革命，不仅仅是个空间概念，因此也就引领供给侧结构改革。全域旅游新时代的到来，带来了旅游生产力的大解放和旅游生产关系的大融合，标志着一个堪当国民经济重要战略性支柱产业的中国现代旅游业大发展的时代真的到来了。

全域旅游在更高的层面发挥更大的功能，除了促进旅游产业提升外，对精准扶贫、旅游外交、带动促进国民经济其他产业发展也将发挥巨大作用，真正成为重要的战略性支柱产业。提倡全域旅游是中国经济社会发展的需要。

对旅游产品供给而言，要治小散弱差，就要搞全域旅游。随着景点时代的结束，跨界融合发展，一大批旅游大项目将成功打造。2014 年下半年到 2015 年上半年，投入旅游业 100 亿元以上的项目达 151 个；2016 年，全国旅游直接投资达 12997 亿元，高出全国固定资产投资 20 个百分点，其中民营投资占 59%，资本驱动、创新驱动成为旅游业发展的突出特点。

在产品供给侧结构性改革中，海洋旅游应该作为一个重点提到国家层面议程上来。我在中国（海口）海洋旅游论坛上发表了这个观点：没有海洋旅游、特别是大洋旅游，就算不上真正的全域旅游，也成不了世界旅游强国。据联合国世界旅游组织提供的数据：在全球旅游收入中，海洋旅游贡献了一半的业绩。国际休闲度假目的地，海洋旅游是主要场所。把海滨旅游扩大为海洋旅游，把海南旅游扩大到南海旅游，实有必要。南海有气候和资源优势，三沙海域超过 200 万平方公里，接近国土面积的 1/4，被誉为“海中森林”“海底草原”。这片海域拥有宝贵的生物资源、矿产资源、能量资源、海洋空间资源和极其丰富的旅游资源。永乐环礁的海洋蓝洞——“三沙永乐龙洞”是全世界最深的海洋蓝洞。开发南海旅游必将吸引中国公民络绎不绝前往旅游观光、休闲度假，同时成为世界著名海洋旅游目的地之一。

为使中国海洋旅游产品成为世界知名品牌，成为欧美度假者蜂拥而至的目的地，现在应着手做以下基础性工作：（1）建议建立国家级权威的海洋旅游协调机构，在国务院领导下，由国家发改委、文化和旅游部、国家海洋局、自然资源部、海军和海南省等12个省市区领导参加的海洋旅游发展协调机构，按照保护、开发、可持续发展的理念指导海洋旅游。此机构也可在国务院部级旅游协调机构下设立专门机构，研究解决海洋旅游发展的重要问题，如海洋旅游政策、科研、对外交流、邮轮游艇等装备研发生产等问题。（2）编制国家级海洋旅游规划。如同丝绸之路、古运河、长江经济带、京津冀协调发展的旅游规划那样，由文化和旅游部、国家海洋局主导、国家出钱、组织国家级专家团队，做一部跨省市区的国家级海洋旅游发展规划，以此规划规范各地海洋资源的开发利用。（3）把海洋旅游论坛办成高端引领性品牌盛会，富有公信力的张扬海洋旅游品牌的标杆。论坛产生的结论、宣言、建议成为中国海洋旅游的风向标。（4）发起建立可持续发展的国际性海洋旅游组织。发展中国的海洋旅游，国际政治经济意义更大。海权时代，不拥有大洋就不是真正意义的世界强国。随着“一带一路”国家战略的推进和巴基斯坦瓜达尔港使用权的获得，中国海权的扩大，海洋旅游的跟进正当其时。建议由我国发起成立太平洋海洋旅游可持续发展组织，联合相关国家和国际组织，制定标准，培育和坚持中国的话语权。从陆地旅游大国向海洋旅游大国发展符合国家战略，是振兴中华、民族复兴的题中应有之义。随着南海紧张局势的减弱，提倡民间友好，共同开发海洋资源，巩固和平友好的国际氛围，海洋旅游有着特殊的功能。

全域必融合，融合必跨界，跨界有陷阱。

【案例】

有一位一线城市的著名房地产商，在转型中很有魄力，投入数百个亿在3个省拿下4个大型旅游区。2015年，公司请我去把脉。我去考察了两处，景区主要部分建设起容积率3.0以上的连绵数公里的住宅社区，旅游项目却很淡化，号称的"旅游地产"实际是住宅地产。交换意见时，我说：除了工业商业文化等地产外，与住宿有关的地产可分三类：第一地产，是住宅地产；第二地产是第二居所；第三地产是旅游地产。城市的大宗住宅地产周边必须有业态和就业机会；第二居所是在大中城市周边生态风景好的地方中产阶层作休闲之用的调剂性住宅；距离县城还有百十公里的旅游区内建设大面积的住宅小区，不可能成为旅游地产、第二居所和住宅地产，房子卖不出去，就是一片死城。收回成本不可能，原先几十年房地产赚的钱就白白地给市场送回去了。

跨界有陷阱，陷阱是企业家的思维惯性，用住宅地产的经验，简单地复制，打造旅游景区，没有不失败的。房地产跨界到旅游，它就不是原来的地产，它是旅游与房地产的混血儿。同样，现在搞休闲农业，也不是传统的农业和传统的旅游业，而是旅游业和农业的混血儿。其功能、业态、范式、客户群都发生了变化。如果无视这种变化，仍按照自己原来的经验复制，就掉到了陷阱里。其实，绕过这个陷阱并不难，企业家不能任性，要有警觉。任何人都有盲点，虚心学习，勇于创新，请懂行的专家帮助把关，跨界一定会成功。

二、全季开发

旅游业粗放型模式，在时间上的表现，就是很多地区淡旺季过于明显，淡季产品开发成为短板。症结是为了省钱，只简单利用了有限的气候优势，开发了初级产品。现在冬季两头热：黑龙江冰雪和海南岛滨海，床价飙升，一票难求。这说明旺季过热是浅层的初级开发造成的，只利用季节的气候优势，同时也反证了北方的冬季是可以变成旺季的。解决这个问题，要从项目的魅力和丰度入手。魅力要从情趣、文化、科技等方面创新，如时下为探险者打造的心跳道（玻璃栈道）、为青年人打造的尖叫谷、为孩子们打造的欢乐谷，为老年人打造的养生谷都是吊人胃口的。解决产品丰度问题，要逐月逐周地研究差异性项目，如乡村夏令营、雪乡冬令营、汽车体验营、乡村过大年、社火节、灯会、法会、众多体育和博弈等项目，有需求，有典型，认真做，就成功。中国的农民有极大的智慧和创造性，奉化滕头村1600人，40亿元的产值，这么多钱怎么挣来的？大的说是一、二、三产联动，小的说细节策划到位。在那里，鸽子随号令到游客手中啄食，鸡鸭鹅随号令在空中翻飞，小猪会跨栏、钻火圈表演，家禽家畜成了演员，农业产业园、工业产业园，一天都看不完，使客人欢快地度过在乡村的时光。让客人有兴趣逗留，就是产品的魅力。“逗留时数”是旅游统计学的核心数据，延长逗留天数是增加旅游收入的秘籍；延长天数是靠一小时一小时地留住人的项目做到的。我认为，养生健身项目对季节、气候的依赖性不强，可在室外，更可在室内。比如温泉、有机食品街区、社火、非物质文化遗产观摩等都是淡季变旺季的项目。

三、全产融合

全产融合是指旅游业和三次产业及其各行业的融合发展。比如休闲农业、工业旅游、生态旅游、水利旅游、森林旅游、文化旅游、体育旅游、海洋旅游等，都是国家大力推进的。融合不是两层皮，而是创造出新的业态、产品和服务。比如乡村旅游，要努力打造六次产业，使一、二、三产业联动。要改造农田，按观光农业的需求选择作物，造成审美感很强的田园景观；选择的作物不但可供游客观赏，农产品还能够深加工，成为康养旅游的食品、饮品、化妆品、保健品；三次产业之间具有逻辑关系和上下游产业链关系，不仅不会产生恶性竞争，而且是互为发展的条件。土地利用从种植观光作物—深加工产品—养生产品，实现了三次价值提升。原农业部测算过，传统农业开展乡村旅游，初步开发土地价值提升6.22倍。若按如上所述实现三次价值提升，就是几何级数。而且，乡村文化元素的积聚、提炼，耕读文明的修复，成为寻找乡愁的载体。这种复合型产品的效益和魅力，决定了美丽乡村的发展前景。阿尔卑斯山跨越法、瑞、德、意、奥、斯6个国家，人们建设了许多特色小镇，并依靠花产业及其延伸的化妆品、保健品加工业和养生旅游，使其成为6个国家特别是法国的支柱性产业。这些经验是值得我们学习的。

四、全程策划

旅游产品和服务，随着游客个性化需求的出现解决的难度也大大增加。如同货架上的商品，按需求的计量包装，自选产品和推荐产品相结合。旅游产品首先要多样化、个性化，并且各种路线可推荐、可组合、可拆选、可定制、可网购。还有相应的告知、售后服务及诚信体系。这都需要策划、规划和建设。要让游客有享受和满意感，除了产品本身好外，公共的配套服务也是必不可少的。如自驾营地、房车营地建设，露营、游艇、邮船、体育旅游场所建设和装备研发；公共交通、通用机场、国家风景道、国家步道；救援和保险，都需要主动配套。旅游纪念品、旅游商品的开发一直不理想，是需要政府和企业共同努力才能解决的。

五、全身心体验

旅游资源的多层次开发是解决产品业态丰度的关键，人的感官功能的多方面满足，是产品开发的重要参考。观光旅游只是重视景观的表面审美价值和历史积累下来的文化价值，所以名山大川、名胜古迹和奇石异景得到了优先开发。休闲度假、康体健身旅游重视的是旅游客体内涵的价值，甚至是看不到的科学数据，比如：负氧离子数、PM2.5 值、土壤的微量元素、水的酸碱度等，满足生理需要的科学数据成为新产品组合更重视的资源。

常言道：旅游是体验经济。要调整旅游供给侧结构，满足人的不同感官需求就是产品建设的出发点和落脚点。视觉、听觉、味觉、嗅觉、触觉和心灵分别由六大器官来完成，即眼、耳、舌、鼻、身、脑。这六大感官会对产品的优劣做出评价、选择，形成市场共识的产品就会火起来。中国陕西袁家村、马嵬驿这样的山村，只做关中小吃，每年就能收入 10 亿元以上。满足味觉和视觉的文章做得好，认真把好食材采购关、投诉必理和末位淘汰是他们的核心经验。理念是一切为了游客的舌尖，抛弃了“利润最大化，成本最小化”的教条，反而赚了大钱。

有些产品同质化，多年没有大变化，甚至不知道如何变化，根本原因就是没有从游客“全身心体验”角度动脑筋。比如温泉产品，是休闲度假、康体健身的极好产品。我不客气地说，如果顶级温泉产品是3.0版，中国做得好的温泉也就仅是1.5版。大多数温泉有室内池、室外池和冲浪戏水、按摩等项目，这是“洗身体”的1.0版。有些温泉，做了部分文化包装，但“洗文化”还做得很不足。我曾在《温泉与休闲养生》一书中，分析人具有两重性：自然人和社会人，自然人产生生理需求，社会人产生心理需求。泡温泉“洗身体”、做理疗，只能解决生理需求。马克·吐温洗过巴登温泉后，留下了一句名言：洗这样的温泉，“5分钟忘掉自己，20分钟忘掉世界”。灵魂逃逸是休闲的最高状态。能让灵魂出窍的不是热水加水泥池子，那一定是文化的力量。所以洗温泉不仅要“洗身体”，还要“洗文化”。目前国内温泉的文化包装参差不齐，还没看到做到极致的，特别是把养生文化做到项目的肌理中去就更为少见。所以，只是1.5版。国际上有些温泉、SPA和养生场所除了普通项目，还有心理疗所。中国有3000万以上抑郁症患者，其中严重的每年自杀的达20万人，这些心理疾病要靠心理抚慰和情绪疏导来解决。因此，温泉开发，要“洗身体”“洗文化”，还要“洗精神”，向3.0版努力，分别做出对应服务项目。“洗精神”的产品，在中国的温泉里，还没有这样的项目。仅举此例，说明体验型产品开发，我们还差得很远，值得努力的空间很大。我一直希望有机会帮助有实力的企业做一个“三洗温泉”，成为这类产品升级的标杆。

“五全理念”力图从资源多维度利用，价值多层次提升、业态多产业融合、服务多需求满足、功能多感官体验等方面，阐述供给侧结构性改革和产品人性化、精细化的一些感受和建议。

旅游供给侧结构性改革任重道远，政策的指引是重要的；管理机制的强化而不是弱化也非常必要；在执行层面，经营管理者的定力，企业的实力，产品的魅力，专家学者的助力，社会各方的合力，上下综合发力，“三步走”战略才能实现。（此文写于2017年1月20日美国马里兰州，孙小荣于2017年1月24日、25日拆成两篇在“小荣说”微信号发表）

第七章　全域旅游

第一节　跨行政区联合的典范

——滇黔桂两江一河案例

中国旅游业从2016年开始，从“景点旅游”向“全域旅游”转变，旅游业的产业地位和关联带动作用，发生了重大变化。两个阶段的起点是两次“7月讲话”。1979年7月，邓小平同志登上黄山，要求“把黄山的牌子打出去”，从此开始了全国性的景区景点建设，经过30多年的努力，建设了3万家景区，为中国旅游业的更大发展打下了基础。2016年7月，习近平同志在宁夏讲话:“发展全域旅游，路子是对的，要坚持走下去。”全域旅游是一种以旅游业为优势产业，带动和促进区域经济社会协调发展的理念和模式。对旅游业自身来说，整合的资源更广泛，目的地建设被提上日程，旅游产业的规模和质量将要大大提升，这给旅游产品建设提出了更高的要求。

按照全域旅游的发展思路，我为不少县市讲课、参与他们的规划评审和旅游产业发展论坛。

纵贯滇黔桂的南盘江、北盘江、红水河，千里流域山高林密，河网纵横，气候暖湿，生态宝地。但却是真正的老少边穷地区。“两江一河 ”21个县市政协联席会第30届会议，2018年在中国长寿之乡罗甸县隆重开幕，请我到会讲课。

跨界联合是一项非常有意义的举措：改革开放以来，资源整合是经济发展第一步，许多闲置资源得到了迅速的开发利用；产业聚合是经济发展的第二步，弱小的企业经过产业化创新，形成了国家经济的支柱；产业之间的跨界联合，是模糊经济的主要特征，“互联网 +”“旅游 +”就是例证。区域联合是跨界联合的空间形式，在这个大的空间里，可以在更高的层面、更广阔的维度上进行资源、经济、文化、产业等要素的跨界融合，城市群和板块划分，就是这一融合发展的产物。如珠三角、长三角、环渤海城市群，沿海、沿边优先发展，西部大开发、中部崛起、振兴东北老工业基地等战略，有效地、梯次地使中国经济不断向前推进。在这个大的形势下，滇黔桂“两江一河”21个县市政协坚持了30年跨界联合，难能可贵，表现了政协参政议政的自觉。

罗甸县的几部规划请我提意见，并邀请我在全县干部大会和今年的联席会上授课，给我出的题目是:《共建“两江一河”生态旅游带，助推脱贫攻坚同步奔小康》。这个题目符合政协的角色身份。

但我想：要讲得有针对性、有效果，就要思考一个问题：为什么一连搞了30年联席会，这个区域联合没有实质性的推进？可能高度不够，旗帜不亮，缺少支撑。政协的参政议政必须变成党委政府的决策、区域性联合要上升到国家战略，才有可能使这一地区的发展有一个质的飞跃。因此，我讲的主题稍微变化一点：跨界整合，战略统领，分四个问题表述。

一、梳理战略区位——明确自我定位

1.“两江一河”21个县市区位

中国西南部滇黔桂三省区交界处河流密布，其中南盘江、北盘江、红水河流入珠江，被当地百姓称为“两江一河”。该流域是我国布依族、苗族等少数民族聚居地区，生态资源丰富，但是山高谷深，交通闭塞，在工业快速发展时代，造成了本流域的相对落后。

2.“两江一河”所处的城圈

“十三五”规划提出建设19个城市群。城市群将成为未来推动中国经济发展的主体形态，我国生产力布局和新的经济增长点都将围绕城市群进行。“两江一河”在西南城市圈中的位置是中心。依托周边城市群，具有生态优越的“两江一河”流域将成为推动生态文明建设的主体形态！

3.“两江一河”所处的国家级经济区位

国务院文件中确定的三个国家战略经济发展区：黔中经济区、泛珠三角经济区、东盟经济区，两江一河处于中间的空白之地。

4.“两江一河”处于“一带一路”中间的管道地位

“两江一河”是南连茶马古道和海上丝绸之路、北连陆上丝绸之路的水陆兼达的重要管道。

以上区位分析，可以得出结论：中心即是未来权重，空白即是发展空间，管道即是跨界关键。看不清这些权重、空间和要冲，就是缺乏战略头脑。做好自己，待价而沽，伺机图为。

二、分析几大优势——寻找突围路径

1. 两康社会大趋势

从大趋势、大数据、大战略看大健康和美丽乡村建设的重大意义。

（1）从大趋势看大健康产业

企业家怎么说？马云有一定代表性。马云说：下一个能超过我的人，一定出现在健康产业里。

专家学者怎么说？中国著名的财经作家吴晓波在他的题为《大周期中的财富投资与增值》一文中，经过对经济发展历史现状对比分析，得出结论：未来投资和增值的两大方向是：自身健康和精神消费。

国家层面如何表达？文化创意、生态文明、休闲农业、大健康产业、旅游观光度假等成为发展的趋势和重点。比如，2013 年，党的十八届二中全会决定发展大健康产业，后来国务院的文件中规划的指标是，到 2020 年，大健康产业达到 8 万亿元产业总规模。

结论：大健康产业发展的国策已定，企业家投资方向明确，专家学者的研究给予理论支持，发展的大趋势凸显。

（2）从大数据分析乡村旅游的前景

两个 70%：我国 70% 的旅游资源在乡村，节假日 70% 的城镇人到乡村旅游。

2014 年，不完全统计的 90 万家农家乐、10 万个旅游特色村接待游客12亿人次，占国内旅游者总数的1/3，乡村旅游营业收入3200亿元，带动3300万农民受益。到2020年，将建成15万个乡村旅游特色村，300万个农家乐，去乡村旅游的人数将达到20亿人次，5000万农民从中受益。

这个数据比农业部统计的要低一些。2010年农业部统计全国13.5万个休闲农业经营主体接待游客就达14.4亿人次，达国内旅游人数1/2。我认为这个调查数据更可信。

效益对比：休闲农业平均土地产值是全国农业用地平均产值的6.22倍，休闲农业从业人员人均劳动产值是同期全国农业劳动力的劳均产值的2.75倍。

结论：农民要致富，旅游是出路。这越来越成为领导和群众的共识。因此，乡村旅游是康庄大道，有条件的地方应优先发展。

（3）从大战略上看建设美丽乡村的伟大意义

从“三步走”战略和中国梦能否实现，农村是关键。“三步走”战略：第一步，到1990年，基本解决温饱；第二步到2000年基本达到小康，到2020年全面实现小康。第三步到21世纪中叶，基本实现现代化。中国梦比三步走更全面，目标是两个100年，即建党100年和新中国成立100年逐步实现中华民族伟大复兴：达到国家富强、民族振兴、人民幸福。

结论：与城市相比，农村生产力水平低，农民文化素质低，农民收入水平低，而且农村人口比重大，小康计划推迟了20年。农民不富全面小康就实现不了，乡村旅游和观光农业是农民脱贫致富的重要渠道。研讨会方向选对了，劲就使对了。

2015年十一黄金周接待游客5.26亿人次，国内近半数人出游，7天形成旅游大潮，亘古没有，世界唯一。《人民日报》《环球时报》发表社评：在中国经济增长下行期间，旅游作为一个难得的强劲因素在以近乎裂变的方式逆冲，一再制造高潮，像是个力挽狂澜的坯子。

2. 三大文明我坐庄

原贵州省委书记陈敏尔以宏大的文明比较视野指出：农业文明的优势区

在中原，工业文明的优势区在沿海，生态文明的优势区在山地。

党的十八大报告提出“五位一体”，首次把生态文明建设提高到与经济建设、政治建设、文化建设和社会建设同等高度。“五位一体”是建成“两康社会”、实现社会主义现代化和中华民族伟大复兴的总体布局。随着生态文明时代的到来，具有湖河山地资源的“两江一河”21个县市迎来逆袭发展的战略机遇期！这一次大西南文明制高点的宝座轮到“两江一河”坐庄了！

3. 乡村振兴新号角

党的十九大提出“乡村振兴”战略，具有非常重要的意义。工业革命带来了城市繁荣，乡村凋敝，扶贫攻坚、全面小康、反哺政策措施一个跟着一个，到2020年全面小康实现的时候，也有水平的差距和区域的不平衡，有些农民也有因故返贫的可能，要巩固、提升，彻底解决农民致富问题，就由“乡村振兴”战略接手。这是“两江一河”流域人民彻底拔除穷根的新号角。

三、采取系列措施——列入国家战略

措施有7条。

1. 发表一个宣言，阐述共同理念

2. 设计会旗标识，凝聚品牌形象

方案设计说明：21+21+21。第一个“21”代表滇黔桂两省一区，第二个“21”代表“两江一河”，第三个“21”代表21个县（市），三个“21”共同组成一个圆形。其中，柔性线条书写的三个“2”设计成蓝色，分别代表南盘江、北盘江和红水河；刚性线条书写的三个“1”设计成米黄色，分别代表中国顶级的生态发展带、有机农业带和健康长寿带。整个标志以绿色为底，突出“两江一河”流域以生态文明建设谋求可持续发展的总体布局。

3. 上报一个提案，引起中央重视

由21县市发起，经过滇黔桂三省区政协，报请全国政协，作为提案，申请“两江一河”乡村振兴和城镇一体示范区，成为国家战略经济发展区。与“一带一路”、已有的三个国家级经济区和三大城市圈连成一片，优势互补，联动发展。使“两江一河”有了更广阔的发展空间和更高的发展平台。

4. 建设生态示范带

生态文明建设的最高境界是人和自然的和谐相处；处理利益的准则是：绿水青山就是金山银山；自然保护的原则是宁要绿水青山不要金山银山。

开发的刚性措施和保护的柔性措施应该颠倒；发展的硬性措施和保护环境的软性措施应作适度纠偏。

人类对生态的干预应该是修复生态和美化环境，尽量减少负面的影响。

在开发利用生态实操过程中，修规和控规应该并举。总规回答建什么？为项目定位定向；修规回答怎么建？为项目落地；控规回答不准建什么？为项目健康发展护航。但多年规划开发之前，有些开发单位往往不做控规，导致黄绿紫蓝四线遵守不严，开发空间和强度失据，游客容量被突破。今后在规划体系中，要坚持多规合一，三则融合，三度兼达，控规提位。

在遵守控规的前提下，绿色变多彩。

5. 建设千里有机农业示范带

习近平总书记在党的十九大报告中指出：“确保国家粮食安全，把中国人的饭碗牢牢端在自己手中。”建设千里有机农业示范带，是给人们提供有机的粮肉菜蛋鱼等优质食品，示范作用是非常突出的。

6. 建设长寿养生示范带

满足人民日益增长的对美好生活需求，是党在新时代的新追求和新目标。长寿养生是美好生活的重要指标。打造长寿养生示范带，“两江一河”有得天独厚的资源条件。全国的县级长寿之乡目前有78个，滇黔桂就有36个，占全国的50%。“两江一河”流域是全国有名的长寿带，许多县也具备申报条件但还没来得及报批。生态、空气、土壤、水质都是优质的，打造这个长寿带必有示范作用。

7. 建设生态旅游示范带

旅游是带动和关联性最强的产业。联合国统计署测定的数据：旅游业拉动的相关行业达110个，是一个“一业兴，百业旺”的综合产业。

旅游产业是扶贫攻坚战的超级武器，既是“造血式”扶贫，也是物质、文化“双扶贫”，被各地的实践所证明。福建泰宁县，2016年以旅游为主的第三产业收入超过全县GDP的1/3，旅游收入在全县农民纯收入构成中占比1/4，旅游从业人员占全县总劳动力的1/5，旅游带动脱贫人口占脱贫人口总数的35%。

四、引进智力支持——襄助共建成功

1. 办培训班、研讨会，培养骨干接受新思想、新理念；
2. 请高手帮助做好顶层设计，编制规划；
3. 以优惠条件聘请顾问、引进人才；
4. 如上几个方面我尽力襄助，推荐人才，回答咨询。

（2017年12月7日在滇黔桂“两江一河”21个县市政协联席会上的讲座提纲）

第二节　贵州荔波全域旅游创新传播国际研讨会发言提纲

世界自然遗产地知名度高，营销也下了功夫，客人去得多，就是留不住，怎么办？2016年9月25日，贵州荔波全域旅游创新传播国际研讨会在

北京五洲大酒店举行，作者应邀参加并作如下发言。

一、何谓全域旅游

全域旅游就是把一个区域整体作为功能完备的旅游目的地来建设、经营的指导理念和运作过程。是旅游产业供给侧结构改革的总抓手。

全域旅游是国家旅游局提出的全国旅游业战略发展的新构想，是伴随旅游业供给侧改革而诞生的一种创新性旅游发展思路，是区域旅游发展的升级版。指导全域旅游规划编制和产品建设，要立足大区域，着眼大旅游，策划大项目，打造新业态，全面实现以旅游为驱动的区域经济增长。

（为此，国家旅游局提出全域旅游发展的量化指标，统筹规划全域旅游要素重组，规划融合全域新业态、规划全域一体化营销、规划综合管理全域项目、规划塑造全域品牌形象，规划提升全域功能价值、创新投资模式、实现多规合一，构建跨界融合、层次清晰的“旅游+”大产业发展时空体系，在经济下行的当口，承担国务院赋予的“国民经济战略性支柱产业”的定位和引领责任。）

这一战略思路得到党中央、国务院领导的肯定。习近平总书记2016年7月在宁夏视察时说:“发展全域旅游，路子是对的，要坚持走下去。”这一指示对旅游业而言，具有划时代意义。全域旅游明确了中国旅游业发展方向，从单一的景区、景点建设向旅游目的地建设转变，游客需要的综合配套要抓上去，这就是供给侧结构改革。全域旅游是区域经济的有力抓手，通过跨界融合，推行“旅游+”模式，使旅游业成为推动社会经济发展的动力产业和实现国家战略、推动民间外交、“一带一路”建设和精准扶贫、实现全面小康战略的强大动力。

全域旅游得到许多地方领导的支持，正在大力推进。贵州全域旅游亮点频出，可圈可点。荔波全域旅游走在了全国前面，提供了非常丰富而宝贵的经验。

二、对荔波经验的点评

荔波具备发展全域旅游的资源条件、认知水平和创新能力，将会成为全国全域旅游的领跑者。

1. 高位着眼

经专家考证，荔波达到世界级的旅游资源 6 个，国家级的 25 个，被誉为“地球绿宝石”。一个交通闭塞、经济相对落后的山区县，经过若干年矢志不渝的打造，拿到了“世界自然遗产地”和“世界生物圈保护区”两张世界级名片，从默默无闻一下成为国际知名，使资源核心价值得到国际权威部门首肯，高品位着眼，为荔波与国际接轨创造了先机。

2. 跨界融合

在制定发展战略时，荔波打破以往单纯就旅游而发展旅游的理念，在全国率先提出全域旅游发展战略，将全域旅游从战术提升到战略的高度；最终形成了五个维度、四个支撑、五个结合的“545”发展体系，“一核一带四组团六线”的旅游发展总体空间布局，以旅游为核心，发展生态经济和文化经济，把一、二、三产业和城镇化导入可持续发展轨道，成功走出一条以全域旅游带动县域经济跨越发展的新路，让荔波旅游成为贵州旅游的“风景眼”和“排头兵”。

3. 业态打造

注重丰富旅游业态，大力开发适应国际市场需求的旅游产品，强力推进智慧旅游集散中心、月亮湖湿地公园、樟江河景观整治、冰雪水世界主题乐园、民宿酒店、国际知名连锁主题酒店等一批大项目的建设，高品质产品集群正在形成。项目储备由去年初的 200 余个增加到现在的 1600 余个。

4. 推广见实效

营销活动风生水起。旅游产业发展保持了较高的增长率。2015 年荔波旅游游客突破了 1000 万人次，增长幅度达 57%。2016 年上半年，仍然保持了 51% 的高速增长，实现了“井喷式”的发展，这必将带来荔波县整个经济社会的健康持续的快速发展。

三、学习国际经验，在产品人性化、精细化上下功夫

我们国内的全域旅游，仅仅是起步阶段。在国际上，全域旅游已经搞了几十年。墨西哥的尤卡坦半岛整体开发，提供了许多经验，值得我们借鉴。

最近两年，我多次到这里考察。碧蓝迷人的加勒比海，品高格雅的坎昆酒店集群绵延 21 公里。数十个度假村游乐场，每个年收入不少于 50 亿元人民币，关键不是营销做得好，而是项目个性化、精细化：地河泗渡、玛雅文化演出、老年休闲和青年探险项目的个性化设计。贯穿始终的是人性化服务：腕带创新了收费模式；高投入带来高效益——利润最大化、成本最小化理念不可能有提升质量的持续投入，微笑服务就是虚假的；人性化带来再访客——主要客源市场是美国、加拿大，交通花的时间和费用与来中国差不多，但来中国的再访国际游客就比这些地方少多了。

我们普遍存在的差距是产品开发粗放型，服务缺少人性化。1985 年，国家旅游局为了打开美国市场，曾邀请美国运通旅游公司总裁来华访问，领导派我陪同他们考察了北京、广东、云南等地，希望他们为我国组织美国客人来华旅游。但半个多月的考察，美方的结论是："10 年内运通公司不会给中国组织一个客人，因为你们的产品供给有问题，太粗放太初级了。"这对我们的热情是一个打击。反思起来，资源好不代表产品好，依靠优质资源的粗放型开发，只能启动初级观光市场；对国外的度假休闲市场是没有太大吸引力的。荔波 2015 年接待 1000 万人次，但留不住人，反衬出我们的粗放型开发，业态简易的弊病。美国运通客人当时向我推荐，中国可以学习尤卡坦的经验。那时，尤卡坦已经经营了 10 年，并成为世界著名的全域旅游胜地。30 多年来，中国各行各业粗放型的经营，把利润最大化放在第一位，产品的市场信誉不好；即使那些注重政府主导、市场运作、抢时间拼出来的产品，也难免有粗放型的痕迹，人员素质的提升，产品精细化打磨，服务人性化革新，差距是客观的。在这方面，荔波的路还很长。我们要牢记：旅游业千头万绪，但重点是两个：产品建设和市场营销。排在

第一位的是产品建设，业态打造，也就是供给侧结构性调整，重中之重是服务人性化和产品个性化、精细化。这不是修修补补，而是革命性变革。产品有了这两条，就会口口相传，不胫而走；没有这个，营销推广就成了忽悠。

第八章　卖点打造

独特卖点，即 USP（Unique Selling Proposition），是产品差异性的浓缩，是独特的销售主张。这是产品在市场上竞争的本钱。有独特卖点的产品，必然有良好的社会效益和经济效益。

第一节　克什克腾旗祖母河文化园

在克什克腾旗西拉木伦河大拐弯处，有个村庄叫南台，回乡企业家牛亚彬请规划单位设计了一个道教文化园。当他把方案向我陈述后，我认为道教文化不是本地的文化，这里更不是道教的发祥地，只是从别处移植来的，不会形成场景意境，同时，这个规划没有业态设计，不可能吸引人和留住人。于是，他聘请另外一个规划团队重新考察，要求我为他把关。我们入场考察后，找出这一区域的独特卖点。

1. 就旅游资源而言，赤峰是内蒙古的缩影，克什克腾旗是赤峰的精华。

2. 克什克腾旗旅游空间布局“一环一带”，环线上的克什克腾石阵、黄冈梁森林公园、达里诺尔湖、贡格尔草原、白云敖包云杉、乌兰布统草原等九大景区得到了开发，但这些都是自然资源；“一带”即西拉木伦河流域尚没开发。

3. 西拉木伦河是一条有着丰厚文化底蕴的河，这条河哺育了红山文化、辽文化、蒙元文化。考古界泰斗苏秉琦说：“如果说黄河是中华民族的母亲河，西拉木伦河就是中华民族的祖母河。”开发祖母河文化填补了克什克腾旗旅游产品的短板。

4. 我们进一步调研，总结了西拉木伦河和南台村的独特优势：河小名声大（秦汉称饶乐水，西晋称作乐水，唐称弱水，名称都可以做旅游概念）；

水浅辈分高（河的长度是长江、黄河的近 1/10，但却有祖母河的称誉）；峡短成因奇（此峡谷不是河水冲刷形成，而是地壳裂变形成）；村美故事多（南台小村有 4 条河汇集，自然景观美，历史传说多）。

5. 在普度古桥与河神庙旁，建设祖母河文化馆，梳理西拉木伦河与红山文化、辽文化、蒙元文化的源流关系，进行历史传承教育，开展文化娱乐项目。

6. 丰富业态：针对青少年开展夏令营、秋令营活动；针对老年人开展养生健身项目；与周边辐射做四季项目；与自驾车俱乐部合作做沙地越野、沙漠冲浪项目。开发 5 组 34 个子项目。

祖母河畔作乐篇：在祖母怀中划水，在祖母掌上滑冰，在祖母肩头滑草，在祖母背上滑沙，在祖母头上滑索，在祖母河畔拜河神，在普度桥畔讲故事。

祖母河畔养生篇：开发药膳，欧李酒，宣传川丁鱼，杀猪菜，烀草花羊肉，生产有机粮、蛋、肉、鱼，打造后备厢工程，设蒙医馆，老名医坐诊。

祖母河畔科考篇：平顶山地质考察，大青山、石阵考察，大峡谷地壳错裂遗址考察。

祖母河畔探秘篇：百岔岩画考察，金界壕考察、聚钱炉遗址考察；茶马古道路线：自驾天堂，摄影秘境。

达里湖看冬捕，白音敖包看云杉，书河看华子鱼洄游。

规划以西拉木伦河文化为主线，配以丰富的业态，魅力和游客逗留问题得到解决。加之景区在高速路口，交通便捷，未来前景可以预料。

第二节　金昌四特

突出民族性、地方性也是打造产品独特卖点的重要内容，金昌四特是我在参与王洪滨院长的规划时提出的。

金昌市在甘肃省，金昌四特也就是金昌的四个谜。来甘肃金昌考察时，我觉得这里有四个“谜”，可以打造成旅游的独特卖点。

神秘也是一种接口。因为越神秘，人们越想探秘，以弄清底细，这是吸引力之所在。

1. 古罗马兵团消失之谜

公元前53年，古罗马三巨头之一的克拉苏，统兵4万，东征安息（波斯）。卡尔莱战役，除其子普布利乌斯率数千人突围外，其余全军覆灭。而突围余部去往何处，竟成历史之谜。

中国史书记载，公元前36年，西汉军伐河西，所俘匈奴军中，有一支善以“鱼鳞阵”作战的外国军队，归降后收编。汉元帝命其守西陲并为其置县，名曰“骊靬”。此置地在今甘肃永昌县城南10华里处。

这个被称为“者来寨”的村子，“骊靬”遗址尚存。更让人确认这里居住着罗马人后裔的证据是：有几户人家隔代遗传，高个头，白皮肤、黄头发、蓝眼睛、高鼻子，周围村子也有这样长相的人，总计有200多人。他们自称“骊靬人”。有的说家里曾有祖传的家谱，写明祖上是罗马人，可惜家谱在“文革”中烧毁了。

古罗马兵团神奇地消失，他们的后裔在2000多年后被发现，于是，消息传出，震惊世界，国内外专家学者纷纷到金昌考察；中央电视台《东方时空》播放了专题访谈片。

这一尘封的历史之门一旦被打开，为了探秘解谜，对国内、欧美乃至海外游客都将成为巨大引力。

2. 镍都之谜

中华人民共和国成立后，西方国家称中国贫油缺镍，于是，石油和镍矿的勘探、开采就成为国家的战略任务。金昌镍矿发现开采45年来，成为中国镍都、世界第二大镍生产基地，但多数中国人并不知道。

这是因为镍是一种战略物资，在一段历史条件下，具有一定保密性，因此，镍厂有一个代号“886厂”；镍的用途不像铜铁那样普遍，开始被用于军工；后来被用于不锈钢等民用产品，但由于供不应求，不需要做广告，所以普通大众对这种金属及产地不了解；再加之公司没有上市，股民不知道。但镍对于国家的重要性，上边是清楚的，许多中央领导都到过金昌。1966年3月27日，邓小平来金昌视察，夸赞这里是“难得的金娃娃，祖国的聚宝盆”。1992年8月12日，江泽民为金昌题词“腾飞的镍都”。

镍都不仅为国家提供了紧缺物资，而且在大西北建起了一座新兴的城市，成为工业旅游的示范点。从龙首山露天矿到选矿车间、闪速炉车间、电解镍车间和科技馆，人们可以了解从落后生产方式到现代化生产线的变迁，受到艰苦奋斗和爱国主义教育。因此，镍都的秘密一旦被揭开，金昌就会成为重要的工业旅游景区而为人们所了解。

3. 西路军之谜

1935 年 10 月，中国工农红军一、四方面军在会宁会师后，西路军西征，许多红军指战员虽然浴血奋战，但终因寡不敌众而惨遭失败。金昌是西路军建立的唯一一个苏维埃红色政权，只坚持了 40 多天。此段历史数十年来由于涉及张国焘的原因没人再提，西路军将士长期以来受到不公正待遇。如今这段尘封的历史已得到公正评价，金昌大地上竖起了徐向前元帅题写的“西路军烈士纪念碑”。2004 年，中央决定开展红色旅游，与此有关的十几个省、20 座城市、100 个景点正在抓紧建设，金昌应列入其中，与其他红色旅游景点连成红色旅游经典线路。

4. 沙漠之谜

金昌与内蒙古阿拉善盟接壤，从丝绸之路到巴丹吉林、腾格里沙漠距离很近。两地已有意联合促销沙漠之旅。沙漠风光与城市、与江南水乡形成巨大反差，因而对城市人群有巨大吸引力。这两大沙漠里有最高的沙丘，有最优质的响沙湾、月牙湖，有史前的石刻岩画，有黑城、绿城、居延海和胡杨林。可以举办沙漠观光、沙漠探险。旅游者到这里滑沙、沙浴、骑驼、观鸟、赏月等。

金昌规划，抓住“四特”做文章，所设计的旅游项目丰富多彩，又魅力十足，同时，又是金昌对外进行市场营销的四个“接口”。

2004 年 9 月 18 日在金昌市规划研讨会上分析“金昌四特”

第三节　红山文化的标志——中华第一龙

“中华第一龙”在翁牛特旗三星他拉出土。这件文物的发现非同小可。1975 年，这件形制特大的玉龙（高 26 厘米，呈钩形卷曲状，用绿玉雕成，头上无角，口吻很长，鼻端前突，双目长眦颈上长鬣刚立，凛凛有生气）被发现，造型古朴，简洁生动，世所罕见，立即引起轰动。中、日等国文物界权威纷纷发表谈话，认为此物发现意义重大。

龙是中华文化肇端的象征，是传说中的一种神话的崇拜物，是全民族公认的古老图腾。但龙的崇拜何时起源？发源何地？是我国古今学者一直探讨的问题。红山文化考古不断取得新进展，使考古界找到了龙的起源，将中华文明史向前推进了 1000 多年，有实物证据可以与古巴比伦、古埃及、古印度一样悠久，并驾齐驱。这也是赤峰地区的先民为中华文明和世界文明做出的巨大贡献。

此地此后又是契丹和鲜卑的发祥地，这两个民族后来都曾叱咤风云。契丹 1000 多年前建立大辽和西辽，疆土直抵中亚。鲜卑建立北魏，辽阔的西伯利亚就以其族名命名。到了元代，成吉思汗三弟后裔察罕诺颜成为翁牛特部的先祖。“翁牛特”是蒙古语，意为“诸王所在之部”，无疑是蒙古“黄金家族”，出的王爷最多。元代不说，到了清代，这种王位还在“世袭罔替”。清朝的爵位有亲王、郡王、贝勒、贝子、辅国公、一等吉，翁牛特的扎萨克（旗长）最高时被封为郡王、贝勒衔，这是汉族封疆大吏也得不到的爵位。据清朝玉牒所记，清皇室下嫁赤峰地区的公主共7人，翁牛特右旗1人。

翁牛特旗的政府所在地有一个很有意思的名称——乌丹城。原名蒙古语叫“宝日浩特”，意为“紫城”，这是蒙古人以颜色命地名的一种习惯，如“呼和浩特（青城）”“乌兰浩特（红城）”一样。但这“紫城”就犯了“紫禁城”之讳，蒙古的王公贵族就不能不给它改名。不能改变“宝日浩特”的原意，即紫色不能变，但又不能叫“紫城”。于是，这聪明才智就显现出来了：紫色是由“黑”“红”两色调和而成，“乌丹”正好为“紫”。这样，乌丹就成了延续至今的县城的名字。

以玉龙为标志的红山文化，就是赤峰和翁牛特的价值最高的卖点，以下还连接着一系列卖点，是一个独特卖点系列。现在，围绕玉龙文化打造的玉龙沙湖的沙海冲浪已全国闻名。

第四节　猴岛定位的成功

提要：原国家旅游局提出旅游业要提高产业素质，建设一批精品景区的任务，我一直想在全国数以万计的景区中，寻找到有说服力的典型。现在，我高兴地告诉大家，这样的典型找到了，这就是海南猴岛。猴岛的董事长代国夫请我为猴岛景区定位和经验理念出主意。我经过交流、考察，把他们的经验概括为：“三人”“三特”“三全”，介绍出来对各地应该有一定参考价值。

海南猴岛景区的成功是一个奇迹。1999年，猴岛接待游客5万人次，2000年增加到17万人次，2001年达37万人次，2002年达61万人次，2003年86万人次，2004年90万人次。5年增长了17倍！2005年12月3日，中央电视台《新闻联播》节目播放了猴岛3分钟的节目。猴岛经验声名鹊起。

2005 年 12 月 19 日在海南猴岛旅游发展高峰论坛上发言：
以猴为本——揭示猴岛成功的密码

北京大学、复旦大学等国内知名大学 MBA 教材选了 15 个案例，我写的猴岛案例被选其中。由复旦大学、中国生态学会和中国营销协会联合举办的“中国南湾猴岛旅游发展高峰论坛”，我对猴岛创造的经验做了总结和评述。

猴岛的成功在全国旅游业中具有典范意义。目前，全国旅游产品建设存在着同质化倾向、企业经营中缺乏诚信、营销观念老化、落后。这些问题不解决，原国家旅游局提出的提高产业素质的任务就难以落实，猴岛的经验很好地回答和解决了这些问题。

他们的经验概括起来是：“三人”“三特”“三全”。

一、“三人理念”：猴子是主人，旅游者是客人，经营管理者是仆人

原海南省旅游局副局长陈耀和猴岛景区董事长代国夫阐述的“三人理念”：猴岛是一个景区，也是一个社区。在这个社区中，有新的伦理观念：猴子是主人，游客是客人，经营管理者是仆人。三人成众，由这样的主人、客人、仆人组成的“股份公司”。这个股份公司奉行“猴本主义”，它是对“人本主义”的延伸和创新。

这一理念新颖而成立。它体现了中央提出的“六个统筹”，摆正了人与自然、人与人和谐共处的关系，为解决旅游产品开发建设中一系列棘手问题

奠定了基础性认识，具有战略性、长远性、政策性和实践性意义。

二、“三特原则”：独特卖点、独特的开发模式、独特的经营机制

独特卖点——卖快乐。独特卖点，是国外营销学的重要概念，英文缩写为“USP”。从产品开发建设的无序化到规划的法定化，这是一个进步。但通过规划的国家标准的格式化执行，加之规划班子逐渐形成的文本的套路化，产生了规划的同质化。同质化规划必然产生旅游产品的同质化，必然导致竞争的白热化。白热化竞争导致恶性降价，两败俱伤。只有在强调规划的同时加强策划，通过整合强化资源的特质，打造产品的独特卖点，才能有核心竞争力。

在全国景区中，猴山不少，但猴岛是全世界唯一的热带海岛型猕猴自然保护区。在诸多生态旅游区中，猴岛的热带植被、热带气候、海洋风光、四季皆宜，审美效果最佳，快乐指数最高，旅游季节最长，便于建设以猴文化为主的魅力产品群。这是老天爷提供的独特卖点。加上人的主观能动性，把这些特点张扬之、强化之，必然魅力四射。与许多山水资源、植物资源、动物资源如蛇岛、熊岛、鸟岛相比，猴子最有灵性，与人最亲近。在诸多猴山猴岛中，三亚南湾节目的快乐指数最高。南湾猴岛的独特卖点就是卖快乐。有的学者著书称：旅游业是快乐产业。哪里快乐指数高，哪里的独特卖点就强，吸引力就大。“人猴同乐”是猴岛开发游乐节目的中心。

猴岛施行“猴本主义”，猴山突出猴。开展的项目都是在围绕“猴”做文章：（1）智慧猴雕塑。这是复制的哈默博士送给列宁的礼品。猕猴坐在达尔文《物种起源》书上，拿着人类头盖骨，仿佛告诫人类：要学会相互尊重，学会和平共处，否则，高度发展的文明，不仅会毁灭自然，也会毁灭人类自己。这个雕塑是猴岛生态园区张扬独特卖点的灵魂。（2）猴仪仗队，体现了主人迎客的主题。（3）为猴群建设的星级游泳池，猴子们在这里跳水、潜泳、撩水、晒太阳、打斗嬉戏，其乐融融。（4）观猴亭，既是人观猴，也是猴观人，互为嬉戏对象，人猴平等和谐。（5）杂技表演，拟人化演出情节，妙趣横生。（6）猴监狱，贴着猴王令，设猴岗哨，俨然一个猴国“法治社会”。（7）猴养老院，一周一消毒，一月一体检，猴享受人的待遇。（8）猴娱乐场，放许多猴子娱乐的设备，把山上的猴子吸引下来。（9）幽默

剧场，猴子一家三代表演，林青霞奖励“演员”100元小费；马季说：怪不得相声没人看，原来被猴子抢了场。景区为了突出环境的协调，厕所、亭阁、路标、歇脚凳、垃圾桶，都是用枯椰树做的，都突出了猴文化。

以此思路推而广之，蛇山突出蛇，虎山突出虎，花山突出花，银杏谷突出银杏，各地不同景区的独特卖点就找到了。这是猴岛提供的借鉴。

独特的开发模式。猴岛走的不是先污染后治理、先破坏后保护、小破坏大保护的路，而是走的不污染、不破坏、对环境优化提升的新路。这是个争论了多年的问题。有的人说：“旅游一发展，环境就破坏。”有的旅游专家也说：破坏是不可避免的，是发展的代价，应该以小破坏换大发展。于是，在争论中，旅游好像理屈，先输了一筹。环境与发展、保护与利用的矛盾中，寻求破坏的最小公约数还是寻求发展的最大公倍数，是两种观念的分水岭。前者是双损，后者是双赢；前者是消极发展观，后者是科学发展观。

猴岛在这方面创造了经验。在开发模式上，猴岛设立了核心保护带，外边有保护区缓冲带，再外边才是开放的景区带，人不能进核心区，更不能在核心区建任何设施；外边景区生态搞得好，猴子才可能下来，否则，人进猴退，人进了核心区，猴子就从核心景区搬家了。猴岛管理者在核心保护区外又做了一层保护圈。所以，猴岛不仅没破坏环境，而是优化了环境，提升了半岛、三亚的产品品牌价值。

独特的经营机制。猴岛旅游的真正起步，从1999年7月陵水县委县、县政府决定对猴岛所有权、经营权相分离的机制改革开始，进行资本和资源结合，政府主导和市场运作兼顾，这一做法得到了时任省委书记汪啸风的支持。接着，武汉三特公司资金到位，经营管理机制进行了股份制改造，实行现代企业管理。内部实行多种形式的分配制度，如管理层实行基本工资加效益工资，营销队伍取消基础工资，只拿效益工资，实行上不封顶、下不保底的激励政策。但在特殊时期，比如，2003年“非典”期间，加强人性关怀，发放80%的工资。强调加强企业品牌建设和企业家个人品牌铸造，特别是诚信建设。5年来，在对内对外的各种交往中，讲信用，讲道德，从没欠过银行、职工和其他合作单位一分钱。诚信，是提高中国旅游产业素质的重要内容。但个别先行者坚持诚信，成本是巨大的。猴岛努力坚持现代企业管理制度，在开发上坚持“猴本主义”，在经营管理上坚持“人本主义”，在合作上坚持诚信原则，从而形成自己独特的经营机制，对全国旅游企业都具有示范作用。

三、“三全”营销：全员营销、全面营销和全过程营销

全员营销。猴岛有做营销的部门和专职人员，但不意味着只有营销部门做营销，而是从董事长、总经理到每一个普通员工都有营销的义务，都能对公司理念、公司产品特征、业绩等如数家珍。游客把员工队伍素质看成景区质量的一部分，看成企业品牌价值的一部分。全员营销的结果最大限度地扩大了营销的效益。

全面营销。猴岛的营销意识十分强烈。只要有营销的机会，他们都不放过，他们与旅游局、旅行社和新闻媒体保持了良好的关系，各种层面的营销活动长年不断，但这不是“有枣没枣打三竿”，而是用心思考，采取得当的做法，取得了很好的成效。

全过程营销。猴岛不是用传统的销售、促销的观点来对待营销，营销不是产品建设完毕以后的阶段性工作。营销理念在产品建设前期的规划阶段、产品开发建设阶段、产品销售阶段和售后服务阶段，是贯穿始终的。在这个过程中，要体现市场定位、产品定位、消费者需求定位、目标客源层的确定，媒体的选择标准、营销活动的策划，市场关键指标变化的抽样调查和监控，营销效果的评估和改进，是一个连续的工作链条。要把零星的、分散的、随机的策划方案改造为相对较长时段内具有指导意义的营销策划方案或系统的、有预见性的营销规划。

四、加强品牌的打造和提升

猴岛近年在品牌建设上做了不少努力，以上三点已说明猴岛具有的品牌价值。2004 年通过了 ISO 9001 及 ISO 14001 质量与环境管理体系认证，成为海南十佳景区。但在市场影响力与知名度方面，与岛内著名景区还有一定距离。特别是在海南全岛旅游业长期处于企业各自为战的局面，产品面临着

更新换代，品牌的打造和提升就更显得迫在眉睫，猴岛更需要在产品建设、品牌铸造方面，在做精做细的基础上做大做强。

目前，按产品的精细化要求还有许多工作要做。比如：

■“猴性化”排练节目；

■为游客提供更多可参与性活动，继续在提高“欢乐指数”上做文章等；

■在旅行车上、酒店里、景区内、缆车上，把“景区之歌”作为背景音乐；

■客人一到景区，在游客中心，放映中央电视台《新闻联播》节目播过的那个短片；

■集中收集并播放名人来访的镜头和评价；

■将上述歌曲、短片、名人评价录成光盘向客人赠送；

■制作形象口号，与卡通标识一起在交通要道口竖起广告牌；

■在各类宣传品对景区称谓上，叫“海南猴岛”或“三亚猴岛”，尽量不叫“南湾猴岛”，以增强品牌穿透力。

在产品建设方面：

■现有的景区接待100万人次已近饱和，不要单纯追求人数增长，而要追求效益型增长；

■企业要发展，要在景区附近搞规模扩张，预计中的二期工程突出休闲产品是对的，但也要做出独特卖点；

■如利用温泉资源，突出康体健身、休闲养生项目，引进先进理念、成熟技术、接通高端网络，建设有吸引力的附加值大的高端产品（上天入地，把享受与中央领导一样的保健服务与市场连通，面谈）；

■海南的温泉资源不少，但规模和文化都没做出来，猴岛要做就做到位；

■结合当地文化符号，把疍家文化挖掘提炼出来，达到使“硬”资源轻开发、软利用，“软”资源深利用、轻着陆的目的。

这样，猴岛将从单一型产品复合型（向魅力产品群）的过渡就会实现，品牌价值将得到大大提升，市场占有率、知名度、美誉度和忠诚度将大大提高。

2005 年 12 月 18 日，参加中国海南南湾猴岛旅游发展高峰论坛，
与总经理代国夫、海南旅游协会秘书长王建生合影

第五节　唐山湾定位和发展方向

唐山湾是渤海湾重要的滨海段落，有三个岛组成，是毗邻京津的资源独特的旅游区。2017 年上半年，由我担任主任的专家评审委员会，评审了 3 家海内外规划团队所做的规划方案，基本否定了所设计的项目。我建议先做定位，明确发展方向后，再竞标聘请规划团队。

过了两个月，8 月 27 日，在唐山国际旅游岛党工委书记、管委会主任王玉国同志的提议下，委托我召集国内旅游界、旅游院校和规划界的著名专家，来菩提岛参加“唐山旅游岛规划定位和产业发展方向研讨会”。经过一整天的考察，又观看了《渤海胜境 · 神奇三岛》宣传片，听取了王书记如数家珍般的资源介绍，8 位专家相继发言，分别结合自己的专业视角，提出了很好的建议。

我简要地谈四个方面的观点，共 12 条建议。

一、资源评价

唐山湾风水宝地、资源独特、组合绝佳、市场条件极好。

湾中有海，海中有岛，岛上有泉，湖泉相映；菩提树北方稀有，生物资源丰富；海上红月、深海淤泥、复式岸线，是难得而独特的资源组合；佛教文化、唐文化，有一定基础。具有珍稀价值的区域性资源优势、进而打造有吸引力的国内国际兼容的海岛休闲度假区，具备非常好的条件。

3+1 互补区块（菩提岛 + 月岛 + 祥云岛 + 对岸海湾，陆地规划面积 125.64 平方公里，海域面积 1013.41 平方公里），有利于打造体量较大、客容量充足、经济效益可观的度假区提供宽裕的地理空间。

唐山湾是渤海湾的精华段落，且处于京津唐和河北其他城市的中心区位，4+1 区域组合，决定了唐山湾未来极佳的核心市场前景。

二、问题导向

党工委和管委会成立以来，做了一系列的工作，卓有成效，旅游业发展已有一定基础。但由于总体定位不够明确，产品建设、发展方向有些游移；开发零打碎敲，资源没有充分利用；业态不丰，产品不成体系和规模；大环境要改进："灯下黑"意识是长期束缚河北发展的内因之一；唐山空气污染严重是影响海湾客源心理的障碍之一。

三、关于定位

形象定位：把唐山湾打造成国内一流、世界知名的海岛旅游目的地，形成"南有海南岛，北有唐三岛"的市场效应。

目标定位：按国务院发布的《"十三五"旅游业发展规划》中目标定位内容：人数、投资、收入、贡献度占比等数据，须在下一轮规划编制中进一步明确。

产品定位：

2016 年，请香港等几家规划团队为唐山湾作规划，评审时我是专家委员会主任，对他们做的"东方曼哈顿"的定位予以否决。理由是：曼哈顿是纽约的核心，世界许多500强企业总部设在这里，华尔街上集聚了美国的大银行，是美国乃至世界的经济中心和金融中心。“东方曼哈顿”这样的区位未来上海有可能，但唐山湾没有可能。作这么大的概念达不到，有点儿“忽悠”唐山人。针对市场需求，充分挖掘利用好海、岛、泉、文、岸等特色资源和绝佳的市场条件，打造海岛旅游产业综合体。

从资源特质上定性、从市场需求上定位、从产业前景上定向。定位的前提，不是资源导向，而是市场导向。或者兼顾资源，以市场导向为主。唐三岛以特色项目见长。京东水世界、三洗温泉、海泥养生、世界美食街、婚庆胜地、佛教圣地、唐人文化园，以及对岸陆地旅游装备、客源接待、业态完善、公共服务配套设施等。

产业综合体实质是三区合一：旅游景区＋产业园区＋生活社区，是旅游引领的产业综合体。衡量度假区的标准是“张五可”：即“张扬个性”，可向往、可进入、可停留、可消费、可回味。这是我多年研究的成果，好的度假区要做到“张五可”。

市场定位：分两步走：第一步，核心目标市场京津唐，周边省份和西部内陆省份；第二步，国际市场。

目前的名称唐山国际旅游岛作为终极目标可以，但要分步骤实行。

国际岛的概念基本含义有两层：按国际标准建设度假区、主体客源是国际游客。第一条好办，第二条难度很大。国际上著名的度假区这两条都基本做到。加勒比海、夏威夷、地中海、尤卡坦半岛、坎昆。主要客源是外国人。

在不断发展和发展的阶段性过程中，长远定位和阶段性定位与长远性目标和阶段性目标相匹配。市场定位不能紊乱和倒置，第一国内，第二国际。目前唐山湾核心市场、发展启动性市场，是京津冀市场，这是中国海滨旅游最大的客源市场。不是国际游客为主。相当时段内，是唐山湾的主体市场。如果京津冀把它视为重要海滨目的地，西部内陆省份自然会来，北京外企和使领馆带头，逐步获得国际游客的青睐。供给侧结构改革，市场最需要什么就做什么。我们先不能打隔山炮。

国际旅游岛的定位我不反对，长远也对。但最先启动的市场是京津冀市场。如果倒置了，就在前进方向上犹豫不决，在目标市场选择上举棋不定，就耽误了市场的启动期。它不符合不断发展论和发展的阶段论的基本原理。

国际旅游岛是终极定位。这个定位前置是拿自己的短处和别人的长处比，现在中国定位国际旅游岛的只有海南和平潭。海南岛加上南海，是未来有世界竞争力的海洋旅游区，是我国唯一的热带海洋资源为主的省份，冠以国际旅游岛名副其实。平潭地处台湾海峡，除了主岛外，还有126个环岛，区域广大，气候适宜。这两个国际旅游岛都是国务院批准命名的。唐山湾国际旅游岛是省里批的。许多条件和他们比都处于弱势，自己心里也不硬气。所以，我建议：暂时不一定要强化国际旅游岛概念，而应强化京津冀市场，特别是北京市场。

在定位上，要强化国家岛、首都湾的概念。习主席战略重点，中国要在国际上有更多发言权。在过去讲与国际接轨的年代，国际化是叫得响的；现在发声的重点在变化，强调传统文化、一带一路、中国品牌。国家岛、首都湾的定位很重要。有一段时间曾提出国家海岸的概念，唐山湾就是国家湾。辞海中有专门条目注释：唐山代表中国、唐人代表中国人。别的地方没有资格叫国家湾，首都湾，只有唐山湾才有资格叫，这就站在了品牌的制高点上。

国际上有名的旅游岛，如韩国济州岛、美国夏威夷、塞班岛、泰国普吉岛、印尼巴厘岛等都没有国际旅游岛的命名，国际客人却很多。还有一些著名的半岛：如美国佛罗里达、墨西哥尤卡坦半岛，都是世界级海滨度假地；还有地中海、波罗的海等海滨，因地制宜地利用资源特质开发项目，也是不错的。波罗的海地处北极圈附近，水凉，泳季太短，他们就以游船为主，串联北欧四国，成为热线；地中海无潮汐，泥质和礁石多，优质沙滩少，海水灰色，冲浪、游泳都不是理想之地，但气候适宜，地中海沿岸到处是欧洲典型建筑风格城镇，文化港湾鳞次栉比，所以度假村非常有名。

关键是定位准确后，在规划指引下，因地制宜，丰富业态。

国际旅游岛要做专门策划，如离岛免税店、国际邮轮码头、唐人街、食街、使领馆度假基地，请世界外交官协会李言秘书长帮助策划。

关键是要有适销对路的业态和产品。业态：12要素配套，吃住行游购娱＋商养学闲情奇，这些业态要有相对应的项目落地。“厕所革命”是旅游供给侧改革的必做工作。

国家岛、首都湾产品创意。举例：杭州湾大桥修通之前，我策划的象山口号：东方不老岛，海山仙子国。

四、12 条建议

1. 不要在“国际旅游岛”5 个字上纠结。要紧紧抓住京津冀和北方内陆省份的客源市场，打造海岛休闲度假目的地。

2. 抛弃“灯下黑”的意识，建立市场经济意识。用行政观念看，首都是黑洞，吸走了许多优质资源；用市场观念看，北京就是巨大的市场。为了回答“灯下黑”的问题，我调研了美国首都圈周围的州郡：华盛顿市周围被马里兰、弗吉尼亚两州包围，美国大华府首都圈中，蒙哥马利郡和费尔法克斯郡的实力，在全美 314 个郡排行榜中是交替为第一、第二的郡，乔治王子郡在这一排名榜中不及前两个郡，但也是在排行榜中位置靠前。原因是他们充分利用、发挥了首都圈的市场优势。他们没有“灯下黑”的感觉，是因为他们把首都华盛顿各类资源看成了自己的市场。河北许多地方的劲用在了争取政府资源的支持上，没有用在争取市场要素的配置上，被动的怨气大于主动的志气，所以首都圈河北各县很难进入中国百强县。

许多传统产业的要素配置，不如旅游业这种新型产业要素配置显得强烈和明显。比如旅游业，北京有近 3000 万客源市场和中国第一自驾车市场，守着这样的市场没把客源吸引过来，只能是一个原因，我们的定位、思路有问题，我们的业态有问题。

3. 海滨开发切忌早期房产开发模式。开发三岛一湾，旅游地产是要搞的。在全国早期的海滨开发高潮中，许多优质海滩一下开发了廉价的沿岸地产，结果造成一片片死城，毁掉了海滨度假资源，无可挽回。唐山湾没有过早开发，保住了环境和资源，为后发优势的实现创造了前提，从这个意义上看，唐山的领导还是有远见的。我们再开发，海滨的设施是泳场和娱乐场，后边是服务区，含吃、购、玩等，再往后才是旅游地产和可控的地产项目。

4. 三岛温泉资源太好了，但要切忌汤岗子、营口温泉的开发模式：大建各部门的培训中心，或房地产温泉入户，浪费了温泉资源，印钞机成了一次性收款机。

5. 三个岛屿已有初步定位，要在校正定位的基础上丰富业态：菩提岛：佛学研修；祥云岛：海洋运动、温泉养生；月岛：爱情主题。关键是，不要蜻蜓点水，要做大做到位，12 要素配齐。

菩提岛：佛教的氛围打造；要有高僧和圣物：聘请大德高僧住持；舍利子；菩提伽耶大菩提树种子和树苗，请来岛上栽种（菩提伽耶：印度比哈尔邦伽耶村，有棵大菩提树，释迦牟尼在此树下悟道成佛，此地为世界佛教四大圣地之一），此树为佛教一大圣物。可以去菩提伽耶请种子或树苗来菩提岛栽种（据说峨眉山有），然后举办佛事活动，扩大影响。

月岛：爱情主题定位。1985 年，我参加日本世博会，了解到每年日本 40 万对新婚旅游者，当时全部去欧美新婚旅游，于是我提出中国要重点吸引这些旅游者，并发文确定苏杭两市为先行城市。后来日本一半新婚旅游者去了韩国，为什么？关键是婚纱摄影基地建设。济州岛，婚纱摄影基地，巨大玻璃暖室空间，热带植物和非洲各品种的仙人掌，配以温馨婚房和餐饮服务。

唐山湾面对比日本还大的新婚市场，现在新婚消费平均 10 万元，北京 13 万元。除了精心打造大型室内婚纱摄影基地外，环境、氛围、相关配套设施都要落地，室外大面积种植玫瑰、薰衣草，还要和城市影楼、婚庆公司联手，打造婚庆产业链。

祥云岛：海洋运动项目十分丰富。海岛温泉，三洗温泉策划，是我多年的研究成果，如能落地，在全国是唯一的，将有很大吸引力。水上世界，如引进美国的品牌大狼窝，将给京津冀提供一处好去处。

深海淤泥，是养身健体难得的资源，可以做 SPA、泥疗、死海漂浮、黑泥养生。提炼化妆品、养生品，如面膜、面霜等。

三岛都有温泉，养生资源又如此丰富，全季节旅游有条件。

6. 精心为特定人群搞好有吸引力的项目：儿童、青年、自驾、抑郁者、老年养生养老、佛教信徒、外企和使领馆等，要有针对性项目。

7. 乡村旅游和休闲农业：这是这个度假区的重要板块。要三观创新（创新资源观、产品观和发展观）和实现三化（田园景观化、乡村意境化和产业链群化），恕不展开，我在国新办和中国网举行的乡村旅游研讨会上发表过演讲，网上有文章。

农业问题：三岛6个村庄，有农村人口4000人。要发展景观农业、开辟有机粮菜肉蛋鱼基地、农家乐、渔家乐民宿和游览项目；要学习袁家村的经验，搞好美食街策划；重视自驾车的购买能力，打造“后备厢”工程，增加综合收入。

有机农业基地，美食街策划。袁家村的经验。

国际国内游客对产品的消费心理是一致的，即从粗放型到人性化和精细化。尤卡坦半岛上百家度假区，收入在50亿元以上的比比皆是，客源主要是美加的回头客，飞机要7小时。差异化、个性化是旅游景区生存发展的铁律。唐山湾三岛和对岸产品定位和功能必须差异化发展，互相间又要有逻辑性和互补性，形成产业链条，比如休闲农业。

8. 对岸地块的功能策划，不要考虑什么中国的曼哈顿，那不可能。可以考虑巨大的购物中心，如奥特莱斯服装品牌店。与免税店不同：对游客身份不设限。这类顾客主要针对中国游客。后期可建设唐人街，穿唐装，卖老字号商品，清凉油、仁丹、片仔癀、牛黄安宫丸等；对接全球上万家唐人街和中国城，做其供货代理。

可以搞旅游装备科研生产基地。要根据市场需求和目前布点有所选择，与工信部联系。

休闲农业片区和有机粮肉蛋菜供应基地。

9. 关于规划。顶层设计，策划先行。定位定向后，要筛选规划单位，做一部切实可行的唐山湾旅游综合体发展规划，而后招商选商。这个规划应该是多规合一、三则融合、三度兼达的规划。多规合一：领导统筹、各相关部门参加、上下位规划兼顾，一站式办公。三则融合：过去，只按规划通则编制规划。通则是2003年发布的，是指导景点景区建设的规划，现在搞全域旅游，通则显得力不从心，要把《旅游规划通则》《关于加快推进全域旅游发展的指导意见》和《国务院发布的〈“十三五”旅游业发展规划〉》融会贯通，编制一部目的地规划。三度兼达：高度、广度、深度。高度：政策高度，解决指导性；广度：国际视野，解决引导性；深度：落地生根，解决差异性。

10. 招商创新：从公务员分包模式跳出来，改为政府牵头、工商联召集、专家讲卖点，会上签协议、会后抓落实的办法。屡试不爽：千岛湖，2000年12月，民营企业高峰论坛在杭州宋城举办，我在会上主讲，招商实现50亿元；2003年，在宁波象山我讲解旅游口号：东方不老岛，海山仙子国。由于卖点抓得准，一下签订了100亿元合同。2003—2005年，为栾川招商，两次共50亿元。

11. 请实战类专家出主意。叶文志是中国最大资源类旅游集团公司创始人和业内营销高手，陈向宏是乌镇和古北水城的操盘手，既是实操类专家，又是投资者，熟谙市场和旅游经营，不会像一般矿业、房地产老板那样任性。所以，有机会请他们来出主意。

12. 关于营销。唐山湾与国际市场的接口，即唐文化——辞海：唐山—唐人——唐人街，马踏蟹桥，唐文化源头。由此引入世界华人。

营销思路的开拓，新老媒体并重。阿里巴巴、驴妈妈线上营销效果好，到时候我请他们来助一臂之力。

打造独特卖点，是产品建设的关键。淄博世界足球发源地、我国唯一的海南金丝燕、黔西南的万峰林等一大批城市、景区和产品，我都参与过策划、规划工作，篇幅所限，此处不一一举例。有兴趣的可参阅丛书之记者笔耕篇“为领导建言”部分。（2017年8月27日，菩提岛研讨会）

第六节　为海南“中国金丝燕之乡”定位

参与指导中国金丝燕之乡规划编制工作，我为这个项目的定位如下。

名称:（海南陵水）“中国金丝燕之乡”“金丝燕国家公园”。

1. 总体定位：新时代新海南新旅业的新标杆

习近平总书记在庆祝海南建省办经济特区 30 周年大会的讲话和中央 12 号文件，为三十而立的海南赋予四大战略定位：全面深化改革开放试验区、国家生态文明试验区、国际旅游消费中心、国家重大战略服务保障区。这四大定位是海南各项事业的新指针。从经济特区到全面改革开放试验区，从国际旅游岛到国际旅游消费中心，从两“自”一“心”一“基地”（南繁）的破题到百万人才引进战略的实施，海南新一轮的腾飞蓄势待发。

中国金丝燕之乡的建设，必须重装理念，重新定位，重理思路。金丝燕产业与这些重大战略环环相扣，建设最生态、最健康、最高效的新时代新海南新旅业的新标杆。

2. 三全一特的市场前景绝佳的项目

金丝燕之乡要全域发展，全国唯一，全球最大、卖点独特。

3. 多业融合的产业综合体

以金丝燕燕窝产销为龙头的康养健身、美丽乡村、黎药种植、温泉养生等各业融合的产品集群，打造慢食中心、燕妈妈养胎中心、燕窝加工展销即食中心等为海南国际旅游消费中心建设做出贡献。

4. 生态文明建设标志性工程

现在海南金丝燕不足 20 只，抢救濒危物种，保持生态平衡，创造人与自然和谐发展的环境，并在两三年内发展成繁养、加工、消费、展售金丝燕全产业链。这是生态文明建设的标志性工程。

5. 产业扶贫的一面旗帜

群英乡是陵水最贫困的乡镇。项目落地后发挥社会责任，带领农民一起脱贫致富。项目第一期就能安排 2400 个农民就业。

6. 三效俱佳的可持续发展的典型。

社会效益：生态维护；产业扶贫；创新传统的农业经营模式，减少化肥、禁绝农药使用，建设有机粮菜蛋肉鱼生产基地；提升农民生活品质；农村环境建设和黎族文化意境氛围的强化。

经济效益：初期（2 年内）实现繁养金丝燕 10 万只，产值 30 亿元，税收每年 2.5 亿元；后续养生产业落地后，贡献率更大。使土地地均产值、劳动力人均产值提升数倍。

生态效益：利用已有的科研成果，从金丝燕蛋引进、繁养开始，适当引进观赏娱乐型鸟兽类，成为国家南繁战略与旅游业结合的典型。在生态治理方面，努力打造一村一品牌，一段一景观，绿色变多彩的花果林之乡，为建设国家生态文明试验区做出样板。（2018 年 5 月，海南陵水）

第九章　休闲产品

严格地讲，休闲是一大类产品，不是单一的特色产品。休闲也超越了旅游的范畴，包括了许多行业、产业。在全域旅游和跨界融合的经济发展模式下，研究休闲产品更有特殊意义。

第一节　休闲研究概述

一、关于“休闲”的定义

何为“休闲”？严谨的、公认的“休闲”定义，至今没有。散落在国内外的教科书中关于休闲的含义，可略察端倪。

英文中的休闲（leisure）一词是由拉丁词“licere”转化而来，从词源上看，leisure可被视作licence（许可）和liberty（自由）的合成词，亦即“被允许”（to be permitted），指的是摆脱生产劳动后的自由时间或自由活动。在法文中也有休闲一词，意指可以自由选择或利用的时间。而拉丁文的“licere”又和希腊文中的“schole”意思相同，休闲与学校（school）、学者（scholar）皆由同一字根（schole）发展而来。从西洋教育史的记录中也可以发现古代希腊罗马的教育理想，主要是培养各方面均衡发展的公民。他们将休闲视为教育和生活中非常重要的一环。

20世纪90年代，美国学者杰弗瑞·戈比提出了一个较接近现代人思想且内涵更为丰富的定义：休闲是从文化环境和物质环境的外在压力中解脱出来的一种相对自由的生活，它使个体能够以自己所喜爱的、本能地感到有价值的方式，在内心之爱的驱动下行动，并为信仰提供一个基础。

中国休闲网对休闲的狭义定义为：休闲是建立在一定物质基础上，用自己喜欢的方式去放松身心、追求精神上的愉悦与充实，以提高生活品质的一种生活方式。我们认为休闲首先是一种生活方式，休闲的最终目的是为了提高生活品质，包括身心和精神上的，休闲的表现形式和方法是“自己喜欢的方式”。

中国国内学者较为认同的休闲概念是：指人们从工作和生活的压力中超脱出来，在闲暇时间自愿从事各项非报酬性的自由活动。休闲一词的内涵主要包括四个方面：第一，它是一种自由选择；第二，它是一种自在心境；第三，它是一种自我教化；第四，它是一种生命存在状态。

二、国内外名家、大家对休闲的论述

历史上，国内外许多名家、大家对休闲有过精彩的论述。

2300多年前，古希腊的哲学家亚里士多德说：“休闲是一切事物环绕的中心。”

19世纪爱尔兰作家、英国伟大的现实主义戏剧家、1925年诺贝尔文学奖得主萧伯纳说：“工作是我们必须做的事，而休闲是我们喜欢做的事。”

卡尔·马克思认为，财富有三种：物质财富、精神财富、时间财富，“自由时间是真正的财富”。自由时间是休闲的必备条件。

比亚里士多德还早的公元前5世纪，中国的圣人孔子提倡“居于仁”，“游于艺”，“六艺”中的“礼乐射御”都是讲休闲娱乐；《论语》《诗经》对休闲的实质都有表述：强调人与自然的和谐。

我对休闲的解读：从仓颉造字时，对休闲的基本含义是清晰的：“休”字是立人偏旁加木字；汉字简化前，门木闲和門月閒通用，我更喜欢門月閒，因为这个词构成了一个意境：“人立花木旁，倚门赏月亮”，这正体现了古人休閒的仪态，也符合造字者的本意。

三、中国对现代休闲理论的研究

中国著名经济学家于光远先生是国内最早提出现代休闲理论的学者。他把休闲概括为“玩”，他推崇“人之初，性本玩”；“活到老，玩到老”；“玩是人类基本需求之一，玩是人的一种本能，是人处于放松和自由的一种状态。”进而于老先生提出：“要玩得有文化，要有玩的文化，要研究玩的学术，要掌握玩的技术，要发展玩的艺术。”

在于光远的倡导下，1995年成立了北京六合休闲文化策划中心，成为我国最早从文化哲学角度研究休闲的民间学术机构；1996年，他发表了《论普遍有闲的社会》，论述了休闲在社会生产和发展中的重要作用；2000年，他主编翻译了当今世界休闲研究的最新成果：《人类思想史中的休闲》《走向休闲——休闲社会学新论》《女性休闲：女性主义的视角》《21世纪的休闲与休闲服务》《你生命中的休闲》，对中国休闲理论的研究产生了积极的影响。

在中国，关于休闲的学术会议、论坛、研究课题和机构纷纷举办和设立。2000年8月，在北京首次召开“中国休闲产业国际研讨会”；2001年11月，原国家旅游局和杭州市政府共同举办了“中国休闲经济国际论坛”；2002年，“中国休闲与社会进步学术研讨会”在北京举办，“2008年奥运会与中国休闲产业发展”成为研讨的重要议题。

2006年10月17日，作者在第九届世界休闲大会上演讲

休闲研究课题受到了国家有关部门的重视，拨出专款使马惠娣等人主持的“休闲产业与社会条件支持系统”“休闲时间、我国公众文化精神生活现状的调查研究”等国家课题得以完成。中国休闲研究会、中国休闲文化中心相继成立，中国社会科学院旅游研究中心更名为旅游与休闲研究中心。许多大学设立休闲院系：北京旅游学院建立休闲管理系，中山大学成立了旅游与

休闲学系，浙江工商大学设立了休闲本科课程，东北财经大学研究生课程增加了休闲学内容。

第二节　休闲经济

一、休闲在经济社会生活中的地位

（一）历史上的“休闲”不是大众的权利，而是少数人的专利

休闲有美好的意境，但历史上只是少数人的专利。数千年来，普通大众只为生存而劳作，没有闲钱和闲暇，休闲是达官贵人、文人骚客、才子佳人的专利，与百姓无干。

（二）现代的“休闲”不再是贬义词，而是生产力发展的产物和新的生产力

经济紧缺时期，一提到“休闲”，人们就会想到“游山玩水”“游手好闲”等一些贬义的词语。当然，这也是可以理解的。那个时候，人们基本的温饱还没解决，普遍地提倡“休闲”是不可能的。因而，“休闲”是不被重视的“小字眼”。依照政治经济学的观点，“休闲”是生产力发展到一定阶段的产物。人们生产的产品在满足生存需求还有剩余的时候，就产生了假日经济，这种“剩余”转化为“闲钱”和“闲暇”，于是，休闲度假就产生了，这是生产力发展的必然结果，也是发展生产力的目的之一。生产力是推动社会发展的根本动力，与生产力结缘，“休闲”就成了一个“大字眼”。从贬义到褒义，从“小字眼”到“大字眼”，标志着短缺经济时期的结束，也标志着小康时期的到来。这一“贬”一“褒”、一“小”一“大”，意义非同小可。

（三）休闲不仅是个理论问题，也是现实问题

今天的中国，旅游、休闲成了人们生活的重要内容。商家为满足这种需求，大量的休闲产品为满足人们的闲暇时间的需求被建设出来。

近日去湖南，听人调侃：“北京是首都，长沙是脚都。”长沙人见面先问候：“洗脚了吗?”长沙休闲业特别发达，商学院成立了休闲研究所，完成了长沙休闲业调查。据统计，全市注册的洗脚店达4000多家，未注册但在经营的

4000 多家；另有酒吧、茶吧、咖啡屋和各类娱乐场所 3000 多家，总共 11000 多家，真的形成了一大产业。丰富了人民业余生活，创造了大量的就业岗位，提供了时兴的休闲方式，促进了社会安定团结，歌舞升平，功莫大焉！全国的休闲业也发展得蓬蓬勃勃：杭州举办世界休闲博览会，成为中国休闲之都；成都也在打造休闲之都品牌；各地都有许许多多百姓休闲的好去处。

加强管理和引导，使这一产业健康发展，为人民提供更加满意的产品和服务，是旅游人的责任和贡献。

（四）休闲不仅是个行业问题，而是一个宏观经济问题

休闲时代的到来，旅游与休闲的结合，这不仅仅是一个行业经济问题，而是一个宏观经济问题。

美国休闲协会在《休闲白皮书》中指出："休闲不属于我们目前所使用的经济统计中任何一个类型。在各种政府经济统计数据中，我们找不到'休闲'。但实际上，娱乐、体育、旅游这些行业已扩展到美国的各个行业。"我们无法全面准确衡量休闲在各国国民经济中的规模和比例，恰恰说明休闲所做出的巨大贡献。在 20 世纪末，英国国民休闲支出占总消费的比例已达 27.5%。美国人将 1/3 时间、1/3 土地、1/3 劳动力、1/3 的资本用于休闲。因此，休闲实际上已经成为美国经济的核心（据 http：//www.als.org）。

世界发达国家引领潮流的经济学家、未来学家如何认识、评价旅游休闲产业？美国作家格雷厄姆·T．T．莫利托 2000 年发表文章《未来千年全球经济发展的五大推动力》中，休闲业列于首位，其后依次为：生命科学、宏观材料、新原子、新空间。文章指出，新世纪最早到来、最大的推动力是休闲时代。并举例说，到 2015 年，美国休闲娱乐业产值将占国民生产总值的 50%。（2002 年美国生产总值为 10 万亿美元，一半国民生产总值出自休闲业，充分说明休闲娱乐业巨大的产出效益。）

许多未来学家和预言大师认为，新世纪已经出现和即将形成大势的"第四次浪潮"是休闲娱乐业。

美国学者甘哈曼的《第四次浪潮》宣告：人类已经经历过的三次浪潮：农业革命、工业革命和后工业化经济，21 世纪进入"第四次浪潮"，这次浪潮以休闲活动为中心。

对于这种趋势，我们采取不信不理的态度不行。20 世纪 80 年代初，当托夫勒等宣布“第三次浪潮”到来的时候，我在国家旅游局任信息处长，如饥似渴地捧读刚刚翻译出版的托夫勒先生的名著《第三次浪潮》，并在各种场合鼓吹过“第三次浪潮”“信息革命”的到来。但谁也没想到，短短的 20 年，信息产业发展得如此之快，以至于天下资源可共享，网上聊天零距离。连找对象不见面在网上都谈成了。名不见经传的小姑娘，一夜之间成了“超女”；美国总统克林顿在密室里和女文员莱温斯基的绯闻，转眼间，民众的信任度就下降了 14 个百分点，网络的厉害可见一斑。有了这些经历和阅历，我们不能不对“第四次浪潮”有高度的敏感，不能不认同休闲娱乐这个人类历史上的“第四次浪潮”将给美国经济创造 50% 的收入是可以实现的“神话”；不能不叹服古希腊先哲亚里士多德 2300 年前说的“休闲是一切事物环绕的中心”这一预言是颠扑不破的真理！几个“黄金周”来势之猛，已让人对这个浪潮有所领教。

甘哈曼在书中还列举了“第四次浪潮”的 13 种活动：仪式性和艺术性活动日益大众化；观光、游戏、竞技、仪式性行事、展览会、公演；美食主义者盛行；狩猎、钓鱼、郊游、露营、泛舟（远足、探险、极限运动——自己加注）受到欢迎。

上述这些活动大量的是文化活动。从参与者角度来说，被称为“体验经济”；从经营者角度来说，被称为“服务经济”；从劳作的对立面角度来说，叫作“休闲经济”。这种休闲经济不再是负面的，而是能够创造巨大效益的一种经济形式。

休闲的产品很多，项目就更多。除了甘哈曼在书中列举的“第四次浪潮”的 13 种活动外，从综合角度说，过去，西方曾推崇 3“S”，即 Sea、Sun、Sand：海水、阳光、沙滩资源，在中国也得到了开发；近年来，冰雪、滑雪、温泉、水疗又成为休闲的热点，于是，又有了新的 4“S”：Snow、Skiing、Spring、Spa。可以说，7“S”是人们非常喜欢的休闲旅游产品。专家也有 3N 的概括：Nature（自然）、Nostalgia（怀旧）、Nirvana（梵语：涅槃）当然，还有其他许多休闲主题的产品可以开发。

休闲产品除了文化特质外，生态是休闲的基础环境，中国有许多这样的好环境。人在这样的生态环境里休闲，快乐指数当然是很高的。

在旅游产品结构调整中，即旅游供给侧结构性改革中，要注意建设休闲娱乐产品，把参观和参与、展示和演示、观光和娱乐结合起来。把“赶鸭子”变成休闲享受。要不断创造和充实“休闲”的内涵，我们再把时代精神充实进去，建设更多的精神家园，让现代人舒缓情绪，放飞心情，疗伤养性，享受人生。

（五）休闲不仅体现国家的“硬实力”，还是宣扬国家“软实力”的源泉

如果经济被称为“硬实力”，文化则被称为“软实力”。创造这个说法的是美国哈佛的学者约瑟夫·奈。他说，旅游不仅是一个产业，而且是宣扬“软实力”的源泉。是这个领域把“软实力”的影响作为产品的吸引力，使游客建立起与这个国家的亲近感。旅游休闲业的这种作用不可低估。

从产业的层面上来讲，休闲旅游如何体现“软实力”？在设计产品的时候，就要把文化的内涵做进去。文化是旅游产品的灵魂。旅游产品的竞争不是钢筋水泥之间的竞争，而是文化底蕴的竞争。这些理念在旅游界已逐步为大家所接受。我们所说的旅游吸引物，一般包括自然风光、名胜古迹和风土民情以及现代文明成果等。后三者都是文化载体，向旅游者传达的都是文化信息；前者也要提炼与当地文化环境相一致的主题形象，付之以一定的文化内涵。人们通过参观游览，了解历史沿革、名人名地名事名文名言等，拉近了距离，建立了亲近感，也就发挥了“软实力”的作用。对于海外的朋友而言，旅游又是民间外交，建立人民之间的世代友好关系。这是比经济效益还重要的社会效益。

（六）休闲不仅是物质消费，还有大量的精神消费内容

休闲，比旅游的外延要宽泛。人们在闲暇时间，图书馆充电，体育馆锻炼，与家人看戏、邀好友爬山、品茶、饮酒、侃大山，同学、战友搞联欢，游遍祖国山水，报团出国参观，休闲的活动丰富多彩，也真的让人相信休闲的时代到了。

人们的物质消费是有限的，而精神消费是无限的。在满足人们的这种需求，提供丰富的精神产品方面，有许多文章可做。

以上的这些消费场所大多在城市，其实，以旅游的观点来看，农村也不是文化沙漠。例如，民族村寨、民族歌舞、乡村饮食、剪纸、蜡染、农民画、手工土布和绣品等，特别受海外旅游者的青睐——大工业社会崇尚手工艺品，这可能是一种精神上的回归。我经常看到外国朋友在土布机旁排队买布。这些东西在原来封闭的状态时无销路，旅游者进来了，成了抢手的纪念品；有的农民还走出国门，到外国的博览会上去表演，成了代表中国的民间艺术品。于是，农民发家致富有了渠道。

民族文化和民间文化找到一个发展的依托和机遇，就能有发展的规模和效益。这个依托就是旅游业，就是假日经济，就是休闲娱乐业。这是物质消费和精神消费的最好结合。

2002年“十一”黄金周，北京有100万人走进剧场、影院、书店、图书馆。这说明人们在解决了生存问题以后，消费方式多元化了。除了物质消费外，产生了多种多样的精神消费需求，文化产品建设就是为了满足这种需求的东西。如何过好假期？这是选择休闲方式的问题。为了换取从容，可以躲高峰，不扎堆，“黄金周”不出游，而选择其他休闲方式，淡季出游乐逍遥；一定要出去，也可以选择冷线冷点，比如，春节两头热，我专去中原；文化部门加强文化产品建设，提供丰富多彩的休闲娱乐节目，以满足人们日益增长的精神消费需求。

现代学术研究已提出了“工作是为了休闲”的理论，并用“休闲指数”来衡量一个国家社会经济发达程度和人民生活质量的高低。最近，中国在统计中又增加了“幸福指数”的统计项目，这证明了人民切切实实地享受到了改革开放的成果。人民休闲娱乐、旅游度假时间的增加，幸福指数的提高，是生命状态的改善和提升，是社会与经济的发展和进步。

二、中国人休闲消费的新变化

（一）休闲观念的变化：问候语的变迁

千百年来，中国人见面的问候语：“吃饭了吗？”这是连温饱都解决不好的年代人们最关心的事。改革开放后，人们见面的问候语：“在哪发财呢？”体现了每个社会成员对发家致富奔小康的普遍关心。最近些年，人们见面的问候语：“最近到哪里玩儿去了？”反映了日益富裕起来的人们已经把旅游休闲看成了一种生活方式和日常消费的重要内容。

（二）休闲支出的变化：比例不断提高

国际管理学大师皮特德鲁克说：“由于工资的稳步增长和工作时间的不断缩减，人们会将财富积累的一半用于休闲。”随着我国居民消费从温饱型向小康型和富裕型转变，反映消费结构的恩格尔系数不断降低，而与休闲相关的支出在总支出中的比例不断提高。据中国国家统计局统计年鉴，1998年，中国城镇居民家庭恩格尔系数为44.5%，2002年此系数为37.7%，2005年此系数为36.7%，2006年1—9月此系数为35.6%；同一时期农村居民家庭恩格尔系数从53.4下降到45.5。2005年城乡居民文教娱乐支出526元，比2000年增加了72%，年均增长11.5%。2005年，中国公民在国内旅游的人数达12.12亿人次，总支出5286亿元人民币，人均旅游花费450元，城镇人均旅游花费为800元，农村人均旅游花费为300元。

（三）休闲时间的变化：法定假期增加

中国居民的闲暇时间普遍增加。自1995年起实行5天工作制，1999年10月又增加三个黄金周的休假，公众享有的法定假日为115天。学生和教师有寒暑假，休假时间可达140天，机关、团体、事业单位和外资企业管理人员享有10天带薪休假，全年假期达125天。

（四）休闲人群的变化：带薪假期全面实行

2007年12月14日，中国国务院公布了修改的《全国年节及纪念日放假办法》和《职工带薪年休假条例》，取消了五一黄金周，增加了清明节、端午节、中秋节等民族节日的放假时间，使总休假时间增加了1天；特别是从2008年1月1日开始，全国机关、团体、企业、事业单位，民办非企业单位、有雇工个体工商户等单位的职工连续工作1年以上的，享受带薪年休假。这一规定使带薪休假从部分人群到全体职工，进一步体现了社会的公平，因而受到全民的好评。

（五）休闲条件的变化：产品供给增加

中国旅游部门和其他与休闲活动有关的行业，都在适应这种休闲形势的变化，积极改善、优化和增加产品供给，为全民的休闲提供条件。在各大中城市，文化、娱乐、体育设施得到较好的改善。

世界旅游组织曾预测：到2020年，中国将成为世界第一旅游目的地国。这个目标的实现是一个过程：入境游客有一个逐年增加的过程，中国的接待条件也有一个逐渐改善的过程。可以肯定地说：这一过程正在加速进行。为推动度假旅游的深入发展，原国家旅游局继1993年中国山水风光游、1994年中国文物古迹游、1995年中国民俗风情游之后，又推出了1996年中国度假休闲游。这一举措，标志着我国旅游业登上了一个新台阶，使中国旅游符合国际惯例，开始与世界旅游接轨。

为适应国际旅游业的发展趋势，中国旅游产品正在由传统的观光型向观光度假结合型转变。1992年，国务院批准在条件成熟的地区试办12个国家级旅游度假区，省级旅游度假区有152个，到1995年年底，全国已推出能够接待国际度假旅游者的度假单元160多个。此外，中国正在全国20000多家景区中推行A级景区评定工作，已评出A级景区3000家，其中5A级景区66家，4A级景区86家。中国有世界自然遗产、文化遗产、自然文化双遗产、世界非物质文化遗产近40个；世界地质公园近20个。中国虽然在整体上休闲度假产品与发达国家比还有差距，但区域性产品水平已有很大改进。海南省是中国唯一的热带省，正在建设全省度假胜地，近两年外国度假游客增长很快。例如，海南南湾猴岛景区不大，2008年就有14万外国游客到访，韩国和俄罗斯客人为主。这个中国最大的热带猕猴种群以活泼可爱的性情和独创性的精彩表演，带给游客以无限欢乐。山东省沿海也正在建设“度假天堂”，传统的旅游产品开始升级换代。

近几年，温泉、滑雪成为公众喜欢的休闲产品。山东省的高尔夫球场，每当周末和节假日，成为韩国人趋之若鹜的场所。以地热资源而论，据2000年地质普查初步统计，中国地热资源总量达32万平方公里，而近期可开采的资源达19万平方公里。中国是地热大国，约占全球地热资源的7.9%，可见资源开发利用的潜力很大。现在，利用的地热点达3000多处，多为工农业生产之用。从用于休闲的温泉开发利用的情况看，广东开发了100多处，北京郊区30多处，仅北京昌平区范围的温泉收入一年超过20亿元人民币。凡规划策划得好的，都是养生保健项目搞得丰富多彩，消费者纷至沓来，几乎开一个赚一个。这充分证明了温泉是大众休闲的宠儿。

（六）休闲频率的变化：从集中到常规

黄金周的减少、带薪年假制度的推行和休闲条件、场合的多样化，使集中休假变成了常规休假，减少了交通、景区的超常压力和环境负荷；出游频率的增加，2017 年国内旅游人数 50.01 亿人次，同比增长 12.8%，平均每个公民 1 年出游 3.8 次，当然，休闲的次数要比这个数据大许多。

（七）休闲关注度的变化：成了舆论关注的焦点

一位学者总结了 1995 年以来最流行的 52 个新词汇，“休闲”一词即列于其中；根据对“中国期刊网”的搜索，从 1999 年到 2003 年，与休闲有关的文章达 328 篇；近几年新闻媒体关于休闲的报道几乎每天都有，每逢黄金周，中国中央电视台新闻节目每天都有休闲旅游的日报和预报。

（八）休闲重视度的变化：写进政府施政纲领

近年来，中国中央政府工作报告中，关于发展文化创意产业、娱乐、体育、旅游业都有明确论述；在地方政府，旅游休闲被作为第三产业的龙头、发展地方经济的支柱产业、先导产业来抓（现在，旅游业已是国家战略性支柱产业——编书时注）。相关政策和理论研究被提上议事日程，出现了一批以政府主导和市场运作相结合抓旅游休闲取得显著成绩的城市，闻名全国的宁波经验、焦作现象、栾川模式就是这方面的代表。杭州举办了世界休闲博览会，杭州和成都市正在创办中国休闲之都。

当然，中国的休闲产业和发达国家相比，从理论研究、制度建设、人力资源、管理经验以及休闲消费能力、社会化、市场化程度，特别是产品供给等方面，还有不小的差距。中国政府和人民有信心有能力在把自己融入全球业已到来的休闲时代中，做出应有的贡献。

三、休闲与会展旅游

观赏国际最盛大的体育赛事、世博会等，应该是世界上的最有特色的休闲活动之一。

2008 年第 29 届奥运会和第 13 届残奥会在北京相继开幕。

奥运会期间，有 2 万名记者云集北京，700 万国内外观众前往比赛现场观看比赛，有 40 亿各国观众从媒体上观看和了解比赛情况。参赛的国家和运动员数都已超过以往任何一届奥运会。

奥运会售出的700万张票中，75%在国内销售，25%在海外销售；来北京观看奥运会比赛的国内外客人将超过300万人，其中国内观众250万人，海外观众60万人。

这个盛会为北京酒店业带来了一个绝佳商机。据统计，截至2006年年底，北京现有住宿接待单位总数为4681家，其中旅游星级饭店700家，非星级住宿接待单位3981家，以上共计拥有客房28.69万间，床位57.1万张。

奥运会期间，北京每天的最大住宿需求量在29万张床位左右。目前北京市所有星级和非星级饭店客房总数完全可以满足奥运会期间的住宿需求。

奥运会给一个国家带来的影响，远远超过赛期的16天，而是会前7年准备加上会后直接效应期共有10年时间，这是澳大利亚等许多国家提供的经验。

从23届到29届奥运会举办的7个城市（洛杉矶、汉城、巴塞罗那、亚特兰大、悉尼、雅典、北京）中，悉尼把“促进国际旅游业发展”作为第一目标利益，雅典把“促进旅游业发展”作为第二目标利益，其余城市均未将旅游业作为目标利益提出。2000年悉尼奥运会结束后，澳大利亚旅游局被国际奥委会推荐为“今后主办国的角色模式”，萨马兰奇称赞悉尼奥运会为“有史以来最好的一次”。中国主办的2008奥运会，推动了旅游休闲产业的大发展。

为发挥好旅游业在奥运会的“角色模式”采访
澳大利亚旅游局长约翰·莫斯

世界博览会是全球经济的奥林匹克，是世界会展的第一品牌，参加的国家多，展期长达半年，参观者多。中国 2010 年上海世界博览会（EXPO 2010），是第 41 届世界博览会。于 2010 年 5 月 1 日至 10 月 31 日期间，在中国上海市举行。本次世博会也是由中国举办的首届世界博览会，主题为：城市，让生活更美好（Better City，Better Life）。

上海世博会已有 12 项纪录入选世界纪录协会世界之最：

1. 上海世博会的参展规模最大，共有 190 个国家、56 个国际组织参展；

2. 志愿者人数最多。园区共 79965 名，其中国内其他省区市有 1266 名，境外有 204 名。共分 13 批次向游客提供了 129 万班次 1000 万小时约 4.6 亿人次的服务；

3. 正式参展方的自建馆，大约有 40 个国家和国际组织报名建设，其数量为历届之最；

4. 上海世博会主题馆屋面太阳能板面积达 3 万多平方米，雄伟壮观，是目前世界最大单体面积太阳能屋面；

5. 主题馆墙面入选中国世界纪录协会世界上面积最大的生态绿墙，该绿墙面积为 5000 平方米；

6. 投资为 286 亿元，财政总预算达到 3000 亿 ~4000 亿元；

7. 世界上保留园区内老建筑物最多的世博会园区。约有 2 万平方米历史建筑得以保留；

8. 首次同步推出网上世博会；

9. 世界上单体量最大的公厕；

10. 世博会园区面积最大：园区在市中心占地 5.29 平方公里。

上海世博会吸引海内外 7000 万人次的游客前来参观，从而以最为广泛的参与度载入世博会的史册，成为中国人民向世界学习的机遇，也是世界了解中国的窗口。世博会后，留下的会址成为上海著名的景观，参观项目和住宿设施也比办展会前大大提升，旅游接待水平上了一个大台阶。

2010 年 4 月 26 日，在上海世博会发表演讲

第十章　品牌建设

资源不等于产品，产品也不等于品牌，一般品牌价值与No.1品牌相差甚远。要取得更大的市场占有率，就要按照品牌建设的要义提高产品的品牌价值。

第一节　产品建设的最高境界

一、何谓“品牌”

1. 品牌定义

在产品经济时代，品牌是指区别于其他产品的某一名称、词句、符号、设计及其组合，是与产品融合在一起的东西。在市场经济时代，品牌是以产品为依托的相对独立的一种客观存在。

2. 品牌与产品、名牌的区别

定义区别：品牌既不是产品，也不是名牌，品牌到底是什么？品牌是产品及其供应者的努力，在顾客心中的主观反映、综合印象及认同程度，并形成控制顾客的购物指令。产品是由生产者制造、供应商提供、满足消费者需求的东西。名牌是指具有很高知名度的产品。

主体区别：产品和名牌的主体是产品的生产和制作者。品牌由于具有桥梁和纽带的作用，其主体具有两重性，作为产品组合的一部分，其主体当然是产品的所有者；品牌作为一种公众评价，其主体应是消费者。

作用区别：产品和名牌产品的作用，是以其某种使用价值来满足消费者某种需求；品牌的作用是联结产品与顾客需求并决定企业与顾客关系成败的“唯一纽带”。具有核心竞争力的产品，只能是那些顾客记忆深刻并被广大顾客高度认同的强势品牌。

品牌与产品和名牌的关系？就其核心意义而言，产品是物化的，即使是精神产品其使用价值也是通过物化来实现的，是生产者对社会的供给；品牌很大程度上是意向的、虚化的、综合的，是一种社会评价，是消费者对产品的心理反馈；即使这些词句、符号设计得再美，要成为品牌也必须得到消费者认可。名牌的核心价值是有较高的知名度；而品牌所强调的不仅仅是知名度，还有满意度、推崇度和忠诚度，后边三度关系到品牌价值的最后实现。也就是说，品牌产品应该是知名度很高忠诚度很强的名牌产品，但产品只有知名度是不够的，比如，周口店和许多古文明发源地，知名度都相当高，无疑是名牌产品，但“有说头，没看头”，如何做出经济效益，体现出与其匹配的产品价值，至今仍然困扰着这些景点景区的经营者。产品必须按着“四度”要求进行全面建设，才能成为品牌或强势品牌。

品牌的载体从广义上讲，可以是产品，可以是企业，也可以是个人。一般地讲，成功的产品出自成功的企业，成功的企业都有一个成功的掌门人，他有资格成为个人品牌。国际著名品牌管理学者华德士曾说：“21 世纪工作生存法则就是建立个人品牌，它能让你把名字变成钱。”我认为还应加一句：也能够把名字变为社会价值。

二、品牌是需要策划和规划的

品牌不是从地上冒出来的，也不是天上掉下来的，是需要智力和辛勤培育的，是需要策划的。

做任何事情，有无策划？谁来策划？什么水平的策划？效果大不一样。

世界第一、第二品牌是世博会和奥运会。奥运会半个月蕴藏着 3 万亿元人民币的商机。争夺奥运会主办权无异于一场“世界大战”，牵动着争办国政府和老百姓的心。岂不知，当年奥运会曾经是没人敢接的“烫手的热山芋”。

提到奥运会如何从“热山芋变成香饽饽”？人们不会忘记策划大师尤伯罗斯。

23 届奥运会以前一直是巨额亏损的。

1976年加拿大蒙特利尔21届奥运会，亏本10亿美元。

1980年苏联莫斯科22届奥运会，亏本10亿美元。

1984年美国洛杉矶23届奥运会，当局要抛出去，没人敢接。

美国第一旅游公司的老板尤伯罗斯的四项策划使奥运会转亏为盈。

尤氏力挽狂澜的第一招，就是把奥运会电视转播权拍卖。无偿播放变成有偿转播，获巨资2.8亿美元。

第二招是采取“饥饿法”，征集广告赞助单位。规定每个行业只选一家，共接受30家正式赞助单位，以400万美元起价拍卖，出售奥运会指定商品专卖权，引起激烈竞争，集资3.85亿美元。

第三招是圣火商业化传递。从希腊奥林匹亚村采集的圣火到洛杉矶全长1.5万公里，规定圣火接力者每跑一公里收费3000美元，集资3000万美元。

第四招是发行“赞助计划票”。制作各种纪念品出售，又集资数千万美元。结果，这届奥运会闭幕盘点竟盈利1.5亿美元。

奥运会长期亏损局面宣告结束，其功劳属于尤伯罗斯成功的策划和商业运作。从此，奥运会从“热山芋”变成了“香饽饽”。这充分证明了策划的重要性。

旅游的资源整合、产品建设、市场营销、活动设计等，无一不需要策划。

三、品牌建设要点

在我国很多地方，品牌的研究是很多企业面临的一个新问题，但在国外已有半个世纪的历史。20世纪60年代，国际广告大师大卫·奥格威提出品牌形象论，国外企业为了做大做强都加强了品牌意识。我认真研究过世界500强的理念和口号，收集各国和中国各地的旅游形象和口号，并做了对比和点评，从中得到不少启示。

品牌建设重点是一整套企业理念和文化建设。包括树立形象，提出口号、打造概念和相关必需的知识培养、作风建设等内容。

1. 树立形象

旅游业的形象是与地区形象息息相关的。这里举一个纽约的例子。

【案例】

"大苹果"和"I LOVE NY"——扭转了纽约的形象

20世纪70年代，几乎所有人都认为，一切能干出的坏事都会在纽约发生，连没有到过纽约的人，也会发出告诫："千万别去那个鬼地方！"报章上每天都在揭露纽约各个角落发生的形形色色的坏事，就连总统和政府都不同情纽约的窘境。

要扭转作为美国重要的旅游目的地的形象，纽约会议观光局认为，必须使800万纽约人恢复信心。他们经过大量调查，挖掘纽约的积极方面：纽约拥有世界著名的博物馆100余座，世界最活跃的百老汇剧院40多座，各式风味餐馆25000家，高档酒店100余座，数十万客房和数以万计的商店。自由女神、世贸中心、帝国大厦、洛克菲勒中心、联合国大厦等标志性建筑和数不清的观光点，尤其是纽约的经济、信息、金融中心的地位是不可替代的。认识这些宝贵资源，是找回纽约人信心的前提。

接下来是请专家打造一个概念，树立一个形象。于是"大苹果"作为纽约的旅游标识应运而生。在美国文化中，"大苹果"是个耀眼和具有魔力的形象。大苹果代表着成就、活力、异彩纷呈、激动人心的境界。早在二三十年代，大苹果是"大时代"的代名词，常被爵士乐手、体育明星和娱乐圈内人士使用。纽约会议观光局在营销战略中，赋予了"大苹果"以新的含义。其寓意是：树上有许许多多大苹果，当你选择了纽约，就意味着把最大的一个摘到了手。

这个标识常常出现在文艺作品、信笺、T恤衫、领带、珠宝首饰、围巾、眼镜、明信片、餐具等日常物品上。大苹果经过宣传和广泛使用，得到了公众认同，一提到"大苹果"时，人们自然就想到了它所代表的是纽约。

与此同时，纽约会议观光局聘请专家设计了"我爱纽约"（I LOVE NY）。这个后来广为人知的营销口号。这个口号与"大苹果"一起为纽约形象的扭转和旅游业的振兴做出了不可磨灭的贡献。使纽约每年吸引了1700万游客，为旅游业工作的就业人数达40万人。1983年，纽约市荣获了美国旅游协会颁发的“全美旅游营销大奖”。“大苹果”和“I LOVE NY”。被广泛推崇为城市营销的典范。在美国旅游协会颁发的奖状中写道：“它在改善产品形象方面取得了巨大成功，变衰败为兴旺，使一个城市再度获得了生命力。”这再一次说明，旅游形象的宣传就是城市形象的宣传。旅游业不懂得制造概念和VI设计，只是初级水平；一个城市的领导人，如果不重视旅游品牌建设和形象营销是无知和短见的，是不想有所作为的表现。

2. 提出口号

旅游口号非常重要。

口号从作用分有两类：形象口号和促销口号。关乎区域、企业主题形象的口号，具有相对的稳定性，涵盖要宽泛，使用时间也比较长；针对某一市场、某一客源层和某一时机的产品促销口号，可以灵活掌握。这就是规划中所说的“主题形象”口号和“阶段性口号”的区别。口号从内涵和外延分也有两类：城市营销口号和旅游行业、企业、产品口号。如宁波的“东方商埠，时尚水城”就是城市营销口号；云南的“彩云之南，旅游天堂”就是旅游口号；山西的“当一天八路军，做一回太行人”就是产品口号。

3. 打造概念

产品经济时代，向市场直接销售的是产品，市场经济时代，首先向市场销售的是概念；或者说，是先营销概念，后营销产品；消费者先认可了你的概念，才有可能购买你的产品。这一方面反映了市场的进化规律，另一方面反映了消费者的成熟和理性。比如，高明的房地产商，不是先卖楼盘，而是先炒概念。随手拈个北京交通台的房产广告：百望家园——颐和园后的夏宫。针对的是京城想买第二住宅那部分人和夏日北京闷热难耐的现实。补充的广告词是“5000元的花园洋房——天天看山水”。只有“颐和园后的夏宫”——慈禧太后级别的享受这个概念让你心动，你才可能买“百望家园”的花园洋房。

旅游产品由于客源地和目的地分置，旅游产品的不可运输性，制造和出售概念显得尤为重要。

4. 知识培养

知识经济中，知识培养是人力资本中最重要的资本之一。知识是多方面的，比如国际意识的培养，眼界的开阔，可以把外来经验用好，否则，就可能丢掉最宝贵的内核而学了个皮毛。比如“桑拿”的引进和温泉资源的利用就很能说明问题。

休闲产品中，山地资源、水资源、草原资源、高尔夫等是重要资源。其中，水资源包括江海河湖、温泉、冰雪。我国是温泉资源大国，然而利用的很不够。日本、欧洲很值得学习。日本有 2500 家温泉旅馆，70% 的游客光顾这里。他们的温泉与康体结合，在野外做各种各样的池子，有药浴、奶浴、啤酒浴等，三五亲友在雨中、雪中泡温泉，休闲浪漫；渴了，有服务生跟随服务，及时递送饮料；如不需贴身服务，亦可打个电话，说明位置，小纸船便载着你所需的饮料顺着水道漂流而至，很有情趣。

欧洲的温泉开发得更早。德国的巴登——欧洲著名的温泉胜地。人们说，到巴登没泡温汤，等于白来一趟。所以，来这里的游客大多是冲着温泉来的。卡拉卡拉大浴池因罗马帝国皇帝卡拉卡拉来此治疗关节炎而得名。它的主体分两个部分：室内温泉和露天温泉。室内部分是一个巨大的玻璃建筑，3 个池子，设计了康体的不同功能：中间的池子由教练带领的上了年纪的人，在此治疗疾病；两边的池子沿池壁四周按人体的不同部位设计了高压水流，供游客按摩选择。整个大玻璃房子摆着绿树鲜花，十分整洁。从室内有通道直通室外露天温泉。露天温泉设计了冲浪、瀑布等水流形式，随着四季变化，人们享受着风花雪月，与大自然“无障碍接触”，清新、惬意而忘情。因而，马克·吐温评价巴登温泉的魅力时说：5 分钟后你会忘掉自己，20 分钟后你会忘掉世界。

利用温泉资源，许多国家开发了“水疗馆”，名曰“SPA”，即拉丁文 Solus（健康）、Por（通过）、Aqua（水），意为通过水给人们带来健康和活力。有一些没有温泉资源的地方，利用配方合成温泉水的效果，建成的 SPA 也逐渐为人们所接受。比如天津的 SPA，据说很受欢迎。

总的来讲，我们中国的温泉利用不够，大多数是宾馆加澡堂子形式，造成资源浪费。

桑拿和温泉往往是连在一起开发的。在这方面，我们的差距则更大。桑拿，原名芬兰浴。北极圈附近的芬兰，称为“万湖之国”。每户有一个湖泊，湖中有一个岛，岛上有个桑拿房。无论春夏秋冬，一家人蒸过桑拿，即跳入水中，三热三凉，锻炼的是血管的张力。芬兰人吃肉较多，体态较胖，但心脑血管病较少，与长期蒸桑拿有关。冬季冰水效果最佳，所以，城里的酒店桑拿都有一池冰水。中国绝大多数酒店有桑拿但无冷水池，从蒸房出来进热水，血管没有扩张收缩过程，起不到桑拿作用。目前，心脑血管病已成生命杀手，一些老人咳嗽一声脑溢血，上厕所一用力血管破裂，这种疾病与饮食和锻炼不合理有关。我们好不容易引进了一个能锻炼血管张力的活动——蒸桑拿，却用中国人不健康的做法取代人家最本质的灵魂。我从1995年访问芬兰后，坚持蒸桑拿下冷水，连感冒都不得。

在温泉和桑拿开发方面，体现了我们眼界不开阔，知识面较窄。我们景区、酒店的老总，办事要有国际意识，要学习相关知识。学习人家的东西要做到位。当然，蒸桑拿泡冷水，也要循序渐进，依自己身体状况而为之。

5. 作风建设

这是任何知名品牌企业都不可忽视的问题。我的丛书之二《品牌策划36计》的第5计《速度为王》，讲的就是作风培养。霍英东以“快半拍”的方略发财，靠的是对市场趋势的科学分析和总体把握。当今世界，已不只是大鱼吃小鱼，而往往是快鱼吃慢鱼。牢记这条戒律，而有了海尔的速度理念：快速排除用户烦恼到零。

17小时出样机

一次，美国海尔贸易公司总裁迈克来中国开“全球海尔经理人年会”，在吃饭时谈道：他接到许多消费者反映，普通家用冰柜太深，取东西不方便。如果能设计一种上层为普通卧式冰柜，下层为带抽屉的冷柜，取东西就不必翻腾了。

得知迈克先生反映的美国消费者的这一合理要求，4位科研人员连夜奋战，仅用17小时就完成样机。不仅如此，他们还超出用户想象，又做出第二代产品。在迈克先生临走时的宴会上，当这些样机披着红绸出现在会场上时，引来一片惊叹声，接着爆发出长时间的热烈掌声。当海尔冷柜产品部长马坚上台推介这一工商互动的结晶并以迈克的名字命名这台冷柜时，迈克先生才切实体会到什么叫海尔速度，这样的企业精神是战无不胜的。于是，他签了一份批量较大的订单。回去不久，销售一空，半夜里又来电话续订。

17 小时出样机，这就是海尔速度。有了这个速度，就抓住了商机；若干个商机的积累，就造就出一种优势，优势转化为独特卖点，是一个有价值品牌所必备的。

主体是形象诉求的本原，市场是形象诉求的对象。这里讲的旅游主体是旅游目的地的方方面面，如旅游城市、景区、产品、企业等等。主体形象是主体的价值定位、市场定位。

6. 企业文化

企业文化主要是企业理念，下面介绍一些中外“老字号”理念。

胡庆余堂“戒欺”理念

杭州胡庆余堂，1874 年由富甲天下的一代豪商胡雪岩创办，是我国医药界享誉百年的“老字号”。100 多年来，胡庆余堂提倡的“戒欺”（童叟无欺）、“采办认真，修制认真”“真不二价”等企业精神，一直发扬光大，享誉大江南北。在新形势下，他们倡导了“规矩”理念，即对内要规范管理，对外要贴近市场，以内外功修成“规矩”，换得企业稳步发展的“方圆”。

同仁堂清宫御药房

同仁堂创建于清康熙八年（1669 年），创始人乐尊育曾任清太医院高级官吏，积累了许多古方、验方、宫廷秘方，制药过程坚持“炮制虽繁必不敢省人工，品味虽贵必不敢减物力”。因而药品具有“配方独特，选料上乘，工艺精湛，疗效显著”的特色。慈禧当政时，同仁堂成为清宫御药房。同仁堂商标图案为双龙戏珠，同仁堂三字为清宫皇裔启功先生所书。现在，同仁堂属驰名商标受到保护，产品行销全国，享誉世界。在同仁堂许多店堂里，悬挂着“同心同德，仁术仁风”的条幅，还有赵朴初先生题写的“同修仁德，济世养生”的对联。这也许是对“同仁堂”店号及其经营理念的最好诠释。

吴裕泰茶香情浓

“半生喝茶，一世情缘。”这是茶友们对北京百年老号吴裕泰茶庄的交口称赞。茶庄建于清光绪十三年（1887 年），之所以百年不衰，是因为他们坚持了三条经营理念：一是“三自”方针不变，茉莉花茶“自采、自窨、自拼”。二是恪守质量第一，不论厂家是谁，一律凭货论价，想打进吴裕泰，请拿真货来。三是优质服务，童叟无欺。店家从不以貌取人，凡有残疾人来店，必扶进扶出；还聘请数十名顾客为茶庄的质量监督员。三条理念，说说容易，百年如一，殊为不易。他们就是凭这股子韧劲赢得了顾客的信任。有一年春节，连续 6 天，日营业额突破 15 万元，日销茶叶 2500 公斤，一个春节进账 100 多万元。

六必居“六必”何谓

六必居是北京的老字号酱园店，但创业之初却是一家酒铺，始创于明嘉靖九年（1530 年）。“六必”作为老字号，是由酿酒时六个必备步骤得来的，即黍稻必齐，曲蘖必实，湛之必洁，陶瓷必良，火候必得，水泉必香。这“六必”是佳酿之保证。据说，当时的宰相严嵩常来此店喝酒，店主设计诓严嵩为其题写了“六必居”匾额，生意日见兴隆。看来，500 年前的生意人就懂得“名人效应”。据说，当年店主所求墨宝走的是夫人后门。当朝一品，岂能为一家小店题词？这位宰相夫人也不敢张口，就在家里练书法。那日，严嵩下朝，不见夫人迎接，于是，到内宅一看，夫人正在练字。一大堆写过的宣纸中，“六必居”三字写得最不好。严嵩提笔写了这三个字让夫人临摹。夫人就转手把这个字帖送给了店主。

这家酒铺除了卖酒外，还经营酱菜；后来，酱菜生意越做越大，就改为以经营酱菜为主了。但是，产品变了，“六必”理念不能丢。酱菜生产的六个必备步骤为：原料必精，淹技必湛，酱味必浓，色泽必鲜，清香必脆，咸甜必适。如今，市场上销售的六必居酱菜，味道“鲜、嫩、脆、香、爽、甜”，以此物佐餐，令人胃口大开，老少咸宜。因而，产品不仅国内畅销，国外许多华人超市都热卖不衰。

满汉全席仿膳宫廷菜

1911 年，辛亥革命后，清宫御膳房厨工失业。1925 年，御膳房厨工赵仁斋在北海公园办“仿膳”，经营宫廷糕点、风味菜肴，一炮打响。前人曾写诗称赞曰：“从来食物数燕京，豌豆黄儿久著名。红枣都嵌金屑里，十文一块买黄琼。”满汉全席最具宫廷特色，取用“32 珍”为原材料：“禽八珍”（如红燕、飞龙、鹌鹑、天鹅等），“海八珍”（如燕窝、鱼翅、大乌参、鱼肚、鱼骨、鲍鱼等），“山八珍”（如驼峰、熊掌、猴头、猩唇、豹胎、犀尾、鹿筋等），“草八珍”（如猴头蘑、银耳、竹笋、驴窝菌、羊肚菌、花菇等）。完整的满汉全席有 134 道热菜、48 道冷荤及各色点心、果品，分 4~6 餐用完。可谓食之极品，精美绝伦，深得国内名流、国际友人盛赞，并在国外开了分店。末代皇帝溥仪的胞弟溥杰为仿膳 5 个宴会厅题写了“烟岚”“清漪”“芙蓉”“飞觞”“醉月”匾额；并填写《浪淘沙》一首：“十里菱荷香，翠柳朱墙，漪漾荡漾水云光。琼岛春荫巍玉塔，妙在长廊。朋友遍遐方，济济跄跄，四筵午箸更飞觞。品尝故宫前代味，忘是他乡。”皇帝食不厌精，仿膳宫廷风味，自然就是品牌。

全聚德理念周总理概括

“全而不缺，聚而不散，仁德至上”，这是周恩来总理为全聚德烤鸭店概括的经营理念。在全国数以万计的企业中，这一理念含金量够高的。

从“猪厂”诨号到“众星拱月”

——美国宝洁公司是如何铸就全球驰名品牌的

美国宝洁公司是世界上最大的日用消费品公司。但其前身却是100多年前被人们讥讽为“猪厂”的蜡烛和肥皂生产小厂。1837年，在美国辛辛那提，有一对连襟，名叫盖姆伯（Gambl）和波罗特（Procter）。他们共同开办了宝洁公司。由于生产蜡烛和肥皂的原料是猪下水胰腺，所以，人们送给他们一个难听的诨号——猪厂。为了把消费者的关注从“猪厂”引开，他们费尽心机，设计了一个“众星拱月”的商标，以代替“猪厂”在消费者中占据的心理位置。这个商标图案为：一个人在月亮里，13颗星斗环绕周围。寓意：北美洲13个殖民地和美国本土的每一个人，都喜欢“宝洁”。在品牌影响下，月亮精灵真的慢慢占据了消费者的心。名气大了，他们宣传力度不减，广告费每年达30亿美元。从“猪屠户”到“猪胰子厂”再到“众星拱月”“宝洁”，终于铸成了全球驰名品牌。正所谓“英雄不向出处”，但必须有领先的理念。

7. CIS设计

CIS（Corporate Identity System），是企业形象识别系统，由理念识别（Mind Identity，MI）、行为规范（Behariour Identity，BI）和视觉设计（Visual Identity，VI）三方部分组成。理念识别如形象口号，行为识别即企业实际经营理念与创造企业文化的准则，视觉识别如LOGO。这一套东西，在发达国家产品经济时代已经完成，我们现在是补课。我在参与规划过程中，CIS设计是重要内容。为山东荣成“天尽头”改为“好运角”，已获得国务院批准；为宁波象山设计的“东方不老岛，海山仙子国”口号已经叫响；为凤冈设计的茶凤一体的有机标识，活动高度认可，为红旗渠设计的“山碑和W”融合的标识获得好评。

8. 建立一套科学品牌评估体系，不断提高品牌建设的自觉性

介绍几个品牌评估公式。

为经受市场的检验，不断提高、改进产品质量，增加品牌的含金量，需要建立一套科学的考察、检测体系就显得十分必要。

英国的 Interbrand 公司是世界著名的商标品牌咨询公司，该公司品牌评价方法被世界广泛采用。我把他们用过的 7 个公式进行改造，分成两组来考察：

体现生存力的三个公式：

A. 产销率 $=\dfrac{\text{产品销售收入}}{\text{已生产的产品价值（即入库商品价值）}}\times 100\%$。产销率越高，说明产品越适销对路，生存能力也就越强。

B. 保值增值率 $=\dfrac{\text{期末资本权益总额}}{\text{期初资本权益总额}}\times 100\%$。这是通过资本保值增值率的比较中得以体现，以表明品牌的稳定性和脆弱性。

C. 产品开发率 $=\dfrac{\text{本企业已有产品品种数}}{\text{本行业应有产品品种数}}\times 100\%$。这一指标体现了企业新产品的开发能力。

表明影响力的四个公式：

D. 市场占有率 $=\dfrac{\text{品牌产品销售量}}{\text{该类产品市场总销售量}}\times 100\%$。这一指标反映了产品在市场上的竞争能力。

E. 市场覆盖率 $=\dfrac{\text{产品已销往的地区}}{\text{产品可销往的地区}}\times 100\%$。这一指标反映了品牌产品市场推进和扩大的情况，是空间的占有，是超越地理和文化边界的能力。

F. 产品美誉度 $=\dfrac{\text{信任赞誉该产品的人数}}{\text{了解认识该产品的总人数}}\times 100\%$。这一指标反映了产品质量的公认度和广告的有效性、信息沟通的顺畅性。

G. 产品知名度 $=\dfrac{\text{了解和认识该品牌的人数}}{\text{被调查人员的总数}}\times 100\%$。

依据上述公式，建立市场调研、市场反馈、数学模型分析，不断调整策略，扩大积极因素，消除或减弱消极因素，争取较好概率。这是坚持科学管理的最基础的工作。

品牌价值评估是要经过科学计算的；这种计算要通过实事求是地市场调查，绝不是拍脑袋拍出来的，也不是花钱靠媒体炒作出来的。

为经受市场的检验，不断提高、改进产品质量，增加品牌的含金量，需要建立一套科学的考察、检测体系，就显得十分必要。

英国的Interbrand公司是世界著名的商标品牌咨询公司，该公司品牌评价方法被世界广泛采用。首先，要通过市场调查，计算出产品的七个数据：产销率、保值增值率、产品开发率、市场占有率、市场覆盖率、产品美誉度、市场知名度。

将上述七个数值代入品牌价值评估公式：

品牌价值＝品牌产品净利润 × 品牌实力倍数

＝品牌产品净利润 ×（产销率＋保值增值率＋产品开发率＋市场占有率＋市场覆盖率＋产品美誉度＋产品知名度）

（一般产品品牌实力倍数较低，知名品牌倍数在6~20倍。商品越走红，实力倍数越高。如可口可乐1994年实力倍数为18.9，当年净利润额19.0212亿美元，品牌价值为净利润和实力倍数二者的乘积，高达359.50亿美元。）

这样，就可算出品牌价值。我们依据这套科学公式，对产品和企业的品牌价值，经常进行跟踪调查、检测评估，就会及时找到优势和劣势，寻找弥补薄弱环节的措施，扩大积极因素，以改进工作、提升品牌，以获得更大的利润。建立市场调研、市场反馈、数学模型分析，不断调整策略，消除或减弱消极因素，争取较好概率，这是坚持科学管理的最基础的工作之一。

品牌价值是企业核心竞争力的体现，是内部素质的积累和沉淀，是产品获得附加值的关口，是企业经营管理所追求的目标。企业要善于从品牌价值评估中发现问题，寻找长处，积累经验，它就能“增幅”而不“减幅”，就能在营销中不是靠降价来占领市场，而是靠质量、公信度获得附加值。这就是品牌的魅力。

品牌评估还有其他几个公式，介绍于后，仅供参考。

在一般传统经济状态下，品牌价值评估公式表示为：

$$\text{品牌价值}=\frac{\text{资产}}{\text{价格}}$$

在4P（产品Product、价格Price、促销Promotion、渠道Place）。营销组合中，4P与品牌价值的关系可以用下列公式来表示：

$$\text{品牌价值}=\frac{\text{产品}+\text{价格}+\text{促销}}{\text{渠　道}}$$

在4R营销中，“4R”即Relationship（关系）、Retrenchment（节省）、Relevancy（关联）、Reward（报酬），4R影响品牌价值形成新的公式：

$$品牌价值=\frac{关系+节省+关联+报酬}{价\quad 格}$$

以上这几个公式，可以供企业做品牌评估时选用。

第二节 在旅游胜地品牌推广大会上的发言

2006年9月18日，在中央电视台梅地亚中心，举办旅游胜地品牌推广大会，主办方邀请我就品牌推广问题做主题发言，我讲了三个问题：什么是品牌，如何塑造和推广品牌，旅行社在推广品牌中的特殊作用。

一、什么是品牌

我在介绍了品牌定义（见第一节，在此不再赘述）之后说到，品牌培育两阶段：第一阶段，经济形态是产品经济，品牌塑造阶段，初级阶段；第二阶段：市场经济形态，品牌到了成熟阶段。品牌价值不在于产品主体的自卖自夸，而在于消费者的客观评价；品牌不在于炒作，而在于市场的认可，是一种独立的客观存在，存在于消费者的心中，因而“三度”最重要：知名度、美誉度、忠诚度，而且一个比一个重要，知名度是基础，但可能是炒作的，这是产品经济与市场经济的过渡和衔接；美誉度则是正面的、积极的评价；忠诚度是市场经济的最高境界。我们是市场经济的初级阶段，但总体上说，品牌建设滞后，连CI设计还不普遍，处在产品经济形态。

二、如何塑造和推广品牌

1. 为什么要塑造品牌

经营的目的是追求附加值，而不是社会平均价值。只有品牌产品才具有附加值。

品牌产品的实力倍数是一般产品实力倍数的6~20倍，世界500强企业都是实力倍数高的企业，因而品牌价值就高。如“可口可乐”一个牌子就值几百亿美元的缘故。企业追求利润的最大化，就是要塑造形象，打造品牌提升品牌价值。

2. 品牌如何塑造和推广

品牌建设要重视独特卖点的打造。这是品牌和营销学中的重要概念，国外专家称其为USP。日本CI专家中西元男说：对企业理念的挖掘与重新催生，必须紧紧把握个性化特征。也就是说，个性化的设计是CI设计的核心和关键。西方的学者认为，每一个个体都应有自己灵魂的守护神，这就是“场所意境”。城市、产品、景区、企业要有自己的守护神，自己的“场所意境”。

独特卖点要有恰当的口号和标识，即CI设计。

“三通”是衡量CI设计好坏的标准。好的CI设计应做到“三通”：能迅速与消费者沟通、能迅速与市场沟通、能迅速与名人的影响连通。此三项得其一者便是好的设计，兼而有之则更佳。

例如，一家眼镜公司，商标为“OIC”。三个字母组合像人的鼻梁和两个眼睛，让人对其表达的商品发生直接联想，而且读音响亮，读出来就更让人拍案叫绝：“oh，I see”！似乎发出惊喜：“噢，戴上这副眼镜，我看清楚了！”你不能不折服“OIC”设计者的高明。

3. 推广重要的是选择媒体

媒体选择要先做市场细分：客源市场—主要客源市场—目标市场—目标客源层，实现市场的地点概念向人群概念转变；选择媒体的标准：不是发行量，而是媒体受众同产品的目标客源层重合的程度。案例：日本市场：水晶贵族、新婚旅游、家庭旅游、修学旅游——媒体：不是NHK、朝日新闻，而是时装、化妆品、编织、时尚类、教育类报刊。案例：德天瀑布：目标客源层——老年人，媒体——央视《夕阳红》。

4. 推广要策划营销活动

搞活动要同强势媒体捆绑，否则，成了自娱自乐。追求影响力，搞具有震撼力的活动。

案例：黄龙洞集团的案例；我策划的中俄国际象棋对抗赛的案例。

传统活动和时尚活动：文化节庆；旅游胜地，美景加美女。

全球5大选美活动：

环球小姐，美国发起，55年历史，151国参与，最佳选美品牌，冠军是联合国、奥运会、世界卫生组织的形象大使。

世界小姐，英国发起，办了54届，100多个国家参加，曾在三亚举办，效果很好。

国际小姐，日本发起。

世界旅游小姐，马来西亚发起。

国际旅游小姐，山东、古镇西塘都主办过。我曾担任两个选美活动的顾问，可以帮助搭建桥梁。

三、旅行社在推广品牌中的特殊作用

旅行社是重要媒体，是组团的主体。多年来，旅行社是六要素整合的执行者，是旅行团的组织者，是旅游产品的销售龙头，导游是“民间大使”，代表着中国形象；旅行社为旅游业的发展立下了汗马功劳。

20多年来，旅行社的地位更重要了还是被淡化了？我说更重要了。

当前两种情况淡化了旅行社的作用。一是网络营销的出现抢了旅行社部分市场，甚至有人断言：旅行社将被网络代替。二是自驾车成为重要出行方式，许多人国内游不再参团。

于是，担心旅行社只能惨淡经营了。我要说，网络和旅行社各有优势，互相不可取代。

旅行社由于有服务和价格优势，成为出团的主要组织者；出境游市场需要旅行社对偷渡滞留的旅游者作出保证，在相当历史阶段内，旅行社还是中国公民海外旅行的唯一渠道；即使发达国家，网络更发达，旅行社的作用也没被淡化，而且仍然很有实力，如美国运通旅行社。

综上所述，旅行社仍有强大的生命力，中国的旅行社的发展空间也很大；在旅游胜地的推广中起重要作用，景区与旅行社合作的前景十分广阔。就旅行社自身发展计，旅行社如能整合网络，有实力的旅行社办有实力的网络，可以把优势叠加，进而做大做强。就景区自身发展计，应与有信誉的旅行社长期合作，互惠互利，共存共赢，共同整合和营销产品，如焦作同旅行社合作组织旅游专列。

Part 4

特色项目篇

随着国内外游客成分的多样化，带来了需求的多样化，与之对应的产品也必须多样化，这是特色旅游项目出现的市场原因。资源本底的丰富多彩，也使特色项目各具魅力，极富场景意境而带来不同体验和心灵感受。差异化发展是市场竞争的铁律，项目的个性化组合，正是旅游供给侧结构性改革的主要内容。PART4中列举的14种项目，不是特色项目的全部，只是想举例说理，以达到触类旁通的目的。

第十一章　文化旅游

第一节　旅游与文化的关系

一、文化是一个国家和区域的软实力

文化是个宏观问题，其外延和内涵远远超过旅游。任何事物，只要寻找出它的文化脉络，就会发现其成长的秘密，把文化基因融化在产品的肌理中，就会提升它的档次和品位，使旅游者细致入微地得到文化体验。

一个人，腹有诗书气自华；一个国家，有灿烂的历史文化和现代文明，不仅令国民骄傲，世界群雄也不敢小瞧。如果经济被称为“硬实力”，文化则被称为“软实力”。创造这个理论的是美国哈佛大学的学者约瑟夫·奈。他说，旅游不仅是一个产业，而且是宣扬“软实力”的源泉。是这个领域把“软实力”的影响作为产品的吸引力，使游客建立起与这个国家的亲近感。旅游业的这种作用不可低估。日本学者石森秀三（国立民族学博物馆教授）指出：日本注意这个领域的战略重要性太晚了。他强调要从“观光文明学”的角度出发，抓住全球“大观光时代”这个机遇（大观光就是休闲旅游），建议政府采取“观光立国”的战略。

国家，本质上也是一个产品，它是软实力和硬实力结合的产物，是由全国人民经过世世代代的努力，建成的综合性产品，文化是其中跨行业、跨时空的最具影响力的宏观要素和引导方向的灵魂，旅游是这个要素的载体。

二、打造产品的独特卖点必须注重文化要素的提炼

旅游业对塑造国家形象承担着那么重要的使命，旅游应如何体现和塑造

"软实力"?

从旅游产业的层面上来讲，在做产品的时候，就要把文化的内涵做进去。旅游和文化的结合，是提高产品品质的重要方面。文化是产品的灵魂，旅游产品的竞争不是钢筋水泥之间的竞争，而是文化底蕴的竞争。这些理念在旅游界已逐步为大家所接受。我们所说的旅游吸引物，一般包括自然风光、名胜古迹和风土民情以及现代文明成果等。后三者都具有文化属性，向旅游者传达的都是文化信息；前者也要提炼与当地文化环境相一致的主题形象，赋之以一定的文化内涵。人们通过参观游览，了解历史沿革、名人名地名事名文名言等，拉近了距离，建立了亲近感，产品"软实力"的作用就体现出来了。对于海外的朋友而言，旅游又是民间外交，建立人民之间的世代友好关系，这是比经济效益还重要的社会效益。

文化是产品的"独特卖点"。现在，旅游产品同质化现象比较严重，如何解决同质化问题？抓住不同的地脉、文脉，提炼独特卖点。文化内涵体现在旅游业各阶段、各层次。比如，编制规划、建设产品、市场营销，都要做形象定位、提出口号。要定位准确，使口号有诱惑力，必须把当地文化甚至竞争对手的文化背景吃透。

三、产品建设要强化独特卖点

上面所说的"个性"，与市场结合，就是独特卖点。这是品牌和营销学中的重要概念，国外专家称其为 USP。日本 CI 专家中西元男说：对企业理念的挖掘与重新催生，必须紧紧把握个性化特征。也就是说，个性化的设计是 CI 设计的核心和关键。西方的学者认为，每一个个体都应有自己灵魂的守护神、"场所意境"。城市、产品、景区、企业要有自己的守护神，自己的"场所意境"。守护神就是那里最知名的人物。运城的守护神就是关老爷，绍兴的守护神就是鲁迅。场景意境就是文化背景，这是比守护神更复杂、更丰富的东西。"场景意境"是原生态，根在里边，本在里边，当地的民众参与各种民俗活动，是生命参与，灵魂参与。引进没有根底的活动，当地民众就没有这样的激情。

对待"守护神"也一样。有些地方不下力挖掘、包装自己的守护神，而去借别的地方的守护神。借来的守护神对客居的躯壳缺乏忠诚度，必然带有原来主体的印记，形成“二元场所意境”。比如，有人把山东的标识做成“老鹰”，这是国外专家带着海外的印记来做规划并把这个印记硬按在山东的头上。这既是海外专家对中国文化的消化不良，也是对山东旅游独特卖点的背离。再比如，有人说海南是中国的夏威夷，苏州是中国的威尼斯，我以为不妥。比附法可以用，宣传策略中也有借名扬名一说，但攀龙附凤尚可，本来有强大优势而不挖掘，丢了自己的灵魂招来别处的“野鬼”，这种做法不足取。

四、对旅游者给予更多的人文关怀，是旅游业成熟的表现

前面讲的文化，是从旅游管理者、经营者角度说的，从旅游消费者角度来讲文化，对产品建设的要求，就应尽量增加对消费者的人文关怀。

消费分为物质消费、精神消费。旅游、休闲中的物质消费是有限的，精神消费是无限的。这就为旅游业提供了无限的服务机遇。

比如，在目前各地各类休闲养生设施中，几乎都有洗浴、桑拿、足疗、按摩等服务，但这只是初级的、较低层次的开发和服务。我们强调人文关怀，就是要研究人，研究消费者的需求。我们提倡人本主义，必须搞懂“人是什么”这个问题。

人具有两重性：自然人和社会人。自然人是生物、动物、高级动物之一种，是自然生命系统。自然生命系统产生生理需要，如“食色，性也”。生理需要产生张力，生理需要满足，张力解除，如饱腹不饿，裹体不寒。这就需要基本需求的满足，进而追求生活质量的提高，健康的人要有健康投资，处于亚健康的状态要进行生理理疗。

但人作为社会人，就复杂得多。马克思说：“人是社会关系的总和。”社会人在两套生命系统中，属于社会生命系统。社会生命系统产生社会欲望（如名利），欲望产生压力，欲望难填，压力难解，加上各种不公平现象，容易积郁成疾。解决压力问题，不能仅从生理上想办法，而要从心理上想办法，这就要多方面进行人文关怀。这就为我们温泉养生企业提供了为“人”服务的良好机遇。温泉里不仅有大众化的项目，还要为白领、经理、干部等

人群提供舒解压力的场所、设施和服务，进行放松、冥想、精神理疗。这是与生理理疗相对应的服务空间，需要更加人性化的理念和内容。设施上，要有个体发泄中心、放松室、冥想室。个体发泄中心具有隐私性、暴烈性、多样性；要全封闭、无隐患、有必要的监控。放松室是花园式的休憩处，有经过训练的异性陪聊员。冥想室制造冥想环境，如根据《般若波罗蜜多心经》中的心理学原理，设计的“色、声、香、味、触、法”，引导“眼、耳、鼻、舌、身、意”，使人置身于大自在状态，进行精神洗浴，从而化解心理障碍，促进身心健康。

总之，了解了人，了解了现代人，一套科学的、因人而异的健康养生的办法就会产生。温泉满足了市场的需求，也就有了经济效益。

五、如何整合文化与旅游的要素

这是一个旅游产品与文化内涵之间的关系问题。两者的关系已有权威评述。原文化部部长孙家正说：“旅游与文化有着天然的联系。旅游是文化的形和体，文化是旅游的根和魂。随着经济的发展和生活水平的提高，旅游已经成为人们现代生活非常重要的组成部分，成为一种时尚。文化是旅游者的出发点和归宿点，是旅游的生命力所在，是旅游景观吸引力的渊薮。文化与旅游是互为因果、相互依存、相互促进的。”

原国家旅游局局长邵琪伟说：“旅游产业与文化产业密不可分。文化是旅游的灵魂，旅游是文化的重要载体。没有文化的旅游就没有魅力，而没有旅游的文化则缺少活力。旅游的优势体现在市场，文化的优势体现在内涵。站在旅游的角度看，抓住了文化就抓住了核心价值；站在文化的角度看，抓住了旅游就抓住了一个巨大市场。旅游产业与文化产业相互融合，相得益彰，共同繁荣。”

旅游和文化如何结合？旅游项目开发不能就事论事，要有文化包装和内涵。如果旅游项目是珍珠，文化就是串珠之绳；如果旅游产品是目，文化就是帅目之纲。没有“绳”和“纲”，珍珠和项目就是一盘散沙。文化不能只是概念，不能浮在表面上，要渗透到项目的肌理。所以，不能只片面强调“包装”，还要重点打造内涵。过分“包装”，就如同一个美女只懂得搽脂抹粉，不注重内在素质的提升，毫无气质和风度。真正的品牌，不仅要有知名度，更重要的是美誉度和忠诚度；不仅要“牌”，更注重“品”，即“品质”“品格”“品位”。无“文”则无“品”。

做好旅游和文化的结合，应努力做到：

1. 死文化活化

历史的发展，许多历史文化已经“死”去，有的甚至只剩下口头传说。要感化人，就得“活化”。活化的方式有多种。选取历史事件、人物传奇的瞬间中的精彩片段，用活报剧形式表演出来、用动漫的形式制成影片放映出来，活灵活现，场景再现都具有较强的感染力。比如，开封清明上河园，《劫囚车》里救宋江的场面，只用三两分钟，就表演出来，感动得观众热泪盈眶。扮演潘金莲的美女在二楼上探头探脑，就引诱不少游人上去和她合影；楼下不远处一位五短身材的人在扮演武大郎卖炊饼，竟有许多游人排队去买。无锡三国城，雨天里游人涌入，原来是去看“三英战吕布”，4个蒙古人骑马鏖战，其中三个人用橡皮刀，把使用方天画戟的“吕布”砍到泥里。试想，没有这样的“活化”，人们就没有这么大的兴趣。旅游景区、文化创意产业没有文化内核、不做文化活化工作，景区就没有灵魂和活力，就不能感染人。

除了舞台、广场外，博物馆是文化展示场所，现在做得比较死。应该把演示和表演、展览和展示、参观和参与相结合，调动观众所有感官，激发他们的激情。

2. 古文化今化

这一条的核心是，我们不仅要研究某一地区某一历史文化的历史价值，更要挖掘其现实价值，强化其审美价值和实用价值，与产业链结合，古文化今化，文化的生命力才能显现。

前不久去滨州考察，参加了惠民县孙子兵法论坛，很有些感触。孙子兵法是一部兵书，是讲打仗的战略和战术。在世界上很有名，连美国西点军校都以此为教科书。它的军事价值也是一种重要的现实价值和实用价值。但现在是和平环境，要发挥《孙子兵法》的更大效益，必须和经济联系。商场如战场，《孙子兵法》的多数原则，在经济上都可用。因此，用《孙子兵法》指导经济，是一个更现实的课题，要着重研究。要举办各种讲堂、论坛，不仅军人去讲去听，经济学家、地方的领导干部、企业家也要去讲去听，这就叫与产业链结合。

再比如博兴县是董永的故乡，已经办了几届董永文化节，只是演演节目，没有做爱情文章。山东沂源县燕崖乡是牛郎织女故事传说的发源地，已经被列入国家级非物质文化遗产名录，我应邀参加那里的婚庆产业策划会。

目前，婚恋已是一大产业。

日本每年80万对青年结婚，吸引日本新婚旅游是各国开发的专项旅游产品。

中国新婚旅游更是一个巨大市场。根据民政部统计：2007年，结婚登记的占人口的6%，全国1600万对新人结婚。北京每年有10万对青年结婚，平均花销12万元（不含房、车等），只含宴请、旅游等费用，共120亿元的商机。山东9300万人口，每年70万对新人结婚。这个市场值得开发。沂源、博兴应依据故事传说文化资源，建设婚庆基地，与旅行社和婚庆公司、影楼合作，推出新婚旅游产品，这是非常有效益有前景的。干好这件事，要有细致的策划、精心的建设、人性化的服务。

总之，古文化今化的关键是与产业链结合，创造出新的产业。

3. 虚文化物化

物化就是制作载体，使虚无缥缈的文化可闻、可见、可触、可尝、可验，是嗅觉、视觉、触觉、味觉、心灵等全方位多层次的感受和体会，从而达到“化境”的效果。比如：

（1）把文化专题做在“五个一”工程中，生产一批文化产品，把传说变成“读物”。

（2）文化渗入产品肌理，理念化为灵魂，概念化为筋骨，细节化为肌肉。还拿旅游说事。比如，现在的酒店千店一面，功能就是一个住宿设施，个性化的时代没有个性化的产品。文化与酒店功能结合，就要做主题酒店，如孙子酒店，黄河酒店等。从名字到菜品、酒品、食品、饰品、服装、园林小品、纪念品，都要有主题文化的内容和体现。比如阳信的梨花、沾化的枣花，就可以成为这两个地方梨花酒家、枣花饭店的标识，成为工装服饰的花色，成为女服务员的称呼，成为工装领口上服务员等级的标志，如同夏威夷州花一样，被广泛应用到各种纪念品上，于是，文化开发就是系列的，深层次的。主题景区、主题娱乐设施的文化物化，道理也是这样的。

4. 弱文化强化

有些历史上总处在弱势和不发达地位的地方，有些后发展的新城市，没有更深的历史文化，如何强化？这就需要优化、美化、造化，发展文化创意产业，创造新的文化。

比如，滨州这样的新兴城市，这些年做黄河文章，引黄入市，造出了“四环五海七十二湖三十六桥”城市格局，一下优化、美化了城市面貌，造化了城市新骨架、新灵魂，让外地人惊羡，让本地人自豪。如果加进推进这一规划，修正已缩小得如儿戏的“中国南京长江大桥”这样的失误，“天下黄河美滨州”的评价即成了城市形象的新概括。

现在，各个城市、景区都在打造口号，这实质上是在寻找定位、定向，就是在把弱文化强化。

〔案例〕威海市委书记、市长请专家出主意

2009年6月19日和7月3日，威海市委、市政府两次召开专家座谈会，研讨威海旅游文化产业发展战略问题。市委书记王培廷，市委副书记、市长孙述涛亲自参加座谈会，听取专家出谋划策，探讨威海旅游文化产业发展的市场定位与战略方向。

我的发言：半月之内，威海市连续两次举行大规模、高层次的旅游文化产业研讨会，显示了威海提升旅游文化产业发展层次的决心。

威海拥有1000公里海岸线，得天独厚的区位优势为打造滨海旅游提供了条件。

对于“幸福海岸”的打造，说明威海坚持了高起点规划旅游城市建设，打造出了一串环海岸线公园，这在全国是少有的。

仅有规划设想还不够，下一步的关键是

应深层次挖掘，将核心的特色文化元素融入“幸福海岸”的沿线景点中去。

海滨度假产品要多层次开发，把沿海沙滩向两个方向延伸：陆地方向开发逐步引向城市和镇村，海滨方向把单一的洗海水澡逐步丰富为邮轮、游艇、沿海游、渔家乐和环海游，把水面开发引到水下开发，把近海开发逐渐引向海洋开发。进行有计划、有步骤的立体式开发。

提升发展旅游文化产业层次，需要立足本地资源，将旅游文化产业的触角向更多领域延伸，实现多元化整合、一体化发展。

要打响威海旅游文化品牌，实现旅游文化产业的多元化发展，必须在观光旅游的基础上，打造休闲度假旅游，不断丰富旅游内涵，发展多元化和一体化旅游，才能让游客融入这个城市，感受威海魅力，从而推动威海旅游文化产业转型升级。

在威海，为避免同质化的产品近距离不合理竞争，旅游文化产业的多元化已见雏形。在荣成，以海草房、“渔家乐”“农家乐”为代表的民俗文化，让很多游客过足了“渔民瘾”；荣成赤山风景区还大打“日韩牌”，张宝皋纪念馆和赤山禅院吸引了无数日韩游客；“天尽头”是李斯命名的，有文化底蕴，但其负面的含义使许多人止步，建议从祈福的概念出发打造新的形象，这也符合秦皇汉武来此地寻找长生不老药的历史文化；在乳山，以“母爱文化”唱响全国的大乳山景区，无论从规划、景点设施都彰显了“母慈子孝”的道德风尚；在文登，道家圣地、李龙故里让“进士之乡”的文登倍添光彩。

这样做，文化就融入了产品肌理，而不是仅仅做包装、贴标签。春雨润无声，给人的感染力是细微入理的。挖掘了本土文化，也就使产品集群和千里海岸线各个产品都有独具的差异性，总体上的互补性，对市场的招徕性，延长游客逗留时间就成为可能。

第二节　如何挖掘地方文化资源——海南风情录

海南归来不谈海，是因为其海滨旅游资源优势早已为世人所知。海南归来话风情，是因为这里独特的民俗风情令人陶醉，具有极大的旅游开发价值。

全岛 33 个少数民族，共 127 万人，其中黎族 120 万人，苗族 6 万人。

同其他少数民族不同，黎族是岛上的土著，别的地方没有，这就更显得黎族风情的独特。中部的五指山区，是黎、苗族的聚居地。在省旅游局叶副处长陪同下，我们乘车直奔五指山腹地——原黎族苗族自治州首府通什市。

车在山路上奔驰。椰林深处，时而闪动着着红巾、筒裙的黎族妇女的身影。由于交通闭塞，经济落后，人民生活并不富裕。在五指山瞭望处卖中草药的摊档旁，我们遇到了一位黎族少女。她13岁左右，一只雄鹰立于肩头。“与鹰合影，大展宏图，一次2元！”她大声地招揽生意。我问她：“为什么不念书？”她反问：“先有鸡还是先有蛋？”我先是一怔，继而顿悟：“先有鹰，以鹰生钱，赚了钱再念书。”我把我的理解说给她，她点头称是，还不时地用眼睛扫着远处红砖红瓦的希望小学。那强烈的商品意识和求学愿望使我内心受到震撼，这是大特区改革开放给深山老林带来的影响。看来，年青一代的黎胞与他们的父辈相比，是要换一个活法了。

一、黎苗族一般的风俗习惯

进了通什市，民族博物馆副馆长王海昌给我们介绍了黎苗族的一些习俗。

黎族有五个支系，即俸、杞、美孚、润、赛，各支系方言、服饰各不相同，没有统一的宗教信仰。但也有一些共同的风俗，如崇尚红色、白色。人死了要鸣枪报丧，全村人都来帮忙。有本民族传统的历法，以12天为一周期，每天都以一种动物名称命名，顺序是鸡日、狗日、猪日、鼠日、牛日、虫日、兔日、龙日、蛇日、马日、羊日、猴日，周而复始。黎族百姓质朴诚实，夜不闭户，粮仓从不上锁。孝敬父母、尊老爱幼、礼貌待人、恪守诺言是他们的四大道德规范，违背了被人看不起，男的没人嫁，女的没人娶，号为“刁民”者少矣。

与黎族和睦相处的苗族，是明朝从广西迁来的，与大陆上的苗族语言、习惯不同，而与瑶族语言相通。他们喜欢黑色，对数字崇单不崇双。到苗寨做客，还要知道苗家的一些禁忌，以免闹出尴尬。比如，若见到门口挂着一束三角枫叶，则表示家里有人生病或生小孩，不宜进房。如果一定要进，那通常是朋友间对病人的问候，对新生儿的祝福，主人将十分高兴，会以三色饭款客。

在白沙、东方、乐东等县，黎族妇女的文面历史已有2000多年，《山海经海内南经》就有记载。女子从十二三岁开始刺纹，先由纹婆主祭，然后用

“拜干”草浸泡的染料制成纹水，用鸡毛醮纹水在脸上身上画出图案，用竹针拍刺，纹水渗入肌肤终生不退，这是非常痛苦的。所以文身，主要原因是各个支系出于对各自祖先的信仰，刺上不同的标记，否则死后祖宗不认，于是相沿成俗。郭老有诗记此事：“花门梨面传闻有，今到保亭始见之。黎族衣缁成习尚，妇容黥墨足惊奇。虽云古道存民俗，想是奴徽剩孑遗。幸喜小姑逢解放，素颜不复类当时。”现在，年轻姑娘已不文面了，最年轻的文面者已 38 岁。在上了年纪的妇女中，尚可见到这种习俗的遗风。

二、娱乐和节庆

乐器　黎族传统乐器有 30 多种，多为就地取材，以竹子、椰壳等做成，甚至用树叶也可吹出美妙动听的曲调。如男子吹奏的唎咧，用山竹尾竿制成，一共 7 节，一寸一节，一节一孔，节节相套，其音调洪亮，节奏有力，如高山流水，似大海扬波。

最值得一提的是鼻箫。用五指山白竹一节做成，约 60 厘米长，两端各有一孔，距两端 10 厘米处各有一孔，共 4 个孔，可以吹出 7 个音节。用鼻孔运气吹奏，音色优美，堪称一绝。据记载，这种鼻箫已有 1000 多年的历史了。在民间，鼻箫是男女传情的信物。有经验的老阿爹、老阿妈只要听到箫声，就能准确指出是村里哪个姑娘或小伙子吹奏的。

鼻箫演奏

歌舞　黎族苗族是能歌善舞的民族，来黎寨苗寨旅游，文娱活动丰富多彩，客人是不会寂寞的。田间休息，傍晚乘凉，全村男女老少，经常在田头、场院跳起打竹舞（竹竿舞），节奏欢快。我们在通什度假村观看了旅游民族歌舞团的演出，舞姿豪放，情调诙谐。其中表演的舞蹈《捏》很有情趣。讲的是黎族男女青年恋爱的故事。女青年如果喜欢一个男青年，就捏他的耳朵。捏得越用劲，说明爱得越深。在生活中，捏耳朵成了恋爱的方式。舞蹈快结束时，女演员走下台，拧住了我的同伴陈富钢的耳杂，把他拖到了台上，场内一片掌声。作为“爱”的回报，陈富钢唱了一曲《只想一生跟你走》，主持人当即宣布：黎族的女婿可以“倒插门”，聪明的女演员紧随着送上一束鲜花。

来访的客人普遍喜欢少数民族的歌舞。去年10月，英国坎特伯雷一对夫妇来旅游，女的是美术教员，她一边看节目，一边临摹舞蹈动作。她赞不绝口地说：黎族苗族的舞蹈太优美了，与夏威夷的草裙舞一样，是一种民族文化。回国后还来信说怀念在通什度过的难忘夜晚。

节庆活动　农历三月三日是黎族的传统节日，也是纪念祖先、喜庆丰收、男女定情的节日。内容有文化娱乐和经贸洽谈活动，现在“三月三”已成为通什地区黎苗风情的集中展示。

三、饮食文化

黎族苗族的竹筒饭、特色菜南杀、苗族的三色饭、五色饭以及山珍野味，是海外客人尝所未尝，百尝不厌的。

竹筒饭　在太平山游览区的路边上，我看到一节节尺把长的青竹整齐地斜靠在石头上，下边文火慢烧。一问，才知道是在做竹筒饭。把一两山兰米加上切碎的腊肉或鱼块装进竹筒，再灌上水。用火烧盛水的部位，水开饭熟，其味清香。很多客人不愿吃宾馆里的饭菜，而跑到路边上买竹筒饭吃。

南杀　黎族待客的上等菜。南杀气味浓烈，一家烧煮，全村都闻到酸味。腌制方法有两种：一种是采取野菜莉嫩、志温草的幼茎和叶子，用冷饭水冲调，密封一个月后做成的酸菜；一种是把动物脊椎骨和田蟹、四脚蛇、兽皮等剁碎混合，用热干饭拌调，加入作料，用罐子封存。一个月或一两年后取出食用，味道香酸，既可下饭，又杀菌防病。

三色饭　苗家的佳肴。分别用三角枫叶、黄羌水、红蓝草把米染成黑、黄、红三色，然后混在一起蒸煮，不仅色泽好，而且有祛风湿、消暑等效用。这样的饭食佐以野猪肉、鹿肉等野味、素炒树芽菜、地瓜叶和酸豆汤，自然是延年益寿的，怪不得海南称为长寿岛，人寿指数全国第一。

黎族的酒文化　黎族最好的酒是山兰酒，用山兰糯米酿成。日常生活离不开这种酒，酒是处理各种关系的润滑剂。办喜事喝喜酒，秋收喝丰收酒，孩子生下 13 天要喝穿衣酒，孩子周岁喝满岁酒，有了矛盾喝团结酒，夫妻分手喝离婚酒。每种酒都有礼数和仪式。比如离婚，在黎家手续简便，把原证婚人、主婚人找来，大家一起喝过酒，拿根筷子，一刀两断，从此夫妻关系就不存在了。

四、婚丧嫁娶

黎族、苗族婚姻自主，男女平等，感情专一。

隆闺　黎家“女子及笄父母筑室与处”，称之为寮房。即女儿到了十七八岁，父母就给她盖一间小巧玲珑的“隆闺”，作为谈情说爱的场所，是婚姻自主的一种体现。

“咬手”定情　与黎族捏耳定亲相仿，苗族青年有“咬手”定情的习俗。每逢节假日，特别是三月初三，槟榔树下，杧果林中，男女青年就在一起对歌求爱。姑娘听了小伙子的求爱后，便羞答答地拉起小伙子的手咬一口。如果咬得很轻，很有礼貌，小伙子便明白姑娘没有相中自己；如果姑娘咬得很重，甚至咬出血印，则表示姑娘已经同意。咬手定情后，他们互赠信物，以表示终生相伴。

五、富有地方特色和民族特色的工艺品、旅游纪念品

手织的黎锦，绣着各种几何图案，苗绣、蜡染等是旅游者很喜欢的。还有椰雕、角雕、贝雕，也是很好的旅游纪念品。

总之，海南以黎、苗族为代表的民俗风情旅游资源相当丰富，省市领导和旅游部门对这一资源的开发十分重视，一大批度假村和黎苗山寨已经建成。通什市副市长邓运真对本地的资源如数家珍，20 华里长的民族文化长

廊正在抓紧建设。旅游者在通什至三亚的公路两侧，将可以看到一个个别具特色的民族村寨，品尝地方风味，观看文娱演出，购买旅游纪念品，民俗风情游项目开发渐成气候。在全省各地，抓旅游基础设施建设的劲头很足。海口、三亚、琼山市正按“上规模、够档次、高品位、配套全”的标准，落实一批旅游项目，使人感到一个新的旅游热潮正在全岛扑面而来。

手工织黎锦

我为《海南风情录》配发的评论：

要让客人更多地品味民俗风情的“原汁原味”

1995年全国性旅游主题活动是民俗风情游，这对于进一步开发和完善这一旅游产品，是一个良好的契机。联系海南看全国，民俗风情是个老产品，但老产品的开发有些新的问题需要解决。

一、在思想观念上，要提高对民俗风情旅游资源开发价值的认识。一般地说，在一个较大的区域内，旅游资源不是单一的，哪一种资源更具有开发价值，应该以客观存在的资源优势为依据。但有些民俗风情相当浓郁的地方，其资源优势没有得到体现，很重要的原因是，在资源开发价值的认识上，没有从市场需求的角度出发，身在宝山不识宝，以为自己司空见惯的东西，海外游客也不感兴趣。其实，这是一种误解。我曾就各国旅游者的出游动机做过调查，体验“异国情调”几乎是所有人的共同动机，其比例远远超过观光、购物等旅游目的。另外，从欣赏效果看，山水风光、文物古迹等是直观的、静态的，民俗风情是立体的、动态的，而后者对人体感官的刺激更深刻、更持久。因此，民俗风情是开发价值很高的一种旅游资源。开发这一资源，可以与其他旅游资源形成优势互补，使旅游产品结构得以优化。我国各地丰富多彩的民俗风情，是中国特色旅游的生动体现。强化这一特色，也是提高我国旅游业在国际市场上竞争力的需要。民俗风情浓郁的地方，往往经济比较落后，开发民俗风情旅游，可以使这些地区脱贫致富。只要各级政府、旅游部门和企业在思想上引起重视，经济上给以扶植，民俗风情游一定会成为很有发展前途的旅游产品。

二、在项目开发上，要力争保持民俗风情的“原汁原味”。近些年来，已经开发的项目大致有这样几种形式：供游客参观、住宿的村寨，与村民同吃同住，可以深入体验民俗风情，如无锡的华西村，山东省的石家庄村，海南省通什市番茅黎村等；为使逗留时间较少的游客粗略体验民俗风情，在城市和景区内修建了一批民族园，这些可以说是民俗风情的“复制品”，如北京中华民族园、深圳民俗文化村、海南三亚民族风情村；选择了一批民族节庆活动，作为民俗风情的一种集中演示。应该说，这三种形式作用互补，不可或缺。但有些现象应引起注意。例如，有的少数民族受汉族文化影响，本民族的习俗已不明显，风情日见淡化；供海外游客参观、居住的村寨太少，已建设得很好的村寨因旅行社不愿带团前往显得门庭冷落；而民族园之类的“复制品”，供参观的项目多，可参与的项目少；其餐饮与大饭店无异，游客更愿意品尝路边的地方风味小吃；文娱节目趋于专业化，尽管表演技巧不错，旅游者还是愿意在村寨的篝火边、谷场上、甚至田间地头与村民们一起跳舞。这些说明，“土”不等于“土气”，民俗并不是庸俗。我们的“土”，在外国人眼中正是“洋”，越“土”越有吸引力。1984年，我在山东石家庄村搞民俗旅游调查，了解到一个事例，使我至今难忘。1983年，一位法国妇女曾在农民家里住过一星期，与房东一家同吃同住同劳作，结下了深厚情谊。第二年，她再次来华旅游，本来没有去山东的日程，但她到了北京，决定离团单独去山东。当她突然出现在石家庄村房东大嫂面前时，两人含泪拥抱。大嫂问她为什么又来了，她说："一是想你们，二是再来买几块家织的土布，回去做衣服。"这种感受不是走马观花参观一下民俗复制品所能得到的。因此，我们应在各种民俗风情的项目中，在居住、餐饮、娱乐、纪念品等诸方面，尽量多地保留当地民俗风情的"原汁原味"，使旅游者在浓郁的乡土气息中品味异国情调。

三、在对传统文化的扬弃中，使民俗风情产品得到优化。我们强调"原汁原味"，并不是一切照抄照搬。任何民族的风俗习惯，作为一种文化传统，都有精华和糟粕之分。近年兴建的一些宫、殿、园中，有的塑像体现的不是民俗风情的主导精神，而宣扬了封建迷信、恐怖、色情之类的东西，是不足取的。这在今后项目开发中应注意剔除，而把那些精华选择进来，使民俗风情这一产品不断优化，使旅游者在参观中体味中华文化的质朴精深、源远流长，从而增长知识，得到美的享受。（原载1995年1月31日《中国旅游报》）

第三节　重视对泸沽湖"母系社会"文化标本的保护

泸沽湖，是中国母系社会遗存至今的文化标本。在现代化建设热潮中，谨慎地对待、珍惜地呵护这块净土，是我们的历史责任。2000年7月，我怀着这样的情愫，采访了泸沽湖。

一、开放中的女儿国——泸沽湖见闻录

20世纪30年代，美国学者洛克先生走进了泸沽湖，而后著书立说，把这里的"母系社会""走婚"等神奇的文化密码公之于世。末代王妃肖淑明16岁从四川雅安嫁给泸沽湖土司，用她的一生潇潇洒洒地演绎了一个"昭君出塞"的现代故事。中国改革开放以后，摩梭女杨二车娜姆离家闯天下，两本畅销书《走出女儿国》和《走回女儿国》炮炮打响，并成为美国《国家地理杂志》等著名报刊追踪报道的对象，又使泸沽湖成为人们纷至沓来的寻梦

之境。进进出出的人流给这片封闭太久的净土带来了外面的信息流，改革开放的春风吹皱了泸沽湖一池碧水。

这里是全世界唯一保留下来的母系社会，是“外婆家园中的童话世界”，是联合国教科文组织命名的全球50个模范社区之一。

（一）女儿国的魅力

从云南丽江东北行200公里，跨金沙江，翻三座大山，就到了川滇交界的高原明珠——泸沽湖。

泸沽湖，水面52平方公里，平均水深40米，清澈见底，纤尘不染。这个高原湖泊卧于崇山峻岭的怀抱之中，莽莽的原始森林护理着这一汪净水。湖的北面隶属四川盐源县，湖的南面归云南宁蒗县管辖。2万多摩梭人分二十几个村落环湖而居。如果加上两县山区的摩梭人，可达5万之众。摩梭人目前不是一个独立的民族。当地官员们说，他们属于纳西族的一个分支。学者们说，摩梭人被称为“摩沙”“麽娑”“摩些”等，在《华阳国志》《三国志》《后汉书》《元史》等古籍中均有记载。《唐书》中关于“东女国”的记述，就是描写如今摩梭人的祖先。

那天日落时分，我们赶到泸沽湖南岸的落水村。一排排木楞房面湖而建，都是3~4层的楼房。门楣上写着“摩梭庄园”“摩梭之家”“摩梭伊甸园”“女儿国阿夏园”“女儿国风情园”“女儿国客栈”等。这里已是一个小具规模的旅游村了。夕阳中炊烟袅袅，听到有车来，摩梭女们出来介绍自己饭店的设施，但没有其他地方那种争客拉客的急切情绪，只是任客人选住，显得谦让而平和。

我们住在采塔家，3层木楼，20多套房间，一室两床，一床15元；饭是8菜1汤两种酒（自酿的苏里玛和管担酒），每客10元。吃住便宜也很可口舒适。但我们是来采风的，50多人住在一栋楼里，主人忙于做饭，家访没有机会，同在城里住旅馆没多大区别。于是，第二天我们绕道左所，下午返回里格岛的拉克家，一天中走访了四户家庭，才得以对母系世家有所了解。

母系社会的形成与婚姻制度有关。泸沽湖主要的婚姻形式是“走婚”，学者们称为“阿夏异居婚”。阿夏是摩梭语中男子对女情人的称谓，男不娶，女不嫁，男女不单独成立家庭，而是各自生活在自己的家中，男子只是夜投晨归。女孩到了13岁，就举行成丁礼，然后独居一室，可以与情投意合的男人（阿都）来往。生了孩子由女方抚养。因而，母系家庭没有父亲成员，都是一个外祖母或母亲的后代，祖母、母亲和舅舅、兄弟姐妹生活在一个大家庭里。

“达布”，是一家之主。外祖母是原来的“达布”，老了，就在自己女儿中选一位能干的人代替。“达布”是母系大家庭的总管，有组织生产、安排生活、掌握财产、决定花销、代表家庭对外交往等权力，有很高的威望。这种权力和威望是靠能力、苦干、以身作则和办事公道建立起来的。家访中细心观察，这种制度为什么能绵延数千年而仍有强大的生命力的根本原因之所在，就是“达布”具有她所代表的女性最优秀的品质。我们的房东拉克六斤就是拉克家族的“达布”，头脑清楚、干练，体格健壮，为一家人生计操心受累，36岁的年纪，看上去有40多岁了。不仅吃苦在前，享乐在后，对自己的孩子和姐妹的孩子，从来是严于律己。所以，母亲、大哥去世以后，她在7姐妹2兄弟17个第二代的大家庭中，享有尊重和威望。在采访4户家庭时，守着火塘话族史，这些“达布”们让我生出许多感叹：由小比大，推此及彼，威望是挣来的，不是争来的；权利和义务是一致的，不是分离的。汉族家长制的老太爷只讲权力、服从和棒喝，自己坐威坐福。这种家长制的崩溃是必然的。

母系家庭优点很多，最主要的有：家庭团结和睦，没有婆媳之争，妯娌矛盾，叔侄纠纷；走婚是一种建立在感情基础上的自由恋爱，不带政治的、经济的、宗教的、地位的背景，从没发生过仇杀、情杀、强奸、斗殴之类丑恶事件，因而是圣洁的，不应该受到世俗的讥讽和诋诬；由于没有父系社会“无男便绝后”的观念，生儿生女一个样，计划生育无障碍；恋爱自由但却慎重，禁绝近亲走婚，子女很少有先天智障残疾者；邻里和睦、尊老爱幼、扶贫济困，这些道德规范虽然没有写在公约上，却写在了人们的观念上。在这里，真正做到了夜不闭户，路不拾遗，连狗都不咬人。所以泸沽湖被联合国命名为全球50个模范社区之一。

这样的社区对现代社会的人们是陌生的，强大的反差形成了巨大的魅力。探秘采风、追求理想、发财寻梦、拈花问蝶，各有所求……

（二）走进女儿国的人们

洛克，是进入泸沽湖的第一个美国人。从1922年至1942年，20年中，作为学者的洛克先生曾多次来到泸沽湖。与其同时的顾彼得在《被遗忘的王国》一书中写道："洛克是一个个性很强又很有学识，勤奋能干又傲慢，好做学问但脾气古怪的家伙。但由于他的友善与诚实，与永宁总管阿云山结成生死之交。他每次来泸沽湖，阿云山总管都以礼招待，并为他派水手、翻译、向导，给洛克的采访调查提供方便。洛克为表示感谢之情回赠以双筒猎枪、望远镜、来福步枪、手枪和带刀的拐杖。"洛克通过20年调查对母系社会的所见所闻，完全沉醉在这片母爱编织的阴凉之中。他在自己所著的《中国西南古摩些王国》一书中，感叹泸沽湖是"上帝创造的最后一块地方"，是他把"母系家庭""走婚""土司逸事"等神奇的文化密码传向外界，泸沽湖的摩梭人至今还记着他。

末代王妃肖淑明。肖淑明是泸沽湖历史的见证人，是16岁从四川雅安嫁到泸沽湖当了土司王妃为民族团结做出贡献的人。我从泸沽湖南岸的云南宁蒗县落水村绕湖70多公里，到北岸四川盐源县泸沽湖镇多舍村去采访她。路上，还一直担心能否如愿。谁知在木垮村阿注园门口，巧遇盐源县旅游局副局长曹扎实。曹局长因有急事要赶回县里，一边道歉一边请彬玛娜姆家园的高汝娜姆小姐带路，驱车去王妃家。在一座普通的农家小院，听说有记者来采访，74岁的老人家大步流星地迎出房门："欢迎！欢迎！"声如洪钟，那潇洒的动作、幽默的话语，让人感到眼前的这位老人，不愧是位历尽沧桑、见过世面的人。在敞棚里摆上桌子，采访就开始了。老人抽着烟，思绪进入了深沉的回忆：左所土司喇宝成是世袭埠彝千户司。40年代，被任命为川康边防总指挥部彝务指挥。那年月，土匪横行，喇宝成去向西康省主席刘文辉要弹药，同时要求介绍一位有文化的汉族女子为妃，以便于辅助他管理好土司府的财务和家政。肖淑明当时是雅安女子中学的校花，父亲是刘文辉部军需处主任，经人介绍，肖淑明嫁给了土司。成亲第二天从夫出川，坐滑竿走了一个月，翻山涉水被抬回了泸沽湖。土司在湖中为她建了王妃岛、花园水榭、画阁、琴房，十分豪华。她的名字改为摩梭语此尔直玛；汉族学生装脱下，换上了三丈布做的长裙；苦学一年拿下摩梭话。肖淑明果断、干练，很快适应了角色，断案、管家，样样服人。“那时节，我红衣白裙，胯下青马，左毛瑟，右左轮，斜背美国小卡宾。一枪甩出，三个野鸭落地。嘿，潇洒哟！”那飞动的神色，似乎当年泸沽湖畔那位飒爽英姿的女中豪杰就在眼前。中华人民共和国成立后，喇宝成土司任省民委参事，1976年3月去世，肖王妃几十年都没有回过故乡。她有2儿2女，孙子辈有17人，重孙辈15人。在大家庭中，老人备受尊重。尽管“文革”中她受到过批判，王妃岛也被付之一炬。但她说：“我无怨无悔，促进民族团结进步，是我一生的追求。这其中，荣华我享受，艰苦我也享受。这次赶上了西部大开发，我还要为泸沽湖致富去呼吁！”看到她那么清贫、乐观，我们请她吃了一顿丰盛的午餐。临别时，还与她合影留念。我的同伴小史把一盒香烟塞到她衣兜里，老人一边感谢，一边指着杨二车娜姆的家说：“我和娜姆都是名人，她走出了女儿国，我走进了女儿国，这都是新闻。”作为新闻记者，我明白老人的言外之意。下决心写出这篇文章，很大程度上是受了老人精神的感染。

上门女婿徐建民。在拉克六斤家的堂屋，我们遇到了徐建民。年近50的老徐，是安徽的一个电器商人，做生意发了财。退出商界，寻找一个山川秀美、民风淳朴的地方安度晚年，是老徐近几年来的追求，于是他自费考察了大半个中国。1999年，他来过三次泸沽湖，最后，在里格半岛遇上了拉克六斤，拉克的女儿杨金玉认了老徐干爹，老徐与六斤同居，在拉克家“搭伙煨一个茶罐”。这种入赘形式的婚姻受到了全家的欢迎。徐建民坦言，他相中了里格半岛这块仙境般的地方，也相中了六斤的勤劳朴实。1999年12月，他最后一次来泸沽湖，带来了许多电线、灯具、开关和存折。2000年4月底，我们已见到在拉克家宅基地上，面东向湖，一座三层木楼已立起了骨架。这是老徐投资8万元带着六斤的兄弟们修起来的。这座拟命名为建民旅馆的建筑，客房、餐厅、舞厅齐备，年底建成投入使用，将是全村最好的房子。“不搞旅游，就辜负了这里的山水。这个旅馆修起来，我就等客上门。这比做电器生意好。”

老徐的到来，拉克一家商品经济观念一下增强了。两处老宅挂上了“拉克旅馆”和“扎西旅舍”的牌子，客人住得满满的，每天都有几百元入账。

老徐在家庭会议上同大家商定，主要劳力要投入到旅游业上来；要求对下一代先学文化，尔后根据特长和需要定向培养。老徐掰着手指对记者说：山区缺医少药，就要把六斤的女儿金玉培养成医生；把五妹的儿子建东培养成汽车修理工，等他长大点就送他去安徽老家学技术；小旦央脑瓜灵活，将来可以经商……听着这位隐退的商人立志改造这个摩梭家庭的故事，使人意识到市场经济的春风已经吹皱了泸沽湖的一池碧水。

当然，在众多走进女儿国的人们中也是鱼龙混杂，不乏寻花问蝶之徒。他们醉翁之意不在酒，而是最关注“走婚”和“扣手心”。我们亲眼看到广东几个自称大学生的浪子，纠缠拉克六斤的女儿，人家正在读中学，明确表示“不走婚”，他们还穷缠不舍。

泸沽湖也是一座围城，外边的人想进来，里边的人想出去。

（三）走出女儿国闯天下

杨二车娜姆成了榜样。与王妃肖淑明同村的杨二车娜姆，是一个具有传奇色彩的人物。杨家这个女儿集中了摩梭女孩能歌善舞、聪明泼辣的天性，这个天性铸就了她的人格魅力，也是她闯荡天下的资本。从小生长得无拘无束，母亲给她起了个美丽的名字：“宝石仙女”，摩梭语音为二车娜姆，她在湖边唱歌放羊，无拘无束地长到 12 岁。那一年，县文化馆到基层招演员，小娜姆被选上了。从此，从县里、州里，一直唱到北京。“摩梭百灵”的优美歌喉使她赢得了全国少数民族歌手比赛一等奖，康克清副主席为她颁发奖状和奖金。这一次经历使她看到了外面世界的精彩，泸沽湖的高山再也关不住她了。13 岁的时候，她带了 7 个鸡蛋，只身闯入原始森林，7 天后赶到西昌，被州歌舞团破格吸收为独唱演员。次年，她走入上海音乐学院；5 年后毕业，30 次去京城找工作，万般无奈，扣开了班禅的佛门，终于在大师的帮助下，当了中央民族歌舞团独唱演员。而后，她闯美国，赴欧洲，去中国台湾，足迹踏遍全球，成为世界华人圈中的活跃分子。她的两部传记文学《走出女儿国》《走回女儿国》成为畅销书。美国《国家地理》杂志等知名报刊追踪采访，更使她名声大噪。她把故乡的风土人情推向世界，世界通过她进一步了解了女儿国。

在泸沽湖，步娜姆后尘者不计其数。如今，青年人外出打工，已成时尚，近到县城、省城，远至北京、上海、大连。他们一般都是结伴而行，见世面和挣钱养家是大多数人外出的主要目的。其中也有一些人受杨二车娜姆的影响，立志成材，塑造自己。里格岛的杨芝花和4个同乡姐妹一起到昆明一家酒店打工，唱歌跳舞兼做服务员，业余时间学文化。她告诉记者：杨二车娜姆的书我已读了一半，下半年就要离开酒店去考艺校，娜姆能做到的事我也想做。

出去打工、求学的年轻人，也有不少人带着见识和知识返回了泸沽湖。近日，记者接到杨芝花打来的电话，说是外祖母叫她回来，但她要立志改变自己的命运，自学英语，在湖里划船当导游。我和同事小史商量，准备给她寄去英语教材、磁带和复读机，支持她实现自己的理想。记者在宁蒗县旅游局采访，接待我们的工作人员都是大学生，一问又都是在外面学成回乡要大干一场的摩梭人。年青的一代，与老一辈摩梭人有了很大的变化。一个封闭的女儿国已经打开了山门，进进出出的人流引进了物流和信息流，改革开放使这里的一切都发生了巨变。应该相信，泸沽湖的明天更美好。

二、变迁中的女儿国——泸沽湖忧思录

泸沽湖所有的文化现象，是摩梭人数千年的创造和积累，其独特的风土人情是十分重要的旅游资源。在现代文明与传统文化的撞击中，如何能保持住自身的特色和魅力？在趋同中如何识别外来的糟粕？在告别落后时，如何珍视自己的优良传统？这些不仅仅是民族学家研究的课题，也是对摩梭人自身素质提出的要求，更是旅游产品开发中需要十分审慎对待的问题，当然，也应该是旅游者关注的问题。

泸沽湖虽然地域封闭，但人们每天接触电视、广播、报纸、书刊，外来文化对人们的影响力是巨大的，当地的文化传统、风俗习惯正在起着变化。比如，这里的婚姻制度已嬗变为三种形式：一是走婚制，即“阿夏异居婚”，这是母系社会婚姻的主要形式，约占70%强。二是“阿夏同居婚”，这是“走婚”这棵树上生出的一根枝杈。这种婚姻指已结成情侣关系的男女同居一家，但不另立门户，男到女家或女到男家由两家协商而定。三是一夫一妻制。后两种形式约占30%，而且还有扩大的趋势。据我观察，文化水平较高

或有工作的，婚姻一般为“一夫一妻”或“同居婚”。这种趋势使母系社会的冰山一角似已开始融化，最具特色的婚俗文化现象的魅力在减弱。

过去，这里的民风民俗最淳朴，但近几年也出现了打架、斗殴、赌博等歪风。过去，在交往中，诚实为本，骗人为耻，现在做买卖时以次充好，少给多收现象时有发生。

僧侣的戒规和宗教仪式的庄重与过去相比也发生了变化。碰巧，我们在里格岛遇上了殡葬仪式，一位名叫扎西的僧人给我留下了深刻的印象。他是出家人，却有一个同居的阿夏，与拉克六斤的五妹结婚并生有一男一女；他白天去念经，晚上主持篝火晚会，亦歌亦舞，是姑娘们喜欢的对象；他的职业是僧人，却用自家房产开了个旅馆，采购、收钱，扮演着商人的角色。小伙子聪明漂亮，那股潇洒劲头让村里的年轻人都很羡慕。

对于种种文化现象的变化，各类人等众说纷纭。这里摘录几段村民的议论：在湖边的木楞房旁，几个老人坐在粗大的木桩上。一个头戴毡帽、身材魁梧的老人说：“我年轻的时候，也走南闯北，赶马经商，远到印度，走过不少地方，也算见过世面吧。但还没见过现在的年轻人，骑着马走村串寨，见到老人，遇到喇嘛也不下马，说是骑给游客看的，真是活见鬼。”另一个老人插话：“别说是村中间骑马，就连转嘛呢堆也有人不再行走了，骑着马转。”另一个老人深有感触地说：“现在，什么人都谈着钱，钱，钱，他们真是没见过钱。我年轻的时候，曾用十多匹马驮过钱。”又一个老人说：“他们天天谈论歌舞厅，我就悄悄地摸进去看了一下。哎呀，这哪里是在跳舞，那男的双手抬着女人，完全是我们葬礼中孝男举供品托盘的姿势嘛！”议论引来了一阵阵笑声。

杨二车娜姆在她的《走回女儿国》一书中说：“老人们的谈论，我并不完全赞同。社会在发展，民族也需要发展，永远保持传统是不可能的。永远保留那种自然经济状态，孙女重复外祖母，女儿重复母亲，那种亘古不变的历史应该成为过去。任何人也没有能力让时间倒流，关键是怎么变，怎么发展？如何少走弯路？如何认识传统？又如何辨别外来文明？这是值得思索的。如果认为外来的、一切新鲜的都是对的，不加选择地一概吸收，那么，不要几年工夫，在泸沽湖，将再也看不到真正的摩梭人，说得严重一些，只能见到一些穿着摩梭服装的服务员。”“那些紧挨着祖母房的卡拉OK厅、发廊等所谓的现代文明进入泸沽湖，似乎是一股混浊的河水淌入纯净的泸沽湖。这里有一种隐痛、一种看不见摸不着的城市病，随着现代文明传染给了我的故乡。湖边，在古老的猪槽船边，我看到一堆堆塑料口袋、饮料瓶。这些东西，100年也不会腐烂。我有一种奇怪的感觉：我们的母亲湖正在被人强奸。”“外边进入的东西，并不全是精华，而是一些说不清是垃圾还是娱乐品的东西。连前所（村名）那么偏僻的地方，每到晚上，许多年轻人就挤在那间密不透风的录像厅里，津津有味地看着这些《精武门》《生死关头》《鸳鸯情侣》之类的港台制品，无非是拳头加枕头的玩意。真不知道，受这些东西熏陶的我的兄弟姐妹，将来走向何方，我很担心。”

专家的口气就稍显宽容而有信心。云南社科院的拉木·嘎吐萨说：“这是一股歪风、一股寒流，对一个健康的肌体而言，不足挂齿。我相信，一些从打开的窗口内飞进来的苍蝇、蚊虫之类，腐蚀不了这个具有千年文化传统的群体。她会用自己的方式，用母系王国独特的扫帚清除不属于自己的那些垃圾，让纯洁清澈的母亲湖，永远透着诱人的光彩。”

我则认为，改革开放的好处，要首先从发展的大局来看。外来的东西有许多是先进的，对泸沽湖精神和物质文明、经济的发展起到促进作用，不能一概排斥。比如旅游业的发展，使湖边有了星级宾馆，许多摩梭人通过办家庭旅馆开始致富。有了钱，不仅改善了生活，还能兴办许多文化、教育事业。泸沽湖旅游业的前景是十分广阔的。对于某些风俗习惯的变化，不能采取行政命令的办法，而要让群众在实践中去选择。比如“走婚”，“文革”中曾禁绝过，强令情人一律成家，“文革”一结束，绝大多数捆绑夫妻都散伙了。

当然，作为政府对有些东西也不能听之任之，采取放任自流的态度，而应在精神文明建设中加以教育和引导，提高摩梭人的文化水平和思想道德水准，提高识别优劣的能力。在这方面，政府应该是有所作为的。比如，在旅游产品开发方面，应该制定规划并严格按规划搞建设。我在落水村看到：一条旅游街已经建起，但离湖太近，湖边留下的窄道坑坑洼洼，没一盏路灯，客人晚上出来，踩得满脚泥泞和牛屎。旅游部门的负责人告诉我，规划早做过了，但有的人不按规划搭建，造成了现在这种局面。这里就有一个规划是否合理与对执行合理规划的监管力度问题。规划中对建筑物的位置、建筑风格及环保等应做出规定和要求。产品设计要考虑游客的爱好、兴趣，但不能迎合低级趣味。比如娱乐项目，最好不搞卡拉OK，而要搞当地的民族歌舞。摩梭人的锅庄舞那么有名，许多人就是为了欣赏这种原汁原味的民族文化才来泸沽湖的，如果让他们听卡拉OK，城里就有，跑那么远去干什么？安排一点家访，是让人体味和探索母系大家庭其乐融融的文化内涵的最好形式。当你走进木楞房，被让到火塘边坐下，白发苍苍的外祖母和温柔善良的主妇煮好鱼汤，舀出来的第一碗被恭恭敬敬地放在锅庄上，那是敬给祖宗的。第二碗就敬给了客人，同时敬酒致辞欢迎。摩梭女人特别是母系大家庭推选出来的“达布”，个个干练，讲话落地有声，绝少汉族农村妇女的腼腆和不善言讲。“达布”的能力和威望使你体会到母系社会生存方式锻炼出来的干才，对她们创造的特殊文明你不得不怀有敬意。

在旅游产品建设中，注意尽可能多地保留摩梭人的优良文化传统，是一个保持产品特色和魅力的问题。旅游活动是一种寻求“差异”的行为，“差异”是消费的目的，是“卖点”。没有“差异”，就没有个性。如果产品的个性没有了，就对旅游者失去了吸引力。这一点具有普遍意义。云南北部高原，滇川交界之处，横断山脉褶皱之中，聚集着彝、藏、纳西等许多少数民族村落。由于山高路险，交通闭塞，这些地方千百年来形成的独特的文化习俗得以保存下来，与这里的奇山秀水相宜的多姿多彩的民族文化是最值得珍惜的旅游资源。推而广之，祖国各地各有各的特色，旅游产品突出了地方特色和民族特色，也就有了色彩斑斓的中国特色。

封闭中产生的个性在开放中必将有所损耗。这其中，如果损耗了落后的、不再有生命力的东西，那是社会进步的表现。我们没有理由让摩梭兄弟姐妹仍然付出贫困落后的代价而去满足某些人猎奇的愿望。但是如果损耗了一个民族优良的传统文化，那就伤了筋，动了骨，甚至丢了魂。文化是旅游产品的灵魂。明年，第一条柏油路就要修到了泸沽湖，但愿路通了，不要“魂”丢了。人类唯一保留下来的母系社会文化现象弥足珍贵，在旅游开发和经济发展中，我们应给予更多的呵护。

（原载2000年7月24日、8月14日《中国旅游报》）

第四节　咸阳文物景点建设创出新路

咸阳是秦朝都城、汉唐京畿之地，到处是文物古迹。但是长期以来，在文物保护与利用关系上，能否引进外资建设开发文物景观问题上认识不统一。1996 年，以乾陵懿德太子墓为代表的几个合资项目的落成，为文物景点的保护开发闯出了新路，令人们眼睛一亮，“捧着金碗讨饭吃”的日子结束了。

一、打破禁区：摆正保护与利用的辩证关系

过去，有的部门强调保护，有的部门强调利用，各有依据，争论不休。由于国家用于文保的资金有限，不少名胜古迹荒废败落，加之盗墓风起，人为破坏，一些文物损坏、丢失严重。1995 年，全国文物工作会议在西安召开，李铁映代表中央提出了 12 字方针：“有效保护，合理利用，加强管理。”乾县的领导和懿德太子墓文馆所的同志认识到，12 字方针与过去的“保护为主，抢救第一”的 8 字方针相比有突破，符合小平同志提出的“三个有利于”的标准，是文博旅游发展的最好契机。对文物必须保护，保护的目的是利用。要利用就必须开发，开发得好又有利于保护。这样的良性循环才能充分发挥祖国传统文化的社会和经济效益。所以，保护是开发利用的前提和基础，开发利用是保护的目的。不开发利用，保护是消极的、无力的，是对老祖宗留下的资源的浪费，是“捧着金碗讨饭吃”。只有解放思想、打破禁区，转变观念，以“三个有利于”为标准，才能闯出文物保护利用的新路子。实践证明，他们的开发利用完全有利于保护。懿德太子墓 1971 年发掘以后，多年来苦于资金短缺，一些文物遭受到不同程度的损坏。文管所的同志们说，如果不开发，没有收入，就没有力量保护。眼看着国家珍贵文物遭损坏而束手无策，我们搞文博工作的人有何脸面见列祖列宗。自 1996 年合资企业成立以后，再没发生过文物丢失和损毁，库房、设备得以改进，购置了日本、美国 20 世纪 90 年代最先进的声光报警系统，使文物保护走上了科学道路。

二、搞好评估：敢字当头与科学性相结合

文物工作保护利用12字方针使懿德太子墓领导班子思想产生了飞越，但敢想敢干必须以对资源开发的价值科学评估为基础，否则会造成破坏性开发和资金浪费。他们组织了专家队伍进行论证，开发的同时做好文物保护和抢救。开发最忌盲目，将来的效益取决于客源，而客源多少又取决于景点的吸引力。全国已发掘了2000多座唐墓，而懿德太子墓是现已发掘的规模最大、品位最高的帝王级陵墓。懿德太子名李重润，唐中宗李显长子，高宗李治和武则天之孙，19岁为武则天“杖杀”于东都洛阳。武皇死后，中宗复位为其平反，以皇帝规格迁葬。唐朝290年中，有270位皇子，300多位公主，号墓为陵者，除21个皇帝外，只有懿德太子1人。据《大汉原陵秘墓经》记载：天子陵内葬明器2400件；太子、公主、贵妃墓葬明器1500件；亲王、僚属墓葬明器1200~800件，而懿德太子墓自五代以降两次被盗，发掘后还出土了1960多件珍贵文物。墓道九重神宫、壁画有阙楼图、杆棨戟图、玉质哀册文是只有帝王陵才有的。墓道长108米，壁画450平方米，石雕线刻画54平方米。贴金彩绘铠甲骑马武士俑、三彩骑马仰射俑是此墓独有的。见到这栩栩如生的文物精品，不禁想起杜甫《哀江头》的诗句：“辇前才人带弓箭，白马嚼啮黄金勒。翻身向天仰射云，一箭正坠双飞翼……”这是对唐代盛世皇帝出行狩猎情景的印证。数量巨大、品位极高的文物决定了景点的开发价值。同时，此墓位于乾陵园内，与知名度极高的中国历史上唯一女皇武则天陵不足一里之遥，又在302国道之侧，交通便捷，开发前景好。经过论证，他们决心开发懿德太子墓。

三、招商引资：活人不能让尿憋死

开发的决心下定了，县里没钱怎么办？招商引资，借鸡下蛋，是唯一的办法。经多方联系，台湾筑坡建筑有限公司毛德昌先生表示愿意投资，但就全国而言，各种人造景观、饭店有合资项目，文博单位搞合资还无先例。他们多次向上级请示汇报，申述理由，终于得到批准。于是，以本所有形资产折价、台湾筑坡建筑有限公司和西安旅游商品开发公司三家集资1200万元，

并立即成立董事会。

按合资企业体制聘用人员，制定工程规划，进行运作。在引资方式和管理体制方面，也为全国文博系统闯了一条新路。

四、只争朝夕：快干快上快见效益

乾陵懿德太子墓秦台合资旅游开发中心的牌子一亮出，动作是神速的：1996年年初达成协议，用半年时间跑批件、搞规划，6月1日动工，1997年3月28日开业。一座占地4万平方米，建筑面积3400平方米仿唐建筑群拔地而起，四大展室、一个墓道是参观的主体，建筑风格简练而精细，与展览内容相谐调；还修建了可同时容纳300人就餐的餐厅；绿化面积达8000平方米，栽植女贞、雪松、柏树、槐树、郁李、碧桃、蜡梅、木槿、桂花等30余种观赏树木，种植了荷兰菊、蜀葵、鸢尾等10余种花木和大面积草坪，馆区环境优美。

开业半年来，仅门票收入达140万元，超过了市、县一些老景点。当我问及下一步打算时，这家旅游开发公司董事长习建涛说，人员培训、完善文物保护措施、景点进一步美化、开发有特色的旅游商品和以“乾州四宝”为主的风味餐饮及娱乐项目，以提高综合效益，是下一步努力的目标。在2~3年内收回投资是有把握的。

咸阳市旅游、文物部门的领导十分重视懿德的经验。各种集资形式建设文物景点渐成气候。如兴平市杨贵妃文管所集资200万元修建了“太真阁胜景园”。仅乾陵旅游区就引资、集资3275万元（其中外商投资2350万元）修建了黄土民俗村、华夏瓦当艺术馆、唐艺乐宫、仿唐乾陵地宫、东西乳峰阙楼、乾陵宾馆及观光园等项目，使名胜古迹这个老产品得以完善，提高了综合效益，焕发了新的生机。

在招商引资渐成气候的形势下，咸阳渭城区文物旅游局武永利副局长自豪地向记者说：西汉共11个皇陵，咸阳原上就有9座，渭城辖区就有7座，还有周文王陵、武王陵，一座唐帝陵。就重点而言，素有“陕西文物在咸阳，咸阳文物在渭城”之说，开发（不是发掘）潜力很大，我们欢迎中外客商同我们合作。这尽管有点广告味道，但足可看出咸阳文物旅游部门的一种热切愿望。

中华民族有五千年文明史，文物是我国重要的旅游资源。名胜古迹（还有山水风光、风情民俗等）是我们开发最早、最基本的旅游产品。近20年来，这一产品有些老化，不少文物景点度日维艰，发展更难。保护利用好文物，进一步提高、完善名胜古迹游这一旅游产品，咸阳的做法也许会给各地一些启发。（原载1997年12月1日《中国旅游报》）

第十二章　古镇旅游

古城、古镇、古村是重要旅游产品。中国有西安、洛阳、北京、南京、开封、杭州、安阳、郑州八大古都，古城就更多了，网上排名较火的十个古城为：云南丽江、晋中平遥、南充阆中、黄山徽州、云南大理、湖南凤凰、山东台儿庄、辽宁兴城、广元昭化、惠安崇武；100 个值得去的古村镇：分为江南水乡、徽派民居、岭南风情、湘黔地带、川渝山地、边陲小镇、北方院落。

A. 江南水乡：乌镇、西塘、南浔、岩头村、芙蓉村、苍坡村、俞源、诸葛村、郭洞、皤滩、前童、泰顺、朱家角、周庄、同里、甪直、锦溪、木渎、东山

B. 徽派民居：宏村、卢村、塔川、西递、唐模、关麓、棠樾、南屏、潜口、呈坎、查济、屏山、湖村、理坑、晓起、流坑、瑶里、思溪、延村、渼陂、李坑、汪口、江岭、庆源

C. 岭南风情：洪坑、塔下、四堡、培田、芷溪、下梅、长汀、赤坎、南社、沙湾、大旗头、阳朔、黄姚、兴安、龙脊、

D. 湘黔地带：肇兴、青岩、邑沙、镇山、隆里、郎德上寨、西江、凤凰、洪江古商城、张谷英村、德夯、芙蓉镇

E. 川渝山地；阆中、福宝、上里、洛带、罗泉、丹巴藏寨、黄龙溪、桃坪羌寨、涞滩、西沱、塘河、中山

F. 边陲小镇：室韦、额济纳、禾木、白哈巴、束河、丽江古城、沙溪寺登街、大理古城、罗平、元阳、盐井

G. 北方院落：爨底下、鸡鸣驿、平遥古城、静升抟、碛口、张壁、党家村

以上古都古城古镇，我大多数去过，有一部分去讲课、参与规划评审、

策划工作，但也有一小部分没有去过。这些地方有的是世界文化遗产，有的是国家和省级文化遗产，都是重要的旅游景区。下边分四种情况：就古城遗址保护、古城修复、城市文化品牌推广、古城博物馆建设，举我写的几个案例。

第一节　把价值和市场对接——在2011年湖南城头山遗址保护开发研讨会上的发言

如何将有价值的文物景点打造成有市场的旅游景区？这里的关键词是“价值”和“市场”。把价值与市场对接，是文化类主题景区生命力和发展前景关键之所在，也是社会影响力与经济效益有机结合的基本要求，是景区策划、规划、建设和运营的主要任务。将价值挖掘到位，将市场开拓精准，将高品位的价值与目标市场对接，进行强有力的造势，树立起城头山应有的品牌地位，社会效益经济效益随之可得。

参观城头山古城的路上，大家议论一个主题：四川的金沙遗址，比城头山时代晚3500年（城头山遗址距今6500年，金沙遗址近3000年）；城头山被发现了40年，金沙才被发现10年，但人家投入10个亿，出土的“太阳鸟”成为中国文化遗产的标志。效益和影响力比这里大。为什么？重要的原因是，城头山文物价值的意义阐释、诉求不够，公关力度不够，因此各方没有在认识上和行动上形成合力。

一、城头山价值何在

城头山古城遗址的发现，曾是震惊中国考古界的一件大事。2001年，城头山古城遗址被评为“20世纪100项考古发现”。其价值具有唯一性，是距今6500年前的古城，是迄今中国唯一发现的年代最早、保护最完整、内涵最丰富的古城遗址。

城头山古城遗址的价值体现在，对世界文明、中华文明和湖南历史文化地位具有重大意义。

1. 对世界文明的重要意义

国际上公认的世界四大文明古国：两河流域的古巴比伦有6000年的文明史，古埃及、古印度、中国有5000年的文明史。最近，由于水下发现，印度宣布文明向前推进了3000年。摩尔根在探讨文明起源标志时，把世界文明划分为三大阶段：蒙昧时代、野蛮时代和文明时代。城市的出现，是人类文明三大要素（铜器、城市、文字）之一。城头山等遗址发现，人类文明从野蛮时代的后期，即距今七八千年，就有了文明的发端，这将颠覆传统史观导致三个时代起止年代的重新划分。这无疑是对世界文明的巨大贡献。

2. 对中华文明的重大意义

国际上，对中国5000年的文明史有不同的声音，认为有证据的从殷商开始，只有3000多年的历史。6500年的城头山遗址的发现，以大量的实证将中华文明在5000年基础上向前推进了1500年。

另外，中国传统史学认为，黄河流域是中华文明的摇篮。近几十年的考古不断有新发现，现在的共识是：辽河流域、长江流域，也是中华文明的发祥地，红山文化、良渚文化和城头山古城遗址也是中华文明起源的重要标志。看来中华文明不是一个摇篮，不是一个中心。长江流域不仅下游三角洲，中上游的城头山，也应纳入古文明研究的视野并肯定它的历史文化地位。

3. 对湖南历史、文化和旅游地位有重要意义

在中国近现代史中，曾国藩、毛泽东、刘少奇、贺龙、罗荣桓等巨人辈出，可以说群星灿烂；在漫长的封建社会，别具特色的湖湘文化，灿烂辉煌；会同炎帝故里、炎陵县的炎帝陵是始祖文化；城头山古城遗址的发现，使湖南在中华文明的根源文化上填补了空白；更早的燧人氏，在8000年前后，据说，故里就在澧县的车溪乡。在中华民族生存发展的历史长河中，每一个区域都曾做出过重大贡献。但像湖南这样在中华文明的源头文化、始祖文化、湘楚地方文化、近现代名人伟人文化，从头到尾都可圈可点，每一个阶段都有顶尖文化现象，这在中国横跨千万里，纵贯6000年，是极少有的。可以说，湖南，是中华文明的完整缩影，这就提升了湖南在中华文化和

旅游业的价值和地位。这是祖宗的馈赠，是湘人的幸运。将如此光辉灿烂的文化优势变成经济优势，变成旅游产业优势、市场优势是值得我们研究的课题。

保护开发利用城头山遗址，一个县的力量是不够的，应该形成合力。

二、产业融合和文化创意，是价值和市场对接的关键

1. 关于产业融合

2009年12月1日发布的41号文件《国务院关于加快发展旅游业的意见》中，把旅游业定为“国家战略”，旅游业被提升到“战略性支柱产业”的地位。

在《国务院关于加快发展旅游业的意见》中提出：“大力推进旅游与文化、体育、农业、工业、林业、商业、水利、地质、海洋、环保、气象等相关产业和行业的融合发展”，指出了旅游业在产业融合中的重要作用。

城头山搞好产业融合，就是强调文化和旅游不能各搞各的，要处理好保护和开发的辩证关系。文化脱离了旅游，就会干枯。原文化部部长孙家正说：“旅游与文化有着天然的联系。旅游是文化的形和体，文化是旅游的根和魂。随着经济的发展和生活水平的提高，旅游已经成为人们现代生活非常重要的组成部分，成为一种时尚。文化是旅游者的出发点和归宿点，是旅游的生命力所在，是旅游景观吸引力的渊薮。文化与旅游是互为因果，相互依存，相互促进的。”

原国家旅游局局长邵琪伟说：“旅游产业与文化产业密不可分。文化是旅游的灵魂，旅游是文化的重要载体。没有文化的旅游就没有魅力，而没有旅游的文化则缺少活力。旅游的优势体现在市场，文化的优势体现在内涵。站在旅游的角度看，抓住了文化就抓住了核心价值；站在文化的角度看，抓住了旅游就抓住了一个巨大市场。旅游产业与文化产业相互融合，相得益彰，共同繁荣。”

2. 文化是软实力，旅游是宣传软实力的源泉（前一章已有论述）

3. 要挖掘和忠于自己的守护神和场景意境

西方学者认为，每一个个体，如城市、产品、景区、企业要有自己的守

护神和“场所意境”。守护神就是那里最知名的人物。“场景意境”是原生态，根在里边，本在里边，当地的民众参与各种民俗活动，生命参与，灵魂参与。引进没有根底的活动，当地民众就没有这样的激情。

对待“守护神”也一样。要下力挖掘、包装自己的守护神，不必去借别的地方的守护神。借来的守护神对客居的躯壳缺乏忠诚度，必然带有原来主体的印记，形成“二元场所意境”。

要强调产品建设、营销内容和本土文化相结合。可参与的陶艺制作、葡萄酒堡品酒、寻宝定向运动比赛。“梦回城头山”印象类实景演出，应采用城头山古城文化即当时的表现手法，如傩舞，太阳神崇拜、母系氏族生活方式和驯兽、种稻等故事情节和原始社会场景。

4. 做好旅游和文化的结合

从宏观角度上说，当今时代，文化的经济属性与经济的文化属性融合共生日益成为地区发展的核心竞争力。促进文化旅游产业融合发展，是转变经济发展方式，加快科学发展的重要途径。第一，促进文化与旅游融合发展，是二者本质属性决定的。第二，促进文化与旅游融合发展，是实现两种产业转型升级的必然要求。第三，促进文化与旅游融合发展，是世界旅游发展的大趋势和国内外许多文化旅游发达地区的成功做法。第四，促进文化与旅游融合发展，是全面建设小康社会背景下民生内容的拓展。

从区域中观角度看，促进文化旅游产业融合发展，各地都有良好的资源禀赋和基础条件。二者融合发展，需要找准结合点和着力点，最重要的是把价值和市场对接，价值才能转换成效益。

在微观层面，文化要成为景区的灵魂，并融化在产品的骨架和血肉中。文化不仅仅是贴牌、是包装、是穿衣戴帽，而是要彻头彻尾，彻里彻外。这与房地产住宅小区不一样，不仅要有一个好名字，景区是让人们深入进去，进行文化体验和文化消费的，不仅仅是为了满足居住的需要。

文化景区特别是古代文物景区要有说头，有看头，有玩头，要研究未知的问题（部落名称、组织形态、生产方式、民俗、娱乐等）；要编写好导游词；要把展示和演示（实物、声光电手段）、参观和参与（可参与项目设计，如寻宝——定向运动）、静态和动态结合起来；努力做到死文化活化、弱文化强化、虚文化物化、古文化今化、歪文化转化。

5. 关于遗址公园规划的意见

遗址公园 = 核心区 + 主题景区（金沙的借鉴：遗址博物馆 + 金沙王国体验时空梦幻世界 + 金沙太阳节）。核心区绝对保护。主题景区可以结合市场做必要项目。

现在规划的两个项目：博物馆外形太现代，内部：文物和声光电、展示和演示、参观和参与结合。另外项目叫题词广场，广场过气了，厚今薄古。

内容重点，建议抓住城头山文化关键要素做文章：除了文字、青铜和城郭这些较高程度的文明标志之外，稻、盐、陶、丝、酒、茶、石、玉、铁也是文明的重要标志。公园里要紧紧抓住城源、稻都、陶坊、盐井、酒肆、茶楼、餐馆、客栈、娱乐这些重点，把再现6500年前的生活方式和现代休闲结合起来。

城源：城墙、城垣、城郭、护城河、街市、民居、墓葬、祭坛、奴隶制雏形社会的管理机制。在核心区可以看到。为了保护，可否做大屋顶遮盖起来，像兵马俑馆一样。实物在核心区里可以看到。在主题景区里，可建一所建筑，叫作“世界城市论坛”会址。举办各种关于城市发展问题的论坛，如城市起源、城市发展、城市化、城乡一体化、卫星城交通网络同城化、大城市治堵、古都论坛、古城论坛、古镇论坛、古村论坛等。也许有人认为办不起来，那要看“势”造得怎么样？阿尔卑斯山麓一个不知名的小山村，交通不便，每年各国总统、政要、大亨却纷至沓来，参加“世界经济论坛”，这就是达沃斯。在中国20000多家景区中，有一个有竞争力的族群，那就是古都（中华第一帝都咸阳）、古城（现存最完整的古县衙——平遥古城）、古镇（周庄、角直）、古村（西递—宏村世界遗产）它们对展示中华文明、区域文化、民族文化、民俗文化发挥了巨大作用。从年岁上看，城头山可做这个族群的祖宗。子孙到祖宗这里来开会，那是朝圣，怎么能不愿意来呢？世界城市论坛像世界经济论坛一样，可以办出世界性影响力来。

稻都：6500年前的稻种改写了历史。过去说水稻从印度传到中国。事实证明，从中国传到全世界。稻作之都，颠覆性的冲击波。古文化今化的关键是与产业链结合。打造“世界稻作之都”，如何把6500年前稻作文明和袁隆平的杂交水稻跨时代嫁接和混搭，这个稻作之都才能有说头，才能有现实意义和世界意义。

袁隆平900公斤第二次冲击波。要把这两件事连起来，聘请袁隆平为稻作之都形象大使，将稻子原始耕作和杂交水稻技术的一次革命全景式展示。

设立城头山稻作节、召开世界稻作之源研讨会；世界杂交水稻技术推广大会；请农业部和省里、世界粮农组织主办。

陶坊：这里也是陶都。陶器烧制作坊，旅游者参与制作纪念品。主题酒店陶餐具。

盐井：黄帝蚩尤大战，据说是争夺运城盐池。城头山先民傍澧水而居，有稻米可食，几十里外有盐井，解决了生存的基本战略物资。可建盐业博览馆。

酒肆："澧"＝水＋曲＋豆，说明澧县是酒的原产地。酒是城头山对文明的贡献。古代米酒、后世的白酒、大量种植葡萄（年产值2.8亿元），可搞葡萄酒庄，把酒搞成系列品牌。

茶楼：这里是茶的产地，休闲"人在草木中"，这就是茶。城头山要做好休闲文章，必须做好茶文章。

饭馆：吃得好，澧县有口碑。但没有提炼出品牌。要搞出一套名字雅致的菜系；餐具——城头山的黑陶、彩陶；从市省各地到京城，澧县走出去，以饭馆为据点，作为宣传场所，如同沙县小吃，都办到美国的中国城了。

娱乐：活化历史的精彩片段，编成活报短剧；傩舞、祭坛、实景演出；董永、七仙女澧县有传说，可以和婚庆嫁接，形成产业。

农家乐在"乐"字上做文章：宁波滕头村有经验：喂鸽子、鸭子俯冲、小猪表演、观光农业、橘园等，村子10年前年收入达16亿元产值，我推广过他们的经验，你们可以去考察学习。

城头山形象定位：城市文明之源，世界稻作之都。

口号：中国最早的古城——城头山遗址。

品牌目标：湖南文化景观第一名片，5A级景区，世界遗产。

四、市场分析及市场营销

目标客源层的捕捉。

目前市场：澧县2008年游客总量：169.9万人次，收入8.35亿元，增长率高于常德年平均水平。

客源组成以省内为主——52.4%，年龄以青年为主——51.1%，知识结构以大专以上为主——74%。要立足湘鄂，力拓周边，不忘境外，联合共赢。要与上下周边联合营销，

编制营销方案；建立有策划能力、有品牌意识和媒体资源的专业营销队伍；设立营销基金：拨款＋筹集，分工：政府推形象，企业促产品。

第二节　在枣庄旅游发展论坛上的讲演

对于一个资源型的城市、一个煤炭业发达的城市，旅游业刚刚起步，旅游业的地位如何摆，如何把旅游业培养成为先导产业和第三产业的龙头，我提供一些资料，供同志们参考。讲三个问题：一是旅游业作为区域战略重点选择的理由；二是在战略选择基础上做好战术选择；三是解剖几个典型案例。

一、旅游业作为区域经济战略重点选择的理由

主要有三条。（1）旅游业是实施城市战略的最好突破口；（2）旅游业是城市形象营销的最佳载体；（3）旅游业是实现城市发展战略的牛鼻子。

休闲时代的到来，是旅游业大发展的宏观背景。

休闲不仅仅是一个行业问题，而是一个宏观经济问题。美国人把1/3的时间、1/3的土地、1/3的劳力、1/3的资本用于休闲。休闲实际上已经成为美国经济的核心。世界很多经济学大家、未来学家写了很多著作，如美国经济学家莫利托2000年撰文《未来千年全球经济发展的五大推动力》中就讲，休闲位于五大推动力之首，其后依次为：生命科学、宏观材料、新原子、新空间。今后1000年就抓这五件事。这五件事是推动人类向前发展的五大推动力，而且休闲列为之首。到2015年，美国休闲娱乐业产值将占国民总产值的50%。

美国经济学家甘哈曼写了一本书《第四次浪潮》，书中宣告，人类已经进入第四次浪潮。前面经历三次浪潮：农业革命、工业革命和后工业化经

济。21 世纪进入第四次浪潮，这次浪潮以休闲活动为中心。浪潮的概念是产业革命的概念。产业革命会促发全球性的变化。第一次是农业革命，第二次是工业革命，第三次是信息革命。第四次浪潮来临，提升了旅游产业成为国家的战略性支柱产业地位。

休闲产品建设的 7 个“S”，传统的 3“S”，即 Sea、Sun、Sand（海水、阳光、沙滩）。新的 4“S”：Snow、Skiing、Spring、Spa（冰雪、滑雪、温泉、水疗）。整个的休闲产品离不开水和生态。

所以结论就是：旅游休闲是席卷全球的第四次产业革命；它不是一个行业问题，而关乎经济社会发展全局，在某种意义上说，抓住了旅游休闲业，就抓住了经济发展的牛鼻子。

二、在战略选择的基础上做好战术选择（略）

1. 口号的选择
2. 产品要素的选择
3. 目标客源层选择
4. 媒体的选择

三、解剖几个典型案例（略）

宁波经验
焦作现象
栾川模式

四、给枣庄旅游业发展的建议

立在台儿庄，放眼全省、全球、全世界，这样才能够充分地认识修复古城的意义。这样也会把很多的国家级、世界级元素从建设之初就融进去。我说六个意义：1. 恢复一座古城，具有展示枣庄历史文化的意义。2. 恢复一座水城，具有山东的意义。因为，枣庄降水量 1200 毫米，与全国 600 毫米相比，这一点太重要了。3. 恢复大运河的功能具有中国的意义。4. 给台儿庄战役以正确的评价，具有世界华人关注的意义。5. 重建“二战”毁坏之城，具有全人类的意义。全世界要走和平发展之路，要接受战争的教训。6. 鲁班的故乡把这个古城做成精品，具有给后人留下文化遗产的意义。

在修复台儿庄古城前前后后，我应邀去过几次，除了给枣庄全市干部讲课外，与市长陈伟（后升任枣庄市委书记）和台儿庄区委书记、区长多次开会、讨论规划、搬迁、招商、重建等问题。我提出了重建中要特别注意修旧如旧，要保留战争的遗迹，如墙壁上的弹孔；对过去有的已经破坏、倒塌的公共文化设施，可以考虑恢复一些；过去没有的必要的旅游接待设施、环境打造要在规划的基础上完善。要强调精细化和工匠精神。对于标志性建筑，如城门、亭阁、商铺等，千尺取其势，百尺取其形，咫尺取其质。要建成今人留给后人的文化遗产，而不是建筑垃圾。枣庄的领导和建设者，精心设计，精心施工，古城的恢复重建工作取得了成功。（2008 年 4 月 11 日）

与枣庄市市长陈伟交流台儿庄古城的修复和营销工作

第三节 文化品牌建设与推广——在承德避暑山庄文化研究与传播峰会上的演讲

承德市委、市政府主办的承德避暑山庄文化与传播峰会，于2012年6月1日上午在避暑山庄举行，邀请余秋雨讲文化，阎崇年讲清史，我和魏小安讲旅游，石述思讲传播。我的讲演提纲如下。

在承德市委、市政府领导下，旅游文化工作取得了很大成就。5年来，全市共接待中外游客4661万人次，实现旅游收入303.7亿元，同比分别增长87.7%和181%，旅游收入保持了年均16.8%的增长速度。

16.8%的年增长率几乎高于全国GDP年增长率的1倍，但在全国旅游业比，这是一个低于平均增长率的正常的增长。我们可喜地看到，2011年承德旅游收入增长出现了好苗头，同比增长35%，略高于河北省的平均增长率，仅次于甘肃和重庆的年增长率。保住这种势头，意义十分重大。也就是说，突破100亿元大关，过去承德用了33年时间，以后每增加100亿元，不用33年，而是两三年就可实现。这就叫跨越式发展。那样，旅游业给承德市的贡献就大了，战略性支柱产业的地位就可以确立和巩固。

放眼未来，要实现跨越式发展，必须破解长期以来存在的四个难题：

避暑山庄难避暑，休闲城市少休闲，国际城市欠国际，首都圈成了“灯下黑”。

解决四个难题的抓手，是加强品牌建设和推广。

旅游品牌的策划和规划，要解决概念和理念的提升，旅游产业定位、龙头产品的战略发展，要纳入城市顶层设计。只在产品建设阶段和产业链低端下功夫，很难上升到战略高度，进而进入决策层视野给予关注并调动多方力量解决和推进，承德旅游业的发展到了关键时期。市委、市政府举办这两次研讨会透露出这样的信息，决策层的认识上来了，旅游业被纳入城市顶层设计和战略规划，并占有重要位置的时代到了。也只有这样，领导层才不会反感专家提出存在的问题；也只有解决了存在的四大问题，承德旅游业跨越式发展才能实现。

避暑山庄难避暑。避暑山庄是个老品牌，而且是一个皇家品位的老品牌、大品牌。清代，这里是皇帝避暑休闲的地方。今天，它成了国宝单位，历史文物价值上升了，休闲避暑的使用功能下降了，游客可以参观，但不能在里面避暑休闲。旅游业产值是靠游客停留天数决定的，客人脚步停不下来，住不下来，只能靠门票经济低层次运转，旅游产业就做不大。关键的办法是“避暑山庄”品牌的概念内涵和实体外延扩展：把狭义的“避暑山庄”做成广义的“避暑山庄”，使其从一个景点变成城市形象，让整个承德市成为环渤海城市群乃至全国的“避暑山庄”。

避暑山庄品牌扩张，一方面是自身打破院墙，到生态条件好的地方，建设避暑设施，把单一的、历史文物与市场和现实结合，做出“三国三家”合一的避暑休闲产品：国君、国民、国际和皇家、国家、私家整合，做大做强。从城市角度来说，在传统的旅游三大板块的基础上，扩充和提升“避暑山庄”的品牌和实力，把龙头做大。在城市总体客容量扩大后，避暑山庄的客源和文化影响力也就上去了。作为城市形象的“避暑山庄”，城市架构与旅游产品布局、六要素的配套、市场的开拓、城市美化和环境改造等，目前差距不小。而改善这种局面，不是一个狭义的“避暑山庄”景区能做到的，那要靠市委、市政府的宏观力度，甚至是各部门同心协力和全社会文明水准的提高。因此，我今天的话题是把“避暑山庄”放在一个宏观的背景下来讨论和解决的。

承钢搞得乌烟瘴气，客人在高速公路通过时都不敢喘气。请问，这样的地方谁敢来休闲避暑？要 GDP 还是要避暑山庄，这是战略选择。休闲业的收入，是不是就赶不上钢铁厂？不仅要算账，还有看生态的影响。如果像抓钢铁一样抓旅游业，旅游业 + 生态恢复的价值可以大大超过钢铁。专家人微言轻，大主意还得市领导来拿。

休闲城市少休闲。休闲要有装备、有设施、有去处，有吸引人、留住人的项目。而且这类项目不是单一的、小体量的，而是足俱规模、特色各异、优势互补的产品集群。美国著名经济学家甘哈曼所著的《第四次浪潮》一书中，阐述了休闲的13种活动：仪式性和艺术性活动日益大众化；观光、游戏、竞技、仪式性行事、展览会、公演；美食主义者盛行；狩猎、钓鱼、郊游、露营、泛舟受到欢迎；康体健身、养生、远足、探险、比赛博弈、极限运动深受各年龄段的公众青睐。

这些活动，在承德很多是短板，比如，文化资源、自然资源的开发利用，都处在浅层次阶段，深层次开发除了《鼎盛王朝·康熙大典》实景演出外，文化创意类开发还没有破题；旅游设施小而散，成规模的野外生存体验露营地，能提供电源、水源、加油、修车、住宿、安保、急救等服务的规模型自驾车营地还没有。要完善旅游休闲产业建设，要在城市总体规划中设计，这更不是“避暑山庄”一个景点能解决的。

露营：承德的自驾车旅游市场，在全国都是最好的。以2011年“十一”长假为例，6天接待游客140万人次，收入7.1亿元，其中放假6天接待的旅游车达17万辆，自驾车游客占总游客的76.9%。这个黄金周来承德的自驾车旅游呈现出上得猛、来得早、退潮慢的特征，客源同比增幅89.39%。其中，老市场北京占66.6%，增幅最大，新市场有新变化，辽宁、赤峰方向来承德的自驾车游客占总数的13%，超过本省的8.1%的比重。自驾车市场井喷式、爆发式的增长，给我们提供了可喜可忧、服务滞后、项目不足、亟待改进的信号。

国际城市欠国际。建设国际化旅游城市是承德提出的奋斗目标，这是值得赞赏和应该肯定的。数据表明：2011年，承德接待境外游客30万人次，同比增长22%，实现创汇9800万美元，同比增长42%。入境旅游接待人数和收入位居全省第一位。这是打造国际化旅游城市的基础。

但必须清楚地看到，距离真正的国际化旅游城市还有较大距离。

实现国际化目标还欠缺许多东西。一般来讲，国际化旅游城市，应该具有以下特征：一是拥有驰名世界的知名度，二是拥有世界级别的旅游产品，三是通达国际主要城市的交通便利，四是与国际接轨的旅游服务水准。作为文化名城，有的专家称，国际化旅游城市应该是文化的集聚地、创造地和扩散地，还应该具有国际化的包容度和文化融合度。也要有一定国际游客接待量。在国内文化名城中，承德无疑可以凸显，但要跻身国际文化名城、特别是旅游名城距离很大。在国际知名度、产品、交通、服务等方面，需要努力的空间更大。我们要从差距中制订改进工作的计划，比较实际的思路是，先找一块“垫脚石”，学习、借鉴国际和国内先进地区的经验，首先抓住巨大的国内市场，壮大产业规模，争取成为国内一流旅游城市，在此基础上向国际化旅游城市迈进。

首都圈不能“灯下黑”——要把“黑洞效应”变成市场效应。

在中华版图上，有一个风水、资源占尽的省份，那就是河北省。它有悠久的历史文化，有山川、海洋、草原、森林、台地，旅游所需要的优质资源几乎一网打尽。更可贵的是，区位优势得天独厚，地处首都圈、环渤海经济圈的核心位置。但这个优势没有充分发挥，反而表现出“灯下黑”的某些特点：河北省旅游接待人数在全国排名第19位，2011年旅游收入1221亿元人民币，在全国排第21位。在全国6个方阵（5000亿元以上，4000亿元以上，3000亿元以上，2000亿元以上，1000亿元以上，1000亿元以下的省份）中，属于第5方阵的稍后水平。赶不上市场条件不好的边远省份云贵川，也落后区位不如自己的河南、山西。这种状况与资源和区位优势形成巨大反差。这是为什么？如果不拿这个尖锐的问题拷问自己，还按照原来的增长方式给力，恐怕这个差距还会拉开。

除去历史文化和自然资源优势不说，环渤海经济圈和首都圈是河北省最值钱的优势。

环渤海经济圈狭义上指中国辽东半岛、山东半岛、京津冀为主的环渤海滨海经济带，同时延伸可辐射到山西、内蒙古。整个大的范围占据中国国土的12%和人口的20%。继长江三角洲、珠江三角洲经济圈大展活力之后，环渤海经济圈正加速崛起，从2010年起，已成为中国经济板块中乃至东北亚地区极具影响力的经济隆起地带。

环渤海经济圈有63座地级以上城市（占全国22%），国际国内交通方便，经济发达，人口近3亿。核心是首都圈，河北省环绕首都，2座特大型城市北京、天津相隔不到一小时车程。这种市场条件，在中国三大城市圈中是最好的。

然而，有人把这种市场优势说成了负效应，认为首都的吸引力如同巨大的黑洞，客源流向趋于单向，因而造成了河北的“灯下黑”。这是片面和不客观的。全中国的客源流向有4股潮流：城里人下乡，乡下人进城，海外人入境，中国人出境。4股客流2011年总数达28.44亿人次，其中国内旅游人数26.4亿人次，平均每个国民年出行2次，这就意味着仅环渤海经济圈每年至少将提供6亿人次的现实客源。北京是首都，吸引国内外客源的能力超过其他城市，南来北往的客源都经过河北省，这为河北提供了得天独厚的客源市场。这个市场开辟得不利，是因为没能把“黑洞效应”“通道效应”转化为“市场效应”。在区域战略架构和顶层设计中，旅游业没有应有的位置，因此产品小而散，产业规模小，留住客人的大项目少，虽有市场优势，这个优势却并没有充分发挥作用而白白流失了。

是不是首都圈就一定有“黑洞效应”？我考察了美国和中国的首都圈，发现：地缘相似，结果相反。

地理位置相近：美国首都华盛顿DC和中国首都北京，都是地处北纬40°左右，气候、季节、植被、风光几乎相同；都处于海湾地区。

行政辖区相仿：美国首都华盛顿DC（特区）周围有两个州——马里兰州和弗吉尼亚州，这是第一个圈；再往里看，DC周围有三个郡：蒙哥马利（Montgomery）郡、乔治王子（Prince George）郡和弗吉尼亚州的费尔法克斯（Fairfax）郡；三郡一特区被称为大华府地区，即美国的首都圈。中国首都北京周围也是两个省市，即河北省和天津市，这是第一圈；往里看，北京周围有4个地级市：河北省的承德市、张家口市、保定市、廊坊市和有一小部分与天津市的宝坻区接壤，这一圈可以称为北京的首都圈，与美国的首都圈“大华府”对应，或许可以叫作“大北京”。

经济实力相异。在美国大华府首都圈中，蒙哥马利郡和费尔法克斯（Fairfax）郡的实力，在全美314个郡排行榜中是交替为第一、第二的郡，乔治王子郡在这一排名榜中不及前两个郡，但也是在排行榜中位置靠前。原因是他们充分利用并发挥了首都圈的市场优势。中国首都圈的4个市在全国283个地级市排名榜没有查到，在2010年中国百强城市GDP排名榜中，保定名列第57位，廊坊名列第81位，承德和张家口榜上无名。位置靠后的原因是多方面的，但可以确定的是，如果充分发挥首都圈所提供的市场优势，经济实力的提升和更大发展是可能的。

旅游资源相同但提供的服务差距甚大。地图的最后的一圈，我们把承德与蒙哥马利郡做个比较：承德在北京的正北偏东，蒙哥马利郡在华盛顿DC的正北偏西；蒙哥马利郡北部（马里兰州弗莱德里克郡）有总统的度假地戴维营，承德有皇帝的避暑山庄——这真是惊人的相似。戴维营山水极佳，生态优越，距首都华盛顿DC100公里，仅1个多小时车程。承德市有满蒙文化、坝上风光、森林草地生态很好，高速公路已经开通、高铁建设在计划中，北京去承德交通便利性显而易见，同时，承德又是东北进京的必经之地，现在交通正在改善，距北京2小时的车程。

戴维营和避暑山庄所不同的是：戴维营是现实的度假地，而且带动了整个马里兰州、弗吉尼亚州的休闲度假地建设。美国人将1/3时间、1/3土地、1/3劳动力、1/3的资本用于休闲。因此，休闲实际上已经成为美国经济的核心。2015年，美国休闲娱乐业产值将占国民生产总值的50%。从质量上说，大众休闲场所与总统休假地差距不大。蒙哥马利郡到处是国家和州级公园、设备俱全的度假地、露营地、休闲场所，周末许多家庭带着孩子，拉着帐篷，到露营地体验野外生存；承德这方面的产品，特别是适于“快城市，慢生活”的休闲类产品，比较薄弱，形不成巨大的吸引力。这应该是今后承德的努力方向。

承德要努力建设国际化旅游城市，我再解剖一个国际著名城市：纽约。（见丛书五《海天片羽化霓虹》第215页纽约的案例）

第四节　齐城博物陈列艺术的突破

了解一个古城，博物馆是很重要的窗口。

博物馆，是自然、历史、科学等知识学习和爱国主义教育的场所，也是重要的旅游参观项目。但不少博物馆由于文物陈列形式的单调，逐渐失去对游客的吸引力而显得冷冷清清，难以为继。因而，改进陈列艺术，使其不仅对专业人员，而且对各类不同知识层次和年龄结构的参观者都有吸引力，是所有博物馆面临的一大课题。淄博齐国历史博物馆在这方面的突破和创新就很有推广的价值。

古堡式馆型与展示内容相谐调。齐国历史博物馆坐落在齐国故都宫城遗址内，以故城大小城互衔的特殊形制作外形，青砖砌垒，四周无窗，上有垛口，形若古堡，设有南、东两个拱门，门楣上嵌“齐琼元府”四个金字，意为此乃珍藏齐国历史文物精品第一府。馆内总建筑面积2600平方米，13个展厅，分为序厅、龙山文化厅、西周文化厅、桓管霸业厅、韶乐厅、武威厅、城郭厅、稷下厅、科技厅、礼俗厅、火牛阵厅等。一进序厅，迎面是巨幅齐长城照片，西起平阴，绵延千里入海。接着主题厅以历史为纲，环环相扣，从太公建国、桓公霸业、威王称雄到田氏代姜，最后，以秦灭齐，至西汉再建齐国，高祖封长子刘肥为齐王。韩信封王、曹植封侯、田横自殄为序，以徐悲鸿先生根据司马迁遗愿而绘制的大幅《田横五百士》油画图片作结。800年历史绵长厚重，让人观后回味无穷。

贯穿历史讲事件，围绕人物讲故事，增强趣味性。参观齐国历史博物馆，使人们不觉枯燥乏味，很重要的一条是，博物馆的设计者以历史为纲，以纵为主，横纵结合，把一系列重大历史事件和重要人物编成生动的故事贯穿于历史线索之中。这些事件如太公封齐、箭射小白、桓公拜相、鄄之会盟、火牛阵等所涉及的姜太公、齐桓公、齐威王、管仲、晏婴、孙武、孙膑、田单等名君贤相和军事家，一个个被介绍得栩栩如生、有血有肉。

文物陈列不拘一格，以时代先后为主，有时也合并同类项，相对集中。他们从5000多件文物藏品中选择出300件珍品进行陈列，有生产工具、生活用具、建筑材料、武器、饰品等，其中不乏国之瑰宝。在陈列中，同类器物集中于一个典型时代或特殊环境，如各类带钩陈列于“桓管霸业厅”以展示桓公小白不记一箭之仇的气度；钟、磬等类乐器集中于韶乐厅配合“孔子闻韶”；各类兵器集中于武威厅，以示齐国之强盛；六工发展代表了当时生产力发展水平，符合历史唯物主义观点。

既采用了文物、图片、文字、沙盘、雕塑等传统陈列形式，又把电影、电视、音响等现代化手段穿插其间，生动形象，寓教于乐。13个展厅中，多次使用了声光电手段。比如，介绍城池护河、排水系统，就用电动图显示潺潺流水。介绍各种不同身份的500多个历史人物时，加以配音，有声有色，引人入胜。最精彩的是用电影演示稷下论坛之辩。春秋战国，百家争鸣，思想界十分活跃，涌现了许多博学善辩的大家，如淳于髡、墨翟、邹衍、荀况等，风流余韵，波及后世。稷下学宫就是当时的论辩之所。参观者在博物馆里浏览了7个厅，腿有点乏，于是数排长凳出现在面前，人们坐下稍事休息，仿造的稷下学宫，以壁为幕，一场十来分钟的小电影开始放映了。四个辩题，正反方依次登场：孟轲与淳于髡辩论“男女授受不亲”，孟轲与宋钘辩论“人性高论”，王斗与慎到辩论“尊君与尊贤的关系”，鲁仲连与田巴辩论“遇事救急还是救缓”各执一端，唇枪舌剑，但彬彬有礼，妙趣横生，一派文雅之风，使观众有如身临其境之感。为了体现参与性，还将在“韶乐厅”里设置编钟、编磬、竽、筝、古埙等，供参观者演奏。

一处社会效益和经济效益都好的人造景观。齐国历史博物馆1997年5月1日开放以来，每日观众络绎不绝。5月18日是世界博物馆日，一天接待参观者1万人。人们在轻松的气氛下了解历史，增长知识，接受教育，或以史为鉴受到启迪：临淄何以成为“春秋五霸之首，战国七雄之冠”？2000多年以前的齐都何以呈现“车毂击，人肩摩，连衽成帷，举袂成幕，挥汗成雨，家敦而富，志高而扬”的繁荣局面？齐桓公的尊贤下士、齐威王的从严治吏、管仲的崇尚法制、晏婴的尚俭倡廉，是当年齐国强盛的原因，对今天也有现实的意义。这个博物馆不仅社会效益好，经济效益也很可观。以开馆的一个多月情况估算，年收入将比改建以前的博物馆增加3倍。

吸引力和展示效果增强的本身，是观众对齐国历史博物馆陈列艺术突破和创新的肯定。我们再看看专家是怎样评价的吧。全国著名文博专家、中国博物馆学会陈列艺术委员会副主席费钦教授在听了临淄区文旅局的汇报，看了方案后，当即拍案叫好。他认为，中国某些博物馆陈列方式不改进，很难找到出路。齐国历史博物馆陈列的指导思想，恰好提出并解答了文物陈列如何改进的这个命题，为给整个中国博物馆文物陈列寻找了一条新路子，树立了一个样板。

作为一个县级博物馆，能办出这样的水平是齐国丰厚的文化底蕴的表现。仅投资250万元、经8个月的施工便高速优质完成任务，是文化旅游局和博物馆同志艰苦奋斗的结果。为了陈列艺术的创新，他们八方请教、五易其稿，最后形成《陈列大纲》。这也是管理者与专家相结合的产物。目前，这个博物馆连同附近的东周殉马馆、石刻馆、姜太公祠、古车馆互相补充，为调整和完善旅游产品结构做出了贡献，是一组成功的人造景观。

齐国历史博物馆开馆典礼

（原载 1997 年 6 月 9 日《中国旅游报》）

第十三章 乡村旅游

第一节 打造乡村旅游和休闲农业升级版——在中国网举办的美丽乡村发展论坛上的发言提纲

2016 年 12 月 18 日，在中国网举办的美丽乡村建设发展论坛作主题发言

求健康、奔小康，是当今中国社会上达天听、下得民意的两件事，是供给侧和需求侧的结合点。战略如果没有区域和产业承接，战略就成为空谈。两件事落地同时指向了乡村，乡村旅游和农业休闲成为国家战略重要的承接产业。下面展开话题加以论述。

一、从大战略、大数据、大趋势看大健康和美丽乡村建设的重大意义

1. 从国家大战略上看美丽乡村建设意义非凡

习近平总书记指出:“中国要强，农业必须强；中国要美，农村必须美；中国要富，农民必须富。”“小康不小康，关键看老乡。”习近平还强调：重农固本，是安民之基。美丽乡村建设已经成为中国社会发展和经济建设的突破口。

“三步走”战略和中国梦能否实现，农村是关键。改革开放之初制定的“三步走”战略：第一步，到1990年，基本解决温饱；第二步到2000年基本达到小康，到2020年全面实现小康；第三步到21世纪中叶，基本实现现代化。中国梦比“三步走”更全面，目标是两个100年，即建党100年和新中国成立100年逐步实现中华民族伟大复兴：达到国家富强、民族振兴、人民幸福。与城市相比，农村生产力水平低，农民文化素质低，农民收入水平低，而且农村人口比重大，农民不富，全面小康就实现不了。到2020年实现小康，全国全党到了攻坚决战时段，乡村旅游和休闲农业是农民脱贫致富的重要渠道。

2. 从大数据分析乡村旅游的美好前景

旅游业发展大致存在着两个70%：我国70%的旅游资源在乡村，节假日70%出游的城镇居民到乡村旅游。比如，北京的山吧成为年轻人周末消遣的首选，到了周五一床难求。2014年，据不完全统计，全国90万家农家乐、10万个旅游特色村接待游客12亿人次，占国内旅游者总数的1/3，乡村旅游营业收入3200亿元，带动3300万位农民受益。

这个数据比原农业部统计的要低一些。早在2010年，原农业部统计全国13.5万个休闲农业经营主体接待游客就达14.4亿人次。我认为这个数据更接近实际，因为这是原农业部乡镇企业局的普查而不是抽样。原农业部还提供了一个数据，说明了开展乡村旅游与传统农业比较，效益是巨大的：休闲农业平均土地产值是全国农业用地平均产值的6.22倍，休闲农业从业人员人均劳动产值是同期全国农业劳动力的劳均产值的2.75倍。这仅是初级阶段的乡村旅游对乡村土地和劳动力价值提升的比率，如果资源和产品开发到位，产业链群做强，这个比率肯定还有很大提升空间。农民要致富，旅游是出路，这越来越成为有条件开展旅游的乡村领导和群众的共识。因此，乡

村旅游是美丽乡村建设、精准扶贫、带动农民实现小康的重要选择。原国家旅游局规划，到2020年，将建成15万个乡村旅游特色村，300万个农家乐，去乡村旅游的人数将达到20亿人次，受益农民5000万人次。目前从各省区市抓乡村旅游的势头来看，这个预测可能会提前完成。

3. 从大趋势入手确定区域和产业发展方向

近年来，论述我国经济、社会发展趋势的文章很多，但与本次论坛有关的内容选几个观点。

从企业家层面说，马云有一定的代表性。马云说，下一个能超过我的人，一定出现在健康产业里。估计2015年中国健康产业产值达到1万亿元人民币。业内人士认为，未来10年，中国健康产品的消费额将在目前的基础上以几何级数增长，形成一个全球引人注目的拥有兆亿价值的市场。2014年，马云带领阿里在健康产业动作频频，从中可以窥探到他的互联网健康产业布局：（1）收购中信21世纪，卡位医药电商；（2）勾兑海虹控股，图谋医保体系；（3）全面启动药店O2O，跑马圈地医药零售；（4）布局“未来医院”，改变就医模式；（5）启动“药品安全计划”，剑指药厂和销售监管。最近，网上文章说，阿里巴巴又拿下了400家城市医院，马云的预测和举动充分证明这个全球商业巨子的远见卓识。

专家学者怎么说？中国著名的财经作家吴晓波在他的题为《大周期中的财富投资与增值》一文中，经过对经济发展历史现状对比分析，从而得出结论：未来投资和增值的两大方向是：自身健康和精神消费。只有这样，才能跻身于中产阶级。关注国民的自身健康和精神消费，是大健康产业的出发点和落脚点，是全面进入小康社会的关键，是提升幸福指数，实现中国梦的核心内容。选这一条做突破口是没有错的。

国家层面如何表达？随着生态被破坏，空气、河流、土壤被污染，工业产能过剩，中央提出调结构转方式的发展战略，文化创意、生态文明、休闲农业、大健康产业、旅游观光度假等成为发展的趋势和重点。比如，2015年，党的十八届五中全会决定发展大健康产业，后来国务院的文件中规划的指标是，到2020年，大健康产业达到8万亿元产业总规模。于是，推出一系列支持大健康产业的政策。

乡村由于空气新鲜，生态良好，能买到有机农产品，是发展大健康产业的基地和休闲养生场所，这个资源引起决策部门和公众的关注。2016年1月27日，中央发布一号文件，提出大力发展休闲农业和乡村旅游的若干指导性意见。

不难看出，大健康产业发展的国策已定，专家学者的研究给予理论支持，企业家投资方向明确，发展的大趋势凸显。大健康产业是具有巨大市场潜力的新兴产业，包括医疗产品、保健用品、营养食品、医疗器械、保健器具、休闲健身、健康管理、健康咨询等多个与人类健康紧密相关的生产和服务领域。旅游观光、休闲度假和许多康体健身的专项活动与大健康关系密切，完全可以融合发展。

二、打造乡村旅游的升级版

1. 创新三观，是打造乡村旅游升级版的关键

（1）创新资源观。为什么有些地方“捧着金碗讨饭吃？”因为这些地方不把“金碗”当“金碗”，而是当成了“讨饭碗”。如何评价资源？经济发展的不同阶段有不同的判断标准。35年来，名山大川、名胜古迹、世界级、国家级自然和文化遗产，几乎开发殆尽。以观光旅游为主打产品的时代，重视资源的表面审美价值和历史积累的知名度，因为开发成本最低。按传统的资源观衡量，认为剩下的资源没有值得开发的了。

休闲养生、康体健身旅游，重视的不仅是资源表面的审美价值，更重视资源是软性的、内涵的价值。比如空气质量、负氧离子数量、PM2.5含量、土壤微量元素值、水的酸碱度、洁净度、粮菜肉蛋鱼的质量、民风、文化、区位、旅游舒适度和产品品质等不是一眼就能看出的，但却是值得重视和挖掘的资源。这些和城市雾霾形成鲜明对照，与大健康和人的性命攸关，这就是最宝贵、最值钱的资源。用这样的资源观来评价，不仅资源的开发利用更加深化，人的感官开发也逐渐细化，即不仅开发视觉，触觉、味觉、嗅觉、听觉、特别是心灵感受，都开发出来，需要各种对应的资源组成的更加丰富的产品。重视资源的隐性价值，数据成为科学发展观的基础，带给视觉的表面审美感受向其他感官、维度深化，资源选择的范围宽泛多了。于是，丘陵、浅山、河谷、农田、村落具有巨大开发前景。生态旅游、乡村旅游、养

生康体旅游等成为新宠。乡村旅游还是精准扶贫的最好途径，与国家全面实现小康战略有重要关系。

（2）创新产品观。就全国的旅游产品而言，过去35年，建设了大约2.5万个规模以上景区，形成了目前的产品结构。但由于过往相当数量景区粗放型的开发模式，从总体上讲，除少数景区外，大多数产品小、散、差，业态单一，以门票收入为主，盈利点少，效益不高。我们全国景区的门票收入只接近迪士尼公司旅游收入的一半，仅凭这一点，我们距离成为世界旅游强国还有不小的距离。

改变现状的途径就是“跨界”。从2009年国务院41号文件开始，产业融合成为中央提倡的发展方向，跨界整合开始引起重视，于是，“旅游+”的概念被提出，于是，互联网、交通、生态、文化、农业、体育、林业、水利等都是“旅游+”的内容。打造产业融合体成为大企业进入旅游业投资的目标。2013年下半年至2014年上半年，投资100个亿以上的旅游项目达151个，总量达到2万亿。如果加上大多数百亿以下单体项目，还没有详细统计，投资数量肯定是巨大的，旅游业成为消费和投资的新热点。2016年以来，这种投资势头不减。文化创意和农业休闲、康体健身项目快速发展，而且有较大盈利空间和社会价值。除了一些资源单一的小景区之外，有条件的地方，要培育龙头产品和若干骨干支柱产品，形成大企业集群。贵州龙里引进大企业建设大项目的趋势很好，比如中铁和深高速投资的项目。要利用好政策和特色资源，在产品外延和内涵上下功夫，延伸延长产业链条，以形成多业态互相依存的产业综合体。我认为：旅游景区+产业园区+生活社区，“三区合一”的产业融合体作为龙头是未来几十年旅游产品的领跑者。

当然，产品的体量受各种条件限制，大小有度，不要一味贪大求洋。但目前产品结构缺陷主要是小、散、差，强调规模、质量、效益是必要的。比如，全域旅游刚提出来，就受到不少质疑。提建设性意见可以，说根本不行未免武断。5年前，我主导编制的江西南丰规划，根据70万亩橘园和丹霞地貌、军都山胜景、2000多年独特的祈福文化等资源，进行整合，打造全县域大景区。2015年策划的凤冈县以茶产业为龙头的十大产业融合发展的全县域旅游，已纳入规划并开始实施。这些是成功的尝试。原国家旅游局最近公布的全域旅游示范县，值得点赞。有担当的专家和企业，应为这一新生事物的完善、成长助力，为发展中的不足献计。

（3）创新发展观。市场经济的竞争是模式的竞争。我对模式做过研究，提出五对模式对称原理：a. 思维模式与发展路径对称；b. 发展模式与行为模式对称；c. 产业模式与产业定位对称；d. 营销模式与市场定位对称；e. 盈利模式与利益关系对称。

限于篇幅，这里重点讲发展模式和行为模式的对称。发展模式有渐进式和跨越式之别，行为模式有常规和非常规之别。渐进式对应常规的行为模式，跨越式对应非常规的行为模式。现在，许多地方用常规的、传统的行为模式企图达到跨越式目标，那是不可能实现的。比如营销，“成本营销”就达不到品牌跨越式传播的效果。重庆武隆的亿元营销，三年花了3亿元营销费，旅游收入达到一年78亿元；张家界黄龙洞“易地营销”，1600万元穿越天门山，当年门票收入从200万元上升到5000万元。焦作云台山“赊账营销”获得奇效：3年借钱3000万元做营销，门票收入从200万升到4亿元，增长200倍。这些地方的行为模式都是非常规的，因而实现了跨越式的发展，或有些地方称“弯道超车”。相反，故步自封、简单复制，没有创意，就不会有创新；没有创新，也就不会有跨越式发展。

总而言之，创新三观，是打造旅游产品升级版的重要条件。

2. 实现“三化”，让美丽乡村有魅力

从实操角度说，乡村旅游要做大做强，我认为要做到三化：景观化、意境化、产业链群化。

（1）田园景观化：习近平总书记说：“我们既要绿水青山，也要金山银山。宁要绿水青山，不要金山银山，而且绿水青山就是金山银山。”生态是发展经济的基础，也是开展旅游的本钱。乡村有无魅力？能不能吸引人来？生态好是起码条件。观光农业、休闲农业，不是传统农业。传统农业任务是打粮食。观光农业是要把农田种出花来，种出景观和图案来。要按景区标准打造农业旅游村落，这个过程要注意突出农村特色，民居、街道、院墙、小品等，要有观赏性，要有个性化。绿化、彩化、亮化是必要的。仅有绿色也会视觉疲劳，要绿色变多彩，作物成图案。龙胜梯田为什么成为世界遗产？

日本芝樱花田为什么成为受追捧的度假地？原因就是景观化。这方面要向欧美、日本、中国台湾学习，植被、景观树、农田都要追求色彩的层次感。我们刚刚从温饱中走过来，很多欣赏性、艺术性、娱乐性的东西没来得及设计，现在需求有了，供给侧就要加把劲。

（2）乡村意境化：在2013年中央城镇化工作会议上，习近平总书记说，要“让居民看得见山，望得见水，记得住乡愁”。我的理解是，除了保护生态外，要突出文化内涵挖掘。乡愁，是对家乡的感情和思念，是一种对家乡眷恋的情感状态，这种情感状态是综合的、多层次、个性化的。中国是个农业大国，中国的文化之根脉是耕读文化，5000年文明所以不断，是代代记得住了乡愁、乡情。山西省闻喜县礼元镇的裴柏村，2000多年裴姓一家出了59个宰相，59个将军，正史列传或载列者600余人，七品以上官员3000余人，而且没有一个贪官污吏。许多家门楣上雕刻着“耕读传家”。这种根植于泥土中的耕读文化是一种清新纯净健康的文化。耕读家风让农家子弟立足乡村，通过科考求士，为传承中华文明做出贡献。记得我小时候，春节写对联，90%以上农户的对联是“忠厚传家远，诗书继世长”。这些年换成了“鸿运当头照，财源滚滚来”。忠、厚、诗、书都到远方去了，金钱却没能滚滚而来，还有许多农民温饱没有解决。现在，有的农村凋敝，只剩下老人和留守儿童，城里打工的成了流民和不安定因素。有些开发商来农村圈地，把原住民清走，做出的景点成了空壳文化，这条路不能再走，要带动农民一起致富、吸引农民返乡、振兴乡村产业和文化，才是正途。

根据发达国家的经验，场景意境化是打造“一村一品”独特卖点的秘籍。乡村要具有感染力，必须做到场景意境化：园林小品、商品包装、农事展示、亲子场所、娱乐环境等都要有乡村和耕读元素。如宗祠、乡俗、纪事、姓氏、方言、家史、祖训、名士、乡绅等，培养乡土作家、画家、遗产传承人。把乡土文化融化在产品的肌理中，如主题景观，主题酒店、主题农副商品。台湾民宿和农副产品的创意，就值得我们学习。城里人是从农村出来的，欧洲的乡村旅游发轫于进城的乡村人回乡探亲，从而带动了城镇居民去乡村度假。

现在城里的年轻人不识五谷是普遍现象，更有些人瞧不起农民和农村，忘了这个吃苦耐劳的“衣食父母”。去乡村旅游是认祖归宗，亲子教育，甚至是乡愁培育，精神拷问。这不仅是扶贫问题，也是民族精神重塑、耕读文化宿根问题。我也希望媒体给予引导。

（3）产业链群化：乡村是6次产业，一、二、三产业要围绕主产业链条化，形成新的业态。农家乐大多数只吃顿饭就走，留不住人。停留天数是旅游业最重要的指标，客人转一圈2小时就走，是回不来成本的。所以，业态和项目要策划。衡量好的旅游产品的标准，我曾概括为“张五可”：张，即张扬个性；五可：可向往、可进入、可停留、可消费、可回味。比如，“可停留”，3小时一顿饭，6小时一夜觉，“六要素”要逐渐配套，丰富项目，打造民宿的吸引力。乡村旅游要讲创意，如浙江奉化滕头村，1600口人，40亿元产值；浙江金华东阳花园村，带动周围村子40000多人致富，人均收入8万多元，早就提前进入小康。这些地方发展都是多业兴旺，成为产业融合体。农民是这个融合体中的产业工人或服务员，有收入和保险，有很高的幸福指数。产业链条和产业集群是乡村永续发展的条件和动力，也是吸引人的魅力。不仅城里人来，漂在城里的打工者也会被重新吸引回来，乡村户口未来最值钱。

3. 建立和发挥乡村组织的作用，乡村旅游才能大力推进和健康发展

海南省旅委陈耀同志提出过这个观点，我很赞同。许多资源不错的农村，乡村组织缺失，村里无青壮劳力，只有老人和留守儿童，发展乡村旅游无主导，无动力，缺智慧，缺资金，更缺政策。少数地方的农家乐，是乡村旅游的1.0版，需要提升。现状需要政府的介入，把资源和资金、村民和乡村组织、政府和市场力量调动起来。

最近几个月，我应邀到7个省区讲学和调研，发现江浙民宿，产品做得比较精致，浙江的莫干山模式是成功的范例之一。贵州在乡村旅游建设方面走在了全国前头，全域性乡村旅游如火如荼，其中政府、乡村组织的推进起了关键作用。在全国兴起农家乐高潮的时候，贵州就着手编制乡村旅游规划，近几年又开展山地旅游建设，盘活了资源，提升了价值。比如，抓民居改造，全省部署，得到了习近平总书记的高度评价。我在余庆见到一块写有习近平语录的宣传牌：“小青瓦、坡屋顶、转角楼、三合院、雕花窗、白粉墙、

穿斗枋七大元素合为一体，看着就有美的享受，这些民族文化特色一定要保护好。”这样的民居改造全省乡村基本完成，这力度全国领先。现在又在推广“四在农家”（富在农家增收入，学在农家长智慧，乐在农家爽精神，美在农家展新貌）。我所考察过的黔南、安顺、遵义等州市，干部带头，效果明显，群众满意。重点景区建设，都有县委、县政府的干部蹲点指导，成立一套乡村干部、农户代表参加的工作班子，有组织、有计划地推进。凤冈的茶海之心景区、余庆的余庆坊——红渡景区等，都依据各自资源特质，打造“一村一品”的独特卖点。省政府规划，到 2018 年，“四在农家”实现全省行政村全覆盖。这种创新模式、推进速度全国首屈一指。在贵州，看不到有些地方干部的精神状态——“一反腐，就趴窝”的现象，从省委书记、省长到各级干部和群众，完全发动起来了，在打造乡村旅游升级版上成为全国的领跑者。为了发展乡村经济，崇山峻岭的贵州，高速公路做到县县通，是不少平原省份都没做到的。人们完全相信，贵州的“两康社会”（大健康、全面小康）一定会提前实现。比较而言，贵州模式更有典型意义和推广价值。因为贵州这样的穷省能做到的，其他经济条件好的省、市、自治区，没有理由做不到。

2016 年 12 月中国网举行的中国乡村旅游论坛开始前，与原农业部常务副部长尹成杰、中国网乡村论坛秘书长屈英杰、副秘书长李扶捷“三杰”合影

第二节 江西南丰60万亩橘园——公园—游园—乐园

江西南丰是著名的南丰蜜橘的产地。南丰产的蜜橘，味道甘甜，曾作为国礼，由开国领袖毛泽东作为给斯大林的寿礼运到莫斯科，受到苏联朋友的好评。全县60万亩蜜橘是全县的主产业。如何把橘园变成公园，把公园变成游园，把游园变成乐园？也就是农业如何与旅游业融合发展，县委书记祝宏根到北京聘请我担纲全县总体规划编制的顾问工作。这是一部名副其实的全域旅游和乡村旅游规划，当时我称其为产业跨界融合规划。

祝书记于2009年到京与规划团队见面，邀请我担任顾问，为规划把关，我身上压了一副担子：规划做成什么样？对地方经济发展起什么引导作用？特别是规划如何指引农民脱贫奔小康？按传统的模式做，克隆就行了。那样，就对不住祝书记和南丰百姓，必须努力做成样板和典型。

一、努力提供一组内容丰富的规划成果

这个文本的内容、架构是经多次研究修改而成的，也是同甲方各级领导、部门合作的结果，值得一提的是，县委祝书记一直关注并给予了很大的支持。经过一年努力：2009年12月19日考察，给干部讲课，2010年5月9日规划组第二次进场考察、初稿征求意见、近20次开会研究规划重点架构、章节，最终提供了：理念体系＋规划纲要＋产业融合规划＋产品组团设计＋市场营销＋典型案例＋配套规划＋专题研究＋资料汇编＋图件＋PPT介绍。是一部思路创新、内容多元、成果丰富的规划。

二、努力做成一部高位谋划带动项目策划的县域旅游发展战略规划

这不是一部景区景点的概念性规划和修建性详细规划，不能用这样的标准写总规、评总规。现在有些地方把总规做成了景区规划，标准做低了，引不起政府的重视和相关部门的支持，缺点是细部不细、高度不够。南丰的旅游业发展总规，课题组所花精力的重点首先放在高位谋划上，注意研究旅游

业在县域经济中的地位、作用；产业融合的观念、方法；理念体系的打造；旅游形象与县域形象的关系；旅游产品群架构梳理等高位规划。如城市规划与旅游规划的关系，在上位规划中争取预留旅游业发展的空间和话语权，甚至获得城市规划部门的支持，把旅游规划放在引领城市规划的地位上（上次提了个意见，傩乡大道、曾巩大道对调，便于资源整合，县里立即行动，桥墩重新刻字，这就是真抓实干）。在这个基础上，处理宜居宜业宜游问题、处理城市在解决本地人的休憩和旅游者休闲设施的结合、为游客中心、购物一条街、饮食一条街等预留空间的问题提供基础。甚至县委县政府领导机关周围的空间景观布局，橘山福地规划也注入了旅游主题元素。

再如，旅游产业体系架构的搭建：五产三区一理念，一体两翼三组团。五产：以旅游与蜜橘、文化、工业、林业、城建等产业行业为重点的产业融合。三区：城区、园区、景区。一理念：以“南丰福地，中国橘都”主题形象口号为代表的理念系列。一体：南丰地图酷似蝙蝠，中间水系、城区为蝙蝠之体。蝙蝠，中国传统福文化的形象代表，五福捧寿；两翼：以盱江为界，东西两翼，是旅游产品布局空间。三组团：琴城及周边文化体验和客源聚散中心片区、石邮杨梅军峰观光休闲片区、汤尾傩湖康都康体健身和红色旅游片区。三片区中间还有许多景观散落。南丰景区布局合理，每隔20公里左右就有吸引物存在，使游客不感到寂寞无聊。东西中三组团呈品字结构，要在景区建设的品质、品格、品位上下功夫。从而使规划成为政府抓旅游业和橘产业的抓手，成为旅游企业建设服务设施的依据。

三、努力编制一部理念和行为、主题和产品、口号与营销一以贯之的规划

传统的规划见物不见神，在理念上下功夫不到位，或者理念和产品两层皮。南丰规划要努力克服这个问题。首先是理念的梳理和提炼。县域产业定位、主题定位、产品定位、市场定位、游客体验定位、营销口号等，是环环相扣的定位体系，是从南丰地脉文脉中提炼的，不是引进的洋魂野鬼。营销学上关于USP（独特卖点）和独特销售主张的概述，是讲每个特定的地方都有自己的场景意境和灵魂保护神，离开了具体的场景意境，引进的洋魂野鬼

对南丰这个躯壳没有忠诚度。南丰的场景意境就是“福地”，就是60万亩蜜橘园；南丰有一个特殊的民俗，就是村村都有福主庙，供奉汉代将军吴芮，民间传说县城旁边的军峰山就是他坐化的躯壳，守护南丰百姓2000多年，所以灵魂保护神就是“福主吴芮”。有了这个福地福主，南丰历代风调雨顺，无战乱，无灾荒，“十福临门”。这和别的地方的“福”不一样。“南丰福地，中国橘都”，是南丰理念体系的核心，抓住了福地资源的典型要素，使旅游主题口号与县域形象口号合一。这个理念体系在产业关系上、产品建设和市场营销上一以贯之。

南丰的发展理念从南丰远古文化中走来，又是现在活着的文化；又应了抚州“福寿双全之地”（南丰福主殿，南城麻姑献寿）；更符合中央以提高国民福祉指数作为衡量经济发展的标准，真乃上应天意，中和政意，下接地气。这个口号未来是可以叫响的、有前途的。

四、努力编制全国第一部产业融合的旅游规划

在全国旅游规划中，产业融合的观点被引用的规划有，但以专章阐述甚至以此为主题的旅游规划还没有。南丰这部规划，应该是第一部产业融合规划。国务院〔2009〕41号文件指出：“大力推进旅游与文化、体育、农业、工业、林业、商业、水利、地质、海洋、环保、气象等相关产业和行业的融合发展。”根据这一重要指示，我们筛选了南丰的几大特色产业：蜜橘产业、宗教文化和傩文化、工业、城建，分别写出与旅游业融合的规划。

蜜橘产业：蜜橘是南丰的主打产业，60万亩面积再扩大，单位面积产量再增加，几无潜力，出路是增加附加值，在于产业融合、产品精细化深加工和国际化。蜜橘的花叶具有附加值，旅游者观花、赏叶、品果；以往花叶无人赏，果子成熟了卖不出去，烂掉了，现在客人进来了，直接品尝带走了许多，还有的和橘农签合同；利用蜜橘深加工做成的保健品、化妆品，开展康体养生项目。引进国外技术特别是日本的蜜橘加工技术，实现蜜橘产业国际化的目标，拉长了产业链和销售链。这个过程，旅游业和蜜橘产业融合是最关键的。

形象概括：口号是“南丰福地，中国橘都”，吉祥物是橘娃娃；游览项

目：四季游、罗里园、供品园、国礼园、参观橘产品深加工园地和泡橘温泉；城市建设：橘乡大道、橘文化主题酒店、橘产品销售；餐饮：橘香饭、橘香猪、橘香鸡、橘香蛋、橘蜂蜜等。产业链不断延伸，市场不断扩大。橘产业新生在于产业融合、产品深加工和国际化；把买橘人先变成游客，更多的游客变成了买橘人。

旅游业与宗教文化融合：南丰典型的文化是宗教文化、傩文化、福文化，而福地祈福是三大文化的核心。琴城古貌元素的恢复、石邮村的恢复、对福主殿的统一、祈福活动的设计、打造在数百年的傩神庙旁组织千人傩舞秀、道教装迎、琴城佛乐演奏队建立、傩面具纪念品开发都是重要内容。

旅游业与工业的融合：工业园区有一定规模：一园五区，8 平方公里，落户 102 家企业，现有在建 26 户，已投产 72 户，64 个工业企业已开业，设计参观点、供应点、示范点，即要求家家厂区是景点，都可以作为旅游参观点；一部分企业生产的产品直接是旅游产业消费品、工艺品、纪念品的供应点；少部分厂家成为工业旅游示范点。要有标准，有要求，有检查，有发展指标。这样就做到了工业与旅游业的融合。

旅游业与城市建设的融合：参与上位规划，成为“县域乐”典型，是对农家乐品质的提升、产品的丰富、范围的扩大，是中短程游客寻求福乐康宁的目的地。这种做法在 2700 多个县中具有典型意义。

旅游业与林业的融合：军峰山的开发。

在产品组团设计中，不仅注意了纵向的产业、行业的条条融合，在横向的、块块的设计中也贯穿了产业融合的思路，如“橘温泉”“工业园区”景区化，坚持城区、景区、园区三区发展战略衔接等。

通过资源整合、产品集合、产业融合的发展，必然形成龙头牵动、主体做大、捆绑发展、叠加效应，从而壮大县域经济。

综合上述特点，这部规划在理念上、高度上，在产业融合的内涵和外延上，在传统规划模式的改进上，在产品设计和市场营销上都有创新。

当然，还有一些不足之处。文字表述个别地方不准确，提供的成果合订还是拆装有待商榷，文本提供得太晚，专家和县里的同志未能充分酝酿，要再座谈和收集意见反馈给课题组。

抓紧修改报批、抓紧产品建设和市场营销很重要。

产品建设：做详规设计。请喜林苑（悦榕庄）参与，先行国际化，傩舞、蜜橘国际名声不小，以国际带国内，出口转内销，适应中国人扎堆和跟风的消费心理。

营销的目标是推进南丰成为全国农业产业与旅游业融合的典型，成为原农业部、原国家旅游局和江西省政府抓的产业融合的典型；成为国家级乡村旅游的典型县；以红色旅游和海西经济延伸为纽带，融入海西国家战略；成为赣南经济发展的中心，建机场，成为赣南客源聚散中心，成为区域旅游目的地（赞成祝书记这个雄心壮志，我的边缘观：传统的行政观和现代区域观区别，胡杨林、红树林——边缘有奇观。边缘的新生在于区域整合，以我为中心，打造区域旅游目的地。）具有了品牌价值就具有了影响力和经济实力。

搞好营销活动设计：祝书记说：南丰经济到了转折的关键时刻，旅游是抓手，是突破口——旅游兴县、旅游强县。目标市场3个：包括南昌的周边城市群、海西各省市、北京。今年重点活动：10将军书画笔会；千人傩舞秀，和强势媒体结合，要有国外的媒体；完善标识和近距离广告系统。口号遍布300公里内高速公路出入口横杆。

南丰旅游得到省市党委、政府的重视，原江西省委书记强卫充分肯定南丰橘园变乐园的模式，富了农民，富了县财政；建设了美丽乡村，做大了县域经济。在祝书记提升为地级市副市长上任前，又约我给全县干部讲课，他亲自主持并作总结。现将祝书记的主持词原文转载，供朋友们参考。

祝宏根书记在县委中心组（扩大）理论学习会议主持词

（2016年5月20日上午，行政大厦七楼会议室）

尊敬的邵春老师，同志们：

今天召开县委中心组（扩大）理论学习会议，把县四套班子领导，各乡镇（场）、部门单位“一把手”，以及旅游战线的核心力量召集起来，主要是聆听邵春老师的讲课。

邵春老师是原国家旅游局巡视员、中国社科院特约研究员、《中国旅游报》原代总编辑、品牌中国产业联盟旅游专业委员会会长、清华大学、北京大学旅游规划设计机构高级顾问和中国城市营销理论的建树者。他从事旅游发展策划营销30多年，有着深厚的旅游理念和丰富的工作经验，已在全国各地讲课600多场，牵头编制和评审规划1000多部，一手谋划、推进各地、各类营销策划案100多例，发表文章2000多篇，著有《品牌策划36计》等多部著作，被全国上下尊称“中国策划界金手指”，先后被评为中国十大策划风云人物，荣获“案例双金奖”“中国策划二十年贡献奖”、改革开放30年年度“中国十大品牌专家”等称号。我提议，让我们用热烈的掌声欢迎邵春老师在百忙之中再一次莅临南丰、前来帮助南丰特别是南丰旅游的成长！

下面，我们恭请邵春老师为我们带来“打造美丽乡村和全域旅游升级版”专题讲座。

（内容略）

祝书记的总结语：刚才，邵春老师从“关于全域旅游概念解读；南丰是中国全域旅游的一面旗帜；全域旅游背景下的美丽乡村建设；关于南丰实践的经验总结”等方面，用理论体系思维，用实证案例说话，形象地分析了美丽乡村建设、全域旅游发展的机遇和趋势，并且将理论知识与南丰旅游发展实际相结合，对南丰美丽乡村建设和全域旅游示范区创建提出了宝贵建议。邵老师的讲课，深入浅出、精彩纷呈，内容丰富、例证生动，为南丰旅游发展提供了很好的借鉴和指导作用，让我感悟颇深、受益匪浅。推进全域旅游是我县贯彻五大发展理念的重要途径，代表着现代旅游发展的方向。全县上下要牢固树立“旅游强县”的意识，主动适应“从景点旅游模式向全域旅游模式转变”的旅游发展新常态，积极消化、吸收邵春老师的讲课精神，围绕县委既定的战略部署，完善思路，勇于探索，增强首位度，找准着力点，着力把旅游业建成全县科学发展的“黄金产业”“民生产业”“幸福产业”。

邵春老师与南丰特别是与南丰旅游业发展有着深厚的渊源，我觉得，这个渊源可以用“传道、授业、解惑”来概括。

“传道”，就是2008年至2010年，在南丰旅游发展还是“零起点、零基础”的时候，邵春老师就秉持拓荒的精神，数次深入我县，就南丰旅游发展进行了多轮实地调研，全县每处旅游资源点甚至军峰山顶，都留下了邵老师的足迹，并给大家讲了一堂旅游启蒙课，绝大多数同志就是从那个时候，开始真正了解旅游产业、思考南丰旅游，可谓亲历又亲为。

“授业”，就是2011年，南丰旅游发展刚刚起步的时候，邵春老师又亲临南丰，在再次细微探勘南丰旅游资源的基础上，为我们上了一堂题为“旅游品牌建设与推广”的专题讲座，在南丰旅游刚刚迈开步子、仍然较为迷茫的阶段，指导我们怎么走、怎么干，可谓生动又深刻。

“解惑”，就是今天，在南丰旅游通过几年的探索实践，开始小有变化、初见成效，但仍处转型升级和弯道超车的关键时期，邵春老师又来到大家身边，给我们讲解了“打造美丽乡村和全域旅游升级版”，为我们解疑释惑，可谓及时又“解渴”。

邵春老师不仅与南丰旅游渊源深厚，更对南丰旅游做出了重大贡献。

他是南丰旅游开篇立志的指导大师。南丰尽管山水秀丽、人文独特，但在江西这个旅游资源大省，在2010年“十一五”期末那个发展阶段，南丰要发展旅游多少有些“底气不足”，正是因为他对南丰旅游资源和产业特色、地方品牌的高度评价与独到见解，认为南丰可以走“以橘为媒、文化立异、产业融合”的特色旅游发展之路，让我们坚定了发展旅游的信心和决心，开始集聚全县之力，开启了以旅游为突破的绿色崛起新道路。

他是南丰旅游谋篇布局的策划大师。2010年年底，由邵老师领衔编制的《南丰县旅游产业发展总体规划》，提出了“生态观光、文化体验、休闲度假”三位一体的旅游业态构想，提出了“一体两翼”的旅游区域布局，真正的高起点、大手笔，直至今天，全县旅游产业发展一直在这一规划的引领之下，可以说，邵老师为南丰旅游绘制了一幅通上情、接地气的宏伟蓝图。

他是南丰旅游立篇高远的战略大师。邵春老师2010年为南丰旅游在全国首创的“县域乐”旅游发展新模式，提倡农旅融合，把全县70万亩橘园逐渐建设成公园和游园“三园合一”“景区、园区、社区”“三区融合”“资源观”“产品观”“发展观”“三观创新”的规划思路，提前6年与当前国家旅游局推出的“全域旅游”发展战略不谋而合，不仅体现了他超出常人的战略眼光和发展理念，更让南丰旅游在起步之初，就走上了正确的发展路径，使南丰旅游在赣东南乃至江西省开始凸显。最显著的实效就是引导我们入选首批国家全域旅游示范区创建单位，为南丰旅游的下一轮发展，抢占了制高点。

他是南丰旅游不断扬名的义务宣传师。邵春老师不仅为南丰旅游品牌建设和市场推广出谋划策，更是常年在全国各地旅游高端论坛上、在多地旅游宣讲过程中，主动宣传南丰、宣传南丰旅游。可以说，南丰旅游这些年一路走来，邵春老师是全过程的指导者、参与者、帮助者，用情之深、付出之多、功劳之大，可以说是南丰旅游的恩师，南丰旅游这几年之所以能够成功引爆，邵春老师功不可没。

让我代表县委、人大、政府、政协四套班子和32万橘都人民，再次用热烈的掌声，对邵春老师为南丰旅游发展做出的杰出贡献，表示衷心的感谢和崇高的敬意！

我们要按照邵春老师提出的寄语和期待："品牌打造最范特首、产品建设人性精细，市场营销合纵连横，形象口号通天接地"，这是很高的目标，值得我们继续努力。最后，让我们再次用热烈的掌声，感谢邵春老师为我们带来如此省人心智、启人思维的精彩讲座！

会议到此结束，散会！

第十四章　生态旅游

第一节　生态是民族发展的根本

生态文明是连续两届党的代表大会确定的战略任务之一。在党的十七大第一次提出建设生态文明的思想，这是继党的十六大提出的建设物质文明、政治文明、精神文明要求之后又一重要任务。十八大以来，习近平总书记就生态文明建设的战略地位做出了一系列重要论述。他指出“生态文明建设是关系中华民族永续发展的根本大计”。两山三段论：既要绿水青山，也要金山银山的重在发展论；宁要绿水青山，不要金山银山的重在保护论；绿水青山就是金山银山的重在统筹论，辩证而全面。

有人说：空气、江河污染，雾霾严重，生态出现了问题，这是发展的代价。那么今天我们已经发展起来了，有些软道理也变成了硬道理，因此，现在强调保发展、保生态、保民生是三条底线。如果以发展为由破坏生态，就要查处。中央环保巡视组到各地巡查，限期整改，整不动的就采取雷霆手段。大理洱海的治理、秦岭北麓别墅区的拆除，已经起到了示范作用。相信生态文明的推进，不是说说就完了。任务将落实到各地区、各行业、各部门，并成为经济可持续发展、人民长远利益得以实现的保障。

中国旅游业发展的40年，我最深刻的体会是：生态，是旅游业发展的基础，破坏了生态，就毁掉了人民大众出游所追求的美好环境。因此，我先后发表过40多篇呼吁保护生态环境的文章，如《大漠奇迹》曾引起全国两会代表、委员们的关注。全国记协主席邵华泽，中科院资深院士、中国地理学会名誉理事长吴传钧等知名专家推荐我申报国家环保最高奖项“地球奖”。

中国地球奖组委会副主任、香港地球之友总干事吴方笑薇聘请我为“地球之友”（详见丛书之六记者笔耕篇）。

第二节　城乡一体 农旅融合 搞好规划——在“美丽中国·特色生态旅游城市创建与发展论坛”上的发言

2013年11月30日，“美丽中国·特色生态旅游城市创建与发展论坛”在北京西苑饭店举行，我应邀在论坛上发言，提纲如下。

我们先从两个关键词生态、生态旅游定义着手，分析一下什么是生态和生态旅游?

生态，（ECO，是 ecosystem 的缩写）生物体的生存状态，以及它们之间和它们与环境之间环环相扣的关系。

旅游，去其所止而不处——《易经》第56卦“旅卦”，即暂时离开居所到某地停下来但不久住，这是3000多年前对旅游的基本属性的表述。现代的旅游已经不是少数人的行为，它已经成为大众的一种生活方式。

生态旅游：国际生态旅游协会定义为：“对自然界负责任的一种旅游活动——生态是旅游业发展的基础和核心资源，旅游是生态价值体现的重要载体。保护和利用生态资源，是执政者、专家学者、旅游业者和旅游者的共同责任。”

一、生态旅游城市的建设和发展要走城乡一体化道路

生态城市，不仅仅是在城市里种树种花。在人类经济活动过程中，生态建设与文化有什么关系？生态建设与产业链群有什么关系？建设生态文明城市，不能离开乡村，要走城乡一体化发展的路子。据两组数字：旅游30亿客源，大致有四个走向：一是城里人下乡，二是乡下人进城，三是海外客入境，四是中国公民出境。其中29亿国内旅游者中有7亿多人到乡下旅游，占国内旅游市场的1/4。乡村由于有好于城市的生态条件而被城里人视为重要的旅游目的地。我国70%的旅游资源在乡村，节假日、黄金周，70%的城里人去周边乡村旅游。因而，乡村旅游发展是城乡一体化发展的

突破口。

二、生态旅游城市的建设和发展要贯彻好三中全会精神

18 亿亩农业用地红线不能突破的情况下，解决三农问题不能靠房地产，而应大力发展乡村旅游。什么叫乡村旅游？乡村旅游就是以三农资源为基础，整合山水资源、生态农业、林业资源、乡土文化资源而形成的产品，由农民或企业家参与经营，以接待城市居民为服务对象的旅游业态。观光农业、有机农业、高效农业是发展方向。在这个过程中，实现农民身份的改变，这是实现全面小康和中国梦为农村发展前景的设计，也是城市带动乡村发展的基本路径。观光农业比传统农业经济效益好。据农业部的统计，2010 年传统农业产值一公顷 2.9 万元，搞了旅游观光以后土地价值增长了 6.22 倍，达到每公顷 18 万元。全国劳动力的劳均产值不到 2 万元 / 人 / 年，搞了旅游观光以后增长了 2.75 倍。举例说一下山东省淄博市高青县的农业养殖有机项目，通过黑牛育种繁殖，牛肉最好的部位能卖到 1700 元 / 斤。牛粪通过蚯蚓来发酵变成有机肥，给大棚蔬菜作为肥料，形成一个产业链。同时，也成为旅游者的参观点。这种农旅融合的产业发展模式在农村有广阔前景。

三、生态旅游城市的建设和发展，要搞好规划设计

最近，广东省委、省政府下发了《促进韶关、梅州、河源生态发展的意见》，有的投资商纷纷调整投资方向，把从矿业和房地产赚到的钱，投资建设生态旅游区。我在河源做了一部《南越文化生态旅游度假区总体规划》，通过解剖这个案例来回答做好规划的重要性。

文化是景区的灵魂。南越文化生态旅游度假区位于广东省河源市紫金县古竹镇。景区主要地理特征是丹霞地貌，生态条件优越。秦帝国建立以后，秦始皇派了五路大军到岭南征伐百越，大将赵佗把中原文化带到那里，使其与岭南文化融合，形成了南越文化。这个文化是南越生态文化景区的灵魂，是别人抢不走、仿不来、偷不去的最独特的卖点和竞争力。

定位是规划的核心。定位是一个系统：战略定位、形象定位、产品定

位、市场定位。

战略定位：概括总结为“五个重叠区”，即：沿海地区优先发展和老少边穷地区协调发展的国家战略重叠区（沿海、香港的水源地，老区：澎湃领导的海陆丰第一次农民暴动，第一个人民政府、唯一的苏区乡）；客家文化与岭南生态重叠区；珠三角区位与客家市场条件重叠区；古越文化与现代文明重叠区；省委、省政府关于粤北山区跨越发展，粤东西北地区振兴发展，韶关、梅州、河源生态发展重叠区。项目所在地的河东新区，交通网络“八纵二横”。区位和交通优势造成了政策高地、财富洼地和千载难逢的历史发展机遇。

形象定位：“岭南文根，古粤之源，心灵寄所，养生家园。”

产品定位：第三代旅游产品的领跑者，广东省委、省政府推动区域和产业发展的典型案例，成为河源市东江新区和紫金县建设生态城市的抓手和标杆。

主题和产品群的逻辑关系是：总的主题要突出南越文化，（客家之祖，毛泽东曾说赵佗是南下干部第一人）；负氧离子含量，PM2.5 值，动植物生态优势成为重要吸引力；康体健身、有机农业、养老养生是承接越王文化的产品载体（赵佗 104 岁，中国历史第一长寿王）；南越文化、客家文化、佛教文化、道教文化、养生文化、长寿文化、竹文化、饮食文化等要化入一系列休闲、养生、健身项目的产品肌理；南越文化小镇、养老社区一体化打造成功能相对独立的两个相邻的主题片区，为节约成本和土地资源，尽量做到共享公共配套设施。

市场定位：越王山“两小时经济圈”内大中城市聚集。因而其核心市场是广东省、珠三角、港澳台；目标客源群体：培养中端，瞄准高端，大众、小众相结合。重点要抓住自驾游、背包客、寻根恳亲客属、城里到乡村旅游、购买有机食品、养老养生、治疗老年病、慢性病的老人以及攀岩、运动、野外拓展的中青年等客源引领群体。

在向市县汇报的时候，他们肯定了规划创意和产品空间布局，形成了“产品建设抓中间带两头，市场营销抓两头带中间”的重点突破策略。即产品建设与巴登城差异化发展，以中档为主，兼顾高低端需求；市场营销抓住孩子、老人这两头，带动中间年龄段客源。

生态是城市和景区的本钱和最大的卖点。负氧离子每立方厘米 10 万个以上，食品是有机的，鱼、肉、蛋都是野生或散养的，这样的地方是城里人所寻求的。有一家养老机构提出 60 岁老人终身关怀的理念，打造 1—100 岁关怀产品，其实，生好孩子，要有好基因，人生关怀应该从 0 岁开始，从基因、育种开始。什么能修复基因？是生态，是好的空气质量和有机食品。大城市负氧离子低，PM2.5 指标高，人们渴求生态好的地方，南越文化生态旅游度假区养生健身、修复基因。随便编了几句口号：要想壮家根，越王山来联姻——开展新婚旅游。要想修基因，越王山来健身——运动旅游。想当不老松，越王山来养生——打造养老产业。这就是口口相传的旅游形象，传开了，景区的营销就成功了。

第三节　倍加珍惜的地球之肾——在“会仙湿地独特价值和有效利用”主题论坛发言提纲

2011 年 11 月 6 日，广西临桂举办“会仙湿地独特价值和有效利用”主题论坛，作者应邀作如下发言。

作为一名旅游工作者，来到论坛上谈湿地，应该说是外行。我把我的话题概括为三个动作三句话：跳出来、钻出去、站上来；跳出旅游说湿地，钻进湿地说旅游，站在人与自然和谐的高度说湿地的保护和利用。

一、跳出旅游说湿地

湿地与森林、海洋，并称为全球三大生态系统，是人类在地球家园的基本生存环境。人类自古傍河而居，湿地是人类生命和文明的源头，和人类产生了依存关系，我们不能不对湿地进行研究。

1. 湿地是什么？科学上是如何界定湿地的？

《湿地公约》对湿地的定义具体表述是：“湿地系指天然或人工、长久或暂时之沼泽地、湿原、泥炭地或水域地带，带有或静止或流动，或为淡水、半咸水或咸水水体者，包括低潮时水深不超过 6 米的海域。”根据湿地的广义定义，河流、湖泊、沼泽、珊瑚礁、海滨都是湿地；此外湿地还包括人工湿地，如水库、鱼（虾）塘、盐池、水稻田等。

依据这一定义，世界保护监测中心的估测，全球湿地面积约为570万平方公里，占地球陆地面积的6%。（其中湖泊占2%，藓类沼泽占30%，草本沼泽占26%，森林沼泽占20%，洪泛平原占15%）。

中国是世界上湿地资源丰富、面积广大的国家。我国湿地类型多、分布广、区域差异显著、生物多样性丰富。据最新统计，现有湿地面积约6594万公顷，占世界湿地的10%，位居亚洲第一位，世界第四位。其中天然湿地约为2594万公顷，包括沼泽约1197万公顷，天然湖泊约910万公顷，潮间带滩涂约217万公顷，浅海水域270万公顷；人工湿地约4000万公顷，包括水库水面约200万公顷，稻田约3800万公顷。

2. 湿地的价值是什么？今天会议的主题是会仙湿地独特价值与有效利用。会仙湿地价值有三：

其价值与世界、全国湿地保护利用的意义有关。湿地与人类的生存、繁衍、发展息息相关，是自然界最富生物多样性的生态景观和人类最重要的生存环境之一，它不仅为人类的生产、生活提供多种资源，而且具有巨大的环境功能和效益，在抵御洪水、调节径流、蓄洪防旱、控制污染、调节气候、控制土壤侵蚀、促淤造陆、美化环境等方面有重要作用，因此，湿地被誉为“地球之肾”。中国的湿地生境类型众多，其间生长着多种多样的生物物种，有些物种是中国所特有，具有重大的科研价值和经济价值。

湿地，是人类赖以生存的重要的生态系统。这个系统的生存状态正在受到严重威胁。保护和利用好湿地，是全世界、全中国人民共同的责任。会仙湿地的保护利用不是一个孤立的问题，从国家利益、人类生存的高度来认识，才能理解会仙湿地保护利用的重要性层级，也才能揭示会仙湿地的真正价值，在保护利用的政策、规划、法规、宣传、举措等方面才能借势而行，形成气候和合力。

会仙湿地对于桂林山水和漓江水系有重要价值，保护利用好会仙湿地，是桂林市发展战略的重要组成部分。会仙湿地河水三分入漓江，七分入柳江，是桂林山水不可分割的组成部分和漓江大水系建设“六江四库四湖一湿地”

的重要组成部分，被誉为“漓江之肾”。保护会仙湿地，对于净化漓江水质、保护漓江流域生物多样性和区域生态平衡有着举足轻重的作用。也就是说，保护会仙湿地就是保护漓江之“肾”，就是保护漓江的“生命健康”。保护利用好漓江，就是为中国人民和世界人民保护好这一“甲天下”的美丽山水。

会仙湿地的自身价值也很大。会仙湿地有6平方公里，是目前广西最大的一片湖泊型湿地，也是广西岩溶峰林地貌中最具研究价值的典型湿地，具有巨大的环境净化功能及经济社会效益。会仙湿地分布着桂林面积最大的珍稀物种野生稻，可以成为科研科普教育的基地和旅游休闲的好去处。

二、钻进湿地说旅游

作为旅游工作者，来到湿地自然想到：湿地与旅游有什么关系呢？中国旅游业发展了32年，为什么旅游业和湿地的关系越来越密切呢？这是因为，旅游业发展的不同阶段，对资源禀赋的要求和利用不同。观光—休闲—度假的需求不同，产品对资源整合的要求也不同。

观光时代，人们追求视觉审美，去的是名山大川、古建庙观，观赏的是客体外形之美，这是物质的、表层的，属于第一层级的资源开发。

休闲时代，人们的心态已变得从容一些，不是急匆匆赶鸭子式的长途拉练，有了欣赏文化的心情。旅游目的成为体力恢复、精神逃逸，从过去表层的审美逐渐发展为心灵的体验，人们追逐那些生态好、有知识含量、有文化内涵的深层审美价值。因此，第二层级的旅游资源开发，就不满足于名山大川，空气、水质、有机食品、文化感受、静谧、康体健身、精细化服务等成为选择目的地的重要考量。湿地项目，正是在这种气候下受到关注的，特别是距离城市较近的湿地，成为开发利用的优先资源，比如，杭州的西溪湿地和桂林的会仙湿地的开发。

三、站在人与自然和谐的高度，在旅游开发中搞好湿地的保护和利用

我们用“地球之肾”来比喻湿地，从人患了肾炎、尿毒症，最后走向肾衰竭而导致生命终结，就可以知道地球的水系破坏了，人和自然的和谐也就破坏了，经济社会都不可能持续发展。因此，人与自然的和谐成为科学发展

观的核心内容之一。所有的过度开发、野蛮开发，只顾眼前利益，不顾长远利益，只要短期发展，不要持续发展的做法，一切急功近利的行为和政策必须停止。这就是中央要求的增长方式的转变。

现在，之所以特别强调湿地的保护，是因为湿地受到了严重破坏，面积迅速萎缩，水质遭到污染，而且恶化势头不减。不保护，湿地这个生态系统将迅速枯竭死亡，人类自己将无生存之地。

据统计，工农业生产排放的废弃物，使 40% 的湿地遭到不同程度的污染。总体上讲，中国湿地继续丧失和退化趋势尚未得到有效遏制。保护任务迫在眉睫。

会仙湿地遭破坏的情况也很严重。据调查，宋朝以前，会仙湿地面积约 65 平方公里；20 世纪 50 年代，湿地内尚存 20 多个湖塘，面积约 25 平方公里；近半个世纪以来，由于缺乏有效的保护和管理，人们逐渐对湿地蚕食围垦，湿地面积减少到现在的 6 平方公里，与 50 年代相比，减少了 75%，与宋朝以前相比，剩余面积仅占 10%。政府一直和非法蚕食会仙湿地的现象进行着不懈的“拉锯战”，但湿地却仍在以每年 800 到 1000 亩的速度缩水。有专家预测，会仙湿地如不采取切实有效的措施加以保护，10 年内湿地将完全消失，届时将严重影响漓江水系的水生态系统，进而影响桂林市作为国家旅游城市的地位。

保护利用好湿地资源，除了诸如：要把保护放在首位，湿地是城市之母，保护是利用之基；要立法保护，执法要严，核心区不得建设接待设施，禁止非法养殖，路基不得截断水脉；保护好湿地动植物物种等，还要有新认识，建立新机制，采取新举措，抓住新机遇。在临桂县副书记陆桂弟的文章中，已有不少阐述。比如新机遇问题，联合国国际岩溶研究中心将在会仙湿地建设岩溶生态研究基地、桂林成为国家旅游综合改革试验区、会仙湿地被列入全国三大湿地保护与修复工程之一。要抓住这些机遇用好政策，制定规划，筹集资金，统筹治理，并与合理利用相结合。

在开发方面：

1. 以旅游融合其他产业，在实地范围内进行行业产业选择，坚持低耗高效的综合开发。

2. 建设个性化的湿地公园园门、停车场、游客中心，重点是湿地博物馆，使其成为科研科普教育的重要场所。

3. 明朝大旅行家徐霞客曾游于此，并在分水塘狮子岩石碑上留下诗句："桂柳陡河水长流，虎仔桥上看客舟；龙王庙内钟鼓响，如此风景消旅愁。"在保护过程中，要逐渐恢复会仙湿地的古风和场景意境，强化其城市郊野公园、科研科普教育场所和游客休闲空间的复合型功能，打造低碳高效产业链。

4. 临桂是我军老一代上将李天佑的故乡，抗战名将白崇禧的故居在会仙湿地，此处可以成为连接海峡两岸情谊的场所。

5. "会仙"这个名字很有诗意，它还有一个很浪漫的名字，叫相思埭。学富五车的智者和鹤发童颜、仙风道骨的老者喜欢这里，各个年龄段的恋人也喜欢这里。这里的自然美景适于搞婚庆活动。婚庆，是一个大市场，也是一个值得挖掘的金矿。据民政部统计，每年有全国人口 6% 的人走进婚姻殿堂，每对新人婚礼的花销 10 万元，这样，一年就有 16000 亿元的消费，相当于 2010 年中国的旅游总收入。所以策划好相思埭婚庆活动就是湿地旅游的重要项目。关键是与婚庆公司合作，使其产业化，要培育摄影环境，婚礼、婚宴、婚房等服务要有特色。

昨晚，台湾歌手黄安演唱时，随口说了一句："不到临桂，白来桂林。"这是一句临桂很好的营销口号。我想效仿黄安的句式也说一句："不到湿地，白来临桂。"

第十五章　康养旅游

发展大健康产业，已经成为国家战略。2015 年 10 月 29 日，党的十八届五中全会会议公报提出，推进健康中国建设，深化医药卫生体制改革，理顺药品价格，实行医疗、医保、医药联动，建立覆盖城乡的基本医疗卫生制度和现代医院管理制度，实施食品安全战略。2016 年 10 月 25 日，中共中央、国务院印发了《“健康中国 2030”规划纲要》，29 个章节，对发展战略、现状分析、方向目标、保障措施、组织架构等作了规定。把建设“健康中国”提到优先发展的战略地位，规定到 2020 年，大健康产业达到 8 万亿元产业总规模。于是，一些学者发表意见，支持大健康产业。企业家纷纷向大健康产业投资，全国形成了整体氛围。大健康战略要分解到各行各业，才能得到落实。我曾经参与过中国药都安国的规划编制和评审，也参与过许多地方的大健康论坛。在黔南州大健康论坛上，我讲解了发展大健康产业的必要性。

康体健身游是一种特色旅游项目，在健康中养生治病，很受游客喜欢。比如，咸阳不仅传统的中医药产业发达，而且有一批“神医”。有的擅长无痛治疗，手术完基本不影响旅游日程，连外国游客都慕名而来找他们看病。

我有幸采访了咸阳几位神医，与读者分享。

第一节　神城咸阳访神医

咸阳“神城”之誉，早已见诸书刊报端，我曾不以为然。此番去咸阳了解保健旅游开展情况，有朋友问我：“有神州应有神城，有神城当有神医。神医以神术为由，神城因神医扬名。神州可称，神城何不可谓？”我亦哑然。当拜访了几位神医，了解到许多见所未见、闻所未闻，乍听令你难以置信，看后让你赞不绝口的神奇之事，我折服了。

咸阳市的领导曾向报界介绍过六位神医，即“神刀”张朝堂、“神液”邵印霖、“神药”田景丰、“神脉”冯武臣、“神袋”来辉武、“神针”赵步长。我有幸采访了前面四位，后边两位不巧未遇，引为憾事。

一、“神刀”张朝堂

咸阳朝阳医院院长，对治疗痔疮、鼻炎、骨质增生、淋巴结核有绝招。他所创制的纯中药“双止灵”有奇效。手术时注射“双止灵”，止血、止疼、灭菌；手术随处可做，场所不必消毒，已做10万例手术无一感染；且术后不缝合，胶布一贴，一周即好，基本不留疤痕。笔者亲眼见到他所做的11例手术，短的不到一分钟，长的不过三五分钟。做鼻腔囊肿、咽炎、痔疮手术，无异探囊取物，“双止灵”一抹，钳子一夹，肿物摘除，病人还没感觉，手术已经结束，高高兴兴地回去了，不用休息，不影响工作和游览。颈部淋巴结核手术，往往留下疤痕。但张院长为病家着想，“双止灵”一抹，发炎腺体自动导入腋下，在腋部开刀，效果最好。

颈椎、腰椎骨质增生十分痛苦，不易诊治。但在张大夫手中，易如为人捉虱。我正在他的手术室里采访时，一中年妇女被扶上了手术床，她患的是腰椎骨质增生。熟谙人体结构的张大夫用手摸准病灶，涂上消毒液，注入“双止灵”，只见腰椎处肌肉鼓起。张大夫说：“此处神经密集，血管纵横，鼓起的肌肉迅速与病骨分离，神经、血管自动往两侧分开，以免手术时受到伤害。”他又指着鼓起的肌肉上一块杏核大小的淡红色皮肤说：“有病的地方才呈红色，从这里下刀，就提高了手术的准确率。这是‘双止灵’的两大优点。”他在肤色微红处切开，果然滴血不流。他手执凿子，一边和病人聊天，一边用槌子砸了两下，用镊子一夹，两块玉米粒大小的增生骨块拿出。然后，胶布一贴，病人翻身坐起，敏捷下床，弯腰自如，满脸喜色。她站在床边接受了我的采访。患者名叫吴莉莉，49岁，西安某厂推销员，患腰椎骨质增生9年，到处求医，未能治好。严重时，腰不能动，一杯水都端不起，没想到张大夫只用了几分钟就解除了她的病痛。吴莉莉一身轻松，喜悦之情溢于言表。此情此景令我感慨万分，书中所记，关公刮骨，欣然对弈，曾信意志所致。今见张大夫手术，谈笑间，挥手病痛除。关公所为，孰不能哉？

"双止灵"确是灵丹妙药，然而得来非易。它的发明者身上、手上刀痕累累，那是试验留下的纪念。多少次炼狱之苦，才换来了今日成功。中越自卫反击战时，张朝堂背起药包奔赴前线，救死扶伤，受到部队的表彰。有了"双止灵"和张朝堂的医术，将减少多少牺牲和痛苦！我离开张朝堂的会客室时，写下了这样的留言："张院长的高超医术将带来外科手术的一场革命。"

张朝堂的事业如日中天，广东东莞、惠州有他开的分院。他的"神刀"之名已远播美国、毛里求斯、日本、东南亚和台港澳地区。霍英东的女儿受伤，专门请他医治；香港宣威贸易有限公司总经理请他为其亲友医好了痔疮、肠瘤、骨质增生等病症，写信感谢，并愿以优厚待遇邀他去香港设厂办院。但张朝堂说："我看过的病人已逾10万，他们的来信和送的锦旗可拉一卡车，现在每天门口排着长队，预约号已挂到一年以后。我要引进资金，建一座现代化医院和'双止灵'生产线，我的事业在咸阳。"凭着他那刚毅的性格，我相信他的宏伟理想的实现就在眼前。

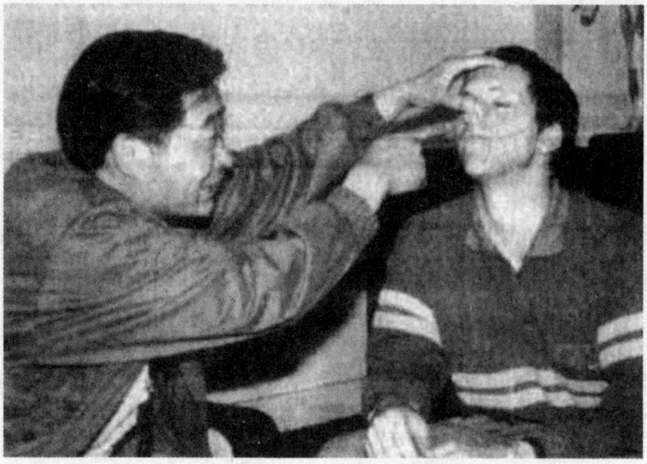

张朝堂为美国游客杜可诊治鼻窦炎

二、"神液"邵印霖

被国际上誉为"毒魔克星"的邵印霖，是咸阳杏林中医药研究所所长，出身名医世家。他所研制的"邵氏1号抗瘾戒毒液"，纯中药配制，对吸食鸦片、海洛因、吗啡等毒品成瘾者在5~7天内抗瘾戒毒。当今世界上的戒毒药品都走的是“大毒克小毒，以毒攻毒”的路子，使用对人体有毒的化学药剂，往往旧毒未除，新毒成瘾。而“邵氏1号戒毒液”扶正固本，滋补元气，无毒副作用，且效果奇佳。这种药本来就是邵氏家传秘方为宫廷配制的保健酒，一次偶然机会发现其对戒毒有显著效果。经过对陕西、云南等地2000余名吸毒者服用，抗瘾戒毒，人人见效。昆明对服用此药的数十名毒瘾较大的患者经跟踪调查，未复吸毒品人数达60%以上（复吸者诱因复杂，不是因为药物无效之故）。

咸阳市渭城戒毒所女吸毒者赵某，22岁，吸食鸦片3年成瘾，无钱买鸦片就卖淫，一年进戒毒所3次，堕胎2次。由于戒不掉毒瘾痛不欲生，吞针自杀未遂。服了“邵氏戒毒液”5天后戒断，重返健康人生。云南省负责戒毒领导工作的省公安厅文件中说：该药对“吸食注射海洛因等毒品成瘾者，控制瘾发症状效果好，具有显效快，无痛苦，戒除毒瘾时间短，无毒副作用，能较快恢复健康等特点”。河南省禁毒领导小组也赶来同邵大夫签订了供药协议。陕西省科委等4厅局在此药品科技成果鉴定书上写道：“总有效率在98%以上。此项目是国家重点开发项目，陕西省八五科技攻关项目。”“目前在国内外戒毒药品中居领先地位。”自陕西省卫生厅1992年批准批量生产以来，此戒毒药在国际、国内已获五项大奖。

邵印霖被国际上誉为“毒魔克星”，始于在墨西哥城举办的“92中国实用技术及产品贸易展览会”。开幕那天，中国驻墨西哥黄大使兴致勃勃地浏览着一个个参展产品。突然，他在“邵氏抗瘾戒毒液”前面停下来。工作人员告诉他：这种药效果很好，但发明人邵印霖因负担不起旅费和摊位费而未能参展，只送了样品，于是热情地送了几瓶给黄大使。原来，某国驻墨大使因儿子吸毒曾托黄大使为他寻找高效戒毒药，黄大使把戒毒药转赠给这位大使，几天后，他的儿子瘾情缓解，旋即戒断。这位大使万分激动，盛情邀请邵印霖到该国办厂。在博览会上，“邵氏抗瘾戒毒液”一举夺得金奖，西方媒介广为宣传，因而名声大震。

吸毒是全球性的公害，有关资料介绍，国内外吸毒者有数百万。行家说，毒品的诱惑力是很强的。初吸者，如身在云中，充满快感。继而打哈欠、流鼻涕，一时供不上，浑身疼痛，如蛇虫叮咬，痛苦难当，一旦供上，立即缓解；但过度吸食，又引起喉头水肿，脏器衰竭。无钱吸食，就男盗女娼造成公害。吸毒又与艾滋病结缘，成为社会顽症。因而，戒毒成为21世纪全球主攻的三大目标之一。“邵氏抗瘾戒毒液”具有国际意义，其社会和经济效益是不可低估的。

但苦于资金不足，大批量生产遇到了难题。邵印霖又开发了痔疮坐垫、中药龙凤枕、神阙丸等产品，采取以药养液的迂回之计，以筹集资金。邵大夫出身名医世家，功底不凡。他认为，神阙乃人之中位，人在胎时，脐带如荷茎，系于母之命门，得营养润血骨而成生命。离开母体，断脐独立，然神阙之穴，仍是得药疗之捷径。他用27种中草药配制的神阙丸，亦称续命丸，贴于脐眼内，有安神、通便、减肥、助消化等功效。他的儿子体胖，贴用此药，一月减20斤。笔者采访时感冒发烧，邵大夫赠药数粒，只贴一丸便好了。

咸阳百姓，称道邵大夫的医术，更称道他的医德。他尽管很艰难，为人看好病，送钱他拒收，送锦旗他不挂。他生活简朴，节约每个铜板搞试验，连台彩色电视机也舍不得买。古籍《神仙传》载：三国吴董奉为人治病，不受报酬，治愈者为其植杏几株，数年成林。邵印霖将自己的研究所名为“杏林”，其苦心当在济世吧！？

三、“神药”田景丰

咸阳中医肿瘤研究所所长田景丰，从家传的“气疸效方”起步研制的纯中药抗癌药——复方仙术口服液，被传媒称为世纪末的福音。

药名何谓“仙术”？马嵬坡前，贵妃墓西，小田村辈辈出名医。父亲离别人世的时候，给他的遗嘱是：“仙者，医道也！”这也许是“仙术”药名的出处？口服药的主要成分是仙鹤草、白术，这也许是“仙术”之名的依据？但更令人信服的是，名之为“仙术”，是因为药品的神奇疗效。此药经过32年研制，临床观察，对中、晚期癌症总有效率为84%，临床治愈率达64%，远期治愈率尤为显著，5年、10年存活率分别为59%和42%，有的存活到23年以上，肝癌的治愈率最理想，达90%以上。1992年6月27日，咸阳患者吴月英，当CT检查出她患有晚期肝癌时，她差点昏死过去。她服用田大夫的“仙术口服液”，8个月后，再次检查，肝脏原来布满的2~4厘米的肿瘤全部消失，至今身体健康。“当然，任何药物都不能包治百病。新加坡前总理李光耀曾许以重金，求我为他儿子医病，我自知力不能为，只好婉辞，这事鞭策着我必须继续努力。”田大夫不无遗憾地说。

在药物对比试验中，国际标准抗癌西药Fu，48小时才对癌细胞杀伤完，而仙术口服液仅6小时就全杀完，八项免疫指标全部领先。这些数字表明，对癌症的诊治已获重大突破，使人类看到了征服癌症的曙光。全世界每4秒钟就有一人死于癌症，我国每年被癌症夺去生命者达百万之巨，这是一组令人心惊的数字。现在，国家已经批准大批量生产，年产复方仙术口服液400万支的生产线正在建设，与美国扬子公司等方面合资开发的协议已经签订。一两年内，渭河之滨将矗立起一座中外患者争相就医的癌症康复中心。

四、“神脉”冯武臣

让冯武臣最得意的是参加第十四届世界发明家博览会。那是1991年6月1日，地点美国纽约。展厅演示台被各国专家和记者围得水泄不通，他们要验证冯武臣的“神速诊脉术”。当中国驻美国和联合国两位大使陪冯武臣步入展厅时，整个大厅鸦雀无声。美国人从不相信切脉能诊断，野草能治病。他们选了10个肿瘤患者：5个亚洲人，5个西方人，年龄、性别、肤色各异。冯武臣三五分钟诊断一个，不但说出了他们的病症，而且指出肿瘤的部位，与医院检查的结果完全一致。美国人折服了，各国的专家们全服了。美国专利局长亲手把一枚铜牌挂在冯武臣胸前。他带去的“乾坤延寿丹”“妇科洗剂”“合欢洗剂”也获得了博览会金奖。美国ABC电视台等多家媒体对冯武臣作了报道。当冯武臣代表中国西安的人民去看望在美国休养的91岁高龄的张学良将军时，老人激动地说：“这次你为祖国争了光。”

“中医中药一定要走向世界，一定能领先世界！”冯武臣抱定这个信念，倾心于他的事业。咸阳街头“冯武臣大药堂”已经开业，他又征了30亩地，一个符合国际标准的制药厂明年即将落成……

来辉武的神功元气袋，功效已天下皆知；赵步长药气针治疗中风，据说一针可使偏瘫病人直立行走。咸阳作为神城，神医绝不止六位。陕西中医学院的两位院长张学文、杜雨茂学识渊博，医道精深，建树颇多，双双被国务院授予有突出贡献的专家，载入《当代中国科技名人成就大典》，并被英国剑桥世界名人研究中心收入《世界名人大辞典》《世界知识分子名人录》。

俗语道“六神无主”。依原市长司南之见，诸神有主，主在科技。咸阳的神医不是神乎其神、左道旁门，而是以科学为基。他向报界介绍了神医之后，又写了“依赖科技之神，振兴咸阳经济”的题词。如果你参观了医史展览和中医学院，就会理解咸阳传统医学的根基是多么雄厚，产生如此众多的神医是十朝古都、京畿之地历史文化的沉积；你也会理解为什么中医学院人才济济，这里是咸阳神医神药的一个活水源头；当你参观了长达一里路的保健品市场，看到了已形成经济规模的医疗保健事业，你就会理解市政府科技兴市决策的正确。采访结束，我也看到了陕西省和咸阳市所开辟的保健旅游项目的美好前景。

（原载 1994 年 8 月 18 日《中国旅游报》）

附：保健旅游产品三议

咸阳诸多神医、神药和 80 多家保健品公司、120 多家民间医疗研究机构，成为咸阳经济的一支生力军，仅保健品年收入即近 2 亿元，已经形成了规模产品，带来了规模效益。但在此基础上开发的保健旅游产品，一年来接待海外游客数百人，没有形成规模，当然也不会形成规模效益。我与陕西旅游界人士一起探讨，认为在产品的开发、完善和促销上有许多话题值得议论。

一议产品开发

旅游产品是旅游经营者和旅游者共同利益的结合点。因而，开发一个产品要从供求双方的利益出发，需要考虑以下两个基本条件：一是以地区优势为依托，产品才有吸引力、竞争力和后续力；二是适于旅游者的愿望和兴趣，产品才有市场、客源和销路。

咸阳保健旅游所以是个好项目，正是符合这两个基本条件。医药事业的蓬勃发展，使保健旅游项目的开发有了雄厚的基础。从市场方面看，开展保健旅游符合国际旅游发展的大趋势。国际游客70%左右参加度假旅游，我国的客源也正在从团体观光型向散客度假型转变。而度假者行列中，休养、保健是其中重要的分支。发达国家中老年人身患各种“富贵病”“空调病”、常见杂症者较多，医疗费用高昂，且无根除绝招。来咸阳做鼻炎、痔疮等手术，不受罪，又看病，又观光，一举两得。对经营者而言，保健团比常规团效益好，增加了逗留天数，收取了医药费，有些病不是一次能治好，还可抓住回头客。因而，西安招商国际旅游公司和咸阳旅游局认定了这个项目，并做了许多产品开发的前期工作，这是很有远见的。

二议产品完善

旅游产品的两个基本条件，只是开发的必要性和可能性，还不是产品形成的必然性和现实性。目前来咸阳的保健旅游团看病、买药、参观的地方已有，高中档酒店中可吃药膳、洗药浴、作按摩治疗，产品已具雏形。但要把雏形变成拳头产品，要做许多完善的工作。

旅游产品具有商品的一般属性，又有其特殊属性。一般商品可以出售整件，也可以出售零部件；而旅游产品一旦成交，出售的只能是由行、吃、住、游、购、娱六要素构成的完整商品，只买其中的部分要素，旅游者是不能成行的。因此，完善产品，就要按六要素的要求，缺少的项目要填平补齐，已有的要提高质量和档次。比如，目前咸阳旅游管理人才奇缺，外宾看病的地方比较简陋，观摩的地方没有标准较高的厕所等问题，就需要提高档次，加以解决。最应强调的是主要设施和规章的配套。如果有一处较现代化的保健康复场所，把分散的名医名药组织起来，方便就医，便于管理。再经协商定出一套兼顾多方利益的价格体系，就会调动有关各方的积极性。这两方面存在缺陷，也许正是保健旅游未形成规模生产力的主要原因。

三议产品促销

促销的目的就是要通过各种宣传活动，提高产品在市场上的知名度，以唤起旅游者购买的欲望。

提高知名度，一些常规的促销办法要用，比如印制宣传品、参加出国展览、邀请记者、派推销小组等。市场广阔，要提高宣传目标的命中率，必须抓住重点市场，分期开发。仍以保健旅游为例，日本、东南亚和海外华侨集聚地，对中医药的作用较为信服，这些地区应作为先期促销的重点。而在这些地区各类旅游者中，中老年人的身体到了应该维护的阶段，保健旅游对他们会有更强的吸引力，他们就应该是重点的宣传招徕对象。

选择好宣传媒介十分重要。比如，我曾在日本群马县了解家庭旅游，主妇们说:“能不能出去旅游，是丈夫说了算；而到何处旅游，是妻子孩子说了算。”我问过美国人、德国人，情况也大致相仿。这就是说，加强对妇女的宣传招徕，对于吸引家庭旅游非常重要。因而，宣传媒介的选择标准不是发行量，而是妇女常看的报刊。宣传保健旅游，也不一定只盯着国家级的大报，多在大众性的医药卫生报刊或中老年民间组织的会刊上搞宣传，可能收效更佳。

宣传要会抓“突破口”。比如，我曾去韩国驻日旅游办事处取经，他们招徕日本修学旅游客源，不是在报刊上做宣传，而是抓住中学的教导主任。因为日本学生上中学后，每月交学校代存2000日元，到高中毕业时，就攒够了一次出国修学旅游的费用。到哪个国家去，不是学生和家长说了算，而是教导主任来选择。韩国旅游部门每年先给日本各大城市中学教导主任发函，约好日期，派员去开产品说明会，供求双方直接见面，当场成交，年年稳操日本修学旅游的主要份额，这比依靠中间商价格低、效果好。这一做法对我们应当有启发。

此外，宣传促销还要善于用巧办法。请日本作曲家编写《无锡旅情》，使无锡名满东瀛就是一例。“请名人带走名气”也是巧办法。比如，某国一名人得了顽症，到处求医，未能治好，在咸阳治好了，这就容易产生轰动效应，那一个国家的市场也就打开了。再如，邀请和接待好使节团，请大使们参观神医做手术、诊脉等，也容易在各国上层打出名气。“借名”也是一招。保健旅游本身目前名声不大，但秦兵马俑已名声在外，武则天、杨贵妃在华人圈和日本知名度不低，宣传保健治病的同时，又宣传可游览这些名胜，吸引力会更大一些。

产品的开发、完善、促销是旅游经济活动中的主要环节，它们互为条件，相辅相成。开发是产品形成之端，完善是产品促销之本。我们有些产品质量不高，信誉不好，就是在这些环节上存在问题。因而，下力气抓好这三个环节，我们的旅游服务才能上一个新的台阶。

（原载 1994 年 8 月 18 日《中国旅游报》）

“健康中国沙龙”推出三合一养生疗法
休闲旅游与康体健身引导新生活方式

日前，国家机关老干部科学健康协作中心与唐邦关怀公司合作，在北京大自在黑泥养生馆召开研讨会，成立健康中国沙龙。与会专家认为，休闲养生、健身康体是人人关心的话题，卫生保健和旅游部门在这方面大有文章可做。

据调查：北京知识分子和成功人士的平均寿命从 10 年前的 59 岁下降到了 53 岁，比 1964 年全国第二次人口普查的结果 75 岁低了 20 多岁，比现今北京市民的平均寿命 79 岁低了 26 岁。超负荷的工作和不健康的生活方式，使他们长期处于亚健康状态从而诱发的各种疾病是导致年轻高知、高管英年早逝的主要原因。

健康中国沙龙的口号是“想健就见，自由自在”。它直面亚健康高发人群，关注人们健康、倡导自然养生理念，弘扬民族养生文化，以主动养生保健为主题，以自然、自主、自在应对亚健康为宗旨，在北京小汤山疗养度假基地、北京大自在黑泥养生馆唐邦健康生活方式体验基地，开展了针对亚健康高发人群的全面健康管理工作。

健康中国沙龙弘扬大的养生观，即生命价值的每一次新的认识都是科技进步和经济发展的成果。养生观是科学的生命价值观、发展观的具体体现，这包括养生的环境、养生的方法等。因此，促进人类和自然的和谐发展，人类社会的和谐发展，追求生存环境的改善，生命价值的提高，生活内容的丰富，生命潜能开发的大养生观，是养生的重要宗旨。这不但需要各学科医学专家、营养专家、心理学家、教育家的努力，而且需要哲学家、社会学家、文学家等专家的共同参与。

众所周知，以色列死海是世界上盐分含量最高的地区，含盐量在

26%~33%，富含钾、钙、镁、溴化物、钠、锌、硫黄，氯化物和微量元素。死海海浴是美容护肤天堂，而新近发现我国山西运城盐湖可与闻名于世的以色列死海相媲美。并且运城盐湖中蕴含7种常量和16种微量元素。在湖水中可以感受人体泛舟的乐趣，所以运城盐湖被誉为——“中国死海”。

以色列死海、古埃及艳后美容秘诀的神秘是许多人向往中东的理由之一，而今，健康中国沙龙将运城盐湖水落户京城，成为名副其实的“都市死海”。消费者在北京大自在养生馆健康生活方式体验基地就可体验这种美容健身产品。在这里消费者可以充分感受“都市死海”创新的死海漂浮减压、黑泥排毒养生、药食同源健体“三合一”养生疗法。

死海漂浮减压：死海漂浮减压是“三合一”养生疗法之首，盐水漂浮属于漂浮浴中最主要的一种。它是一种继传统针灸、瑜伽之后，经科学论证的盐水浴放松疗法。

黑泥洗浴属于一种泥浴疗法，是指将含有矿物质、有机物和微量元素的盐湖黑泥，经过处理加温后敷于身体，因黑泥具有某些特殊的理化性质，故在健体、温热方面有其独特的疗效。

运城盐湖黑泥和以色列死海浴泥经太原理工大学测试中心、北京大学地质系全面剖析，确认以色列死海黑泥以氯化物为主，其他含量较高的物质为硅酸盐、硫酸盐等。局部外敷黑泥，能使人体的淋巴细胞和单核细胞数增多，同时还能使血液中多重不饱和脂肪酸增多和肾上皮脂激素以及性腺分泌功能增强。黑泥洗浴最广为人知的功效是促进新陈代谢、对汗毛孔的污垢及毒素做深层清洁、吸附多余油脂及老化角质。

药食同源健体：药食同源健体是“三合一”养生疗法的根本，根据个人身体状况而设置的营养膳食，是以科学的检测方法为依据，为健康生活提供科学营养与膳食方法。用科学的检测手段，及时掌握会员健康与疾病状况，依据个体情况，由专职中、西医营养和保健专家提供膳食处方，会员在享受美食的同时，适时得到身体的调理与补益。养生套餐分别是：高血压套餐、糖尿病套餐、养心安神套餐、降脂减肥套餐、强身健体套餐、美容养颜套餐。

健康中国沙龙推出“三合一”养生疗法，旨在指导亚健康高危人群自主、自然、自在地应对亚健康，倡导科学健康生活方式。不但从生活方式上得到改善，而且在注重生命质量与把握生命质量诸方面都有所提高，把健康管理的自主权真正掌握在自己手里，以求在休闲旅游中实现健身康体的目的。

（原载 2005 年 10 月 31 日《中国旅游报》）

作为康养旅游的一部分，养生养老产业有巨大市场。值得引起高度重视，下力气解决。

第二节　养老养生地产宏观战略和发展机遇——在盛方商学院旅游地产课程的授课提纲

养老养生是两个不同概念，外延内涵不一样，养老是指老人到 60 岁以后，如何有一个有尊严的晚年。养生的主体不仅仅是老年人，各个年龄段的人都有养生问题。因此，两者对象不同，解决的路径各异，所以，要分为两个问题来谈。这里着重谈养老旅游。

一、关于养老

（一）中国人口老龄化形势严峻——国家未富，人民先老

按国际上通行的标准，60 岁以上的人口占总人口的 10%，65 岁以上人口占总人口的 7%，即为老龄化社会。目前，中国一个严重的社会问题是老龄化。2011 年统计，中国大陆 60 岁以上人口总数为 1.85 亿人，占总人口的 13.67%，其中，65 岁以上的人口 1.23 亿，占 9.1%。到 2015 年，60 岁以上老人将达 2.16 亿人，占总人口的 17%，这个比例 4 年上升了 3.33 个百分点。据中国人民大学老年学教授杜鹏介绍，预计到 21 世纪 40 年代末，我国 60 岁以上老人将超过 4 亿人，占到总人口的 25% 以上。我国老龄人口绝对数量最多，占人口总数比例最大，发展速度最快，由此引起的社会问题最严重。

中国的老龄化社会来到早。发达国家人均 GDP 10000 美元时，才出现人口老龄化问题。日本人均 GDP 40000 美元时，才出现人口老龄化。我国人均 GDP 才刚达 3000 美元，就出现比任何一个国家都严重得多的老龄化问题。国家未富，人民先老。要解决起来，难度很大。

出现这样超常的问题，我认为至少有两大原因。

计划生育和人均寿命延长这两个要素显示出叠加效应，使老龄人口比例是联合国定义 5% 的几近 2 倍。中国老龄人口占全球老年人口的 21.4%，相当于欧洲老年人口的总和。

形势极其严峻。劳动力资源萎缩，养老负担加重，如果处理不好，将拖经济发展的后腿。

（二）全国养老设施严重不足——老不起，死不起

“4+2+1”式（4 位父母、夫妇 2 人、1 个子女）的倒金字塔的家庭结构将成为家庭的主流角色。一对夫妻要养育子女，还要侍奉至少 4 位（甚至 6 位）老人，养老不社会化，其代价是社会的中坚将被拖垮。《中国青年报》社会调查中心的一项调查显示：九成以上的中国人现在担心养老问题，37% 的人认为退休后自己生活水平会“严重下降”。养老社会化就成为迫在眉睫的问题。

但是，一方面是人口老龄化日益严重，另一方面养老设施严重不足，供需矛盾突出。据统计，全国各类养老机构床位有 314.9 万张，每千名老人有 17.7 张床。北京一家公办养老院排号 7000，这些已经排上号的人需要等 10 年才可能有床位。物以稀为贵，养老院床位价格高，人死了骨灰盒、墓地价格更高。老不起，死不起，困扰着每个家庭，成为社会忧虑症之一。

（三）沉重的话题——严肃认真的解决态度

在富裕国度，解决老龄化问题都是难题，在中国，还没有富裕起来又面临全世界最严峻的老龄化问题，这是个沉重的话题。必须有严肃认真的态度，调动多方力量，合理筹划，综合治理，方能见效。

1. 指导思想

按照政府主导、社会参与、全民关怀的老龄事业发展方针，以及“老有所养、老有所医、老有所教、老有所学、老有所为、老有所乐”的目标，广泛动员社会力量兴办社会化养老事业。办法是社会化养老，主要包括：

一是投资主体多元化。

二是服务对象公众化。

三是服务形式多样化。

四是服务队伍实现专业人员和志愿者相结合。

2. 国家法规

2000 年 8 月，中共中央、国务院发出《关于加强老龄工作的决定》；2011 年出台《中国老龄事业发展“十二五”规划（2011—2015 年）》《社会养老服务体系建设规划（2011—2015 年）》。在历年两会《 政府工作报告》中，都强调老龄工作的重要和提出解决问题的要求。

3. 解决方案

适当延长事业单位人员，企业人员等非重劳力劳动者的退休年限，延长劳动者的劳动价值。

完善医疗卫生保障体制，使老年人的身心更加健康，有助于他们继续创造自身价值与社会价值，鼓励他们继续为社会服务。

可以在东部一些发达且人口自然增长率低的地区（如上海等）放松计划生育政策，因为上海现在好多白领由于事业原因都推迟生育甚至不生育。

抓紧建设养老设施。

4. 政策扶持

要通过享受税收优惠政策且有益于解决老龄化问题，助推老年事业发展的具体方面和项目。

其一，对举办、开设“老龄人、老年人”专门服务的商店（场、社），取得的收入，可享受税收优惠政策。

其二，对专门为老年人开设的文化场所、老年人旅游服务公司、文化书店，其取得的收入，可享受税收优惠政策。

其三，对专门为老年人建造的公寓、住所取得的收入及其附属收入，可以享受税收政策优惠。

其四，对专门为老年人开设的咨询服务机构，其取得的收入可享受税收优惠政策。

其五，对专门为老年人开设的医院，其取得的收入，可享受税收优惠政策。

其六，对专门为老年人提供生活方便而生产的老年人专用产品，其取得的收入，可以享受税收优惠政策。

其七，对专门为老年人发展事业而捐助赠的企业及其他纳税人，对其捐赠部分，可享受税收政策优惠。

其八，对为“老年人”专门开办的商业养老保险，其取得的收入可以享受税收政策。

其九，对专门为促进老年事业发展提供信用服务的，其取得的收入可以享受税收优惠政策。

也有专家提出建议，国家应尽快出台相应的税收政策，100%免征营业税。减征50%增值税，减半征收所得税。

2000年国务院办公厅转发民政部等11部委《关于加快实现社会福利社会化的意见》（国办发〔2000〕19号）中规定社会办福利机构在规划、建设、税费减免、用地、用水、用电等方面与政府办社会福利机构一样享受同等待遇。

2011年出台《中国老龄事业发展“十二五”规划（2011—2015年）》《社会养老服务体系建设规划（2011—2015年）》，加大资金支持力度，使我国的社会养老服务体系建设取得了长足发展。以养老服务设施为例，2011年共计投入37.9亿元推进社会养老服务设施建设。

有些地方法规支持力度更大。如郑州市六区内新建的社会办养老服务机构，床位在50张以上，经民政部门考核验收达标后，自建用房的每张床位补贴3000元，租用房且租用期5年以上的每张床位补贴2000元，另外，市财政给予每张床位每月平均150元的床位运营补贴。

（四）产业界的机会和责任

社会需要，国家扶持，市场前景看好，对于房地产商来说，这就是光荣的社会责任，也是新的发展机会。首先说责任。改革开放，使产业界、特别是房地产业蓬勃发展，房地产商才有了赚钱发财的机遇，成了中国先富族群。在国家遇到困难的时候，回报社会，就成了房地产商们崇高的社会责任。

养老地产属于公益事业，但也要采取市场化方法来解决。公益，也不是没钱可赚。现在，传统的住宅地产，空间已经不大。养老地产还是个新课题。加之国家的扶持和优惠政策，成本降低，把利益留给投资商和老年消费者。因此，养老养生地产，将成为新一轮地产的热点。有远见、有社会责任的地产商，应该重视和积极参与到这个名利双收的事业中来。

（五）案例

北京太阳城

机构背景　北京太阳城银龄老年公寓，由北京太阳城房地产开发公司于2000年9月创建，于2005年开业。太阳城位于北京市昌平区小汤山东三旗马坊桥东，交通比较便利。这个老年社区项目，包括银龄老年公寓、购物中心、娱乐康体中心、酒店、农庄、医院和住宅区。

运营情况。太阳城的建设资金全部是太阳城房地产开发公司自有资金，土地现在是自有产权。目前享受国家的免营业税的政策优惠，还有民政部门每月每床100元的床位补贴。

三种房型：单人间、双人间和豪华套间，有176套房间，入住率达96%，剩余几间是预留给周末前来看望老人的家属们住的。老人住房均有独立卫生间，屋内电器齐全，有小冰箱、空调、电视和热水器。

接收对象：无传染病、精神障碍性疾病、生活能自理的老人。

收费标准：阳面收费标准：单人间2700元/月，双人间1800元/月，三人间1200元/月，六人间900元/月。阴面收费标准：双人间1500元/月，三人间1000元/月。其他费用：保证金：60000元。餐费：包餐或选餐。一次性安置费；300元诊疗费和医院护理费：按医院统一收费标准。

老年公寓收费标准采取会员制，会费从2万元到30万元不等，会费在老人退租时返还，会费越高每月房租也就越低，如会费为30万元，每月只需缴纳600元左右的房租，其他洗衣和打扫室内卫生都免费。

文化娱乐。住在公寓根据老年人的特长，自发组织了很多兴趣班，如舞蹈、外语、书画、器乐和手工艺等，免费授课，每周一到周五各种兴趣课程安排得很紧凑，丰富了老年人的生活。

服务配套。一层设有2个餐厅、健身房和医务室，二层有理发和足疗店、棋牌室、多功能活动室、阅览室、购物中心、银行网点等，这些娱乐设施，除理发和足疗的消费按次收费外，其他都是免费的。

医院。太阳城与北京安贞医院合建了太阳城医院，有100多张床位和100多位医护人员，是二级甲等医院。医院从石家庄高薪聘请了国内心血管方面的专家担任院长，医院的医生还经常给老人做免费的保健讲座。

公寓环境：太阳城占地面积723亩，公寓、购物中心和太阳城医院外，还有人工湖、酒店。整体绿化非常好，风景宜人。洗浴用水都是地下温泉。

泰康之家

2012年5月2日，泰康人寿保险公司公开发布“幸福有约终身养老计划”，6月6日，泰康之家旗舰社区在北京昌平奠基。

在“只租不售”和“管家式”服务模式，首次将保险、养老、投资嫁接在一起。

“缴费起点为200万元，可以按十年期缴方式年缴20万元，65岁起按月领取年金以作为养老生活日常费用。”今年4月份，泰康人寿推出国内第一个保险产品与养老社区相结合的综合养老计划——“幸福有约终身养老计划”，包括“乐享新生活养老年金保险（分红型）”和泰康之家“入住养老社区确认函”。据陈东升透露，在一个多月的时间内，该计划已经售出了50多份。

泰康之家旗舰社区的首期入住时间，2015年正式入住，将提供800余套住房，首期建筑面积逾9万平方米，总建筑面积约30万平方米。按照目前规划中的建设标准，有阳光房、综合医院、1.8万平方米公共服务设施等。目前主要提供两种户型，除了设施齐备的一居室，就是便于老两口互不干扰的100多平方米的两居室，宽敞和明亮，方便老人的轮椅行走。

医疗服务。泰康之家旗舰社区自建一所约8000平方米的二甲级医院，在诊疗科目中设置急诊急救、内科、外科、妇科、康复科、老年医学科、口腔科和眼科等，同时还将开设临终关怀科，以便给入住社区的老人提供及时、专业、长期的医疗服务。

文化娱乐服务。养老社区专为老年人开发的公建项目，如老年大学、文化娱乐和餐饮服务等，是吸引高端消费者的重要因素。为实现软性服务与硬件设施的无缝对接，“泰康之家”旗舰养老社区计划为入住客户提供1.8万平方米的公共服务设施，提供文化活动、健身设备和餐饮服务等，在公共服务上力求提供有别于其他养老社区的差异化服务。

泰康决心打造中国健康养老产品第一品牌。以旗舰养老社区为样板，将先在北京、上海、三亚同时推开。稍后，这一经营模式将在全国推广，未来在全国20~30个核心城市形成连锁。致力于发展成为中国养老产品的领跑者。

紧跟泰康人寿的步伐，新华保险、合众人寿、中国太保、中国人寿、中国平安、中国人保等各家保险商，正在通过不同的方式涉足养老社区、养老养生、医疗卫生产业。

二、关于养生

工业革命创造了财富，同时也破坏了环境，摧残了生命。人们从对工业革命的反思中，明白了古人所说的“文武之道，一张一弛”的道理，于是，休闲养生成了第四次产业革命的核心和主题。

（一）环境污染

养生是在良好的生态环境下进行的。工业革命破坏了环境。依赖廉价资源和廉价劳动力的“粗放式”发展模式，是以资源的超常消耗和生态环境的严重破坏为代价的。以2006年为例，我国GDP占世界总量的5.5%，但消耗了当年全球40%左右的煤炭、50%多的水泥、60%左右的钢和铁、70%左右的油和气，却仅仅创造了全球5.5%的财富。单位GDP能耗是世界平均水平的5倍以上。据联合国环境署的数据，全球20个环境污染最严重的城市，中国就占了16个。实行低碳排放，循环经济，保持可持续发展，是中国政府和全体民众的责任和迫切任务。

国务院〔2009〕41号文件指出："旅游业是战略性产业，资源消耗低，带动系数大，就业机会多，综合效益好。""把旅游业培育成国民经济的战略性支柱产业和人民群众更加满意的现代服务业。"旅游业被纳入国家战略。这又一次为房地产商跻身于旅游业创造了先机。在经济发展模式转变的关头，是对企业家是否远见卓识的考验。

（二）亚健康

精神抑郁和亚健康，是工业革命带来的另一个副产品。

中国优生优育网载文称：我国超过半数职场人精神抑郁。焦虑和抑郁状况抽样统计如下：有25.6%、23.52%、1.58%的人分别处于轻度、中度和重度抑郁状态，总比重达50.70%，超过半数。教师、医生、公务员、公司和企事业管理人员、公安干警等都是高危人群。精神抑郁和亚健康形成的原因是持续的超常压力造成的。

据世界卫生组织统计显示：中国自杀人数每年多达28.5万人，其中自杀未遂者为250万人。

严峻的社会问题逼出了强烈的社会需求，人类能否从自己制造的怪圈儿里跳出来，改善生存环境，实现"乐活"生活方式？于是，发展休闲产业，就成为养生的最好选择。

人类要反省以往的投资方式。"两康社会"，人们最关心"小康"和"健康"。要增加生命的投资，包括三个方面。以往本末倒置，现在颠倒过来。

健康投资：人在健康状态的休闲养生的支出——保质（生命质量）。

健康消费：人在亚健康状态时用于肌体维护调理的支出——保健（力求健康）。

治疗费用：人在疾病状态时用于医治、抢救的支出——保命（延续生命）。

（三）休闲与养生

1. 休闲是代替工业革命的一场新的产业革命

美国休闲协会在《休闲白皮书》中指出："休闲不属于我们目前所使用的经济统计中任何一个类型。在各种政府经济统计数据中，我们找不到'休闲'。但实际上，娱乐、体育、旅游这些行业已扩展到美国的各个行业。"

我们无法全面准确衡量休闲在各国国民经济中的规模和比例，恰恰说明休闲所做出的巨大贡献。英国在 20 世纪末，国民休闲支出占总消费的比例已达 27.5%。美国人将 1/3 时间、1/3 土地、1/3 劳动力、1/3 的资本用于休闲。因此，休闲实际上已经成为美国经济的核心（据 http：//www.als.org）。

2. 有钱有闲是旅游休闲的两项必要条件

闲钱增多。国家经济发展，人民生活水平的提高，旅游成为正常的消费支出。2011 年，全国国民花在旅游休闲的费用（国内旅游收入）达 1.93 万亿元，增长 23.6%；平均每个国民一年内出游 2 次，人均旅游消费 731 元人民币。

制度保证。公民法定假日达 114 天，占全年的 1/3，使休闲有了制度上的保证。

3. 旅游休闲发展驶入快车道——地产商进入旅游业发展迎来了历史最佳机遇

经过 30 多年的发展，中国旅游业表现出三大优势——综合性强，关联度高，成长性好，被国家确定位战略性支柱产业，全国旅游收入 2011 年达 2.25 万亿元人民币，同比增长 20.8%，国内旅游人数 26.4 亿人次，收入 1.93 万亿元，同比增长 23.6%，是中国 GDP 增幅的 3 倍。中国旅游业大发展、快发展的基础已奠定，积聚效应明显。在全国各个产业速度放缓的情况下，旅游业却加速发展，跨越式发展。这一事实说明，谁投资旅游业，谁就能抓住新一轮发展机遇。

老年人这个特殊群体，相对而言，有闲有钱，是康养旅游待开发的主体市场。现在，就全国范围内，住宅地产已经接近饱和，养老地产有很大空间，且有政策支持。养老设施不只是个床位，要有医疗、文化、休闲设施配套。很多养老机构还远程连锁经营或互签合作合同，老人可以流动养老，不另出床位费，这就创造了一种新业态——康养旅游。这样的设计，延长了老年人的活动半径，丰富了老年人的活动项目，对老年人有吸引力。

第十六章　森林旅游

森林——祖国的绿肺。森林旅游，是一种生态旅游，也是一种康养旅游，是旅游和林业融合的一种专项旅游产品。全国林场有4755个，是祖国的绿肺，也是人们向往的休闲场所。我从20世纪90年代开始，就关注森林旅游。多次采访报道过全国第一家开展旅游业的山东原山林场。帮助塞罕坝林场做规划、开展营销活动等，也给全国林场场长讲过课。

第一节　原山典范：甲等残疾人孙建博带领林场职工把原山建成林业战线一面红旗

原山林场开展旅游不容易，场长孙建博是一位残疾人，从林场欠账接手，白手起家，一直干到国家4A级景区，孙建博也成为全国人大代表、全国党的代表大会代表、全国道德模范。

“今天，是我生命中遭受到的又一次打击，人人都有个太阳，可我的太阳哪里去了？人人都可以享受阳光的沐浴，可我为什么总是笼罩在阴影里呢？我要义无反顾地朝前奔，要撒开脚丫子往前跑，不论再经受多么严重的打击，只要还有一口气，我就要追寻我的太阳。”这是一个甲级残疾人在经过1000多个日日夜夜，打了20多天吊瓶，三易其稿完成的一部25万字的自传体《追寻太阳》中的一段话。中国残联主席邓朴方在这部书的序言中写道：人们常说，每一个有作为的残疾人都是一部大书。那里有痛苦、有屈辱、有挫折、有泪、有血。靠着不停息的奋斗——有时候是与人的极限挑战，才终于战胜各种艰难险阻，包括白眼和嘲讽，从数不清的灾难和考验中站起来，成为一个顶天立地的人——一个追寻太阳的人。

2005年5月的一天，在原国家林业局保持共产党员先进性教育学习班上，一位中年男人手摇轮椅上了讲台。面对台下1000多名党员，他说的第一句话就是:“千难万难，相信党就不难!”顷刻间，场下爆发出雷鸣般的掌声。他就是山东省淄博市甲级残疾人、国家4A级景区总经理、原山林场场长孙建博。

一个健全的人都难以做到的事为什么一个残疾人做到了？孙建博的壮举令山东旅游业同行佩服的同时也让全国旅游系统的同行们为之惊叹！全国有4000多家国有林场，90%靠国家财政补贴生存，而孙建博经营的淄博市原山林场营业收入从1996年的1000万元到2004年已突破上亿元，从业人员从315人增加到1000多人，为社会提供了700多个就业岗位。接待游客从1996年的几千人猛增到现在的100万人，一个难以为继的国有林场被授予国家4A级旅游景区，并获得山东省十大新景点、山东省十佳森林公园称号。孙建博先后获得山东省十大杰出青年、山东省劳动模范、中国十大企业策划领军人物、全国自强模范等荣誉称号。他撰写的《追寻太阳》一书，被评为山东省“五个一”精品工程奖。记者采访孙建博是在景区自己建的一个三星级宾馆里。这个纯朴、善良的山东汉子，始终将笑容挂在嘴角，言谈话语中，没有华丽的辞藻，朴实的语言道出一段段传奇般的故事，在历经千难万苦不断攀登的旅途中，他的每一个脚印都真实地记录了屈辱、血汗，更有辉煌。

一、灾难

那年孙建博才3岁。一天，他突发高烧，刚刚下班回到家的父亲，急忙背起他去了医院，值班大夫一针下去，打在了他的坐骨神经上。谁也没有想到，就在那几秒钟里，他的命运被彻底改变了，从一个健康的孩子成了一个下肢瘫痪的残疾人。从此，对他充满内疚的父亲，带上他开始了漫长而艰难的求医之路。不知喝了多少付汤药，也不知吞下了多少药片，被扎了多少长短不一的针，他的腿始终没有任何知觉。不久，他们遇到了一位日本医生。这个日本大夫出了一个偏方，用腐烂后的棺木，浇上醋、黄酒等用火烧，然后，再把他抬到上面盖上厚棉被去蒸。他一辈子也忘不了当时家里的一幕，他躺在上面，身下是一堆熊熊燃烧的火苗，整个房间充满了雾气和怪怪难闻的气味。不一会儿，钻心的疼痛涌遍全身，说不清是烧痛的，还是蒸痛的，他拼命地哭喊着，那年他才4岁。就这样他被蒸了三个月，奇迹出现了，他的左腿竟站起来了。但是，厄运并未因此远离他，到了十五六岁，一位外科大夫，为他的右腿做了整形手术，由于常年不运动，右腿已弯曲僵硬，需要把皮肉切开，再将骨头重新排列。那次的手术时间很长，麻药渐渐失去了效力。钻心般的疼痛涌上来，豆大的汗珠顺着他的脸颊滚落在枕头上。那一刻，“钻心入肺”“痛不欲生”已无法形容出他当时的痛苦，他昏厥过去，然而，等他醒来后才清醒地意识到，他的腿永远也治不好了，十多年的求医之路终于画上了句号。

二、抗争

那年他12岁，他要像正常的孩子一样去上学。父母不同意，学校也不接收，他不甘心，竟拖着一双残腿用了几个小时爬到了学校，师生们被感动了。这个比正常人晚上了4年学的孩子，在学校里是公认的好学生，学习成绩一直名列前茅。初中毕业后，他以优异的成绩考上了一所中专，但是由于身体的原因被拒之门外。母亲抹着泪劝他：“建博，这是命呀！咱认了吧！”“我不信命，从今天开始，我就要和命对着干！”两个月后，他退学了，想靠自己的力量去闯天下。

然而，一个残疾人要去闯天下谈何容易？当时，就业难已成为普遍的社会问题，身为残疾人的他更是难上加难，屡次求职屡次碰壁。母亲为他提前退休，想让他顶替，由于他是残疾人被无情地拒绝了。不服输的他干脆在家摆开了摊子，干起了给工厂砸石子的活计。对孙建博来说，砸石子已不单纯是谋生的手段，而是他排解郁闷的最好方法。砸一方石子给12块钱，他一天能砸六七筐，一个月下来能挣30来块钱。但是，随着时间的飞逝，好强的他越发觉得自己似乎是个多余的人，生活对他来说太难了，他有些心灰意懒，也曾产生过轻生的念头。

随着政府、社会对残疾人关心度的提升，他获得了一次就业机会。那是一个初秋时节，他被安排在博山区民政局下属的社会福利服务部当上了一名工人。他是国家正式职工了，他发誓：要干出个样来！这个厂30多人，大多数是残疾人，生产衣橱、写字台上的塑料抓手。在这里，他感到很温暖，大家都是残疾人，彼此互相尊重，没有嫌弃和白眼，可以开心地大笑，可以松心地干活，一缕灿烂的阳光照进了他的心底。于是，他拼命地工作，干完自己的活就去帮着别人干。他永远忘不了第一次发工资时的情形。工资单上堂堂正正地写着孙建博三个字。工资单是用信封装好的，只有国家正式职工才有这样的待遇呀！此时的孙建博眼睛潮湿了，为了能有这样的待遇他盼了多少年呀！那天他揣着国家发给他的第一份工资和一位同事去喝酸梅汤，不知喝了多久，也不知喝了多少，他们竟喝醉了。

不久，好事一件接着一件。入厂当年，他获得了好职工的奖状，厂长表扬他，一年干了3年的活；之后，他被借调到民政局工作，由于表现出色，被局长看中，不仅留在了民政局，还当上了团支部书记兼文书、收发。这可是他做梦都不曾想到的大好事，像他这样的残疾人能有份正式工作已经是最优厚的待遇了，而且居然成了国家干部！可是不久，他听了张海迪的录音报告，张海迪击风搏雨勇做领头雁的精神激励了他："我不能让人养起来，我要像正常人一样去拼搏，去干一番事业！"于是，一向平静的民政局，爆发了一个大新闻：孙建博辞职了。有人说："他疯了！"

三、创业

1986年，当孙建博听说原山林场的陶瓷经营部面临倒闭时，他决心到那里去闯一闯。他的这一想法遭到了同事和家人的反对，别人都想方设法地往机关里挤，他却往外跑。顶着别人的冷嘲热讽和亲人的担心与不安，他来到陶瓷经营部。说是陶瓷经营部，其实仅有3间平房，3000元流动资金和6名待业青年，整个经营呈现出半死不活的状态。博山是一个陶瓷之都，有大小陶瓷厂100余家。全国各地的陶瓷经销商都来博山进货。选准了商机，他对办好陶瓷经营部充满了信心，一定要干出一番事业来。上河北、下江南、奔广东，拖着一双不听使唤的残腿东跑西奔，千辛万苦，但他有生以来头一次感受到了生命的价值。门市部让他经营得红红火火。拉陶瓷的车辆在经营部门前排起了长龙。他把当地的陶瓷拉出去，将外地的陶瓷引进来，做到了

"买全国，卖全国"。凭着一股子韧劲和吃苦精神，第一年就打了翻身仗，营业收入达到了105万元，实现纯利润9.53万元。3年后，他经营的陶瓷经营部成了山东省较大的陶瓷销售公司，每年销售额达到3500万元，纯利润300万元，与全国100多个地区建立了固定的进货渠道，很多购货商只知道原山陶瓷经营部，不知道当地还有许多大型陶瓷企业。当时，山东省陶瓷公司总经理王尔孝大会小会拿孙建博的例子讲给各陶瓷企业老板们听，学习他的经营理念和工作做法。回想那段艰难的日子，孙建博不无感慨地说："那时，我们都在玩命，整天装货卸货，一装就是几个车皮，有时累得晕倒在车旁。虽说苦点累点，但是觉得很值。"在这里，孙建博光荣地加入了中国共产党。

1996年的最后一天，淄博市委组织部任命孙建博为原山林场场长。此时，孙建博感到了沉重的压力。当时的原山林场300多名职工已有3个月没发工资了，同时划归原山林场的还有13个月没发工资的淄博市园艺场。一位女职工找到他说："场长，眼看要过年了，俺家里没有水、没有电，孩子正在上高中，每天点着蜡烛看书，眼睛都快瞎了。如果，这些问题你能解决，我就认你这个场长。"孙建博在走访中还了解到，有的职工迫于身无分文，只得偷偷去卖血供子女上学；场里的一些机器、设备也被要账的卸走了，林场和园艺场两个单位共欠债4000多万元。面对这副沉甸甸的担子，孙建博失眠了，如何才能走出眼前的困境呢？

那天，正在市里开会的孙建博得知林场职工要集体到市政府上访，会还没开完，他急火火地赶回了博山，用自己的名誉做担保借了170多袋面粉、1700多斤花生油，连夜逐户走访职工家，送去救急的粮油。之后，他又费尽周折联系有关部门通了电、送了水。那年的春节，原山人过得很踏实，但是孙建博的两条腿红肿得走不了路了。

孙建博明白，安抚只是权宜之计，发展才是根本。他上任后和林场领导班子成员多次开会统一思想，大家一致认识到，林场之所以陷入困境，关键在于领导思想不解放，花钱靠拨款、生产靠政策，搞副业小打小闹，伸不开胳膊，迈不开步，到头来，问题越来越多，包袱越来越重。因此，要加快林场的发展，不能只把眼光盯在造林护林上，而要跳出林业办林场，在不放松林场管理的前提下，坚定不移地走以副养林的路子。

思路理清后，林场首先制定了一系列卓有成效的管理制度，从堵塞管理上的漏洞起步，从细微处入手，对下属6个亏损单位坚决采取关、停、并、转，并对其使用的车辆、手机、BP机等实行公开拍卖，减少了不必要的浪费，受到了林场多数职工的拥护和支持。其次，多方筹集资金，投资近1000万元建起了纸箱厂、刀具厂、良庄酒厂等。几年间，林场已先后拥有了种植、养植、花木培植、印刷、纸箱、机械加工、酒水生产、食品加工、陶瓷生产与批发等十几个副业产品，不仅让175名职工重新就业，而且为社会提供了700多个就业岗位。工副业年产值达到3000多万元，年实现利润300多万元。两个单位不仅归还了外债，还为职工补发了工资，报销了医药费，职工面貌焕然一新。他们发自内心地说："这个场长是办实事的，我们打心眼里服！"

四、起步

在市场经济的汪洋大海里摸爬滚打了十几年的孙建博，早在几年前就敏锐地观察到：旅游是个朝阳产业。为什么外国人来中国旅游的那么多？因为他们的物质生活达到了一定的水平。如今，咱中国老百姓也开始过上了富裕的日子，旅游已经成为人们生活中的一个重要部分。于是，孙建博把眼光又瞄准了旅游业。原山林场面积4.3万亩，下设6个营林区，有木本植物199种，草本植物600多种，森林覆盖率达92.6%。孙建博到任时，森林旅游还未形成，当时年门票收入不足20万元。员工守着林场这个绿色的聚宝盆却受穷，只知道植树、伐树，根本不懂森林旅游的价值。

为确保科学规划、合理保护性开发森林旅游资源，孙建博亲自带队，先后到美国、加拿大、日本、泰国、韩国等国家，我国的港、澳地区以及苏、沪、杭、泰山、崂山等优秀旅游景区进行实地考察，对开发森林旅游有了初步的了解。也增强了他开发旅游业的信心。之后，孙建博组织营销人员先后到周边的济南、东营、滨州、青岛等十几个城市，访问了当地的旅行社、学校、企事业单位、党政机关等，并采取调查问卷的形式进行调研。经过周密的市场调查与研究策划后，孙建博将原山旅游定位在立足森林资源优势，做到自然与人文景观相统一，以省内周边城市作为主要客源市场的森林生态休闲度假游。

然而，规划容易，实施起来可就难了。

首先是筹措资金难。发展旅游业，前期投入较大，筹措资金是景区前期发展的关键。无论是林业、旅游业，还是民政部门、财政部门，也不论是市里、省里，哪一级政府都留下了孙建博艰难的脚印。一次，一个项目款拨到了省里，结果被银行“挂”起来了。孙建博急红了眼，连夜赶到济南。千辛万苦打听到分管行长的住处后，傻眼了。行长家住5层楼，这可把他难坏了，要知道，平时他爬一层楼就要10多分钟，爬5层楼就更是难上加难了。没办法，他只好脸朝后，倒着往上爬，一手抓住栏杆，先迈开一条腿，再用另一只手搬上另一条腿，爬到5楼整整用了一个多小时。他浑身被汗水浸透了，瘫坐在地上。那位行长听到门外有动静，开门问清情况后，感动地说：“你们的事，我马上办！”就凭着这种精神，眼看泡汤的事愣是让他给办成了。有了资金，就有了景区建设的保障。

接下来的难题是开发“森林乐园”。1998年年初，孙建博组织设计公司，经过半年多的设计、规划，“森林乐园”的景点开发项目经过专家论证后得到认可。然而，在一个野草丛生、满目荆棘的大森林里，开发出一个旅游景点谈何容易？孙建博就亲自带头干。原山国家森林公园管理处处长王延成回忆起当时的场面，至今激动不已。据他介绍，当时林场的1000多名职工在孙建博的带领下，全部投入了“森林乐园”的建设中，无论职位高低，无论在哪个部门、什么岗位，也不论年龄大小，每个人都在搬石头，能搬两块绝没有人搬一块。从清晨太阳还没有爬上山，一直搬到日落西山挑灯夜战。当时，正值隆冬季节，职工们的棉衣被汗水浸透了，手上、脚上、脸上都有留下了树枝、石头划破的血迹。时任淄博市旅游局局长的赵荣生来林场视察工作时，被眼前的场面感动了，他二话没说，搬起一块石头加入了这场火热的战斗。72天后，一个崇尚自然、返璞归真、拥有100多种娱乐项目的“森林乐园”建成了，1999年6月1日开业时，迎来了周边城市的大批游客，从此，原山旅游的大门被正式打开了。

然而，在孙建博的记忆里，最难、最让他伤脑筋的一件事就是迁坟了。由于历史的原因，原山国家森林公园里的坟头有上千个，每逢春节、清明时，来这里扫墓的人很多，以往还发生过因烧纸引发森林火灾的事例，也有人因此被判了刑。为了彻底切断这一威胁森林安全的祸源，更好地规划景区建设，孙建博苦思冥想提出建设一个“长青林公墓”的方案，凡是将坟墓迁至“长青林”的给予3000元补助，相当于原山为其提供了一个最低价位的墓穴。不迁的，他就耐心地做当事者的思想工作，同时宣传国家的有关法律规定。一位当地居民对迁坟有意见，在和孙建博理论时，竟把刀架在孙建博的脖子上，孙建博不急也不恼，心平气和地将其带到办公室，晓之以理，动之以情，终于说服了这位居民，当得知他家生活有困难时，还将他安置到林场做了一名临时工。仅几年的时间，“长青林”墓地已远近闻名，外来户就增加了1000多个，年收入达到100多万元。如今“长青林”已成为原山林场一个新的经济增长点。

像这样用智慧解决困难的故事还有许多，比如，过去，城区居民进森林公园根本不买门票，自从原山发展旅游业后，孙建博提出，所有进山的游客必须买门票，价格是40元一张。这一消息传开后，当地居民意见很大，为了照顾当地居民的利益，孙建博又出一招儿：为博山居民办年票，平均每人18元一张。居民们掐指一算，这招儿合理。于是，纷纷办了年票，仅此一项，原山每年收入就达100多万元。难题一个个被破解了，原山森林旅游走上了快车道。原来置身于原山里的齐长城、泰山行宫、石海等7处景点属博山区旅游局管理，由于体制不顺，产生了不少矛盾，游客对此也很有意见。2000年6月1日，博山区政府决定，将齐长城等7处景点交给原山集团管理经营。至此，原山旅游景区不统一的问题在发展中也得到了妥善解决。

五、腾飞

依托森林资源发展旅游，充分发挥森林、古树、泉水、禽鸟等自然景观和齐长城、石海、名寺、古刹等人文景观，依照“大开发、大市场、大旅游”的思路，孙建博先后投资新建了原山娱乐城、保龄球馆、森林乐园、卡丁车场、民俗风情园、鸟语林、网球场、恐龙谷、游泳池、石海栈桥等游乐场所以及一家三星级宾馆。又对老景点玉皇宫、吕祖庙、颜灵塔、石刻大观园等进行了修复、改建，使游客一进山顿觉美不胜收。为了提升景区的文化品位，每年除安排俄罗斯及中国云南少数民族艺术团体为游客演出外，还积极主办或承办一些水平较高、影响较大的文化活动，如奥地利凯斯卡管乐团的“原山之夜”音乐会，中国第二届国际儿童电影节等。2002年，原山将淄博开往博山的市内列车冠名为“原山旅游号”，每年乘坐原山旅游号列车到原山旅游的游客达10万人次。同时，还到青岛、潍坊等周边城市召开原山旅游推介会。由此提高了原山旅游的知名度和吸引力，使原山国家森林公园一举成为闻名齐鲁大地的旅游胜地。

漫步在原山景区，这里的植被色彩斑斓，泉水清澈，环境优美、景色迷人。记者发现，偌大的景区里竟没有一名清洁工人，但无论在景区的哪一个角落，都没有一张纸屑、果皮和垃圾物。据王延成处长介绍，原山景区的每一名职工，上至董事长、下至普通员工都是清洁工。每到周末，由董事长孙建博带队上山捡垃圾，已经成为一个不成文的惯例，从而也就养成了原山人捡垃圾的习惯。原山人的品牌就是一点一滴树立起来的。

原山在对干部的任用上，打破了终身制，取消了干部和职工的界限。在旅游旺季时，人们常常看到原山的领导与职工一同刷盘子、擦桌子，为客人上菜、端茶，游客根本分不出哪一位是领导，哪一位是职工。为提高服务人员的业务水平，孙建博提出，让职工走出国门，开阔视野。集团曾多次派职工到美国、泰国等国家和中国港、澳地区去学习、取经，使职工的服务水平和创新意识大大提高。他们还探索出一整套培训导游员的经验，培养了15名导游员，并通过了导游员资格考试，他们的热情服务、出色的讲解和高水准的礼仪，给游客留下了美好的印象。原山发展了，原山集团的职工也过上了小康生活。

原山集团现有职工1070名，是博山区出了名的四不欠单位。职工最低工资年收入都在万元以上，职工家庭平均住房面积为100多平方米，最大面积为210平方米。职工生活好了，精神面貌也焕然一新，工作积极性空前高涨。他们说，原山能有今天，是我们碰上了一个好带头人，没有孙建博就没有原山的今天。

受原山旅游业蓬勃发展的影响，博山地区相关行业也有了明显的发展。一是交通业。博山区有近千辆出租车穿梭在原山与城区之间，特别是在三个黄金周期间，每天每辆出租车的收入达500~600元；二是宾馆、餐饮业。在春、夏、秋三季，博山地区各大宾馆、餐馆十分火爆；三是旅游纪念品的销售。博山陶瓷大观园已成为游客购物的首选，同时还带动包装、印刷、原山水、酒、食品、牛奶等产业的稳步发展。到原山旅游的游客，吃的是原山菜、原山食品，喝的是原山纯净水、原山酒、原山牛奶，每年仅此一项就增加收入近千万元。原山旅游直接、间接安置下岗再就业人员近千名。用博山区委书记闫西国的话说："博山是重工业区，近年来企业倒闭、下岗职工很多，但如今社会稳定，就是得益于旅游业的发展，一个景区带动了一个城市的发展。"原山集团现有固定、流动资产4.6亿元，年总收入过亿元。原山集团在孙建博的苦心经营下，打造出了一张用"奉献、拼搏、高效、奋进"筑成的金字品牌，原山集团成为博山区十大纳税户之一，孙建博被评为博山区十大经济人物。

近年来，孙建博搞旅游开发的劲头越来越足，越干越有成就感。但常有人向他提出这样的问题："花费那么多的人力、物力搞旅游业，林业工作能不受影响？"孙建博的回答是，发展旅游业不仅没有影响林业的发展，反而起到了促进的作用。他说："跳出林业办林场，绝不是忽视林业，不管跳得多高，跑得多远，最终还要把落脚点放到发展林业上。"他们用发展旅游赚来的钱加大了对林业的投入，原山林场现有植物937种，已成为淄博市重要的植物资源宝库、水和氧气的储备库。在凤凰山林区，他们培植的2500亩优质侧柏林，被林业专家称为北方石灰岩山地侧柏模式林，为社会造林起到了很好的示范作用。丰富的植物资源，为动物的生存繁衍创造了良好的环境条件，吸引了各种鸟类、野生动物来林区落户。林区现有野生动物332种，已经形成了稳固的生物链。他任场长的这8年，原山林场立木蓄积量由原来的68380立方米增长到103900立方米，8年净增35520立方米。他们还在荒山秃岭植树造林，新增绿化面积1万多亩。这8年，长出半个多林场。孙建博创造的旅游业与林业双赢的局面，为我国合理开发森林旅游树立了一面旗帜。

原山东省旅游局局长李德明曾在全省旅游局长会议上指出："原山林场在孙建博场长的带领下发展旅游业，不但没有破坏森林资源，而是更好地保护了森林资源。原山林场利用森林资源发展生态旅游，成为山东省森林资源保护与生态旅游开发结合最好的景区之一，原山的旅游模式为全省森林公园的开发建设带了个好头。”原山东省林业局局长孙庆传说，原山一改过去的“穷”字，在全省叫响了“原山”品牌。这些年，孙建博走出了一条“跳出林场办林业，以副养林”的路子，原山的山更美了，树更绿了，人更富了，原山事业走向辉煌。这些成绩的取得，都源于原山的带头人孙建博敢于面对坎坷，敢于面对人生，身残、志坚、心红、眼亮。不被金钱所迷惑，不为权力所动摇，体现了一名共产党员对党无限的爱、无限的忠诚；他是林业战线上共产党员先进性的榜样。

这些年，孙建博在平凡的岗位上取得了辉煌的成绩，先后荣获“山东省劳动模范”“山东省十大杰出青年”“全国首届国有林场十大管理奖”“全国自强模范”等荣誉称号，并受到党和国家领导人的接见。

孙建博成了“名人”，吸引了很多人的“眼球”。不少单位看中了他的才气和名气，想方设法地要挖走他。曾有一家公司出年薪100万元聘他到一家旅游公司当经理；还有到中残联和省残联任职的机会。面对升职和高薪诱惑，亲戚朋友劝他“人往高处走”，但都被孙建博一一谢绝了。孙建博心怀这样的信念：“一个人活在世界上，除了需要物质撑起自己的躯体之外，还需要有一种精神铸就自己的思想。一个只满足于向别人、向社会索取来供自己肉体享受的人，必将是一个浑浑噩噩、一事无成的人。只有勇于向社会、向人民甘于奉献的人，才是一个高尚的人。”中国残联主席邓朴方这样称赞孙建博：“他要永远追寻太阳，不管自己已有多么灿烂。”

是的，一个《追寻太阳》的人，只要有阳光照耀的地方，永远是他追寻的目标。他追寻太阳就是在追求共产党人的崇高理想，让自己的付出幸福所有人；追寻太阳就是在追求共产党人的人生观，活得充实，活得有意义；追寻太阳就是在追求共产党人一颗永不泯灭的心，牺牲自己让人民群众过上好日子；追寻太阳就是把原山的事业当成自己的生命，让原山的明天更加美好，如阳光那样永远灿烂！

（原载《中国旅游报》2005年10月24日1版）

孙建博成功了，他受到几代党和国家领导人的接见，成为全国党代会和全国人大代表，成为全国宣传的道德模范和林业旅游战线的标兵。原国家林业局的干部培训基地就设在原山，我曾经去原山大会堂给全国林场的场长讲课。旅游和林业跨界融合，是我15年前就重视采访的课题之一，因而和孙建博成了忘年交。

全国“两会”上的孙建博

原山三问

今天本报发表的《追寻太阳的人》，记述的是在孙建博和他的同事们共同努力下，使一个濒临倒闭的国有林场变成山东省著名旅游景区的奋斗历程。原山的成就，回答了许多疑问。

一问：原山为什么发展得这样快？

孙建博被任命为原山林场场长时，林场300多名职工已有3个月没发工资了，同时划归原山林场的还有13个月没发工资的淄博市园艺场。经过6年奋斗，到2004年营业额突破亿元，从业人员从315人增加到1000多人，为社会提供了700多个就业岗位。一个难以为继的国有林场被授予国家4A级旅游景区，并获得山东省十大新景点、山东省十佳森林公园称号。旅游业的拉动功能、扶贫功能立显。原山的发展何以如此之快？在先进性教育中大家总结了多条经验，但最根本的是：领导带头，党员争先，群众跟进，攻无不克。孙建博是一位甲级残疾人，拖着两条残腿，栽树种草，搬石垒堰，筑坝修渠，都有他的身影。再苦再累，群众二话不说，指哪打哪。共产党人以身作则的感召力，是原山快速发展的巨大原动力。

二问：残疾人做到的为什么健全人往往做不到？

我6年前与孙建博交谈时，他曾自豪地告诉我：自名建博，就是用血和汗建设家乡淄博。他以辉煌业绩证实了自己的诺言。为什么健全人难以做到的事残疾人却做到了？这首先是境界问题。孙建博志存高远，生命中燃烧着不熄的火焰，心中的理想让他永远追逐光明、追寻太阳，从而他才会百折不挠，破釜沉舟，背水一战，置之死地而后生。健全人不是做不到，而是不想做或不愿做，往往以为还有得过且过的资本，志不高，劲不足。孙建博的精神，让每一位健全人扪心自问，汗颜、激动，奋起之情难以按捺。

三问：发展旅游就一定会破坏生态吗？

我有时听到一种责难：旅游业发展破坏了生态环境。原山的案例是个有力的反驳。生态环境是旅游业赖以生存的根基，保护环境是我们每一位旅游从业者的责任和天职。说“发展必然破坏”，是不科学的。发展和保护有最佳的“公倍数”。原山就寻找到了这个“公倍数”。因此，原山景区既是旅游业的典型，又是林业部门公认的一面旗帜。

榜样的力量是无穷的。全国有国有林场4883个，旅游企业近10万个，如果大家都学孙建博，我们的事业还有什么困难不能克服吗？孙建博们的业绩远不止能回答上述三个问题。仁者见仁，智者见智，仁智者问而后学，所获无境矣。

（原载《中国旅游报》2005年10月24日1版）

第二节　塞罕坝精神：几代人艰苦奋斗建成中国“美丽的高岭”

塞罕坝机械林场，是我宣扬的山东原山林场成为重要旅游景区之后第二个国营大型林场成为著名旅游景区的案例。该林场位于围场县和克什克腾旗交界处，地理位置在内蒙古高原和华北平原的过渡带，是大兴安岭和燕山山脉的接合部。为了挡住沙尘暴对北京的侵袭，1962 年 2 月，国家在困难时期，决定建立林业部直属的塞罕坝机械林场。确立了四项建场任务：（1）建成大片用材林基地，生产中、小径级用材；（2）改变当地自然面貌，保持水土，为改变京津地带风沙危害创造条件；（3）研究积累高寒地区造林和育林的经验；（4）研究积累大型国营机械化林场经营管理的经验。几十年来，经过几代人的艰苦奋斗，这四项任务全部完成。140 万亩林场，莽莽苍苍，成为京津的绿色屏障。当年被日本人掠夺和焚毁的森林又变为名副其实的“美丽的高岭”（塞罕坝蒙古语的原意）。建场时营造的树苗已经变成了浩瀚林海，正发挥着无可替代的效益，造福着当地，泽被着京津，恩及着后世。

塞罕坝效益包括塞罕坝的经济、生态和社会三大效益。

经济效益。建场以来，累计向塞罕坝林场投入 3.49 亿元，其中国家投资 2.5 亿元，林场自筹 0.99 亿元。截至 2009 年年底，林场有林地面积 110 万亩，林木总蓄积 1012 万立方米，林木价值 40 多亿元，林木每年生长增加蓄积 80 万立方米，增值 3 亿元，多年来累计上缴利税近亿元，现林场固定资产 3 亿多元，据中国林科院核算评估，塞罕坝资源总价值为 152.9 亿元，投入与产出比为 1∶44。

生态效益。首先是阻沙源、保水源，维护京津生态安全。中国林科院 2007 年核算评估，塞罕坝每年可产生 120 亿元的生态服务效益。

社会效益。一是为社会创造了大量的劳动就业岗位，有力地带动了区域经济发展；二是示范带动作用；三是取得重大社会影响，在人才培养、科技推广与示范、生态与思想教育等方面发挥了重要作用，有效地传播了生态文化，弘扬了生态文明。

2008 年 10 月，我为塞罕坝干部职工讲林场如何成为旅游景区的辅导课，并介绍山东原山林场搞旅游受到国务院总理、副总理的表扬，由我搭桥，两个林场建立了友好互助关系。

2009 年 6 月 15 日，我策划的塞罕坝北京营销活动在国际饭店举行。原国家林业局张建龙副局长、原国家旅游局杜一力副局长、河北省林业局武国堂局长等领导亲自出席并讲话，著名养生专家洪昭光、张维君做了点评。我为塞罕坝策划的营销口号“冬季避寒去三亚，夏令消暑塞罕坝”成为会场主标；我梳理塞罕坝四大优势“首都绿色屏障，满蒙民族风情，皇家木兰围场，生态休闲秘境”成为产品介绍的独特卖点。

塞罕坝北京营销会现场

2009 年 6 月 19 日，我又带着 30 家新闻界记者和 33 个旅行社老总去塞罕坝采风。大家参观了场史展览，深受教育。1962 年，来自全国 19 个省市的 127 名大、中专毕业学生和 242 名工人，来到了塞罕坝这片京北荒漠。三代人 55 年的奋斗，把荒漠变成了 112 万亩森林。在产品推介和签约会上，我建议推出“京津感恩之旅”项目，受到旅行社老总们的欢迎。签订了近 40 份组团和营销合同。为了开辟港澳台地区和东南亚市场，我又邀请新加坡《联合晚报》著名记者邹文学来华，我陪他采访了塞罕坝。邹先生一整版的报道，提升了塞罕坝在港澳台地区和东南亚的知名度。

我在产品推介会上，建议推出“感恩之旅”，受到京津冀旅行社的欢迎。

原国家林业局、河北省林业局充分肯定我的策划和塞罕坝林场的做法，提出要在全省 72 个林场中推广，希望我能像帮助原山和塞罕坝林场那样，帮助其他林场发展森林旅游。

2009 年塞罕坝旅游推介会现场

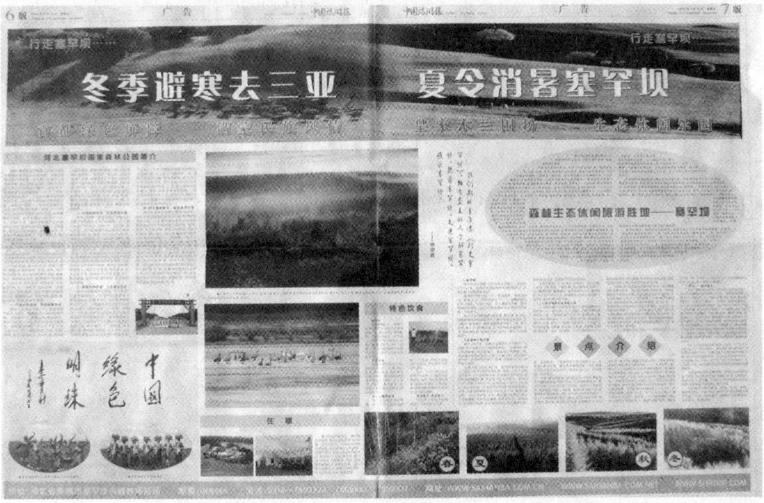
行走塞罕坝……

冬季避寒去三亚

夏令消暑塞罕坝

河北塞罕坝国家森林公园简介

森林生态休闲旅游胜地——塞罕坝

特色饮食

景点介绍

中国绿色明珠

住宿

塞罕坝旅游产品以两个彩板做了集中宣传

会后，我被塞罕坝机械林场聘为旅游咨询顾问。委托我介绍规划团队，编制《塞罕坝旅游发展总体规划》和 6 个项目的详细规划。经过几年建设，项目落地，塞罕坝现在已成为国家 5A 级景区，获得“生态文明建设范例”“时代楷模”等荣誉称号。

塞罕坝精神是塞罕坝景区的核心价值，也是最独特的卖点，被概括为：

“艰苦创业，科学求实，无私奉献，开拓创新，爱岗敬业”。

新华社北京2017年8月28日电　中共中央总书记、国家主席、中央军委主席习近平近日对河北塞罕坝林场建设者感人事迹作出重要指示指出，55年来，河北塞罕坝林场的建设者们听从党的召唤，在“黄沙遮天日，飞鸟无栖树”的荒漠沙地上艰苦奋斗、甘于奉献，创造了荒原变林海的人间奇迹，用实际行动诠释了绿水青山就是金山银山的理念，铸就了牢记使命、艰苦创业、绿色发展的塞罕坝精神。他们的事迹感人至深，是推进生态文明建设的一个生动范例。

习近平强调，全党全社会要坚持绿色发展理念，弘扬塞罕坝精神，持之以恒推进生态文明建设，一代接着一代干，驰而不息，久久为功，努力形成人与自然和谐发展新格局，把我们伟大的祖国建设得更加美丽，为子孙后代留下天更蓝、山更绿、水更清的优美环境。

习近平总书记的评价是对塞罕坝精神的肯定。我曾为塞罕坝旅游业发展尽过力也感到无上光荣。10年后翻阅当年的记录，一颗未老的心还因此激动得怦怦直跳。

第十七章　红色旅游

第一节　全面落实“五个统筹”　科学推进红色旅游发展——时任全国人大代表、四川省省长张中伟访谈

2005年是红色旅游启动和发展最重要的一年。当以红色旅游为载体，深入开展爱国主义和革命传统教育，带动老区人民脱贫致富已成为全社会的共识，作为红色旅游试点的四川省再一次感受到了自己肩上的时代使命。在京出席十届人大三次会议的时任全国人大代表、四川省省长张中伟接受专访时说，四川省将从促进物质文明、政治文明和精神文明协调发展的高度出发，把发展红色旅游作为贯彻科学发展观，落实“五个统筹”，增强爱国情感，弘扬和培育伟大民族精神，带动革命老区经济社会协调发展的重大任务，抓住机遇，发挥优势，开拓创新，努力工作，科学推进红色旅游发展。

一、发展红色旅游是一项战略性工程

发展红色旅游，是开展爱国主义和革命传统教育，弘扬先进文化，振奋民族精神的政治工程、文化工程和经济工程，也是优化区域经济布局，加快革命老区经济社会发展，帮助老区和少数民族地区人民脱贫致富，振奋地方精神的动力；是培育旅游业新的经济增长点，拓展和丰富旅游产品、优化旅游业结构和布局、丰富旅游文化形象、壮大旅游业支柱产业地位的战略性工程。访谈伊始，张中伟省长就开宗明义，畅谈了他对发展红色旅游的认识。

他说，近年来，四川省委、省政府充分认识建设旅游经济强省对推动社会经济发展的重大战略意义，举全省之力大力发展旅游业。四川旅游总收入

从1999年的221亿元增加到2004年的566亿元，解决就业140多万人。旅游在促进经济结构调整、解决就业、带动农民脱贫致富等方面发挥了积极的作用，也使我们进一步认清，发展旅游业对于树立和落实科学发展观，统筹城乡发展、统筹区域发展、统筹经济社会发展、统筹人与自然和谐发展、统筹国内发展与对外开放以及构建和谐社会都具有十分重要的现实意义。

“红色旅游作为一种新型主题性旅游形式，一方面，寓教于游，可以让广大人民，特别是青少年接受到生动而又深刻的革命传统教育，增强爱国、爱党、爱社会主义的理想信念；另一方面，大多数革命遗址位于欠发达的革命老区，红色旅游的开展可以帮助老区将政治优势、资源优势转化为经济优势，使红色旅游真正成为无污染、可持续发展的扶贫工程、富民工程。应当说，红色旅游的亮点就是生态保护的重点、扶贫开发的难点。”张中伟省长一语中的。

他分析说，四川红色旅游资源聚集的地区一部分位于甘孜、阿坝、凉山三个少数民族地区，另一部分位于大巴山、川陕革命根据地等贫困山区，这些地区也正是全省扶贫开发的攻坚地区。将红色旅游、生态旅游与扶贫开发结合起来，拓宽传统的扶贫思路，开辟有效的增收门路，对于带动革命老区经济社会协调发展，培育发展旅游业新的增长点，具有重要的现实意义和深远的历史意义。“首先是精神力量转化为巨大的物质力量。”张中伟省长说，发展红色旅游能激发老区人民在新的历史条件下艰苦奋斗、改变落后面貌的勇气和决心。“其次是有效地扩大就业。开发红色旅游可以带动老区第三产业发展，让农民获得更多的就业机会。而通过发展红色旅游就业的老百姓越多，老百姓的生态保护意识、革命文物保护的意识就越强。这是红色旅游可持续发展最根本的保证。最后是基础设施建设。红色旅游的兴盛可以改善当地交通、通信条件，完善基础设施建设，有效带动当地经济发展，给革命老区提供新的发展契机。”

张中伟省长说，实践证明，发展红色旅游有利于加强革命传统教育和爱国主义教育，弘扬红色文化，振奋民族精神，有利于保护和开发红色旅游资源，培育旅游业新的增长点，帮助革命老区、民族地区、贫困山区脱贫致富，实现促进经济社会协调发展。

二、四川红色旅游资源丰富

“金沙水拍云崖暖，大渡桥横铁索寒。更喜岷山千里雪，三军过后尽开颜。”谈及四川的红色旅游资源，张中伟省长首先引用了毛泽东《七律·长征》中的诗句。“《长征》一诗共八句，后四句也就是刚才引用的四句，都是红军在四川的写照。”他说，四川是中国工农红军长征经过的主要地区，是朱德、邓小平等老一辈无产阶级革命家的故乡，是川陕革命根据地的中心区域，在《全国红色旅游发展规划纲要》确定的12个重点红色旅游区中，四川就占了两个。正是拥有众多独具魅力的红色旅游资源，让我们对发展红色旅游信心十足。

在张省长的娓娓诉说中，四川红色旅游发展的总体布局在我们面前徐徐铺展开来：“根据红色旅游资源地域分布、资源类型、产品特色以及主题构想，我们将四川的红色旅游资源规划为三大主题板块：长征丰碑、将帅故里和川陕苏区。”

第一大板块是长征丰碑。四川是红军长征文化圣地，留下了许多重要遗迹、重大事件和传奇故事。红军长征历时两年，行程二万五千里，在四川一年零八个月，行程一万五千里，途经70个县。四川是红军长征经过的11个省中，经历时间最长、途经地域最广、所处环境最艰险、敌我斗争最惨烈、创造奇迹最辉煌的地区。红军三大主力在四川实现了两次成功会师，进行了数百次战役，其中四渡赤水、巧渡金沙江、彝海结盟、强渡大渡河、飞夺泸定桥、爬雪山过草地等许多经典战役和奇迹都发生在四川。长征期间，中共中央先后在四川召开了会理会议、两河口会议、芦华会议、巴西会议等14次政治局会议和重要会议。毛泽东、周恩来、朱德、邓小平等老一辈无产阶级革命家都曾在四川写下了光辉的篇章。

第二大板块是伟人故里。四川是伟人将帅故里，这片神奇的土地既孕育了朱德、邓小平、陈毅、罗瑞卿、张爱萍等一批对革命做出巨大贡献的老一辈无产阶级革命家，也是张思德、黄继光、赵一曼等革命先烈和英雄的故乡。

第三大板块是川陕苏区。四川是川陕革命根据地的中心地区。从20世纪20年代起，四川就开始苏维埃政权建设，先后组建4个省委、3个省苏维埃政权、近20个县委和近40个县的苏维埃革命政权，建立了全国第二大苏区川陕革命根据地。李先念、徐向前等老一辈无产阶级革命家在川陕根据地留下了许多光辉的战斗足迹。“如果说，革命遗迹遍布，‘红色文化’底蕴深厚是四川发展红色旅游的基石，那么‘红’‘绿’叠加、托‘红’衬‘绿’的资源组合就是四川足以骄人的独特优势。”说到这里，张中伟省长话语中满是自豪。“四川的红色旅游资源组合好，开发潜力大集中体现在，红色文化与绿色生态、历史文化、民族风情有机地融合在一起，形成了有较大影响力、吸引力和开发潜力的综合旅游景区。这既是四川旅游资源构成的一大特色，更是四川旅游资源开发的一大优势。”

“四川西部是红军长征途经和聚集的主要地区，即使以全球眼光来看，这里也有最美的自然景观、最独特的地域文化和最绚烂的民族风情。这里还是大熊猫的原生态栖息地、全国第二大藏区、最大的彝区和唯一的羌族聚集区。世界自然遗产九寨沟、黄龙、蜀山之王贡嘎山、冰川世界海螺沟、最后的香格里拉稻城亚丁等都分布在长征线路上。”张中伟省长激情推介。“四川东部是‘伟人故里’和‘川陕苏区’的中心区域，丰富的红色文化融入华蓥山、剑门关、阆中古城等著名旅游景区，与三国文化、古蜀文化交相辉映。”张省长说，生态是基础，文化是灵魂。“红”与“绿”相汇的优势在于，人们接受爱国主义和革命传统教育的过程，也是领略祖国壮美山河的过程。寓教于游、寓教于乐，一举数得。

“三大板块也正是我们发展红色旅游着力打造的三大品牌。”张省长强调说，围绕这三大板块，我们将重点培育雪山草地、伟人故里、川陕苏区等六大红色旅游片区，建设川主寺红军长征纪念总碑、泸定桥等36个经典红色旅游景区（点），重点推出雪山草地、四渡赤水、剑门蜀道等8条红色精品线路，以点串线、以线带面，最终搭建起红色旅游发展的基本框架。

三、科学推进红色旅游发展

“发展红色旅游，如何看待旅游与革命教育之间的辩证关系？”“如何提高红色旅游产品的市场认知度？”“如何筹集更多资金，加快红色旅游基础设施建设？”“如何处理好保护和开发的关系，实现可持续发展？”面对记者的诸多问题，张中伟省长为我们一一廓清了思路。他说，四川在发展红色旅游的实践中认识到，以科学发展观为指导，遵循旅游产业发展规律，政府主导，措施得力，红色旅游就能够走出一条可持续发展的道路。“红色旅游不只是建几座纪念碑，修几个纪念馆。旅游是教育活动的载体，因此必须遵循旅游产业发展规律。”张中伟省长言之凿凿，他指出，红色旅游必须牢牢把握旅游经济脉搏，按照旅游经济的规律来抓产品、抓线路，充分体现观赏性、趣味性和参与性，这样才能吸引更多的参观者，达到寓教于乐、潜移默化的教育目的。

他说，四川省委、省政府高度重视红色旅游的发展，形成了两个一把手亲自抓红色旅游的良好局面。早在 1998 年，在省委、省政府邀请世界旅游组织专家编制的《四川省旅游发展总体规划》中，就明确主题为“革命历史文化旅游线”的东环线为四川省四大精品旅游环线之一。2003 年在四川省委、省政府出台的《关于加快四川旅游产业发展的实施意见》（川府发〔2003〕19 号）中明确指出，“南充、遂宁、广安、广元、巴中和达州等市要充分挖掘区域内丰富的历史文化资源，共同携手做好将帅故里游、川陕革命根据地‘红色文化游’。近年来，省委张学忠书记亲自主持省委常委会听取红色旅游工作汇报，并多次批示，要求红色旅游开发“要及早规划，提出措施，拿出方案并尽快行动”。由我主持的省政府常务会议也专题研究部署发展红色旅游。全省红色旅游发展已初步形成了上下联动、协调推进的工作格局。

也正是基于对红色旅游认识的到位，四川在红色旅游发展上起步早、动作快，措施也较为得力。梳理四川红色旅游发展的脉络，张中伟省长条分缕析：

第一，我们着重抓好了红色旅游规划。2002 年编制了《四川省开发红军长征旅游产品可行性研究报告》，2004 年上半年，全面启动了红色旅游资源普查工作，完成了《四川省重点红色旅游资源调查报告》。同年，还组织力量编制了《四川省红色旅游发展纲要》和《四川省红色旅游发展规划》，同时完成了广安、红原等红色旅游发展重点地区和《红军长征纪念碑园旅游发展总体规划》《泸定桥长征文化旅游区开发建设规划》等红色重点旅游景区（点）的规划编制工作。

第二，加快红色旅游资源的保护和开发。我们坚持开发与保护并重的原则，努力实现红色旅游的可持续发展。一方面，切实加强对红色旅游资源的保护，积极开展革命文物的收集整理研究，革命纪念馆、遗址维护修缮，革命纪念地环境的整治工作。阿坝州小金县修复了红军会师广场、懋功会议遗址、两河口政治局会议遗址；马尔康修缮了毛泽东等老一辈革命家长征时驻扎过的卓克基官寨；巴中市收集整理了革命文物4000多件，对红军将帅碑林、川陕革命根据地博物馆等20余处纪念性建筑进行了保护修缮。另一方面，加大红色旅游开发的力度，加快红色旅游区城镇基础设施的建设。石棉县安顺场新建了“强渡大渡河纪念馆”；松潘县整合红军长征纪念碑园、松潘古城等资源，积极打造大九寨红军长征文化旅游区。

第三，加大红色旅游的投入。坚持政府主导和市场化配置资源，探索建立多元化投入机制和市场运作机制，培育市场主体。近几年，全省在旅游业上的投入已达300多亿元，其中仅2005年投入的金额就将达到78亿元。这其中有相当一部分资金用于红色旅游规划和景区的配套建设。泸定县将泸定桥红色旅游项目建设与城市发展结合起来，先后投入资金4亿多元，启动了22个项目；松潘县引进民营资本6亿多元，建设大九寨红军长征文化旅游区；巴中市通过招商引资、银行贷款和吸引民间资金，筹集10亿多元投入红色旅游景区和旅游城镇基础服务设施的建设。

第四，加大红色旅游宣传推广。1999年5月，四川省率先启动了红色旅游，开展了以“重走长征路、将帅故里游”为主题的系列活动，并连续多年在每年举办的国内旅游交易会上推出比较成熟的红色旅游线路，是全国开展红色旅游较早、成效显著的省份之一。2003年以来，我们重点组织开展了“重走长征路”考察采风等系列活动，进一步深化“将帅故里游”旅游线路，在国内外产生较大的反响。

（原载2005年3月22日《中国旅游报》）

第二节　河南大别山红色旅游推介会在京举行

2005年4月1日，河南大别山红色旅游推介会在北京人民大会堂举行。时任河南省副省长贾连朝，时任中国旅游协会常务副会长、国家旅游局规划发展与财务司司长林山，时任河南省委宣传部副部长张锐，时任河南省旅游局局长杨盛道，时任信阳市市长王铁出席了推介会。

大别山是河南省唯一列入全国12个重点红色旅游区的地区，信阳正抓住这一千载难逢的机遇，着力打造红色旅游精品，以进一步提升旅游产品的知名度和竞争力。在推介会上，贾连朝说，河南不仅是中华文明的摇篮，同时也是中国革命的根据地、将军的故乡，富有光荣的革命传统和丰富的红色旅游资源。全省共有各级各类爱国主义教育基地610处，包括鄂豫皖苏区首府革命博物馆、郑州“二七”革命纪念塔和纪念馆等全国闻名的纪念圣地。信阳市更是以全国规划的12个重点红色旅游区之一的美名跻身全国红色旅游重点规划区。贾连朝指出，省委、省政府把信阳作为重点红色旅游区向全国推出，精心打造河南红色旅游品牌。

林山在讲话中，首先代表国家旅游局领导对此次推介会的举办表示祝贺。他说，在全国各地积极规划、开发红色旅游产品，大力开展红色旅游的热潮中，河南大别山红色旅游产品走进北京，向首都人民进行宣传展示，盛情邀请首都人民走进大别山，在红军的摇篮、将军的故乡，去追忆那难忘的岁月，感受革命先辈留给我们的宝贵财富，这是一件很有意义的事情。

信阳市有着丰富的红色旅游资源，这里是全国十大革命根据地之一，是红四方面军、红二十五方面军、红十八军的诞生地，是二次国内革命战争时期鄂豫皖苏区首府所在地，是著名的二万五千里长征的起点之一，是刘邓大军挺进中原的主战场。信阳还是著名的将军县，从这里走出了许世友、李德生等43位共和国第一代将军和54位省部级以上领导干部，邓小平、刘伯承、徐向前、李先念等老一辈革命家在此留下了足迹。

“2005年，我们要以红军的志气、红军的精神，搞好旅游规划，整合旅游资源，加大旅游投入，强化旅游推介，把信阳红色旅游做精做特，做大做强。”信阳市市长王铁表示。

为打造红色旅游精品，信阳聘请中山大学、厦门大学等单位为红色旅游区制定总体规划和维修保护规划。2005 年的正月十五，市长王铁就带人向副省长贾连朝汇报了红色旅游重点工程的规划。

通过专家梳理，目前，在《信阳市红色旅游资源一览表》里，列出了八个红色旅游经典景区。2005 年，信阳将借助抗日战争胜利 60 周年和许世友将军 100 周年诞辰纪念日之机，周密准备，精心策划一系列宣传活动，以进一步叫响信阳的红色旅游。

为整合资源，扩大品牌效应，信阳还主动与湖北、安徽两省联系，研究如何开发好“大别山重点红色旅游区”，三地已决定协调联动，统一规划，整体开发，系统推介。

2005 年，信阳还将举办红色旅游文化节，多层面、多方位推介红色旅游产品和线路，把红色旅游与社会主义精神文明建设及革命老区脱贫致富奔小康结合起来；与中国茶都、山水信阳的绿色旅游结合起来；与瞻仰访问、观光游览、休闲度假等结合起来，从而带动信阳社会经济、旅游、文化事业的全面提升。

第三节　关于红色旅游的营销——井冈山红色旅游论坛发言提纲

红色旅游一直是中国旅游产品中耀眼夺目的一个特色产品。从 20 世纪 80 年代开始，原国家旅游局在国家计划安排的旅游发展基本建设投资中，就安排一定资金，支持延安、韶山、井冈山、西柏坡等一批革命老区和革命纪念地建设旅游设施，发展旅游产业。2004 年 12 月，中共中央办公厅、国务院办公厅印发了《全国红色旅游发展规划纲要》，将红色旅游推向了新高潮、新阶段。

革命老区在战争年代，为新中国的建立做出了巨大牺牲和辉煌贡献，留下革命历史文化遗产。这是宝贵的精神财富，也是发展红色旅游、推动老区经济建设的重要资源。党中央非常重视利用各种教育资源，大力弘扬和培育爱国主义和民族精神，积极发展红色旅游有着非常重要的意义。

按照《全国红色旅游发展规划纲要》要求，全国12个重点红色旅游区、30条红色旅游精品线路、100个红色旅游经典景区正在抓紧规划和建设。红色旅游必将成为中国旅游产品中最亮丽的风景之一。

在红色旅游景区中，有一些建设已具规模的景区，如嘉兴、井冈山、遵义、延安、西柏坡等成熟景区，营销是一个亟待加强的问题。我就这个问题提以下几点建议。

一、搞好常规促销

作为旅游产品之一种，一般旅游景区的营销方式都适应于红色旅游景区。印制各种形式的宣传品；建立网站；开新闻发布会、产品说明会、参加展销会；开展社区促销活动；利用走出去，请进来的方式营销；利用各种媒体（平面、立体、音像、网络）搞宣传；选择媒体的原则：市场的细分，媒体的受众和目标客源层的重合程度。

搞好淡旺平季营销；重点搞好三个黄金周前的营销；要把红色资源、山水资源和历史文化资源整合成复合型产品进行促销，要和周围各类景区合作进行区域营销，要和同类景区联手进行跨区域营销；要把旅游的教育功能和审美、休闲、娱乐功能结合起来。

二、更新营销观念

树立城市营销理念。把握产品营销、行业营销、城市营销、区域营销的发展和进程。落后地区要超常规、跨越式发展，必须采取非常规手段。城市营销，宣传资源、资金统一调动、使用。比如，发动辖区所有媒体开辟旅游专栏、节目，对红色旅游的历史、掌故、现状和发展前景，进行宣传和教育，使所有群众人人会解说，在迎来送往中做义务宣传。邀请专家讲课，开拓思路、转变观念。

三、抓好特殊日子口的宣传

这是红色旅游产品的优势所在。从元旦开始，春节、二月二、三月三、“五一”“六一”“七一”“八一”“九九”“十一”等，几乎月月有活动。各地还可结合本地特点开展活动。以井冈山为例，会师日、保卫战胜利日、重大决定纪念日、毛主席朱老总重要文章、诗词发表日等。与全国思想教育活动相结合，如三讲、先进性教育、八荣八耻教育、党日党课、入党宣誓等活动。把媒体广告宣传和手工寄信、手机信息宣传结合起来。

四、树立品牌意识

维护红色旅游的庄严性，批驳丑化言论，避免庸俗化。探讨在轻松愉快中接受教育的方式。在展馆内容上，展示和演示相结合；在节目设置上，参观与参与相结合；创造共同兴奋点，使知识界与老百姓兴趣相结合；在馆序配置上，主题馆与附属馆相结合；在保护与开发问题上，正向思维与逆向思维相结合。活化历史，无锡水浒城、三国城，开封清明上河园《劫囚车》、延安保卫战实景演习等，效果都不错。

五、成立组织

建议由井冈山等红色旅游景区牵头，成立全国红色旅游景区协会，挂在中国旅游协会或中国老区委，争取一大批老红军、老干部的支持，研究问题，加强协调，争取政策、推广经验、开展活动。

六、做营销规划

产品规划和营销规划并重。要有营销费用，要使费用花到点子上，必须做营销规划。

第十八章　冰雪旅游

第一节　中国旅游产品的一大亮点——黑龙江滑雪产业发展纪实

近年来，我国旅游业淡季不淡，冬天“两头热”是显著特点之一。黑龙江滑雪旅游异常火爆，出人意料，令人瞩目。总结这一经验，对于全国旅游产品的开发、建设、完善、提升有着示范作用。

一、一大亮点——黑龙江滑雪产业异军突起

滑雪产业在黑龙江快速发展，全省目前有雪场 52 处，雪道 90 多条，总长 10 万多米，滑雪板 3 万余副，雪场宾馆床位 1 万余张，雪场总量占全国 50% 以上。管理、设备处于领先地位，产业规模雏形已成。冬季来临，床位难订，人流如潮，十分火爆。

笔者于 2002 年春节去黑龙江采访，见到亚布力几个滑雪场每天人数逾万，雪具和教练已严重不足。初三返回时，仍见车流源源不断涌来，在大门口排起长龙。二龙山雪场 1200 张床位早已预订一空，6000 副雪具供不应求，每天平均接待 5000 人次，成为全省最火爆的滑雪场之一。

从经济效益来说，滑雪是个高消费活动，收入可观。冰雪旅游改变了旅游企业冬季“半年闲”的局面。2000 年春节，冰雪旅游直接收入 6.5 亿元。2001 年春节旅游黄金周期间，黑龙江冰雪旅游直接收入 7.01 亿元，创汇 275 万美元，拉动宾馆、餐饮、交通、商业、电信等相关行业收入 30 多亿元。2002 年春节 50 余家滑雪场接待量比往年增长 30%，全省共接待海内外旅游者

162.5 万人次，旅游收入 9.1 亿元，同比分别增长 12% 和 17%。滑雪旅游发展势头猛烈，市场潜力大，经济联动效益好。这一点在业内外已形成共识。

二、主导战略——领导高瞻远瞩点雪成金

滑雪产业得以快速发展，最重要的一条经验是实行政府主导型战略，各级领导高瞻远瞩，点雪成金，功莫大焉。

黑龙江的冰雪资源得天独厚。千百年来，老天爷赐给的圣洁雪花白白浪费着，甚至被称为“白灾”“白害”，没有改革开放和市场经济，不实行政府主导型战略，资源优势就转化不成经济优势。笔者曾听到过一种观点，认为“政府主导型战略”与“市场经济”是对立的，这种观点不无偏颇。在任何国家经济发展中，政府的作用都不容代替。如果凭长官意志瞎指挥，这种“主导型”是要不得的。如果政府通过政策宏观调控，抓好市场培育，为企业创造发展的条件，这样的“主导型”何谈与市场经济是对立的？黑龙江滑雪产业的发展过程在这方面提供了典型案例。

在黑龙江滑雪活动刚有苗头的时候，省委、省政府紧紧抓住这一难得的机遇，把发展滑雪产业作为主攻方向，在更新发展理念、多元开发、政策导向、资金投入、基础设施建设、规划标准制定、市场促销、资源开发等方面实行大手笔、高标准、高立意、高投入，促进了滑雪产业较大跨度的发展。首先是思想解放，政策宽松，支持有力。时任省委书记徐有芳同志强调，以发展冰雪旅游为突破口，加快建设支柱产业。宋法棠省长要求，要进一步全面优化黑龙江滑雪产业的发展环境，加大滑雪旅游基础设施投入，实行联合开发，开放开发，多元投入，推动产业规模化、市场化。并亲自率团到滑雪旅游发达国家考察。参加在广州、北京举办的旅游说明会和滑雪节、滑雪论坛新闻发布会，介绍黑龙江省冰雪旅游产品。在资金投入上，省政府连续 3 年投入旅游发展金 5000 万元以上，其中大部分用于雪场规划、项目招商和雪场支线公路建设。先后投入 16 亿元用于哈尔滨至亚布力滑雪场、哈尔滨至二龙山龙珠滑雪场公路建设。双鸭山、七台河、佳木斯等地市政府对兴办滑雪场在项目审批、税收、银行贷款等方面实行优惠政策，扶持滑雪产业发展。

原国家旅游局作为中央政府主管全国旅游业的部门，对黑龙江滑雪产业

也给予了有力的支持和指导。1996 年，在筹备第三届亚冬会时，原国家旅游局局长何光玮亲自赴亚布力滑雪旅游度假区考察，对雪场规划和开发提出具体要求，并连夜召开座谈会，提出了高标准与世界滑雪先进国家对接的目标，为黑龙江滑雪旅游制定了宏伟蓝图。2000 年，原国家旅游局副局长孙钢先后三次深入到黑龙江省，指导编制滑雪旅游规划。在原国家旅游局召开的北方九省（区）旅游业“十五”规划思路座谈会上，他指出：黑龙江省依托资源优势，开发冰雪旅游，取得了可喜的成绩。但还有更多的文章要做，要把黑龙江建成中国最大的冰雪旅游基地。各级领导的巨大鼓舞，给黑龙江滑雪产业以强大的动力。

1996年，全省只有2家滑雪场，到2001年，全省已有各类滑雪场52家。雪场发展速度平均每年翻一番。在哈尔滨周边已有滑雪场20余家，牡丹江、齐齐哈尔、伊春、大庆、佳木斯、黑河、鸡西、鹤岗、双鸭山、七台河、大兴安岭等 12 个地市都有滑雪场。1996 年中期集团以 2 亿元资金投入亚布力、三锅盔山兴建了 11 条雪道。与瑞士合办全国最大的拥有 100 多位老师的滑雪学校，成为中国滑雪业的一张品牌。在哈尔滨近郊风景优美的二龙山风景区，龙珠集团投资 3 亿多元，建成的滑雪场项目齐全，成为国家滑雪队高空技巧的训练基地。

大型企业集团和许多民营企业投入雪场建设，已经成为当前资金投入的热点。

政府主导型发展战略的作用日益显现。有各级党委、政府的支持，才有黑龙江滑雪业的昨天、今天和灿烂辉煌的明天。

三、市场运作——使滑雪产业与国际水准对接

产品的魅力取决于资源的垄断性，资源的整合必须根据市场的需求。为了学习海外经验，在省领导支持下，原黑龙江省旅游局先后组织省内 24 家滑雪场负责人和雪场投资商到瑞士、法国、奥地利、芬兰滑雪场考察学习。经过瑞士、芬兰有关专家培训，他们开阔了眼界、更新了理念，并建立了合作机制，达成了合作意向，在与滑雪发达国家高点对接上迈出了一大步。

经过考察了解到，滑雪是风行世界的旅游活动，是一项多次甚至是终生

参与消费的过程，是一项非常迷人的旅游方式和高质量的生活方式。滑雪旅游在欧洲北美已有百年历史，已经是非常普及的旅游活动。法国每年滑雪人数为700万人次，收入超百亿美元。瑞士瓦莱州人口仅20万，每年接待滑雪旅游者1000万人次。美国滑雪人口达1000多万，每年滑雪器械销售额达3.5亿美元。据有关滑雪组织统计，全世界有滑雪场6000个，其中欧洲4000个，北美1000个，亚洲包括日本和韩国1000个，中国目前100个左右。

滑雪旅游是全世界范围内参与性、刺激性、娱乐性最强的旅游项目，市场前景很好。欧洲、北美和日本等国家有10%以上的人喜欢参与滑雪运动。而我国若有1%的人参与就超过千万人次，形成巨大的潜在客源市场。而黑龙江省有得天独厚的滑雪资源，全省主要山地有大、小兴安岭、张广才岭、完达山、大青山等，山地面积占全省面积60%，林区面积占41%，森林面积为全国省市区之首。而且冬季雪量大，雪期长，雪质好，生态环境好，坡度适中。据专家雪场资源普查结果，全省海拔1000米以上适于建造滑雪场的山峰就达100多座，是中国滑雪旅游资源最为密集的省份。

中国滑雪协会和有关专家预测，在未来10年，滑雪人口以每年增加1倍的速度增长，到2005年滑雪人数达到700万以上，滑雪旅游收入达200亿元以上，很快将形成可观的产业规模。

正是根据这样的市场需求和预测，黑龙江省出台各种政策，不仅支持本省各方力量投资滑雪产业，还对海外和国内其他城市招商引资，建设雪场。学习借鉴滑雪产业发达国家先进的管理模式、运行机制、操作技术、规划建设、环境保护等方面的做法。在滑雪索道、雪具、服装、设施、设备和教练人才水平方面，力求与国际接轨，以保持和巩固黑龙江在全国滑雪产业中的领先地位。

新观念的注入，是最重要的“接轨”。2001年12月，黑龙江省人民政府、原国家旅游局、国家体育总局和联合国工业发展组织共同举办了国际滑雪产业论坛，这次滑雪论坛涉及滑雪产业发展10个方面非常关键的论题。即滑雪旅游市场开发与未来发展方向的预测、滑雪产业市场中的项目国际投资与交流合作、雪场的管理经验交流与可持续开发、滑雪旅游市场开发与多边文化交流、滑雪产业市场中的房地产开发、滑雪产业市场中的滑雪服装市场开发、滑雪产业市场中的滑雪设备生产与市场开发、滑雪产业市场中的体育比赛与竞技市场开发、滑雪产业市场中的政府或者行业协会的管理与政策引导以及中国加入WTO之后，滑雪产业面临的机遇与挑战等。这些新观念无疑是一次从上到下、从里到外的思想大武装，使黑龙江滑雪产业有能力以全新的精神面貌应对市场的大搏击。

四、狠抓管理——首定滑雪产业规划和标准

滑雪产业要发展，规划需先行。在2001年的省政府63次常务会议上，宋法棠省长强调，要高立意、高标准地编制全省旅游总体规划和滑雪旅游专项规划。原黑龙江省旅游局将冰雪旅游开发责无旁贷地作为己任，全力开拓。利用两年时间，率先自下而上在全国第一家以省为单位完成了旅游资源普查工作，形成了130万字的《黑龙江旅游资源》一书，收录了全省60种基本类型1361个旅游资源点，占《旅游资源普查规范》所列基本类型的88%，比国家规定的省级旅游资源富集的进档标准高出28个百分点。由此而知，黑龙江省海拔1000米以上的山峰近100座，大多山体坡度在45° 以下，大部分在30° 左右，是建设滑雪场的理想坡度。在普查基础上，他们紧锣密鼓与世界旅游组织官员广泛接触，请世界级专家为黑龙江编制全省旅游发展总体规划和滑雪旅游专项规划并于年底前完成终稿。全省各地的旅游规划正在编制中，有的已通过专家评审。

宁士敏局长为我们勾画了黑龙江滑雪旅游的美好画卷：到2005年，黑龙江将再建初级滑雪场32家，中级滑雪场20家，高级滑雪场10家，接待人数超百万人，平均每年以20%~30%的速度递增。

近几年来，滑雪场如雨后春笋，在黑龙江林海雪原、城郊、市区举办起来，设备、条件差距较大。面对这种情况，黑龙江省各级政府和旅游管理部门认为，随着滑雪产业的发展和客源市场的需求，全省应建设适应各类消费标准，具有初、中、高等各个层面不同水平的雪场。雪场坡度、长度、环境可以不同，但在服务、程序、必备设施用具、教练等方面必须标准化。借鉴A级旅游区评定和星级宾馆标准，给滑雪场等级水平实行定级。原省旅游局

与省技术监督局和省体育局一起，借鉴世界各地雪场标准结合黑龙江省实际，制定了《黑龙江省旅游滑雪场质量等级标准》。这在全国是第一个旅游滑雪场标准，使滑雪产业健康发展有了规矩可循。

一抓规划，二抓标准，指导监督，落到实处，管理部门的管理就抓住了“牛鼻子”。

五、宣传促销——“五个转变”全新理念

黑龙江冰雪旅游产品迅速进入市场得益于全新的宣传促销理念，即“五个转变”：由整体推出旅游形象向推出旅游商品线路转变；由粗放市场开发向市场细分、科学开发转变；由一般博览展销型向国内外广泛组织合作转变；由一般宣传手段向实现精品化、多样化、网络化转变；由原省旅游局独家进行全省旅游形象塑造向各级政府及旅游部门塑造形象，微观宣传、企业跟进，推出企业形象和旅游产品转变。

2001 年以来，原省旅游局在中央电视台播出了黑龙江省春夏秋和冬季特色冰雪旅游形象广告，高立意、大手笔地宣传黑龙江特色旅游产品，产生了轰动效应。在香港国际旅游交易会、昆明国际旅游交易会、第 89 届广交会以及澳大利亚旅游展、澳门国际投资博览会以及俄罗斯旅游展销会上，黑龙江旅游更是出尽风头，成为展销会上的亮点。哈尔滨市组织百名“白雪公主”下江南，宣传哈尔滨市的冰雪旅游产品和特色资源；牡丹江市组织了“旅游大篷车”，赴南方各省促销，推出了牡丹江“雪堡、雪乡”等冬季特色旅游产品；伊春市多次在哈尔滨、北京、昆明等地召开新闻发布会，介绍其旅游资源及产品。

一个接一个的冬季节庆活动更是搅热了黑龙江的冬天。从 1998 年开始，黑龙江省成功地创办了中国黑龙江国际滑雪节，从此树立了黑龙江作为我国滑雪旅游胜地的形象。第二届国际滑雪节由地方性节庆活动上升为国家级、国际性节庆活动，黑龙江滑雪旅游大省的地位进一步提高。到 2001 年第四届中国黑龙江国际滑雪节期间，召开了国际滑雪产业合作论坛，有世界 21 个滑雪国家或地区的 114 名境外来宾在内的 257 名正式代表，以及 123 名列席代表参加了论坛，在国内外产生了轰动效应，促进了黑龙江省国际形象的

提升，推动了滑雪产业链建设方面的国际合作。此前，黑龙江省首次举办了伊春国际森林生态旅游节、五大连池火山旅游暨五大连池饮水节和亚布力五花山观赏节，成功地举办了北方冰雪旅游产品交易会。制作了冰雪旅游画册、光盘和黑龙江旅游歌曲 CD 等宣传品，出版了《黑龙江导游词精选》。

黑龙江各地的冬季旅游各具特色。拥有“雪乡”之称的牡丹江打出了“雪城”牌，布满全城的雪塑使整个市区像个“雪堡”；地处平原的齐齐哈尔市在树挂、冰浇、雾凇上大做文章；“林海雪原”伊春借林海优势大打滑雪牌；哈尔滨市在冰灯、雪塑、雪雕的传统旅游产品基础上，已连续三届成功地推出冰雪大世界，在冰雪文章上已是登峰造极。冰雪大世界的诞生激活了冰雪产业。

六、拉动功能——冰雪旅游联动效应形成产业链

每年冬季，冰雪旅游热使人流、物流、信息流、资金流与飘然落下的雪花总是融汇到一起，拉动了内需，刺激了消费，更带动了相关产业的大发展。近几年春节，哈尔滨市中央商城、秋林公司和哈一百等大型商场店铺客流量、销售额大幅度提高。春节旅游黄金周期间，主要商服网点销售额同比增长 30% 左右。

“冰雪搭台，经贸唱戏，旅游结果，经济繁荣。”冰雪节和滑雪节期间，哈尔滨、大庆、牡丹江、绥芬河、木兰等地纷纷开展经贸洽谈、招商引资、物资交易、经济技术合作等活动，黑龙江省对外经济合作水平不断提升。滑雪产业的发展促进省内滑雪装备产业的发展，已有齐齐哈尔黑龙集团与瑞士安塞尔公司签订了年产 12 万副滑雪板的生产项目；哈尔滨的一家企业生产滑雪索道、合作生产造雪机，哈尔滨、尚志等地企业投入生产滑雪服装。滑雪产业发展直接或间接提供了 2 万人的就业机会。促进了山区脱贫致富和地方经济的发展。

冰雪旅游的升温加速了黑龙江省交通运输的发展。每到冬季旅游的旺季，哈尔滨的铁路、民航、公路都增加航班和班次，加挂车厢。哈尔滨铁路局推出了边境口岸品牌旅游列车，以方便中外旅游者。目前，哈铁分局将管内所存客车车厢加挂一空。全省已开通空中航线 50 余条，哈尔滨市通往各

地的高等级公路连接的辐射主骨架已基本形成，15对旅游列车把哈尔滨同省内外主要旅游区（点）连接在一起，哈同、哈大、哈牡、哈齐以及大中城市间纷纷开通了豪华快速客车。

黑龙江的旅游产业正大踏步前进。随着哈尔滨申办2010年冬奥会的激励作用，这将给滑雪产业和相关行业提供更多的发展机遇；同时，全省各界看到这一光辉前景及拉动作用，反过来都支持滑雪产业，形成了互动效应和良性循环，旅游真正成了拉动全省经济的增长点。冰雪旅游联动效应形成的产业链，为旅游业的拉动功能提供了实证；黑龙江结合本省的资源特点发展滑雪产业的做法，也为各地旅游产品建设提供了经验。

（原载2002年3月18日《中国旅游报》一版）

附：点评冰雪

“北国风光，千里冰封，万里雪飘。望长城内外，惟余莽莽；大河上下，顿失滔滔。山舞银蛇，原驰蜡象，欲与天公试比高。须晴日，看红装素裹，分外妖娆……”毛泽东的这首《沁园春·雪》不愧千古绝唱，什么时候读来，那意境，那情愫，那审美，那气魄都震得你怦然心动。

如今的冰雪已不仅是词人歌咏的对象，而成为北国冬季最现实的旅游资源，成为人民生活的重要内容。北京、河北、内蒙古、辽宁、吉林、黑龙江乃至四川等省区市，在开发旅游项目中都在打冰雪牌，做冰雪文章，纷纷举办冰雪旅游节，开展滑冰滑雪活动，制作冰雕、雪雕作品。宁静的冰雪世界被艺术、被生活舞动了！

旅游业改变了人们的“猫冬”习惯。北方人从祖祖辈辈熟视无睹的冰雪中找到了无穷的乐趣。有的村镇做冰灯，户户参与，“魏得罗”（俄语“水筲”的意思）人人会用；大的活动如哈尔滨冰雕冰雪展，人们倾城而出；许多南方人如潮涌向北方观赏冰雪。冰雪项目真的已成气候了！

但是，各地的冰雪文章如何避免千篇一律，突出特点，是冬季旅游项目可否具有竞争力、生命力的关键所在。我们把这个问题提给内蒙古“海拉尔冬季那达慕”的主办者——卓达集团总裁杨卓舒先生时，他深思熟虑地说：冰雕、雪雕艺术，在黑龙江已发展到完美的程度，加之科技、交通和多年宣传促销的优势，距哈尔滨很近的海拉尔也跟在人家后边搞冰雕、雪雕，肯定是没有出路的。冰雪，作为一种大环境、一种共有的资源，色彩是单调的，但如果同本地的山川地貌、风土人情、文化背景相结合，那色彩又是丰富的、独特的。在冬季冰天雪地中，在广袤的大草原上，举行赛马、赛驼、乘爬犁、围猎表演、抢枢比赛、与狼共舞等项目；在湖面凿冰与渔民同捕，在原始森林观赏野生动物……这些项目在哈尔滨看不到，只有到呼伦贝尔才能看得到。这就是独特性，这就是竞争力。

比如，笔者在鄂温克草原参加了“与狼共舞”旅游项目，对上述观点感触颇深。鄂温克是刚刚结束狩猎生活的少数民族，他们与狼形成了一种和睦共处的微妙关系。草原上，如果牧民遇到一只受伤的狼，就抱回家抚养；甚至认为谁要侮辱了一匹狼的遗骸，就会遭到恶报；狼死了，他们要挖土深葬。我亲眼见到鄂温克族牧民杜和平养了一匹大狼，为他看家院，护羊群，拉爬犁，并与他的家人、牧羊犬和睦相处。杜和平笑曰：“人们都说狼的本性难移，我觉得狼心也是肉长的，养时间长了，就有了感情。我曾把它几次放归自然，有时送出80公里，晚上它又跑了回来。”狼与狗一起拉爬犁，引来了许多游客。这样的旅游项目能不吸引人吗?

同做冰雪节目，各有巧妙不同。吉林市搞雾凇、哈尔滨搞冰雕、亚布力搞滑雪、呼盟搞民俗……按照这个思路去创造、去整合、去丰富，各搞各的特点，不仅北方，还有西北、西南各地，凡有冰雪资源的地方，冬季旅游项目都会五彩缤纷，百花齐放，魅力无穷。

第二节　白雪变白金　终生志不移——访黑龙江龙珠滑雪集团董事长朱廷财

滑雪的时候，朱廷财有时会忽然间停下，望着面前白茫茫的雪野出神。想着30年前的自己，在被北大荒狂风暴雪无情抽打的时候，是无论如何也不会相信，有一天，这洁白的雪花竟会在自己的眼中幻化出白金般令人着迷的光晕。人生的戏剧性莫过于此了。

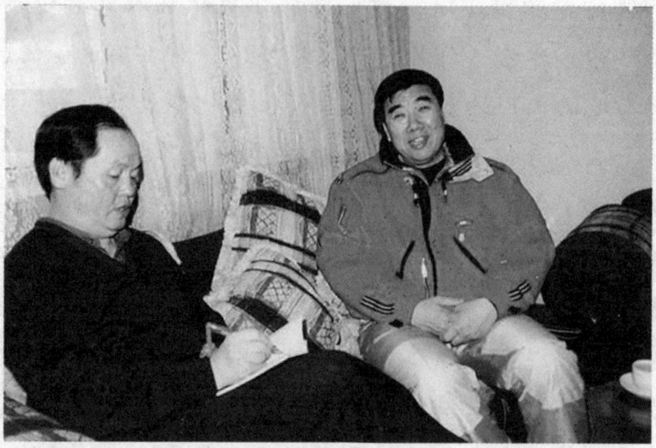

2002 年 1 月，采访黑龙江龙珠滑雪集团董事长朱廷财

朱廷财，年届半百，精力充沛，思维敏捷，谈话间不时迸发出的阵阵笑声，使周围的人亦随时感受到他所营造的乐观幽默的轻松氛围。作为中国滑雪旅游产业的先行者之一，2001—2002 年雪季对于朱廷财尤其显得意味深长。正月初四，当龙珠二龙山滑雪场以日接待滑雪游客 5000 余人次的骄人成绩再创国内滑雪场旅游接待新高以后，他才算轻舒了一口气。几年来的滑雪热潮使得黑龙江再也不复往日“一枝独秀”的轻松局面，无论是以旅游滑雪胜地著称的龙珠，还是滑雪发烧友心心向往的亚布力，无不感到来自省内，以至国内外同业的巨大压力。在这硝烟四起的滑雪大战中，龙珠二龙山滑雪场异军突起，成为 2001 年冬季国内最被看好的热门旅游滑雪场。一时间，国内滑雪界纷纷把目光投向国内滑雪界的传奇人物——龙珠滑雪集团董事长朱廷财的身上。

1993 年，由朱廷财组建的黑龙江省房屋建设实业总公司，白手起家经过 5 年拼搏，跻身省市开发企业 20 强，并于 1991 年，与香港曾氏家族合资成立了黑龙江惠扬房地产开发有限公司，朱廷财出任总经理。3 年后，作为港方代表的他回到哈尔滨。此时，适逢承建第三届亚洲冬季运动会雪上赛事重点项目的一家公司突然退出，而距亚冬会开幕已不足 500 天，黑龙江省领导焦急万分。身为共产党员的朱廷财受命于非常时期，通过几次到亚布力实地踏察，掌握了翔实的资料，经过艰苦工作和努力，最终促成了亚布力项目合作的成功。从而使港方投资 1.2 亿元参建了运动员村、索道和停机坪三个赛事项目。

为了更好地完成这个关系黑龙江省和国家荣誉的项目，朱廷财亲率技术小组赴北美、西欧各大雪场考察，从而亲身接触到这个以前只在影视画刊中见到的白金运动——滑雪，看到滑雪产业对当地经济的牵动作用，朱廷财的中国滑雪梦也油然而生。

赛事工程经亚奥理事会视察，质量验收一次合格。亚冬会结束后，朱廷财和他所领导的企业受到了省政府的高度赞扬和奖励。与此同时，亚布力惠扬滑雪场正式对外营业，从梦想走近现实的道路终于有了一个崭新的起点。

1997 年 4 月，由他出任董事长的黑龙江龙发股份有限公司，又成功地在深圳上市。

亚冬会的成功举办，龙发股份的成功上市，使亚布力声名大振，黑龙江的滑雪旅游产业踏上新的起点。此时，朱廷财在思考：黑龙江山地面积达十几万平方公里，坡度适宜、雪质好、雪期长，发展滑雪旅游具有得天独厚的优势，完全可以利用这一点将中国滑雪旅游产业做大，变资源优势为经济优势、产业优势，从而促进黑龙江的产业结构调整。在这一思路的主导下，成立中国滑雪旅游产业的航空母舰，中国第一个专业性滑雪旅游产业集团的想法油然而生。在省委、省政府和旅游主管部门的大力支持下，1997 年，龙珠集团（1999 年正式更名为龙珠滑雪集团）成立，发展滑雪旅游产业成为公司主营业务的最新定位。方向有了，但是若要经营管理好一个具有国际水准的大型滑雪场，集团还欠缺一支成熟的管理队伍。此时幸运女神再度向朱廷财招手，1998 年，在他出任风车山庄滑雪场总裁的一年间，得以更广泛地接触到了滑雪场经营管理的各个环节，通过这一阶段的工作、学习，锻炼出了一批理论知识、实践经验丰富的干部队伍，为龙珠滑雪集团的发展在人才储备方面奠定了坚实的基础。与此同时，集团公司多次派员赴奥地利、荷兰、美国、日本等地学习一流滑雪场的管理经验，朱廷财亲身走访了欧美、日本、韩国的滑雪市场，并对国内市场及同行企业进行了大量的调查与分析，此时，都市近郊最大的旅游滑雪场——龙珠二龙山滑雪场已在朱廷财心中渐露雏形。“四季经济”理论改变了滑雪场“一季火，三季闲”的通病。1999年，是朱廷财人生很有意义的一年。厚积薄发，从整体设计到施工，不到半年的时间，投资2.8亿元的龙珠二龙山滑雪场已正式对外营业，并且向社会亮出鲜明的市场定位：将滑雪旅游这项中国老百姓从前看成是消费不起的“贵族运动”，变成平民运动。开业当年，即接待滑雪者十几万人次。经过几年的苦心经营，龙珠二龙山滑雪场已经发展成为国内一流的滑雪旅游度假胜地，拥有两个初级滑雪场、8条中高级雪道、国内最大的雪具出租中心，近万亩的冰上娱乐区，以及与之相配套的食宿娱乐环境，拥有1100张床位，可同时接纳2000人用餐，日接待滑雪游客可达8000人次。中国滑雪协会主席肖天到此考察后认为：二龙山滑雪场硬件设施先进，管理科学。已经具备了承办大型国际滑雪比赛，如自由滑雪、越野滑雪、冬季两项等比赛的条件，已经成为中国驰名品牌和国际水准的滑雪旅游胜地。鉴于我国滑雪运动的水平比较落后，为了能够在奥运会滑雪比赛上取得突破性的成绩，协会决定把最有希望冲击金牌的自由滑雪项目的训练设在二龙山滑雪场，并命名龙珠二龙山滑雪场为“中国备战第十九届冬奥会自由滑雪训练基地”。

中国登山协会主席李致新对二龙山滑雪场与国际接轨也表示肯定，并将“中国登山协会户外极限运动训练基地”设在这里。

朱廷财非常重视积极的广告、新闻宣传所产生的互动效应。一年一度的滑雪节成了龙珠推出自己的最佳时机，2001年12月5日，盛况空前的第四届中国黑龙江国际滑雪节开幕式在二龙山举行，通过媒体宣传，使全国认识了龙珠这张既熟悉又新鲜的面孔。2001—2002年雪季，龙珠不失时机地推出了一系列促销、宣传活动：“滑雪天使评选”“首届滑雪婚礼”“俱乐部会员征集”“寒假少儿滑雪健身训练营”“2002年全国自由式滑雪‘龙珠杯’锦标赛”等，使偌大的二龙山从周一到周日都游客盈门，一直处于舆论关注的焦点。

除了运用高超的宣传手段进行龙珠品牌塑造，朱廷财以为，中国滑雪场的成功还要依靠独特的经济思维模式。

众所周知，滑雪旅游普遍面临着季节性差异导致的淡旺季问题。一季养四季，使得众多企业只能维持生存，无法进行景区持续性的完善、开发、建设，又谈何扩大竞争优势。朱廷财提出的“四季经济学”理论，解决冰雪特色旅游的季节性差异，丰富冰雪旅游企业的经营格局。冬季抓住经营时机，在其他季节增加吸引力，以特色旅游为主，同时推广常规旅游，从而延长景区的经营周期。

一年四季中，黑龙江冬季的资源已开发得较为充分。朱廷财经常在思考一个问题，在客似云来的冬季过后，能否像冬天开发滑雪那样，在夏天开发避暑休闲旅游呢？随着人们生活水平的提高和假日的增多，避暑休闲旅游势必会成为一种新的旅游趋势和时尚。黑龙江省夏季气候适宜，风景优美，交通、邮电等基础设施发达，完全有条件开发成为面向全国各大城市旅游者的夏季避暑胜地。在这方面，龙珠滑雪集团进行了有益的尝试。

龙珠滑雪集团在北京、哈尔滨正在筹备兴建室内四季滑雪场，它的投入使用必将给国内的夏季旅游市场注入一股清凉的风。特别是北京的室内滑雪场，建成后既能提高北京四季滑雪的知名度，填补该项目的空白，同时也使古都北京增加了一个崭新的旅游亮点，必将受到北京和国内外游人的欢迎。同时，龙珠二龙山滑雪旅游度假区有山有湖。山，已开发成具有8条中高级雪道的滑雪场；水，已开发成为水上休闲活动基地。2000年夏天还进行了湖面开发，推出了摩托艇、游艇、垂钓、游泳等一系列水上休闲活动，吸引了一大批全国各地游客前来避暑、休闲和运动，经济收益十分可观。2001年则继攀岩、滑道、溜索之后，又增加了滑草、滑水、滑翔伞、绿色迷宫等项目。如今，龙珠二龙山已成为黑龙江活动项目最丰富、接待设施一流的旅游胜地。真正形成了四季无淡季，避免了黑龙江旅游区“一季火，三季闲”的通病。朱廷财从中也深深地体会到，要想在激烈的旅游市场竞争中生存下来，必须要用全新的视野来规划考虑，不仅要做足冬季冰雪文章，还要充分做足春、夏、秋其他三季文章。这样，既充分地利用了自然条件和现有的设施，又成功地解决了滑雪场普遍存在的雪季过后，雪场服务人员、工作人员无事可做、人力资源闲置的难题，降低了企业的成本，提高企业竞争力，增加了企业的收入，提高了企业的效益。同时还能解决部分当地群众就业问题，可谓好处多多。“四季经济”理论对于我们丰富、完善旅游产品的内涵和外延，壮大产业规模提供了有用的思路，让每一位游客满意是我们最大的心愿。

前几年，当一浪高过一浪的冰雪热来临，国内出现了不少为了谋求暴利，匆忙上马的小滑雪场，这些雪场设施简陋，服务质量差，安全系数低，与一些正规大型滑雪场展开了价格战。不合理竞争，严重损害了行业的长远利益。在这样的情况下，龙珠并未在淡季时盲目跟风降价，旺季时又随行就市，而是不断在服务质量与服务设施的完善配套等方面下功夫，为了根除一般雪场住宿环境温度偏低的顽疾，创造一个温暖舒适的旅游环境，雪场还开展了以交通，住宿、服务三温暖为主要内容的“春风行动”。即，车内、室内温暖如春；微笑服务，春风迎人，使游客在一片温暖中度过他们的滑雪假期。

走在龙珠二龙山滑雪场的任何一个角落，翻开龙珠滑雪集团任意一本宣传印刷品，都会看到朱廷财那句朴实的话语：“让每一位游客满意是我们最大的心愿”，他是这么说的，也是这样做的。

在对二龙山的持续投资开发上，朱廷财一直坚持两点：一是保护生态环境，让祖辈们留下的自然资源可持续利用。为此，集团公司不惜财力购置了国际上的先进环保设备。二是在服务质量和服务意识上也坚持高标准。龙珠集团的中层干部95%以上有中高级技术职称，从事过大小滑雪场的管理工作。同时朱廷财非常注重员工的学习和培训工作，陆续输送了几十个中高级管理人员去国外学习，现任滑雪场总裁朱小虎即从日本学成归来，还有的目前正在国外进修，2002年又派出4~5批人员赴奥地利学习雪场及与之相配套的酒店系统管理。同时，为了满足为中外宾客的服务需要，他们还在滑雪场上下掀起学外语的热潮……

功夫不负有心人。2001年，龙珠二龙山滑雪场在开业短短两年之后获得了“首批国家4A级旅游风景区”的称号，并圆满完成了第四届中国黑龙江国际滑雪节的接待工作。服务水准的日益提高，使龙珠二龙山滑雪场在激烈的竞争中尝到了成功的喜悦，除滑雪之外，餐饮收益与客房入住率节节攀升。2000—2001年度雪季该雪场接待国内外游客15万余人次，2002年，仅元旦3天就接待游客万余人次，周五周六周日亦保持在平均日接待量2500人次的水平，至2月末雪场的接待人次已突破20万大关。第十七、第十八届冰雪节开幕期间，大使团两次定点到访，更是对龙珠雪场服务质量的高度认可。

白雪变白金，终生志不移。

熟悉朱廷财的人都知道，他是一个标准的滑雪发烧友。

滑雪不难——他用自身的体验向大家宣传这个观点。他说，第一次穿上厚重的滑雪鞋，像个摸不着自然行走感觉的太空人，上了雪又连连摔跤，那滋味是很多初次滑雪人的共同感受——十分痛苦。但在滑雪教练的指导下，不出3天，就会迷上滑雪，成为很棒的滑雪者。他始终认为，在旅游休闲项目中，滑雪是冬季人们亲近大自然的最好娱乐方式。他对滑雪的热爱感染了身边的许多人，这其中也包括他的儿子——朱小虎。

1997年，朱小虎来到了日本北海道的札幌，在离市区最近的一个滑雪场——盘溪滑雪场开始学习滑雪场经营管理。而5年后，朱廷财顺理成章地为自己的滑雪事业找到了一位最出色的助手来继承自己的事业。人们对朱小虎的评价是“专业”“敬业”。

朱廷财也曾骄傲地说，我这一生有两件最值得骄傲的作品：其一，是龙珠二龙山滑雪场；其二，就是我的儿子。而现在，孜孜不倦的朱廷财又在为自己的第三件作品——亚布力滑雪场，开始运筹帷幄了。

2002年，除继续加快龙珠二龙山滑雪场的扩建工作，朱廷财与他的龙珠滑雪集团和香港惠扬公司全力进行亚布力雪场的二期开发。在完善原有的三条高级雪道的情况下，将新建一个初级滑雪场，一条新型的管式滑道，一座涉外四星级酒店。扩建之后的亚布力惠扬滑雪场将具备承办国际大型体育赛事项目的能力，成为茫茫亚布力林海雪原中一颗最为璀璨的明珠。

面对如此辉煌的业绩，朱廷财却始终保持着清醒的头脑。他说，发展滑雪旅游事业应走资本运营的道路。我们需要关注的是未来而非过去。

朱廷财提出，把黑龙江可利用的旅游资源合理重组，优化配置，形成产业化、规模化，发挥规模效益，切实解决“小、散、乱、低”的问题，进行对外合作与投资。形成依托滑雪产业优势，通过直接或间接到省外或国外融资，争取合作伙伴，利用上市所融资金，逐渐改造和完善黑龙江省滑雪场现状，不断滚动发展，争取达到一定的产业规模，走集团化、国际化发展战略，把黑龙江的旅游滑雪作为中国旅游滑雪的典范。

伴随着2002年的钟声，以龙珠二龙山滑雪场等规范的大型滑雪场为代表的中国滑雪产业虽然已经历了它的成长期，但与世界级的旅游服务水准尚有较大的距离。追求高远才能动力十足，中国滑雪旅游应从可持续发展的角度，用与国际对接与媲美的眼光来规划，从而真正体现大手笔、大运作。

中国滑雪看黑龙江，黑龙江滑雪代表中国，这就是朱廷财心中的中国滑雪梦。

（原载2002年3月15日《中国旅游报》）

附：二龙山滑雪场营销总监刘漪春的信

邵总编：

您好！

见报后的报纸收到了。专访的效果非常好，出乎我们的想象。一位报社的总编辑，采访得那么认真、细腻，报纸没有办不好的道理。总经理朱童特让我转达他的谢意。

您信中说，北京已经春暖花开了，可是千里之外的雪场正是春寒料峭。眼看雪化了，到了淡季，可以翻翻书，充充电了。因而也常想到您说的话："要时常把所思所想付诸笔端，日积月累，也是一笔精神财富。"我深以为然，所以也不时对琐碎心得重新翻检润色，希望能有些许有用之处，到时请您指正。有人说过：与贤者对话，胜读一篇好文。只是我们相聚太短、太少，盼望能有再聚的日子。二龙山的夏天，虽不及名山大川的广博深远，却有清新可人之处。今夏若有闲暇，可来小住几日，不为别的，只因"开卷有益"。人生之自私，由我可见一斑了。

您或许不相信，冬季一行，您给我们留下深刻的印象。由于工作关系，我常常接待各地的客人，但一些人身上流露出的焦躁和炫耀之态，却一点没有在老师的身上发现，尽管您的身份、学识、年龄更有资格炫耀。我和省旅游局孙嘉驹处长谈及此事，他竟然和我有相同感受。努力为本职尽力，存一片纯真之心，追求趣味横生的生活，或许就是您最高的乐趣吧？

热切地盼望您到二龙山这片纯真的地方，结识更多的纯真的朋友。

刘漪春敬上

2002年4月8日

2022年北京—张家口冬季奥林匹克运动会

现在，冰雪项目的开展层次、水平都在提升。第24届冬季奥林匹克运动会，简称“2022年北京—张家口冬季奥运会（2022 The winter Olympics in Beijing & Zhang jia kou）”，将在2022年2月4日至20日在北京市和张家口市联合举行。这是中国历史上第一次举办冬季奥运会，北京、张家口同为主办城市，也是中国继北京奥运会、南京青奥会后，中国第三次举办的奥运赛事。北京张家口奥运会设7个大项，102个小项。北京将承办所有冰上项目，延庆和张家口将承办所有的雪上项目。北京成为奥运史上第一个举办过夏季奥林匹克运动会和冬季奥林匹克运动会的城市，也是继1952年挪威的奥斯陆之后时隔整整70年后第二个举办冬奥会的首都城市。同时中国也成为第一个实现奥运“全满贯”（先后举办奥运会、残奥会、青奥会、冬奥会、冬残奥会）国家。

体育与旅游融合，冬奥会既是体育赛事，也是体育旅游的好项目。许多游客作为看客到现场观摩。比赛场馆周边，酒店、高速公路、高铁等设施正在抓紧施工。会后的场馆和配套设施的延续使用，也要靠开发体育旅游项目支撑。

体育与旅游的结合比冰雪旅游要丰富得多。2000年我国奥运会申办成功时，我正在澳大利亚访问，旅游和奥运的结合成为我采访的中心活动。国际奥委会主席萨马兰奇在评价悉尼奥运会时，指出奥旅结合“是今后主办国的角色模式”。于是，我采访了澳大利亚旅游、体育界人士，写了《奥运旅游战略在实施中》《触摸角色模式》等多篇长文，报纸上发表后，被收集在丛书之五《海天片羽化霓虹》里。我也曾策划了中俄国际象棋对抗赛在内蒙古额尔古纳市举办，使这个边陲小城搭乘著名体育赛事一举成名，是旅游营销的典型案例之一，案例详情可在丛书之四《案例剖白说营销》中找来参阅。

第十九章 登山旅游

第一节 特殊的旅行 成功的考察——陪同美国登山探险旅游考察团访问南疆纪行

2005年8月4日，在乘车途中采访美国探险旅游贸易协会会长 Shannon Stowell（左二）

8月仲秋，金风送爽，一个特殊的旅游考察团在北京参观了故宫和八达岭长城，而后飞往乌鲁木齐，重点考察了南疆4地州丰富而奇特的旅游资源。这就是由原国家旅游局、原北京市旅游局、原新疆旅游局和中坤集团邀请的美国探险旅游经销商访华团。

一、一个特殊的旅游考察团

这个考察团一行19人，其中多数人是美国特种旅游尤其是组织探险旅游的著名旅行商、经销商、探险家，有雄厚实力和丰富的探险旅游经验。他们分别是：美国探险旅游贸易协会会长 Shannon stowell、美国探险旅游贸易协会董事 Chris Doyle、美国地理探险公司董事 Carolyn Mclntyre、美国舒巴克山地旅游公司经理 Monte Andreasen、全球探险装备旅游公司市场总监 Adam Ziegelman、美国艾欧拉旅游顾问公司顾问 Christine Heyniger、美国旅行拖车旅游公司总裁 Dedolph Caral Cleland、沃柯特世界旅游公司董事 VogtIII Frank Louis、美国探险与神奇异域旅游公司经理 Koson Arlene Carol、美国飞鹰旅行探险公司顾问 Klahr Linda、美国威彻斯特旅游公司副总裁 Yu Luisa、美国中国特种旅游公司经理 Riley Albert Dudley、美国斯托柯尔探险旅游公司总裁 Stockler de Lima Sunie、美国斯托柯尔探险旅游公司经理 Laney Stephanie、美国中国专业旅游公司总裁 Qin Nick Zhen、美国中国专业旅游公司主任 Zhou Jun、美国行星旅游集团副总经理 Pearson Scott、原国家旅游局驻美国洛杉矶办事处主任 Zhang Xinhong、美国中坤公司总经理 Peter Gao。

这里重点介绍几家公司，可能对各地开展专项旅游有帮助。

美国探险旅游贸易协会是一个全球性的探险旅游公司的联合会，包括了探险旅游营销商、旅游中介公司、探险旅游器材装备制造商和顾问公司等350个团体会员，其中欧美的会员居多，在亚洲有印度和泰国的会员，目前还没有中国会员。到2007年年底，团体会员将达到2000家。该协会的会长 Shannon Stowell 和董事 Chris Doyle 在接受采访时告诉记者：本协会业务规模在美国乃至世界同类专业旅游协会中是领先的。目前，每年组织的探险旅游者达50万人次。

考察团另一位重要人物，是美国行星旅游集团的副总经理 Pearson Scott 先生，他曾任全球最大的出租车公司——美国赫尔兹租车公司和拥有7000家酒店的酒店集团的常务副总。他介绍说，目前在网上预订机票和酒店的顾客，都是散客，团体预订有许多困难。他现在供职的行星旅游集团——经营着全美第一个实行专项旅游线路及机票、旅馆团体预订业务的网站，创办5年来，有超过10500家酒店的储备，每天有1500个团队直接在网上询价和交易，还有17500家推销商通过该网站实行预订。中国有许多地方适合特种专项旅游，如南疆的探险旅游产品，如果在这个网站上展示和推广，一定会引起美国公众和经销商的重视。另外，中国的出境游都以组团方式运作，在网上进行团体预订，利用这个网站很方便。

我还访问了美国的中国专业旅游公司的总裁 Qin Nick Zhen 先生和该公司的 Zhou Jun 女士。这两位在美国奋斗多年而很有成就的华人，对中美旅游和文化交流所表露的深厚情结溢于言表。他们除了经营潜水、滑雪、登山、观鸟、烹饪、园林、中国功夫、岩洞科考等专项旅游业务外，Qin 先生还参与美国优质服务科学协会主办的“五星钻石奖”活动，并任该组织的亚洲地区评委；他还担任环球小姐中国总部的总裁。这两项极具世界影响力的活动，对于提高中国服务业品质和增加营销力度有很大推动作用。比如环球小姐评选活动已有 54 年历史，是全球三大选美活动的最佳品牌（其余两项是英国发起的“世界小姐”和日本发起的“国际小姐”评选活动）。历届“环球小姐”冠军，是联合国形象大使、奥运会形象大使、世界卫生组织防治艾滋病形象大使，又是“五星钻石奖”的合作伙伴。

美国沃柯特世界旅游公司是一家有 47 年历史的家族企业，公司董事 VogtIII Frank Louis 递给我的名片上一句广告语：“One Million Adventurs”，引起了我的兴趣。他解释说：组织 100 万探险者是我们的一句形象化的口号。探险旅游群体不小，我们为顾客量身定做产品，为此我访问过中国 3 次，计划先从中国和越南开始，目标是占领亚洲 10% 的探险旅游市场。

这个考察团是一个特殊的群体，每一个人都在探险旅游市场上有着传奇的经历和较为强大的客源网络背景，对于中国探险旅游的开展有不可忽视的作用。

由于他们的特殊身份，访华期间，有关政府部门给予了特殊礼遇。国家旅游局、北京市旅游局、新疆旅游局设宴款待，为他们接风洗尘。原国家旅游局派官员陪同前往新疆。特别是时任新疆维吾尔自治区副主席陈雷会见并宴请考察团，介绍新疆丰富的探险旅游资源，听取客人的意见和建议，使考察团成员倍感亲切，从而增强了组团的信心。

二、一次特殊的旅游经历

考察团在北京参观了八达岭长城和故宫，初步领略了中华民族悠久辉煌的历史文化之后，飞往新疆做一周的探险考察。

三条几乎平行的山脉：阿尔泰山、天山和昆仑山之间夹着准噶尔和塔里木盆地，西部是帕米尔高原。特殊的地理地貌形成了新疆的奇山圣水，是世界上探险旅游的最佳目的地之一。神奇壮丽的南疆风光和多姿多彩的民族风情令客人感到震撼。

考察团飞抵喀什，乘车奔波10余小时，向帕米尔高原方向进发，在“冰山之父”慕士塔格峰和“冰山公主”公格尔姊妹峰脚下，参观了古称“瑶池”的卡拉库勒湖。这里山水交融，天气变幻无常，是世界著名的高山变色湖，也是品位极高的探险风景区；阿克苏的天山神木园、克孜尔千佛洞、天山神秘大峡谷；巴州塔河胡杨林等，壮美风光，目不暇接。每天在路上的行程都在10小时以上，考察团中有60岁左右的老者，受美景的感染，始终精力不减。特别是位于塔克拉玛干沙漠深处的小河墓地，客人们临行前即已在网上了解到，这处被当地人称为“千口棺材的墓地”，是3800年前楼兰人的墓葬，是2004年中国考古十大发现之一。保存完好的木乃伊、生殖崇拜墓地标志物以及反映当时母系社会的若干遗存等许多谜团正在破解之中。

当天从库车到库尔勒，吃罢晚饭已经深夜12点了。要去小河墓地，需要半夜起床，一整天奔波，进入塔克拉玛干沙漠，没有公路要坐沙漠车，很辛苦，主人劝大家不要去，客人异口同声道：“去！”主人说有可能遇上“龙卷风”和沙尘暴，如果迷失方向，在这个世界第二大沙漠里很危险，需要签“生死状”，客人态度坚定地说：“签！”由于路途远、路难行，往返要颠簸17小时，主人开玩笑说：“需要连夜出发”，客人们毫不迟疑：“走！”

新疆旅游资源的巨大吸引力和探险家们的决心，感染了接待人员，于是连夜做好各种必要准备，让客人们暂时睡了几个小时后半夜叫醒，披星上路。也许是老天爷照顾，这天天气格外晴朗，但晚上8点走出大沙漠时，沙尘骤起，遮天蔽日，旅伴们个个庆幸，真是有惊无险！

除了自然景观外，令考察团一再提及的深刻感受是民族融合的良好气氛。参观了喀什香妃墓和大巴扎，高台民居和民族舞蹈，在克州阿图什参观市容、吃民族餐，一路上同少数民族导游、司机和陪同人员交流。他们说，各民族之间友好相处，这是世界其他地方很难见到的，体现了中国民族团结政策的极大成功，也是旅游产品重要元素和独特卖点，对客人有很大的吸引力。

三、考察的成功具有特殊意义

6天考察惊险刺激，安全顺利，获得圆满成功，具有特殊意义。

首先，对扩大中国旅游业的国际影响将产生重要作用。进一步拓展国际旅游合作空间，是国家旅游局今后的工作重点之一。这种国际旅游合作空间有多种层面，既包括政府间、国际组织之间的高层合作，也包括与民间、企业、跨国集团公司的更广泛的合作。前一类合作便于联通高端接口，打造的是影响力；后一类合作便于市场运作，打造的是市场占有率。二者是相辅相成的。这个考察团中有在探险旅游领域中颇具影响的联合会和旅游公司，便于今后扩大中美旅游企业之间的合作。20年前，笔者在原国家旅游局做市场工作，曾邀请并陪同美国运通旅游公司的总裁访问云南、广东两省，考察结果认为当时中国旅游交通、住宿等基础条件较差，运通公司决定暂时撤出对中国市场的开发。这次美国探险旅游考察团的结论与上次不同，他们认为中国国际口岸和国内省市间大交通已基本解决，具备组织客源的条件。这次考察团在美国组团，是由原国家旅游局驻洛杉矶办事处和中坤集团美国公司合作操办的，这是政府部门与企业合作，由企业出资金，政府给予支持配合，实行市场化方式对外宣传推广的一种积极探索。

对于新疆旅游业而言，是营销自己独特卖点的一种难得的机遇。这么大规模的美国探险考察团访问新疆，是历史上的第一次。探险旅游是高消费旅游，不含国际交通费用和购物，人均消费达4000~8000美元，相当于普通国际游客人均消费的4~8倍；相当于国内游客人均消费的40~80倍。因此，探险旅游产品是地道的高端产品。这种产品市场好、效益好、对生态损耗小，具有广阔的发展前景。新疆拥有开展多种形式探险旅游的条件，有许多垄断性资源，这样的产品正是新疆的独特卖点，抓住这个机遇，搞好产品建设和营销，对提高新疆旅游业品质和规模将起到重要作用。

对于在中国房地产业中增长最快的企业之一——中坤集团来说，近年来投资旅游业，旗下拥有黄山京黟旅游开发公司、中城山庄和世界文化遗产、国家4A级旅游景区宏村以及南屏村、关麓村等著名古村落风景区，北京的门头沟、延庆特色旅游、民俗旅游、国际会议、休闲中心正在着手开拓。中坤对南疆五地州旅游资源的整体开发正在进行，有些景点已经开始营业，几个高星级的酒店已完成设计，即将破土动工。最近，经国家旅游局批准，中坤旗下已拥有了一家国际旅行社。这次由中坤集团美国公司组织的探险考察团通过踩线，探险旅行商们表示回去即着手运作，不久将会出团。探险团将成为中坤为新疆组团的重要客流。

四、客人的意见和建议

在考察途中，笔者收集了客人提出的意见和建议。这些意见不仅对新疆和中坤，对全国各地开展特种旅游都有一定参考价值。

1. 关于交通。新疆地域广大，有些地方没有等级公路。比如喀什到卡湖150公里，来回路上花了10小时，探险者的时间成本付出太大，希望城市通往景区的公路状况尽快得到改善。现在乌鲁木齐到主要地州已有航线，但多数地州间的航线也需开辟，比如南疆五地州，汽车是主要交通工具，客人在景点上逗留时间太短，大部分时间花在了路上。目前，五地州首府有机场，如果能开辟支线航空联起来，“行”“游”要素上的时间矛盾就得到了缓解。

2. 关于厕所。这些探险旅行商们介绍说，探险者有两类，一类是专业的，其中含背包族，他们是花钱买罪受的人，甚至是一群与生命极限挑战的人，苦点累点没关系。但还有不少人，既要求有点探险经历，更希望旅途顺利，不要太苦太累，住得要舒适，路上要有洁净的厕所。后者是更大的群体。旅游接待工作要照顾这部分人的需求。这次6天的考察，路上车行几小时没有厕所，加油站的厕所都是旱厕，这关系到形象问题，希望下决心解决。

3. 关于通信。在南疆旅游，不少地方手机无信号，如果遇到事故和自然灾害，没有办法和外界联系，这也是一个值得解决又不难解决的问题。

4. 关于保护民族文化。自然生态的保护已引起人们的重视，但民族文化的保护也应引起重视。目前由于南疆旅游还没得到大规模的发展，民族文化氛围还很浓郁。根据他们的经验，交通条件的改善，人流的增加，在传统和现代化的矛盾中，原有的民族文化可能会损失，这在世界上不乏其例。其实，民族文化的独特性、区域性，正是旅游产品的重要魅力之一。旅游业在探掘、整合保护甚至强化文化要素中，有特殊作用，比如：为现有的鲜活的民族文化、传统民俗、餐饮、音乐、舞蹈及文化遗存包装宣传；聘用熟悉当地文化的人做导游、司机、翻译，将提升旅行经历的精彩性。

（原载《中国旅游报》2005 年 9 月 7 日第一版）

第二十章　科考旅游

第一节　地质公园：旅游产品群的新成员——访原国土资源部国家地质公园评委陈安泽先生

在旅游产品日益丰富多样、不断更新换代的今天，地质公园成为一种具有特殊科学意义、稀有性和美学观赏价值的旅游目的地而引人注目。

为了使读者了解中国地质公园的类型划分、命名准则、评定标准、规划建设、保护利用等相关知识，记者（以下简称“记”）专访了原国土资源部国家地质公园评委、中国地质科学院研究员、中国旅游地学研究会会长陈安泽（以下简称“陈”）。

一、国家地质公园是国家公园的一种类型

记：地质公园与国家公园是什么关系？

陈：世界上第一座国家公园是美国在1872年建立的黄石国家公园。之后，美国建立了一系列国家公园，世界各国也参照美国模式，纷纷建立自己的国家公园。目前，全球100多个国家共建立了1500多处国家公园。国家公园已成为保护自然遗产并永续为子孙后代享受自然美的一种模式，也是重要的旅游目的地。

国家公园类型繁多，有以生物为主的、有以历史文化为主的、也有地质地貌景观为主的。黄石国家公园拥有特殊的温泉地热景观和丰富的野生植物品种，实际上是一处典型的地质公园。在世界1500多处国家公园中，虽然没有被直接命名的地质公园，但是，以地质地貌景观为主要对象的公园占

有重要位置。仅从世界遗产名录来看，到1998年全球共有630处世界遗产，其中与地学有关的遗产地共89处，它们多是由国家公园升格为世界遗产地的。在89处地学世界遗产地中，地质构造大类4处，古生物大类16处，环境地质现象大类31处，风景地貌大类38处。地质构造类中有板块缝合线，区域构造；古生物类型中有古人类、古动物、古植物、恐龙化石和生物礁；环境地质现象类中有活火山、古火山、现代冰川及古代冰川；地貌类型中有溶洞、岩溶峰林、岩溶石林、岩溶钙华堆积、瀑布、湖泊、湿地、峡谷、悬崖、砂岩峰林、凝灰岩峰林、砂岩巨丘、丹霞地貌、花岗岩地貌、沙丘等类型，它们是地质公园的杰出代表。因此，地质公园是国家公园的一种类型。

二、关于世界地质公园

记：世界地质公园的名称是从什么时候确定的？

陈：地质遗迹是地球发展演化历史的实物例证，是人类重要的遗产。多年来，全球许多国家的地质学者强烈要求加强地质遗迹保护工作，联合国教科文组织地学处（UNESCO Division of Earth Science）和国际地质科学联合会（IUGS）共同提出了创建世界地质公园（UNESCO Geopark）的倡议，以便全球性国际社会对这些重要的遗址给予承认和支持。该倡议立即得到巴西、加拿大、中国、科特迪瓦、东非国家、印度尼西亚、日本、马来西亚、纳米比亚、菲律宾、南非以及德国等16个欧洲国家的支持，并体现在1997年11月召开的联合国教科文组织第29届全体会议上通过的“创建独特地质特征的地质遗址全球网络”的决议中。经过地学处两年的活动，在1999年4月15日召开的联合国教科文组织执行局第156次会议上通过了第3·3·4项临时议程“世界地质公园计划”，即筹建“全球地质公园网”的新倡议。2001年6月联合国教科文组织执行局再次作出“创建具有独特地质特征区域或自然公园（也称地质公园）的特别动议”。2002年5月，联合国教科文组织颁布了“世界地质公园网络工作指南”（Operational Guidelines of UNESCO Netework of Geoparks）和联合国教科文组织世界地质公园申报表（Nomination Form for a Geopark under UNESCO’s Patronage），正式开始世界地质公园申报工作。

记：世界地质公园建立的目的是什么？

陈：联合国教科文组织建立世界地质公园有三项重要目的：一是要保持一个健康的环境；二是进行广泛的地球科学教育；三是要营造本地经济的可持续发展。在保护环境工作中，首先是保护好珍贵的地质遗迹，向公众普及地球历史知识和环境知识，使公众增强对地质遗迹价值的认识，增强环境保护意识，使地质遗迹切实得到保护。建立世界地质公园也是取得国际社会对全球性重要地质遗产价值的承认和支持的最好方式。在保护地质遗迹的同时，强调要利用地质公园开展地质旅游活动，促进地方经济发展，这和其他联合国保护项目只强调单纯保护功能形成鲜明对照，是世界地质公园的重要目的。实际上这是一种积极保护自然遗产的重大措施，只有经济发展了，园区人民受益了，才能有充足的保护资金，才能有当地居民保护地质遗迹的主动性和积极性。所以，世界地质公园计划一推出便受到各地方当局和公众的欢迎。

记：如何申报世界地质公园？

陈：世界地质公园按下列程序进行申报、评审和授予称号：（1）可在全年任何时候提出申请。（2）由联合国成员国政府组织按申报表（可通过 UNESCO 地学处取得）要求内容进行准备，也可由非政府组织进行前期准备工作。（3）在提交申请报告前，申请人必须取得国家政府主管部门同意，并确认地质公园的建立与国家利益、法律、法规不会发生冲突。（4）在地学合格性方面，须得到所在国权威地学机构的同意。（5）在准备申请报告时，申请人可向联合国教科文组织地学处、地质公园国际咨询委员和其他专家寻求帮助。（6）申报书先通过所在国“联合国教科文组织国家委员会”转交联合国教科文组织地学处。如所在国未设国家委员会，可直接将申报书寄给地学处。（7）地学处将审查申请报告的内容和支持性材料；若文件不全，还将要求申请人提供补充材料。（8）申请报告由国际地质公园专家组（International Geopark Expert Group）评审，并向联合国教科文组织总干事（the Director General of UNESCO）推荐，以决定是否成为世界地质公园网络成员。（9）联合国教科文组织总干事在与国际对比计划科学执行局［the Scientific Board of the International Geological Correlation Programme（IGCP）］协商后，提名国际地质公园专家组成员的人选。（10）对申请的地质公园进行现场评估专家所需国际旅费、食宿费和当地交通费，通常应由地质公园所在国承担，或者由与申请有关的其他团体或机构承担。（11）联合国教科文组织须将总干事的决定通知申请人和有关国家的联合国教科文组织国家委员会。

记：世界地质公园发展计划及前景如何？

陈："世界地质公园"成为和"世界遗产"具有同等法律地位的特定区域走向国际舞台。世界地质公园网络由联合国教科文组织直接领导，由世界地质公园秘书处（现设在联合国教科文组织地学处内）负责日常工作。该计划将密切与联合国教科文组织世界遗产中心（UNESCO World Heritage Centre）、联合国教科文组织人与生物圈计划（UNESCO's MAB）进行合作，今后，每年在全球建立20处世界地质公园，以期将来实现在全球建立500处地质公园的远景目标。自1999年世界地质公园网络推出以来，进行了大量准备工作，先后提出并于2002年5月修订了《联合国教科文组织世界地质公园工作指南》（*Operational Guidelines For UNESCO Geoparks*）和（联合国教科文组织世界地质公园申报表）（UNESCO Geopark Nomination Form），建立了世界地质公园专家组（UNESCO Advisory Group of Experts）。在2000年9月于巴西召开的第31届国际地质大会上，由联合国教科文组地学处处长埃德（Wolfgan Eder）主持，召开了世界地质公园专题讨论会。赵逊（世界地质公园专家组成员）、陈安泽等中国代表参加了讨论，并介绍了中国国家地质公园活动进展情况。中国已于2000年8月24日建立国家地质公园领导小组和专家评审委员会的信息，引起了与会各国代表的极大关注。各国代表对世界地质公园计划普遍表示赞成，并表示积极参加活动，会议取得成功。

2000年11月，在西班牙召开了第一届欧洲地质公园大会（1st European Geoparks Conference 2000），在会上建立了欧洲地质公园网络，讨论了欧洲地质公园定义、申请入网的标准和申报文件填写要求，并将欧洲地质公园网协调组织联络处设在法国豪梯省地质保护区（Reserve Geologiqueder Hauteprovence France）。欧洲是第一个从洲际范围内推进世界地质公园计划的大洲。到目前为止，欧洲地质公园共吸收10个成员，它们分属于法国等6个国家。

总之，世界地质公园网络正在积极稳妥地推进中，预期不久的将来，就会有第一处正式由联合国教科文组织命名的世界地质公园诞生。中国应走在这个计划的前列。

三、中国国家地质公园建设的若干问题

记：请陈会长介绍一下中国国家地质公园的历史和现状。

陈：中国“国家地质公园”概念的提出，比联合国教科文组织早14年。最早出现在1985年。原地矿部于1985年11月在长沙召开了“首届地质自然保护区区划和科学考察工作会议”，会议代表考察了武陵源风景区，一致提出建立“武陵源国家地质公园”的建议，在国内形成一定影响。1987年7月，地质矿产部以地发（1987）311号文下发的《关于建立地质自然保护区规定（试行）的通知》中，把地质公园作为保护区的一种方式提了出来；1995年5月，地质矿产部颁布了《地质遗迹保护管理规定》，更进一步以条文形式把地质公园作为地质遗迹保护区的一种方式列入规定。1999年，联合国教科文组织“世界地质公园计划”（UNESCO Geopark Programme）的提出，对中国建立地质公园体系起到了重要的推动作用。1999年12月，国土资源部在山东威海召开了“全国地质地貌保护会议”，会上传递了联合国要开展世界地质公园计划的信息，引起了与会代表的极大关注。在“世界地质公园计划”和威海会议的促进下，2000年3月国土资源部批准了开展国家地质公园工作的报告。于2000年8月以国土资厅发〔2000〕68号文下发了《关于国家地质遗迹（地质公园）领导小组机构及人员组成的通知》。正式成立了“国家地质遗迹保护（地质公园）领导小组”，孙文盛任组长，寿嘉华任成员，由财政部、原国家环保总局、中国地质调查局、原国家旅游局、原国土资源部、中国地质科学院、中国地质学会等部门的相关领导组成。同时成立了《国家地质遗迹（地质公园）评审委员会》，评委会办公室挂靠中国地质学会。至此，中国国家地质公园领导机构和评审组织正式建立。2000年9月，原国土资源部下发了《关于申报国家地质公园的通知》，详细规定了国家地质公园申报、评审、批准等一系列工作的要求和内容，使中国国家地质公园从开始建立就步入规范化的道路。同时还制定了中国国家地质公园徽志

图案，徽志为正圆形，中间以中国特色的古汉字山、水以及恐龙所组成，其代表着构成地质公园的基本要素：山、水、洞、地质、构造、古生物等。园徽上缘半圆为中文“中国国家地质公园”，下缘半圆为英文“NATIONAL GEOPARK OF CHINA”。园徽庄重大方，形简意赅。

经过各省国土资源部门和公园所在地方政府的积极申报和评委会的认真评议，在首批申报的18处中，评出11处符合国家地质公园标准。经过领导小组批准，于2001年3月16日正式公布了“云南石林国家地质公园”等11处中国首批地质公园。经过各省国土资源厅申报，评审，国土资源部于2002年2月28日宣布了第二批国家地质公园。至此，中国已经批准了44处国家地质公园。国家地质公园一经推出，就受到社会各界的关注，一个兴办地质公园的热潮正在兴起。

为了使我国地质公园建立在科学的基础上，最近相继成立了若干研究规划机构。如2002年7月1日成立了“国家地质公园研究规划中心”（挂靠中国地质科学院地质力学所）；地方上也建立了一些地质公园调查评价机构，如“四川省地质公园与地质遗迹调查评价中心”等。原国土资源部还批准了国家地质公园研究课题。目前，全国各省（市、区）都在积极着手进行第三批国家地质公园申报工作。我国申报世界地质公园的工作即将正式开始，联合国教科文组织地学处（世界地质公园秘书处）于2001年曾派人来我国考察，并将于最近再次来中国考察，中国世界地质公园工作前景光明。

记：地质公园分为几种类型？

陈：地质公园类型划分是一个待研究的问题，按划分原则的不同可分为如下几种类型：

（1）按等级划分：根据批准政府机构的级别可分为世界地质公园、国家地质公园、省级地质公园、县（市）级地质公园4个等级。①世界地质公园（UNESCO Geopark）：必须由联合国教科文组织批准和颁发证书。②国家地质公园（National Geopark）：必须由所在国中央政府（目前中国由国土资源部代表中央政府）批准和颁发证书。③省级地质公园（State Geopark）：必须由省级政府（目前中国由省国土资源厅、局代表省级政府）批准和颁发证书。④县（市）级地质公园（County Geopark）：必须由县（市）级政府批准和颁发证书。

（2）按园区面积划分：根据园区面积，可分为特大型、大型、中型、小型等四类地质公园。①特大型地质公园——园区面积大于100K平方米；②大型地质公园——园区面积50~100K平方米；③中型地质公园——园区面积10~50K平方米；④小型地质公园——园区面积小于10K平方米。

（3）按功能划分：地质公园是一种特殊的科学公园，应有较高的科研价值，但既然是公园就应具有为广大游人观光游览的功能。功能侧重点的差异，可将地质公园划分为：①科研科考主导型地质公园：园中地景的地质科研价值极高，但美学观赏价值稍差。公园的主要任务是保护珍稀的地质遗址，核心部位只对专业研究人员开放。其余开放区的游客主要是地学人员、科普修学人员、猎奇游客和顺路游览者。②审美观光主导型地质公园：园中地景的美学观赏价值高，有一定的科学研究价值，对普通游客有强烈的吸引力，是地质公园的主体。

（4）按园区主要地质地貌景观资源综合分类：可分为4个大类及16类53个亚类和更多的型；对于型的划分尚须进一步细化。

记：国家地质公园的评定标准如何掌握？

陈：《国家公园评审标准（试行）》采用分项计分办法。共分为三大部分：

（1）自然属性（60分）；（2）可保护属性（20分）；（3）保护管理基础（20分）。

总分为100分，总分得分小于60分时，具有否决意见。自然属性下又分为：典型性（15分）、稀有性（17分）、自然性（8分）、系统性和完整性（10分）、优美性（10分）；可保护属性又分为：面积适宜性（6分）、经济和社会价值（6分）、科学价值（8分）；保护管理基础工作又分为：机构人员配备（4分）、边界划定和土地权属（3分）、基础工作（6分）、管理条件（7分）。在以上12个分项中每项又分成a、b、c、d四级，又分别定出给分标准。总起来，国家地质公园评审标准共分成为3类12项48个评分因子，评审标准是定得很细的。但要准确把握，必须处理好以下8个评价因子：（1）弄清地质公园和地质遗迹保护区的概念；（2）典型性；（3）稀有性;（4）优美性;（5）科学价值;（6）经济和社会价值;（7）保护管理基础;（8）除上述主要因子外，其他相关评价因子也应在评审中受到重视。

记：地质公园的申报和审批有哪些程序?

陈：程序和手续已由国家地质公园领导机构作出了明确规定。

（1）申报单位：由公园所在地的省、自治区、直辖市的国土资源主管部门提出申请。

（2）申报时间：申报书必须于每年5月31日前报送，逾期则作为次年申报处理。

（3）申报资料要求：①填写国家地质公园申报书。由国土资源部监制。②拟建国家地质公园的综合考察报告。③拟建地质公园总体规划。④拟建国家地质公园图件，包括公园位置图、地形图、卫片、航片、环境地质图、规划图等。⑤拟建地质公园的地质遗迹及其要保护对象的录像或光盘，照片集。⑥批准建立省级地质公园的文件、土地使用权属证书（按规定“申报国家地质公园”的地区必须为省级地质公园，且原则上应在该级别建设和管理二年以上）。

（4）报批程序：申报材料审查合格后，由评委办公室提交评委会进行评审（一般每年一次在第四季度召开），经评委2/3以上委员表决通过后报国家公园领导小组审批，次年宣布批准结果。国家地质公园被批准后，要经过实地检查验收，在地质遗迹保护措施和地质科普导游设施达到要求时，由原国土资源部主持揭碑开园仪式。因此，一个国家地质公园的建成是一项复杂的系统工程，各方面都必须做好应做的各项工作。

记：您如何评价地质公园体系建立的重要意义?

陈：国家地质公园体系的建立，是我国地质工作和旅游业发展史上一件具有划时代意义的大事。它对地质遗迹保护工作、我国旅游事业、促进经济发展都有重大意义，也是地质工作和旅游工作贯彻“三个代表”精神的具体行动。

（1）为旅游业的发展开拓了新的地质资源。20世纪90年代之前，能源矿产、金属矿产、非金属矿产、地下水气一直是地质工作寻找并用以为国民经济建设服务的对象。20世纪80年代末期，我国旅游业的兴起使地质地貌景观成为旅游业的重要对象。它们不但有观赏的游憩价值，而且能创造经济财富，成为社会公认的，不需移动位置、不需改变原有的面貌和性质，而且可以永续利用的宝贵资源。国家地质公园的建立，更加巩固了地质地貌景观的资源地位，一种新的地质资源应社会发展需求而涌现。这种新地质资源，品类繁多，分布广，数量大，随着我国旅游产业的发展其需要量亦日益增加，必将成为地质工作的重要探寻对象。地质公园的出现是我国地质发展史上一件具有划时代意义的大事，将会被承认。

（2）与旅游业结合扩大了地质工作服务领域，为地质工作体制改革开拓了新路。随着我国改革开放和社会主义市场经济的深入发展及国内外两种资源、两个市场观念的产生，地质队伍面临人员过剩的严峻局面。因此，改革地质工作管理体制，转变观念，扩大服务领域，开辟地质市场，合理分流富余人员已成必然。国家地质公园计划的推出，为地质体制改革、分流地质人员创造了机遇。如兴建地质公园所需地质地貌资源的普查、评价、保护工作、地质公园的规划工作、地质旅游路线的设计、导游资料的编制、导游及管理人员的培训、地质旅游商品（宝玉石、观赏石、矿泉水、温泉等）、旅游地质工程项目、地质科普和探险的专业旅行业组建……“四川省地质公园与地质遗迹调查评价中心”的组建和经营效益就是一个良好例证。

（3）为旅游业增加了一个新品牌。由于地质公园是科学公园，游客在园中得到的是科学知识而非神话传说，这将大大提高了旅游业的科学含量，为改善我国旅游形象、丰富旅游产品、提高旅游产品档次起到重要作用。

（4）积极保护地质遗迹的重大措施。由于地质公园有经济收入，使保护工作有了可靠的资金来源，再者，它可以提高当地居民的副业收入，从而增加了园区居民对保护地质遗迹的自觉性。

（5）发展地方经济的重大贡献。开发一处溶洞救活一个乡镇，开发一座地质地貌景观救活一个县的实例很多。地质公园多位于贫困山区、边区、少数民族地区，兴办地质公园必将为这些地区的经济发展做出不可估量的贡献。

（6）创建世界地质公园的先期工作。联合国正在推动世界地质公园计划，中国国家地质公园计划应是它的一个部分。国家地质公园中的佼佼者将会成为世界地质公园。它将为提高中国知名度做出贡献。

（7）是地质工作、旅游工作贯彻“三个代表”重要思想的具体行动。首先，地质公园可为旅游业发展服务，而旅游业是当前世界第一大产业，其发展速度又大大高于世界经济发展水平，旅游业是投资重点，地质公园也会成为投资重点，从一个侧面代表着先进生产力发展的要求。地质公园以普及科学知识，宣传唯物主义世界观，反对封建迷信思想为主要任务，所以它在旅游产品中，体现着先进文化的前进方向。随着我国国民经济的持续发展，人民的生活水平在提高，他们除了要求改善物质生活条件外，还迫切需要提高精神生活，兴办地质公园是满足人们精神生活需要的一种举措，无疑是符合广大人民群众根本利益的。

第二十一章　海洋旅游

第一节　山东首届海文化及海滨旅游资源开发研讨会举行

2000多名中外来宾参加，会议对有关专家学者的8篇学术论文进行了交流。

5月18日，位于山东半岛的荣成市天高气爽，海清浪柔。由山东省旅游协会与石岛湾省级旅游度假区联合举办的“海文化及海滨旅游资源开发研讨会”隆重开幕。

原国家旅游局、原经贸部、中国社会科学院等中央单位及南京大学、山东大学、青岛大学的教授和韩国、日本、泰国及中国台湾、香港等12个国家和地区的2000多名中外来宾参加了研讨会。开幕式由石岛湾旅游度假区管委会主任原永敬主持。省人大常委会副主任徐学孟、省旅游协会会长蒋奎生和国家旅游局、省旅游局、威海市、荣成市有关领导等同志出席。

荣成市石岛湾省级旅游度假区有数十公里优质海滨浴场；区内山、海、岛、湖景观齐备；服务设施建设已成规模。研讨会上，大家认为休闲度假是一种高档次的消费，每个度假区要办出自己的特色来。阳光、海水、沙滩这种海滨旅游资源世界上大同小异，我们如何增大吸引力？北方的海滨受季节影响，度假时间有限，如何最大限度地延长客人总体的逗留时间？海水浴项目单一，如何把度假活动搞得丰富多彩？大家的共识是：大力开发海文化。石岛港是北方第一大渔港，渔民生产、生活、风情独特；石岛锣鼓表演粗犷豪放，不亚于安塞腰鼓的气势；“海草房、石头墙”的民居，造型古朴，冬暖夏凉；有的渔村家家养花、户户壁画，渔民书法家、根雕家、集石家、绘画家手艺不凡，不乏精品，表现了很高的文化修养。还有很多文化古迹，如秦皇汉武多次登临的成山天尽头；有在韩国、日本驰名的赤山法华寺；有“大东胜景”之誉的九顶铁槎山。总之，围绕旅游六大要素挖掘整理石岛湾海滨古今文化，使之成为旅游项目，对海内外旅游者最有吸引力；它不受气候变化影响，可发挥全天候功能，可最大限度地延长旅游者逗留时间；补充了“3S”旅游单调的不足，使旅游度假生活丰富多彩。

在讨论开发海文化资源必要性基础上，专家学者交流了论文。如原山东省旅游局副局长李德明的《关于海文化开发的思考》、山东省历史学会会员张峡的《石岛湾历代沿革及在中外经贸交流中的地位》、原《荣成市志》主编吴德永的《浅谈荣成渔家生活习俗》等八篇论文，对于进一步认识理解海文化和开发海滨旅游资源、丰富观光与度假相结合的旅游产品的内涵，提出了许多有价值的见解。这次研讨会的召开在山东是首次，今后还将围绕这个题目继续研讨，不断深化。我国有18000公里海岸线，荣成仅占1/36。荣成的研讨会对全国沿海旅游资源的深层次、高档次开发，将不无启发。

（原载1995年6月1日《中国旅游报》）

第二节 休闲产业与海滨旅游产品建设——深圳龙岗“国际滨海旅游发展高峰论坛”演讲提纲

多年来，深圳引领改革开放大潮，在你们手里，一不会浪费资源，二不会辜负资源，就是没有资源创造资源也要上。旅游业的产业地位和占国民经济的比重方面，在全国也是领先的，因此我要向深圳致敬！

我在这里讲三个问题。

一、全国滨海旅游概况

滨海旅游这种产品是同旅游业共同发展起来的一种特色产品，也是海洋旅游的一个组成部分，从20世纪50年代开始成为世界旅游产品中的主导产品之一。随着休闲度假的普及，还将成为大众喜欢的产品，并具有巨大的发展潜力。

我国有18000公里的海岸线，民俗各异，名胜众多，沙质优良，适于休闲度假，受到国内外旅游者的青睐。从空间布局上说，有五大滨海旅游带：渤海湾旅游带、长三角滨海旅游带、珠三角滨海旅游带、海峡西岸滨海旅游带和海南岛滨海旅游带。龙岗抓住滨海旅游发展的契机，将成为珠三角滨海旅游带的亮点。

二、休闲时代的到来使滨海旅游发展遇到了好时机

世界产业革命被概括为“浪潮”。托夫勒《第三次浪潮》这本书在20世纪80年代初，风靡全球，内容讲的是信息革命。现在，大数据、互联网、云计算，来势之猛，使各行各业须臾不可离。第三次浪潮方兴未艾，甘哈曼的《第四次浪潮》又发行了，第四次浪潮的核心是休闲。休闲作为产业革命被提出，标志着休闲时代的到来。休闲产品的主打产品就是阳光、海水、沙滩，中国滨海旅游的大开发时代到了。

三、龙岗滨海旅游的产品建设

龙岗的旅游资源可以用三句话来概括：资源宝贵、市场广阔、机会很多。

龙岗森林覆盖率达40%以上，是全国最美的八大海岸之一。刚才，余伟良区长在致辞中说：在工业化、城市化的大潮中，龙岗为深圳人民保留了一片最蓝的天、最碧的海、最绿的山、最净的土，这就是大鹏半岛。这里有130公里中国最美的海岸，有三个广东最美的乡村，有国家级文保单位和国家地质公园，有7000年历史的沙丘文明遗址。整合这些文化、自然和海滨

资源，应该是今天论坛中的重要话题之一。7000 年历史的沙丘文明遗址，这在其他地方还没有听说过，在一个最年轻的海滨城市，有着这么厚重的海滨人文历史，真是难得，进行整合后，丰富业态，有可能打造出一个海滨产品的绝品！套句俗话：在有创新性深圳人面前，一切皆有可能。

龙岗的软实力很强，创新能力和开发理念都是领先的，加之毗邻香港，信息发达，市场广阔，对内对外的合作机遇很多。在抓好产品规划设计和落地项目的同时，加强营销力度，将会形成休闲度假的消费热点。因此，龙岗滨海旅游大有可为。

（注：会议结束后，主办方把专家发言整理出来，编印成册，并配发了区领导的点评。副区长熊小平为我的点评是：邵总编介绍了旅游市场中休闲时代的来临，龙岗的滨海旅游要利用开发好宝贵的资源，广阔的市场，做好调研，充分策划好龙岗的旅游开发，是对我们的鼓励。2006 年 12 月 15 日）

第三节　海洋旅游产品的建设和营销——在中国海博会“国际海洋文化·旅游高端论坛”上的演讲

近海资源是海洋资源的组成部分，是陆地旅游和海洋旅游的过渡带，海滨旅游是海洋旅游的初始阶段。

湛江的海洋经济搞得不错，连续几年召开国家级海博会，就是重视海洋经济的表现。海洋旅游是海洋经济最大的产业之一。我国有漫长的海岸线和广袤的海洋资源，但中国海洋旅游的开发较晚，规模、档次都不够，需要学习海外的先进经验。

无论是海滨还是海洋，是东海还是南海，是海上丝绸之路还是丝绸之路经济带，旅游都可以在其中扮演重要的角色。而旅游业千头万绪，产品特色各领风骚，但根本的问题是两个：产品建设和市场营销。

下面用我经历的海内外两三个案例来展开陈述。

一、产品建设中的文化整合

口号打造——产品灵魂凝聚

以浙江象山岛开发为例。我为他们提炼了营销口号："东方不老岛，海山仙子国。"在全县干部和投资商大会上作了释义，本文中不再展开。用这个口号所阐发的理念，象山4个月内招商100个亿。所以好的口号，体现了文化和产业的凝聚点，抓住了政府和市场的兴奋点，是政府指导旅游产业的抓手，是企业建设旅游产品的指南，是招商引资的一面旗帜，是招徕客源的巨大吸引力。

起死回生——总体形象再塑。

我为山东荣成打造新概念，把"天尽头"更名为"好运角"，使濒临倒闭的景区起死回生。

二、品牌营销的诀窍

高端发力、策划先行、市场运作、打造口号、制造抓手、塑造形象、铸造品牌、整合媒体、开展活动。

案例：咸鱼翻身的纽约。

策划了标识口号："大苹果"和"I LOVE NY."口号力挽危局。

三、给湛江的建议

全国城市数：660座城市中地级市294座；100万—200万人口城市82座；

海岸线城市41座。综合竞争力排名：在294座中等城市中——湛江排第83位；100强城市中——湛江排第47；在广东中等城市中——湛江排第9；均为中上水平。

湛江资源独特，发展空间很大。建议要搞好城市形象、打造城市口号、增强城市影响力。

办法是：打好一手好牌。打牌60%靠运气，40%靠技术。但搞旅游和城市建设，要靠战略战术。湛江也有运气：在41座岸线城市中，多半旅游季节性短。在福建、广东、广西岸线城市中，海岸线最长的是湛江，城中有湾，城中有海，海中有城，直面南海，深湾大港，占尽天时地利人和，稍欠火候的是战略谋划、产品建设（无5A级景区，无产品集群）、城市营销。

口号不雷人那不是口号，雷人不能靠低俗文化。雷州半岛要雷到全中国，靠口号，更要靠产品的独特卖点和引爆项目、旅游拉动的六次产业链；台风不光在湛江刮，要刮到全世界去。这个台风是营销产生的冲击波。

如果有需要，论坛后可以提供咨询服务。（2015年11月26日于湛江）

第四节　海洋旅游新阶段及可持续发展——2016中国（海口）海洋旅游论坛发言提纲

根据太平洋学会组委会给我的题目《海洋旅游新阶段及可持续发展》，作如下发言。

一、从滨海旅游到海洋旅游，是中国海洋旅游发展的新阶段

中国旅游产业伴随改革开放的春风健步走来，37年过去，弹指一挥间。我是经历这个过程的见证人和从业者。回顾这个过程，总是心潮澎湃，不能平静。观光旅游兴起，使名山大川、名胜古迹火起来；休闲旅游时代到来，使滨海旅游、生态旅游、乡村旅游和温泉旅游火起来；全域旅游时代的到来，使滨海旅游半径延伸，海洋旅游也必将火起来！

世界海洋旅游与中国海洋旅游的比较：世界旅游组织有一个统计，全世界包括海滨旅游在内的海洋旅游收入，占整个国际旅游业收入的一半。我国12个省市区临海，但大都是内海，海滨旅游都在发展，只有拥有三沙的海南省才拥有真正意义的海洋，但真正的海洋旅游，我们才刚刚起步。起步的标志是国家旅游局把2013年确定为“海洋旅游年”，启动仪式放在三亚。

三亚和三沙将成为我国海洋旅游的重要目的地。

随着中国国际关系的改善，人们支付能力的提高，交通条件的优化，旅游目的地越来越远。旅游半径延长，从陆地—滨海—海洋旅游，是中国大众生活方式的梦想。中国南海旅游目的地建设是人民的期盼。三沙地图：南沙、西沙、中沙三大群岛是我们上小学时就知道的祖国领海，那里的气候适于珊瑚等水生动植物生存繁衍。三沙海域超过200万平方公里，相当于国土面积的1/4，被誉为“海中森林”“海底草原”。这片海域拥有宝贵的生物资源、矿产资源、能量资源、海洋空间资源和极其丰富的旅游资源。永乐环礁的海洋蓝洞“三沙永乐龙洞”是目前全世界最深的海洋蓝洞。必将吸引中国公民络绎不绝地前往旅游观光，休闲度假。南海旅游目的地必将热起来，火起来！

二、要采取措施保证中国海洋旅游的可持续发展

中国的海洋旅游资源十分珍稀。我国拥有32000公里海岸线，其中包括14000公里的岛屿岸线，18000公里大陆岸线。但大陆岛多，海洋岛稀少；基岩岛多，泥沙岛少；小面积岛多，大面积岛少。距大陆不足10公里的海岛占70%，其中基岩岛数量占93%，海洋岛包括珊瑚岛和火山岛不足1%，主要分布在台湾和南海。陆域面积超过3万平方公里的岛屿有台湾和海南2个，1000平方公里的有崇明岛1个，200~500平方公里的4个，进入开发的仅不足百个面积较大的海岛。这样算下来，适于发展旅游业的岛屿岸线其实很有限、很稀缺、很宝贵。

搞好生态保护，实行有序开发。正因为如此稀缺，我们要十分珍惜这些资源。要特别吸取以前有的省区滨海开发时一哄而上的教训，最好的海滨沙滩建设了住宅地产，便宜出售，结果造出一座座死城、废城，致使旅游业态

没有地方安放，老祖宗留给我们的宝贵资源给搞败了、搞砸了。要避免这些短期效应留下的遗憾，要从机制、规划等顶层设计入手，确保海洋旅游的可持续发展。

提几条意见：

1. 建议建立国家级权威的海洋旅游协调机构，在国务院领导下，由国家海洋局、国家旅游局、海军和海南省等 12 个省市区领导参加的海洋旅游发展协调机构，按照保护、开发、可持续发展的理念指导海洋旅游。此机构可下设立若干专业化团队，研究解决重要问题，如海洋旅游政策、科研、对外交流、邮轮游艇等装备问题。

2. 编制国家级海洋旅游规划。如同丝绸之路、古运河、长江经济带、京津冀协调发展的旅游规划那样，由国家旅游局和国家海洋岛主导、国家出钱、组织国家级专家团队，做一部跨省市区的国家级海洋旅游发展规划，以此规划规范各地海洋资源的开发利用。

3. 把海洋旅游论坛办成高端引领性品牌盛会，富有公信力的张扬海洋旅游品牌的标杆。论坛产生的结论、宣言、建议成为中国海洋旅游的风向标。

4. 发起建立可持续发展的国际性海洋旅游组织。发展中国的海洋旅游，对国际政治经济促进意义更大。海权时代，不拥有大洋就不是真正意义的世界强国。随着“一带一路”建议的推进和巴基斯坦瓜达尔港使用权的获得，中国海权的扩大，海洋旅游的跟进正当其时。建议由我国发起成立太平洋海洋旅游可持续发展组织，联合相关国家和国际组织，制定标准，培育和坚持中国的话语权，从陆地旅游大国向海洋旅游大国发展符合国家战略，是振兴中华、民族复兴的大题中的应有之义。这不是扩张，而是中国一贯坚持的民间外交的主张。特别是南海这个地方，提倡各国民间友好，共同开发海洋资源，巩固和平友好的国际氛围，海洋旅游有着特殊的功能。

中国全域旅游时代的到来，使陆地的全域旅游向陆地和海洋全域旅游发展，而后者才是真正的全域旅游。这是中国海洋旅游发展的新阶段，也是中国旅游发展的新阶段。致力于此是中国旅游人、中国海洋人的历史使命。

三、可持续发展的海洋旅游产品要强调业态的丰度

海洋旅游不仅仅是游泳晒太阳，要把旅游+海洋、旅游+文化、旅游+商贸、旅游+互联网、旅游+科普、旅游+友谊等丰盈起来。丰富的业态能留住人，有回头客，有较好的经济效益和发展后劲。随便举个例子，比如旅游养生品的开发，南海产燕窝，海南大洲岛过去是燕窝产地，海南金丝燕之乡是正在打造的金丝燕全产业链的园区。保护性地开发这个产业，对丰富海洋旅游养生品、保健品，增加收入都有很好的效益。

四、案例解剖：一个海洋旅游的全球样本

开发海洋旅游，我们是后来者，要好好向国外学习。加勒比海尤卡坦半岛是海洋旅游的全球样板。他们坚持全域开发，业态丰富、服务人性化，产品个性化、精细化，供给侧结构调整得好。100多个度假村和连绵21公里的酒店群，个个效益好，大都是美加欧洲的回头客。半岛上的度假村鳞次栉比，年收入50亿元以上的比比皆是。我连续几年到那里考察，深感经验可贵，值得我们学习。中国景区的经营者不结束急功近利、粗放型的经营理念，粗鲁地掠夺资源和消费者利益，就谈不上环境友好型的可持续发展。

（2016年11月27日，海口香格里拉饭店）

附：《西沙群岛旅游资源现状与旅游发展构想》评审会意见

2018年8月3日，应中国太平洋学会邀请，参加《西沙群岛旅游资源现状与旅游发展构想》评审会。我发表以下几点意见：

一、该《构想》不是一个按国标做的规划，只是简单的资源调查和项目的初步思路，不能按照规划的要求和高度来做评审。但可以提出几条结论，以肯定成果：（1）资源现状基本调查清楚；（2）发展定位比较准确；（3）项目初步构想可行；（4）建议在此基础上编制总体规划。

二、在这个方案评审之外，对南海旅游开发提几条意见：（1）遵循国家的海洋战略，对南海和三沙应先作总体规划，而后分群岛作区域性规划，这

样可以避免三个群岛和南海项目设计的同质化;(2)要强调全域旅游观念，不抓好南海旅游就不算全域旅游;(3)开发三沙要注意目前的开发条件和生态保护原则，项目设计上，要以南海旅游开发为主，串联沿线国家，以三沙岸线开发为辅，避免生态破坏和与军方的规定相悖;(4)三沙群岛的开发要吸取大陆一些海滨开发的教训，重旅游业态打造，轻住宅地产项目。

第二十二章　新婚旅游和修学旅游

在旅游产品的开发中，我感到韩国吸引日本的新婚旅游和修学旅游的许多做法，最值得我们学习借鉴。

第一节　韩国、日本经验

一、韩国的新婚旅游产品

近些年来，韩国的经济发展较快，国民收入水平较高。一般参加工作不久的大学生，月收入可合人民币 1 万元。这决定了他们的旅游消费水平与国外旅游者差距不大。也就是说，外出旅游，乘飞机、住星级饭店，对于他们已不是奢侈。新婚又是人生之大事，动用一点储蓄也是应该的。所以新婚旅游已成风尚。如果以人口比例推测，韩国近 5000 万人口，每年将有 20 万对青年结婚。就目前统计情况看，新婚旅游的青年有 1/2 出国度蜜月，1/5 去济州岛。从花销来看，一次新婚旅游男女双方将消费 600 万 ~700 万韩元，合人民币 8 万元左右。这无疑是一个可观的市场。

韩国旅游当局重视这一市场的开发，把济州岛作为蜜月胜地加以建设。

济州岛位于韩国南端北太平洋上，是汉拿山火山喷发而形成的面积为 1826 平方公里的火山岩岛，浮现于碧海之中。自古以来，这个奇岛有“三多”“三无”之说。“三多”即风多、石多、女人多;“三无”即无门、无盗、无乞丐，可见路不拾遗，夜不闭户，民风朴实。遍岛的椰子树给人以热带地区公园之感。99 座山峰，巨型火山口可观日出。在猎场可以骑马奔驰，携犬带鹰，尽享一份野趣。在新罗饭店和凯悦饭店前，清澈的海水与耀眼的白沙衔接，人们可享受舒适的海水浴。中文游乐区，是一片豪华的休闲胜地。观光植物园如美地，搜尽亚热带的奇花异草，还建有日本、意大利等不同风格的园林、庭院；各类游乐、购物、食宿设施齐全。这里花丛树下、水畔幽径，到处可见新婚夫妇的身影。古老的济州岛，如今是甜蜜之岛、浪漫之岛。

如美地

（**点评：**看了济州岛如美地，我想到了我们的海南岛，那风光比济州更绮丽，资源比济州更丰富。但没有一处能与如美地媲美的休闲度假场所。如果我们用心建设，当中国新婚旅游市场形成气候的时候，当日本、韩国上百万新婚旅游者也对它感兴趣的时候，海南岛不也就成了中国的济州岛了吗？）

二、日本的修学旅游

在汉城、庆州我都看到成群结队的日本学生在韩国修学旅游。中国开展修学旅游已有十来年的历史，但韩国比我们看得远，着手比我们早，工作比我们做得实，因而成果也比我们大得多。记得十几年前，访华的日本人中绝大多数是侵华老兵，我曾专文论及如果不重视对日本青年少年的吸引，日本客源将有枯竭萎缩之危险。利用 1985 年带队参加筑波博览会的机会，我做了广泛的调查研究，写成了《日本修学旅游的现状与展望》的调查报告。

当时，日本组织修学旅游的多为私立中学。为了解决旅游费用问题，学校每月代学生存1000~3000日元零用钱，读完高中，所攒的零钱就足够学生出国一次所需的费用。这既培养了孩子们的勤俭作风，又能在毕业时出国开阔眼界，“培养国际感觉”，所以普遍受到家长们的欢迎。这是私立学校与公立学校竞争生源的一招。不久，公立学校也开始组织学生到海外修学旅游。学生交了钱，选择到哪个国家去，什么时候去，由学校校长、教谕说了算。因此，我曾在调查报告中介绍了韩国观光公社派专人去东京、大阪，花一个月的时间向旅行社和私立高中学校负责人作修学旅游专题介绍、现场组团的经验。

10年过去了，韩国成了日本修学旅游最主要的目的地。下面的数据引自韩国观光公社1994年年度报告：

日本学生赴韩修学旅游统计表

年度	参加修学旅游学校数	参加修学旅游学生数
1985	66	15991
1986	113	20035
1987	186	28231
1988	189	34115
1989	222	41775
1990	232	44297
1991	228	46604
1992	283	46299
1993	330	49666
1994	395	52512

这个表格表明：日本赴韩的修学旅游逐年增长，渐成规模。记者在庆州采访，正好碰上佐贺县立岛栖工业高等学校修学旅行团，学生成群结队地在古塚群研修韩国的历史。就我国而言，可供修学旅游的资源要比韩国丰富，但这个项目的发展却比较缓慢。1994年，来中国修学旅游的日本学生为2.7

万，仅相当于韩国的一半。除了江苏、山东等少数地方较为重视外，不少地方的旅行社仍认为学生团是经济等，没大油水，组团积极性不高，因而修学旅游没能形成大的规模。一位韩国旅游界人士对我说：喜欢旧地重游是人们的一个较普遍的心理，学生时代去过的地方，如果留下了好的印象，以后的新婚旅游、家庭旅游、商务旅游他还有可能再去。因而韩国十分重视对日本青少年的吸引，尽管“油水不大”，也要花大力气。现在，韩国每年赴日开修学旅游专题产品说明会已从过去的 2 个城市扩大到东京、大阪、福冈、札幌等 7 个城市。

日本佐贺县立岛栖工业高等学校修学旅游团，在庆州古塚群研修韩国历史

（**点评：**成大事者，只要关系到战略，不要因小而不为。这是一种有长远眼光的表现。10 多年来，韩国从旅游业发展的未来着眼，对修学旅游市场的开辟，做了大量艰苦细致的工作，锲而不舍，咬住青山不放松的劲头，是值得我们学习的。有些做法，如每年请一些学校的教员去韩国考察修学旅游的项目开辟情况，便于回去组团；学生们去韩国旅游后，采取多种方法鼓励他们写成文章，然后把这些观感和拍的照片择优在韩国报刊上发表，以激发和影响更多的学生赴韩旅游，值得我们参考。我想，如果中国和日本的旅行社合作，选择一些学生们的好作品，《中国旅游报》也是愿意刊登的。）

第二节　中国新婚旅游

一、婚庆产业的总规模：每年 2600 万人结婚，总消费额超过 3 万亿元

中国是人口大国，当然也是婚庆大国。据民政部门提供的数据显示：

2014 年，全国办理结婚登记 1306.7 万对；2015 年，全国办理结婚登记 1224.7 万对，预计 2017 年我国结婚登记人数将达到 1184 万对，未来五年（2017—2021 年）年均复合增长率约为 1.91%，2021 年结婚登记人数将达到 1278 万对。

这是一个相当大的市场，引起相关商家的高度关注。但从事婚庆的企业都很小，市场细分工作做得不好，只是一种粗放型经营。分析这个市场的波动变化，是商家采取相应措施以扩大产业规模的前提。

二、每年结婚人数受到各种影响，比例有较大变化

受传统观念影响。有的年份结婚人数猛增。比如，受 2005 年盲年观念影响，2005 年结婚数量下降；2006 年受“07 猪宝宝”观念影响，结婚数量大幅增加，全国增幅为 14.8%，其中，北京从 2005 年的 9.7 万对增长到 2006 年 17.1 万对；上海从 10.5 万对增长到 15.8 万对。受“猪宝宝”观念影响，全国 2006 年、2018 年都是结婚高潮，2007 年、2019 年都是生育高潮。

一年中结婚也有淡旺季。下半年是丰收季节，节假日较多，是结婚的旺季。

登记结婚人数的人口比例，也有区域差别。比如，广东外来打工的多，年轻人比例大，其中多数都正值婚龄，所以登记结婚的人口比例就高于内陆省份。

三、婚庆消费市场细分

2017 年，我国婚庆市场规模为 14640 亿元，未来五年（2017—2021

年）年均复合增长率约为23.11%，2021年市场规模将达到33630亿元，每对新婚消费达26万元。根据《2016年结婚行业蓝皮书》，一线城市婚宴占据80%的结婚支出，其他城市占比也在50%以上。庞大的结婚群体及高渗透率创造了一个巨大的婚宴市场。此外，根据酒业统计，一、二线城市婚宴白酒单价从100元涨到200元左右，三、四线城市从30元涨到150元左右。消费者对婚宴价格接受度也不断提高，近70%的消费者愿意接受1000元/桌以上婚宴单价。

北京每年有10万对青年结婚，10年前统计，平均花销12万元（不含房、车等），只含服装、首饰、宴请、旅游等费用，共120亿元；北京市第五次人口普查数据显示，全市老年人丧偶的比例为23.4%，一对新婚夫妇用于结婚的平均费用为19.11万元，是1978年的近50倍。现在这一消费水平还在提升，总规模超过3万亿元。

四、新婚旅游目的地条件和建设

有了目的地，就有了人口流动，就有了新婚旅游客源。新婚旅游是新婚消费的热点之一。由于目的地的建设和服务较为粗放，这个特色旅游项目开发还有许多改进的空间。这个目的地，最好有历史文化底蕴。

选择传统的爱情故事发生地。牛郎织女、孟姜女、梁山伯与祝英台、白蛇传，并列为中国民间四大爱情传说。目前，民间传说作为一种特殊的旅游资源开始受到重视和利用。

山东滨州是董永故乡；山东沂源县燕崖乡牛郎官庄，有一处以牛郎织女民间传说为主题的古建筑遗址，被专家称为中国爱情文化发源地；河南省南阳市宛城区溧河乡牛郎庄，已列省级非物质文化遗产名录，有石碑牛郎织女图案；山西和顺县牛郎峪村，河北邢台天河山生态旅游区，已列省级非物资文化遗产名录，被中国民间文艺家协会命名“中国七夕爱情文化之乡”；江西新余仙女湖，也有仙女下凡的传说，已经举办多届七夕情人节；福建武夷山2005年8月11—13日举办七夕文化风情节；成都和邛崃市于6月25日至8月25日举办“七夕情人节及文君文化旅游节”；湖北京山县绿林镇举办了三届“鸳鸯溪七夕中国情人节”；云南丽江市束河古镇举办中国情人节；

甘肃和西县，乞巧活动已有2000多年，为秦人遗风，被中国民间文艺家协会授予“中国乞巧文化之乡”；宁夏腾格里达来——月亮湖、贺兰山岩画、沙湖、镇北堡西部影城、贺兰山滚钟口、水洞沟、黄沙古渡、银川森林公园、大汗行宫、鄂尔多斯文化旅游村等中国西部著名景区举办了“爱之旅”七夕情人节。

还有一些地方，利用资源和市场条件开展婚庆旅游。比如，宁波利用梁祝故事举办的两届梁祝婚俗节，影响深远。2004年向全国征集策划方案，建设梁祝文化主题公园，开展婚庆旅游专题项目。青岛市举办“五洲婚典”文化活动，展现不同国度婚俗文化。湖南邵阳资江两岸百里玫瑰谷，将花产业和婚庆产业结合，也开始策划实施。

五、如何做大新婚旅游

要体察文化心理。中国的新婚旅游是我于1985年提出的。我参加日本筑波世博会，考察了日本的新婚旅游市场，回来给原国家旅游局写了专题报告，领导审批后，与浙江省协调，确定杭州、苏州为首批接待日本新婚旅游者的试点城市。由于对日本风俗习惯等不甚了解，开展得不太理想。比如，婚房门口的对联，我们的习惯是红纸黑字，日本人的习惯是白纸黑字，认为白色表达纯洁的爱情；而中国民间认为家里有长辈去世，才能贴白纸黑字的对联。

要有专门的足具规模的婚纱摄影场所。当时，苏杭因为没有这样的设施，就没有竞争过韩国济州岛。日本每年80万对新婚旅游者，以前大都是去欧美旅行结婚，后来有近一半的人去济州岛。因为那里环境优美，海洋性气候，距离日本也近。更重要的是，济州岛婚庆摄影中心，吸引了日本青年。在设有婚房的度假酒店周围，巨大的裙楼做成玻璃花房，种植了全世界奇花异卉，而且成规模，成图案，草坪如茵，空气新鲜、气候宜人，拍摄各种新婚图片，构图美观，十分方便，再配以周到体贴的服务，新人们十分满意。于是，这里新婚旅游者蜂拥而至，效益很好。我们直到现在，还没有这样规模、档次的婚纱摄影场所。

要做成产业，婚庆公司、影楼就要提高水平。婚庆公司规模太小，只提供主持人、联系花车还很不够。影楼室内用布景拍摄的都是假景观，外出拍的多为野景，很不专业。要研究市场，研究文化，改善设施，加强策划，提供个性化婚宴、婚房私人定制，作出产业链和品牌价值。这样才能在 3 万亿元消费总规模中获得更大的市场占有率。

第二十三章　购物旅游

第一节　概述

购，是旅游六要素之一，也是产品建设的重点之一。这个重点，是我们的弱项。购物旅游包括以购物为目的的旅游和在旅途中顺便购买的旅游商品和旅游纪念品。旅游商品（纪念品）的研发、生产、销售都存在一些问题，需要下功夫解决。我曾与中国创意研究院一起，策划义乌市“中国国际特色商务旅游目的地”申报方案，目的是引导建设一批商务旅游目的地，作为旅游商品的研发生产销售中心。我也曾出席过各种层次的旅游商品开发研讨会和博览会，深感解决这个问题对增加旅游创汇和收入的重要性。

看到问题，学习改进。克什克腾旗和河南濮阳对旅游商品的开发很重视，这两个小地方都办过旅游商品交易会，体现了抓产业配套的自觉性。我在克什克腾旗和河南濮阳两个商品交易会上都做过讲话。据《中国旅游年鉴》统计，2000 年，中国游客在旅游消费中，花在吃住行基本消费占比为 75%~85%，娱乐、购物等非基本消费占比 15%~25%。过了 15 年以后，凤凰网统计的数据：2016 年，旅游消费中购物占比，欧美国家在 70% 左右，中国国内这一比例不足 20%。有一定购买能力的中产以上阶层，是中国公民出境旅游的主体，2013 年购物在旅游总花销占比达 47%，2015 年达 42%，2016 年，这一比例降到 28%。原因是购物更加理性，国内同类商品也能买到。

有特色、质量好，是国外商品的优势，比如法国的化妆品，几乎每个出国中国游客都买。阿尔卑斯山的花卉产业，制造的化妆品成了好几个国家的重要收入。在各国机场和中国的免税店，化妆品是最大的柜台。

纪念品一定要有纪念意义。夏威夷围绕市花图案做的花环、手链、沙滩巾、T 恤衫，成为游客必买的日用品；美国西部大开发时期金矿遗址，出售的小瓶包装的金箔碎屑；比利时布鲁塞尔的撒尿娃，都成了很多人要买的纪念品。原因是有历史文化和故事。迪拜成为世界奢侈品消费中心，是因为世界著名品牌在奢侈品大会期间云集迪拜。

第二节　要研发那些有特色的产品

中国物产丰富，历史悠久，有特色的商品不少，比如珍珠、宝石等。

一、北海——南珠　珠城采珠

世称“东珠（东洋珍珠）不如西珠（西洋珍珠），西珠不如南珠”。北海市是南珠的产地，故而称之为珠城。

南珠魂是北海市的标志和象征，它矗立在市中心的北部湾广场上。这组雕塑由四川美术学院院长、著名雕塑家叶毓山教授设计。主雕为 15 米高的三面一体的巨大珍珠贝中间衔三颗直径 1.4 米的不锈钢球体。无论从哪个角度看，都是两扇张开的贝壳含一颗巨大的珍珠，造型雄伟，气势雄浑。30 米直径的喷泉池环绕在主雕周围，象征着蓝色的大海。在贝壳展开的三个方向，分别塑有珍珠神女、大海之子、虬髯仙翁三座各 3.5 米高的铜质雕像，突出大海·珍珠·劳动的主题。广场上每天游人如织，海内外游客在这里摄影留念。夜幕垂空，华灯初放，环状的喷泉喷出巨大的水柱，蔚为壮观。市民们徜徉在草坪上，有的散步纳凉，有的轻歌曼舞，习习海风令人感觉清爽。

珍珠城。北海的合浦珍珠，汉代以前便被列为贡品，不仅是贵妇的饰品，而且是达官们的崇物。《史记·春申君》记载，春申君三千门客穿的鞋都是用珍珠编织而成，竟使夸富的赵国使者大惭。唐诗中也有“堂上三千珠履客”之句。历代统治者为了获得珍珠，常遣太监、朝臣坐镇合浦，逼民下海，监采珍珠。明林兆珂有诗《采珠行》云“诏书南下大征珠，岁发金银三百万”，“十万壮丁半生死，死者常葬鱼腹间”，珍珠城就是为钦差监采珍珠而建。这座城池位于北海市合浦县白龙村。城为正方形，南北长 320 米，东西宽 233 米。城墙内外砌青砖，中间每隔 10 厘米一层黄土，一层珠贝，层层夯实。珍珠城因此得名。现城池毁没，仅存断壁残垣。城周围方圆数里，珠贝堆积累累，有些地方厚达 3 米，可见当时采珠之盛。

珠贝王。在广西旅游服务公司合浦珠宝部，珍藏着一珠贝王，堪称国宝。此贝 74 厘米长，41 厘米宽，12 厘米厚，一扇即重 56 斤，是在珍珠城发掘出来的，距今已有 2000 多年。据珍珠厂厂长林东介绍，这么大的珍珠贝还从来没见过。国际上学者们研究公认，珠贝一般寿命为 3~5 年。珠贝生长这么大，至少要活 200 年。寿命为什么这样长，还是个谜。

走盘珠和夜明珠。珍珠有天然的，有插核养殖的，有用稗珠和贝粉加工制造的。论品质，天然的为贵，养殖的次之，人造的更次之。从颜色上分，珍珠有黑、白、黄、灰、紫、粉红六种，以黑珠为上。从产地看，有东珠、西珠、南珠。清代屈大均著《广东新语》说："出西洋者曰西珠，出东洋者为东珠。""合浦珠曰南珠。""东珠豆青白色，其光色不如西珠，西珠又不如南珠。"这可能就是"东珠不如西珠，西珠不如南珠"这一说法的依据。南珠产地北海合浦，海湾无内河注入，无大浪冲击，水的比重适中，温差常年变化不大，浮游生物丰富，是珠贝得天独厚的繁殖场，因而珍珠质地上好。2000~5000 美元一枚，客商欣然解囊。有一种珍珠称为走盘珠，粒大凝重、晶莹圆润、皎洁艳丽。拿一瓷盘放在桌上，将珍珠置于盘中，珍珠便自己绕盘底走动而不易停住，此为珠中珍品。夜明珠，因夜晚能发出光亮而得名，系无价之宝。自古以来，封建皇族所得夜明珠，是用无数珠民疍户的性命换来的。"合浦珠还""割股藏珠"等传说在北海妇孺皆知。

食珠和药珠。珍珠的作用，大抵为二：一是名贵的饰品，二是疗效很高的中药。合浦的珍珠公司，是珍珠制品的生产、加工、内销和出口的联合企业，产品有 180 多种。饰品有项链、手链、链坠、戒指、头饰等。英国女王皇冠上的那颗大珍珠，就是合浦的南珠，现存英国皇家博物馆。据说，北京故宫里的珍珠，绝大多数也是合浦的南珠。

说起医药价值，明代李时珍的《本草纲目》云：珍珠有"镇心润颜、点目去膜、塞耳去聋、催生死胎"的功能。现代药物学研究，南珠的主要元素钙38.82%，碳12.56%、氢0.34%、氮0.52%，含有25种微量元素、痕量元素和15种人体不可缺少的氨基酸，具有清热解毒、清肝明目、镇心安神、去翳明目、去腐生新、润肤养颜的功能。各种珍珠药品、化妆品、食品被研制出来。如消朦眼膏、珍珠层粉、珍珠菊花晶、珍珠蛋奶晶、珍珠美容霜、西施露、珍珠洗发精、珍珠滋补酒、珍珠保健饮料。

合浦珠还。这句成语出自《后汉书·孟尝传》。说的是由于官府滥采，合浦的珍珠都迁到别处去了。孟尝到合浦做太守，革除旧弊，珍珠蚌又回来了。意在歌颂德政。然而，在旧社会，这不过是百姓们的美好愿望。中华人民共和国成立后，毛泽东、朱德、周恩来、叶剑英、陈毅、李先念、陶铸等党和国家领导人都亲自过问合浦珍珠的生产，珍珠产量连年增加。改革开放后，北海被列为14个沿海开放城市之一，珍珠换来了财富，引来了外资，而把更大的珍珠还给了合浦，这就是北海开始兴旺的旅游业。

北海地理位置极佳，几小时的船就可到海南岛。陆地上与越南的边贸旅游已悄然兴起，距北海不远的防城区东兴镇，到越南的芒街仅一河之隔，每天渡船首尾相续，游客接踵。从海上可以去越南的鸿基和海防。北海市委书记王庆录告诉记者，他们已决定购买5艘船，国内再造两艘。乘船还可游览我国国家级海洋自然保护区——红树林景区，浏览越南鸿基附近海面上规模宏大的海上石林。

北海市内最有前途的景区是银滩，白沙带绵延10多公里，以“滩长沙细水清浪柔无鲨”为特点。1990年11月22日，江泽民总书记亲手在银滩植下风景树。现在，22座形状各异的旅馆、餐厅等设施早已建成。北海，突出了自己的特点：海滩和珍珠，一个度假购物旅游的胜地一定会建成。北海，以其日新月异的变化昭告天下：“合浦珠还”的德政只能在共产党、在人民手中才能实现。它验证了陈毅的预言：看今朝合浦果珠还，真无价！

二、赤峰——欧李酒

挖掘物质资源的文化内涵，在设计和打造产品中十分重要。赤峰市克什克腾旗请我做乡村旅游规划时，我提出，对待资源，从物质到物质不行，要进行文化内涵的挖掘。漫山遍野的欧李，可以考虑生产欧李酒。

我是赤峰农村人，大兴安岭南端和燕山山脉接合部，有浅山丘陵，山珍野果草药不少。小时候挖药材，山上有酸丁、山丁、婆婆丁、紫花丁。这酸丁还有个土得掉渣的名字，赤峰土话叫 nouli，汉字怎么写都不知道。后来听媒体人复强说起，此果发音欧李，是因为欧阳修出使辽朝，带回开封，同僚吃了这果，都觉得味道很好，就给它起了个名字：欧李（意为欧阳修带回去的小李子）。此事有文献记载。

在包拯离开赤峰 10 年后，北宋文坛领袖、唐宋八大家之一的欧阳修，也来到了赤峰。

那一年是辽重熙二十三年（1054 年）八月初四，辽国耶律宗真去世，儿子耶律洪基即辽道宗继位。宋朝使团前来恭贺新皇登基，代表团团长就是欧阳修。八月二十八日，欧阳修带领着一群宋朝的文武大员，出使辽朝。那一年他 48 岁，官职是吏部郎中、翰林学士、史馆修纂。官职虽不太高，但在上京受到的欢迎远高于包拯。辽国的官吏和军民很多人都学习过汉文化，也是当代大文豪欧阳修的粉丝。

酒席宴会间，文人、权贵谈笑风生，自然不可少了歌舞。一个漂亮的当地女歌手一开口，唱的竟全是欧阳修的词！欧阳修惊呆了，没想到自己的影响力这么大！欧阳修从辽上京返回宋朝开封时，一路上做了好几首诗，行囊里带回去这种欧李。果因人而名，好比褚橙。《异域录》中这样描述欧李："或云即郁李，大如樱桃，色味皆如李，渍以锡密，秋日下酒佳品。"

网上查索：欧李：野生，灌木，蔷薇科，樱属，果如樱桃，紫红色。具有很高的营养价值，肉厚汁多，酸甜适中，味道独特，其含营养成分种类之多，含量之高，优于樱桃、李、杏、桃等类果品。其中维生素 A、维生素 B_2、维生素 B_{12}、维生素 C、维生素 E，微量元素钾、氮、钙、磷、铁、锰、锌、镁、硒等含量丰富，绝大多数高于上述果品几倍到几十倍，并含有包括赖氨酸在内的 18 种氨基酸，成熟果实含糖量高达 14%~19%。据测定，每 100 克欧李（钙果）鲜果含蛋白质 1.5 克，维生素 C 47 克，钙 360 毫克，铁 58 毫克。历史上曾作为"贡品"，康熙皇帝从幼年时就对食用欧李情有独钟。甚至曾派员为皇宫专门种植。

欧李有很高的医药价值。欧李也称钙果，作为这种植物的专业名字是植物分类学家陈嵘先生命名的。欧李（钙果）果实中含有各种对人体有益的矿物质元素，尤其是钙元素的含量居于所有水果之首，为了突出这一特点，便诞生了其商品名“钙果”。欧李还有润肠通便，利水消肿，用于治疗肠燥便秘，小便不利，腹满喘促，脚气，浮肿等症状。

欧李具有很高的经济价值。好种好活，当年开花、结果，亩产可达100公斤，第二年亩产可达300~500公斤，第三年亩产可达1000~1500公斤。欧李（钙果）果的市场售价比较高，每公斤达10~20元，2016年已卖到18元一公斤。每亩收入可达数万元。如果利用温室栽培，可实现周年上市，效益更高。果实可以加工成果汁、果酒、果醋、果奶、罐头，果脯等食品；枝条可以编成各类手工艺品。

因为它的果名和唐宋八大家的欧阳修有关，所以欧李的开发又有很大文化价值。如果生产一种欧李酒，一定会受到文人、诗词爱好者的追捧和老年人的喜爱（补钙、治便秘），也为克什克腾旗增加了一个辽宋文化项目和具有地方特色的农业产品和旅游商品。

自然资源好发现，背后的文化价值不易发现，容易被忽视。有些文化要素经过漫长的历史演变，可能已被湮没；就算有一点蛛丝马迹，当地官员可能不了解、不重视，规划班子要主动挖掘；挖掘出来还要善于将它融合到产品肌理里去，形成一种新的有吸引力的产品。每一个地方的产品集群都要这样花时间进行组合、设计、建设，旅游产品供给侧的短板就会补齐、提升，“留不住客”的问题就会迎刃而解。

三、云南——僰人佳酿

“彩云归”酒要提升白酒的僰文化内涵。去云南盐津县讲课，在调研旅游资源时，知道了“豆沙关”是茶马古道最险要、最著名的关口。那里一个白酒的品牌“彩云归”，生产方式独特，即把苞谷酒注入生长着的竹节空腔内，既好保存，又吸收了竹子的清香和营养，源于僰人的美丽传说。于是，我给酒谷老板陈金鹏，写了一段话作为“彩云归”酒简介：

“彩云归”源于僰人佳酿。僰人，川南滇北乌蒙山人，繁衍数千年，善酿，豪饮，彪悍。史传诸葛亮南征经五尺道，僰人踞关不得越。僰酋豆掺沙谓亮：分豆沙，关即开。亮遣巧匠破竹丝织筛，须臾，豆沙分毕。僰酋以酒肉款待，众僰人挥刀破竹取酒，酒香弥谷。此秘法陈酿，储酒青竹中，增天地精华，清香色绿益寿矣。自此，石门关以豆沙名之。佳酿辗转袭为庙坝琼浆。陈氏赋予其诗名：曰“彩云归”。

这段话可印刻在竹筒酒瓶上，一看便知此酒的文化底蕴、生产工艺和养生功能。

打造世界野奢酒店集群。通过岩画、傩舞等历史题材，呈现僰人的酿酒技法和饮酒文化，并策划种酒节、收酒节等节会活动，将“竹筒种酒”打造成具有国内影响力的富有特色的酒文化活动。打造世界野奢酒店集群，利用现有窑洞、隧道、崖壁、古树等资源建设独特的洞穴酒店、崖壁酒店、鸟巢酒店、民宿酒店，营造国际影响力。

第三节　经营和销售的创新

一、北京燕莎友谊商城

1992年7月1日，坐落在北京东三环亮马河北沿的北京燕莎友谊商城试营业。商城是新近落成的燕莎中心的一部分，由中、德、韩3国合资兴建，由北京市友谊商业服务总公司承租经营。

在试开业的新闻发布会上，总公司副总经理刘瀛江、商城总经理郝树仁介绍说，这座商店是全国规模最大的现代化涉外商场，建筑面积4万平方米，营业面积2.2万平方米。经营商品可达7万种，30万个规格花色，其中80%左右为国内名优商品，20%左右为进口的高档产品。商场地下一层，地上6层，内设45个部室，拥有3000多名员工。

这家商场的主要特点是：

第一，设施豪华典雅。装有自动扶梯、垂直电梯、中央空调、自动报警、电视监控等设备，具备国际水平。

第二，服务对象以常驻外宾和海外游客为主，同时也为国内顾客服务。绝大多数商品既收外汇券也收人民币。

第三，管理科学化。实行全方位计算机联网管理模式和全方位开架售货。管理、服务人员大专以上文化程度的占25%，80%的售货员能说1门外语。

第四，购物环境舒适，每层都设有休息室，有饮料供应，与那种拥挤嘈杂的购物环境相对照，到这里来购物是一种享受。

第五，服务项目齐全。商店从传统的单纯经营型转向经营服务型，店内除了一般的售货服务外，还辟有外币兑换、函电购物、送货到家、上门修理、代客送礼、临时幼儿托管等特殊服务项目。

北京市商委主任臧洪阁说，今后几年内，北京将建设100家具有综合性、多功能、国际水准的大型商场，燕莎友谊商城只是个开头，进一步改革开放将使京城购物设施发生根本性的变化。

二、特殊的服务　特殊的效益——北京燕莎友谊商城见闻录

北京燕莎友谊商城在试营业的新闻发布会上，曾向社会宣布：作为全国最大的现代化涉外商场，除了做好一般的售货服务外，还将搞好全方位开架售货、临时幼儿托管、代客送礼、函电购物、送货到家等特殊服务项目。开业一周以后，笔者来到商城，对这些特殊服务项目做了明询暗访。所见所闻，令人耳目一新。“特”和“新”表现在打破了传统的经营方式，向更高的服务水准迈进。

全方位开架售货。走进商城，各楼层售货大厅宽敞明亮，货架摆放疏朗；使用全方位电视监控，实行全方位开架售货，顾客不必存包，自己挑选商品。这不仅方便了顾客，同时也体现了商店对顾客的信任。在货架前，服务员热心地为顾客当参谋，一下子缩短了买卖双方的距离，顾客再也不用花钱买气生了。一位顾客坐在沙发上试鞋，把钱包落在沙发上。旅游鞋组的闫化强、赵彦赶紧追上已经走远了的失主，把钱包还给了他。

临时幼儿托管。这是专营玩具的儿童乐园部开辟的便民项目。设在二楼的儿童乐园，彩灯、铁树、围栏、木屋，装饰别致。柜台里，各类高、中档玩具俱全。玩具车在跑，大恐龙在叫，音乐声和孩子们的笑声相交织，洋溢

着一片欢歌笑语。儿童托管处占了乐园一角，旁边设有滑梯、儿童卡拉OK，孩子们由有幼教经验的老师看管。家长们登记好姓名和自己的证件号码（为防止领错孩子），把孩子交给服务员，放心地逛商城、买东西去了。这种服务是有偿的，每小时收3元托管费。我问一位来领孩子的妇女："您觉得收费贵吗？""不贵。"她爽朗地说。"逛公园，顶着烈日排大队，孩子坐个什么车，几分钟不也得一两元吗？这里玩具又多又新颖，还可学画画、唱歌。再说，贵不贵还在其次，主要图个方便。""这样豪华的商场，寸土寸金，辟这么大面积做儿童托管处，经济上划得来吗？"我问儿童乐园部的徐公树先生。他说："每小时收3元钱，是象征性的，这当然不如摆柜台赚钱，从部门利益看，似乎划不来。但现在多为三口之家，不为带孩子的妇女提供方便，她们可能不来商场了。所以，从全店利益看，还是划算的。"一位服务员也凑过来说："每天来托管的有50多个孩子，星期天达70多个。孩子刚交给我们时，又哭又闹，但玩了一会儿，就不愿走了。父母来接时，吵着闹着非买走一两件玩具不可。您看，这不是一种很好的促销方式吗？"听了这些，您不能不为经营者们想的这个点子而叹服。

服装加工、量体裁衣。设在三层的服装部，分"绅士世界"和"女士世界"两部分。这里的成衣，多为国内外名牌。为了穿着合体，所有的男裤都不缝边，待顾客选好后，服务员给量好尺寸，现场锁边。这条措施，大受欢迎。每条160元的男裤，不一会儿就售出7条。这里设有香港中英洋服柜台，香港技师正忙着为客人量体，顾客在柜台里选好料子，由商店空运到香港缝制，在此期间还会寄回衣样试穿。在"女士世界"一角，"红都"的郭秋生师傅正在为客人量体裁衣。她介绍说，红都的制衣技术，在国内是一流的。这里收的活，不上流水线，很多部位由老师傅手工缝制。从女裙至男西装，价格在50元到530元之间，适应各消费阶层。服务员还可根据顾客的性别、年龄、身材、肤色等，给客人现场选料时当参谋，做出的衣服包您称心。开业那天，一位香港启东集团的小姐来做旗袍，两天内就让她试了样子。她高兴地说，等有空再来做几套。外企一位小伙子，买了一块花格布料，要做条裤子。郭师傅一量，觉得若是一色料满够了，但这块格料做出来缝格对不齐，于是带他去布料组又换了一块格料。小伙子感激地说："这样的服务真没挑儿。”

代客送礼。说到这项业务，我想起1986年在日本遇到的一件事。有一天，陪同我们的日本南海国际旅行社的导游小姐，手里拿着一个信封，里边装着一沓钞票。路上，她告诉我：“送走你们，我还要去参加朋友的婚礼，这是送的礼金。”借着话题，我们聊起日本人送礼的常识。她介绍说，日本是个礼仪之邦，婚丧嫁娶、过生日等，都要送礼。有的买点礼品或送点钱，有的委托商店代为送礼。有钱的人办喜事，还在报上登广告，亲朋好友到他委托的商店购买礼品，由店家统一送到寿星老或新郎府上。我问燕莎是不是向日本人学的，服务员小姐说：“凡是外国好的东西，我们都要学。”不过，目前燕莎商城的代客送礼服务还正在准备中，主要服务对象是使领馆和海外驻京商社。他们打算将各国的节庆活动统计出来，以便加强联系。当然，国内的顾客委托送礼，他们也乐意服务。

礼品包装。随着人们生活水平的提高，中国人买礼品不仅讲究实用，也讲美观。商城一楼大厅的礼品包装专柜可以满足这一需求。客人在店内买的礼品，可拿来包装。这里的包装纸、袋、盒有20多个规格品种，客人任意选用。服务员动作娴熟，小小商品经她包上彩纸，扎上彩带和花结，顿时身价倍增。

送货到家。免费送货，是贮运部的业务之一。客人买的家具、家用电器、文体器材、办公设备等，商场负责送货。现在7部汽车不停地跑，也送不过来，运力天天告急。“小商品送不送？”“电话购物送不送？”面对这些问题，总经理斩钉截铁地说：“送！只要顾客急需，一根针也送。我们不能把客人推出去，车辆问题由我亲自协调。”商场还将开展连锁服务，对售出的商品负责到底，坏了，还要登门修理。

热线电话。我走进服务管理部，这里十分繁忙，电话铃声不断。经理贾世强说，顾客来电话，主要是询问路线、商品的，也有表扬和投诉的。在接电话的小姐的案头上，放着几种表格：《表扬、投诉登记表》《电话购物预订单》等。服务员根据顾客的电话要求，一一认真填写，通过调查，经领导审批等程序，再把处理结果反馈给顾客。正巧，家住古城的一位女同志来了电话，询问乘几路车能到商城。服务员小姐热情地做了解答，末了，很有礼貌地说:“商城欢迎您的光临，再见！”告别时，贾经理指着桌上的录音电话说:“这是我们的热线电话，号码4651842，它是我们商店与顾客的连心线。”

顾客休息室。从一楼至六楼，我也跑累了，不妨到休息室坐一坐。原来，各层都有免费供客人休息的地方，摆着桌子、凳子，不少顾客在这里喝饮料，吃点心。商店的厕所对客人开放，像豪华饭店的厕所一样干净。这种服务，在国内其他商店还不曾见到过。商店负责同志告诉笔者，休息室也将设计成不同的档次、风格，使客人来此小憩能获得艺术享受。比如，一层休息室，计划搞成茶道室，要把茶圣陆羽的《茶经》用金粉写出来，供人欣赏。客人一边品茗，一边看茶道表演，这样高雅的去处，无疑对中外顾客都会有吸引力。

采访快结束了，我对燕莎的特殊服务项目和服务态度有了概括的了解，但服务与效益的关系是什么呢？带着这个问题，我叩响了总经理郝树仁的房门。郝总笑着说，这个问题，关系到商店经营宗旨的改革，即从传统的单纯经营型向经营服务型转变。目前，全国工作的中心是经济建设，办商店当然要赢利。但“欲取之，必先予之”，服务与效益的关系是辩证的。这样的现代化商店，要办出一流水平，一是一流的环境、设施，如装有自动扶梯、滚梯、中心空调、自动报警、电视监控设施等。二是一流产品。商城有7万种商品，30万个花色。有31个国家、地区的世界名牌产品和国内优质产品，设有123个精品专柜。三是一流服务。微笑服务，是每个服务员的基本功。一位日本客人来买东西，免税店经理孙彦春接待他，做到了百挑不厌。客人说:“就冲服务这么好，我也得买一件东西。”还有一位美国朋友，名叫伍德，27次来中国。这次来京，他跑了几个商店，一分钱没花。但来到燕莎，看到服务员十分热情，英语好，商品也中意，就买了2万元的东西。临走还留下两条中肯的建设性意见，并表示将带一个旅游团专程来燕莎购物。一日下班铃响过了，电梯也停了。一位加拿大客人赶来，说第二天要回国，想买点东西。服务员破例推迟下班时间，并陪他挑了一个多小时，买了1.7万元的东西，满意而归。

当我问到旅游纪念品销售情况时，郝总说：从报表看，这部分商品销售额不太稳定，主要原因是旅游团队来得还不多。商场公关部正同首都30多家旅游公司联系，准备签订协议，以扩大创汇比例。

郝总还欣喜地说，原先担心的是：商店地处偏僻，客源能否保证？在上报的规划中，第一年要实现营业额5.5亿元指标，这可是个高起点，一下子要赶上同类大型商店经过40年努力才达到的水平。在进货、销售网络没建立起来的情况下能否实现？大家捏着一把汗。现在，可以告诉记者，情况出乎意料得好。一周来，每天客流量达6万多人，门前总有300多辆车停着，日营业额平均200万元左右，周末更高一些。这说明，市场没有问题，关键还在服务。特殊的服务就会换来特殊的效益。

北京燕莎友谊商城儿童乐园的一角

与一般旅游商品相比，酒店用品有特殊功能。它属于旅游装备业的一部分，也是旅游者入住酒店后消费的旅游商品。其发展与旅游业同步，其供应和改进与需求相适应，在整个旅游商品的设计、生产、销售各环节中，占有重要地位。我应邀出席过几届在上海举办的国际酒店用品博览会，现将我在第十五届博览会开幕式上的讲话刊登于此，供读者参阅。

三、燕莎启示录

京城东北角那座现代化的大商场——燕莎友谊商城，开业5个多月来，在首都市场经济的大潮中，掀起了一股不小的冲击波，被人称为“燕莎现象”。这一现象，初则令人不解，继而引人深思，让人长见识。

1. 令人瞠目的“燕莎现象”

所谓“燕莎现象”，概括言之，有以下几个特点：

络绎不绝的消费者。7月1日，燕莎开业，被首都媒介载体点了一把火，于是，红透了半边天。人们潮水般地从四面八方涌来，每天达6万~7万人。这种火爆势头一直居高不下。据说，赶场的人，购物、参观兼而有之。开业时，70%的是参观的，30%的是购物的；一个月以后，70%是购物的，30%是参观的；近一两个月，购物的达到90%以上。停车场成了大问题。开始，每天门前停300多辆车，现在一天要停2000多辆，还有客下即走、不需停靠的出租车也有2000多辆，三轮车队一直排到马路上。

再贵的东西也有人买。燕莎的商品集中了全国和世界上许多国家、地区的名牌货，以高中档为主。高档商品价格虽高但有销路，比如，1000~2000元一件的“皮尔·卡丹”“美依洛斯”衬衫，1.38万元的裘皮大衣，1.1万元的遥控玩具飞机，11万元的香港宝丽成套家具，16.8万元的瑞士劳力士金表，2.85万元一支的派克笔，刚摆上就有买主。1000元以上的玻璃茶几供不应求，5万元以上的屏风脱销。尽管服务员不便打问这些主顾们的职业、身世，但明眼人一看就清楚，他们是地地道道的中国人，是近几年发起来的“大款”“大腕”们。有的还是从天津、内蒙古、东北三省开着车来买高档家具的。

一支可观的海外人购物队伍。在燕莎总营业额中，近有1/3是海外人士的花销，估计可达6000万元。除去有不少外汇从黑市上流失，燕莎5个月还收入3500万元外汇人民币。如今，燕莎在国际上也有了一点名声，很多日本人以来燕莎购物为荣，在日本流传着“住在王府，吃在仿膳，购在燕莎”的说法。在前往燕莎的购物者中，海外人是一支“战斗力”很强的队伍，5个月来，已有11万多海外客人到燕莎购物。10月的一天，一个日本团400多人，一次购物达20万元。仅茶叶就买了5万元，货架和库房都让他们买空了，那架势简直像抢，没抢购到手的顾客流露出十分遗憾的神情。

挤破门的厂家。货源加客源就是财源。燕莎的经营者们，开始曾担心订货渠道不畅。但由于生意火爆，他们不用再去求厂家，而是厂家挤破门，进货原则从“好中选优”到“优中选更优”。开业不到半年，花色品种翻了一番，达到10万个品种40多万个花色规格。来自全国2000多个厂家和世界40多个国家、地区的名特优新商品，品种多，品位高，成了商城的一大特色。

出租车司机、三轮车夫成了燕莎的义务宣传员。燕莎位置偏、路远，车费高；购物客流量大，返程不跑空车，出租车司机、三轮车夫最愿意跑这条线。只要客人上车说想去购物，司机、车夫便千方百计地说服客人去燕莎。

经营者脸上绽开了笑容。开业之初，市民们有一种议论：别看这几天刮起了“燕莎热”，过了新鲜劲，免不了受冷落。燕莎的经营者们也有三个担心：担心位置偏，客源少；费用大，负担重；摊子大，管不了。当燕莎开业5个月的时候，传出一个令人兴奋的消息：

12月6日晚9时，燕莎送走了最后一名顾客，电子计算机的荧光屏上，显示出了20023.15万元的数字，从而宣告商城的销售总额突破2亿元大关。这意味着，在改革开放新起点上开业不久的燕莎，已迎头赶上同类商业企业40年的经营水平。于是三个“担心”消失了。忧虑解除，燕莎的老总们脸上露出了由衷的喜悦。这一成绩，无疑也令同行们惊羡不已。

社会经济现象就那么怪。一个企业生意越火爆，顾客越“扎堆”，各种社会因素越去捧场，越能引起连锁反应，造成轰动效应，形成良性循环。“燕莎现象”是神奇的。它使京城的一些人们迷惑不解，始料不及。这一方面说明市场经济的确蕴藏着极大的潜力，另一方面也说明人们的认识上还存在一个“开发区”。

燕莎的经营者们是成功的。

2. 什么是燕莎人的经营之道呢？

近日听广播，某电台为反映人们在改革大潮中的种种心态，采访了一位外商代理人。他曾是中国某名牌大学哲学系的高才生，是从机关下海经商的。当记者问及他的生财之道时，他概括为两个字：黑心。用哲学观点解释，意思是，以传统观念处事，事事感到不平衡。社会、经济条件变了，人们的道德观念也要调整。经商之道就是赚钱，心不“黑”就赚不到钱。

这至少反映了一部分人的心态。这里，我对此不想妄加褒贬。但按燕莎人的观点，赚钱之道，经营之道，不是“无商不奸”，而是有所为，有所不为，创自己的特色，走自己的路，为自己的宗旨而为，不随一时的“风向”所为。

比如，盛行于世的有奖销售风，三居室、桑塔纳，层层加码；大放血、大派送，挤垮柜台；飞机撞楼，彩票翻飞，新闻频出，搞得纷纷扬扬。但燕莎不为所动。他们以优质产品引导消费。作为主会场，他们于 9 月、10 月，集中精力办好中国旅游购物节和全国最畅销商品展销月活动。他们不去煽动人们的侥幸心理，而是投入 70 多万元，置备小礼品送给宾客，普施爱心，架起与消费者的感情之桥，就抓住了回头客。

经营之道，应以市场为本。燕莎的经营者们经常进行市场分析，从中得出规律性的东西。比如，在进货构成比例上，国产优质商品占 70%，进口商品占 30%；国产工艺品 90% 的购买者是外商和旅游者，而买进口产品的 90% 是中国人。从消费主体的构成看，90% 是个人消费，10% 是团体消费。分析这类数据，他们明确了盯准“大款”“大众”两方面的市场，开辟旅游购物的新市场，以经营高中档优质商品为主的营销战略。

高中档优质产品的重要客源层是一部分“暴发户”。我们虽然是发展中国家，有钱的人比例不高，但绝对数不小。被人们称为“大款”“大腕”、外商代理、三资企业中的“白领阶层”、个体户、承包商等，购买力很强，这部分人已经成了燕莎的常客。京城的普通百姓，很多人上过伪劣商品的当，花钱买个放心，所以也经常光顾燕莎。

为了吸引海外旅游者去购物，燕莎加强对旅游界的公关活动。8 月份举办了首都 40 多家旅行社人员参加的联谊活动，商谈合作办法。并在一楼大厅设了旅游团司陪人员接待室，设有卡拉 OK、空调、沙发，免费提供饮料和娱乐设施。来商城购物的旅游团队逐月增加。开业的头一个月中，去购物的共 70 个团，1500 人；而 9 月份一天就有 70~80 个团，达 1700~2000 人。到 11 月底的 5 个月中，燕莎共接待了 4938 个团，111840 人，游客分别来自 50 多个国家和地区，使海外客人购物消费占总营业额的 30% 左右。

为了提高自己的知名度，燕莎也善于学习国际上通行的方法，舍得花巨资做广告。5 个月来，他们花广告费高达 100 万元，另外，还请报刊和电台、电视台记者写文章、播放电视短片 180 多篇次。

如果说燕莎的经营之道是成功的，但 5 个月，仅仅是开了个好头，今后的路子还很长。

3. 燕莎的新考验

1992 年下半年，随着我国经济建设开入了快车道，京城频频传出信息，王府井、东单、前门、北京站等处商业区将陆续改造，数十家、上百家大型现代化商场将要落成。届时，竞争之势更炽，位置偏，路程远的劣势将会再次暴露出来。虽说“好酒不怕巷子深”，但当巷口和临街都有“好酒”的时候，谁能保证深巷里的“酒馆”不被冷落呢？

当我把这个问题摆在燕莎的经营者们面前时，总经理郝树仁、副总经理万文英如是说：水火无情，商战无情。成功失败，荣辱兴衰，商战中本来难免。同时，这也是我国商业现代化进程中的阵痛和代价，但燕莎人没有怕的感觉。

一是因为商业现代化是首都现代化的重要方面，市政府、市商委的领导很重视、很关心。全体职工的敬业爱店精神，也是竞争中取胜的重要条件。

二是商城在首都商业现代化中起了试点、先行作用，目的是使后来者少走弯路。善于积累这些经验，也是优于后者、以便在竞争中取胜的宝贵财富。更重要的是，社会主义企业之间，竞争是互相促进的，而不是你死我活的。

三是如何看待地理位置，这也要讲辩证法。地理位置和商品比较，商品是首要的，位置是次要的。商品适销对路是商业活动取胜的基本规律。偏也不全是劣势，因为位置偏，路程远，出租车司机主动拉客人就是一例。从消费者心理看，闹市区人口稠密，喧闹嘈杂，空气不好，人们摩肩接踵，买点东西挤一身臭汗，这也不一定是消费者都愿意去的。燕莎商城安静、敞亮，环境幽雅，购物也是一种享受。香港有个商场，叫八佰伴，位置也很偏，但经营得很好。香港有个八佰伴，北京有个燕莎城，这就是燕莎人的信心。

四是有特色才有生命力、竞争力。我们为什么要搞有中国特色的社会主义？社资竞争，客观存在，虽然不争论，尽在不言中。要有竞争力、生命力，必须有自己的特色。一个国家如此，一个企业依然。在市场竞争中，强手如云，别人代替不了我，我就有生存的一席之地。商品方面，人无我有，人有我优，顾客自然会找上门来。至于服务，是软件，更应有个性和创造性。燕莎开辟全方位开架售货，临时幼儿托管、服装加工、量体裁衣、代客送礼、礼品包装、送货到家、电话订货、顾客休息室等特殊服务项目，现在正逐个提高完善。比如礼品包装，大的旅游团来了，客人排队等包装，太费时间。商店准备建个包装厂，生产各种规格、花色的精美包装盒、袋，以提高包装效率。

五是不能被人吹晕，要保持清醒的头脑。比如，如何对待报纸的批评就是一例。《经济参考报》上登出一篇文章，批评燕莎个别服务员商品知识差。总经理立即派人买来几十份报纸，召开会议，连夜找差距，第二天传达到全体员工，并完善管理制度，优化管理体制，加强人才培训。报纸批评变成了改进工作的动力，今后还要这样抓下去。这就是“大家风度”“燕莎气魄”。商店现在有了点名声，今后还要到外地和海外去办连锁店。放眼未来，燕莎的征途上有无限风光。

郝总谈得轻松而自信，为燕莎今后的生存、发展已经想得很远，很远。

告别郝总，下得楼来。我在门口见一顾客为打电话受了服务员一顿抢白。像一块热铁被投进了冷水，强烈的反差，把我的思绪从刚才总经理那神采飞扬的畅想曲中被扔回到现实。不禁想到：如何将总经理的宏图变成全体职工的行动，燕莎啊，你将接受严峻的考验。

（文载 1992 年 12 月 31 日《中国旅游报》）

第四节　中国旅游业发展与酒店用品业

由原上海市旅委和博闻（中国）有限公司联合主办，上海博华国际展览有限公司、上海金鹏旅游服务中心和上海市国际展览有限公司承办，《中国旅游报》协办的第十五届国际酒店用品博览会于 2006 年 4 月 4 日开幕。

一、酒店发展的趋势和特点

1. 一个新的产业链已经形成

改革开放使中国旅游业迎来了蓬勃发展的春天；旅游业的空前发展带来了中国饭店业的繁荣；而饭店业总量的大幅增加、质量快速提升又带动了一个伴生行业——饭店用品行业的发展壮大；为旅游饭店及其用品厂家和代理商搭建一个供需双方见面交流、洽谈订货的平台的任务，也就历史地落在了有远见的展览公司的肩头。于是，从旅游业的起步到酒店业的繁荣进而催生了酒店用品行业和会展业，形成了一个环环相扣、共生共荣的产业链。

这个产业链从无到有、不断成长壮大，是中国旅游业发展到一定水平的必然产物。今天参展的各个成员单位和前来参观的广大用户，都是这个产业链中的组成部分。在这个产业链的内部，每个环节的发展变化都会对相关环节产生影响；在这个产业链的外部，每个环节又都与其他相关产业链相联系，从而形成横纵交错的产业链网。比如，饭店用品行业，无疑与旅游业、特别是酒店业的发展具有直接关系，同时又与制造业、建筑业、材料业、纺织业、电信业、家具业、农牧业、食品业、化工、环保、科技等产业甚至消防安全等部门发展水平相关联。因此，要分析这条产业链的变化和发展，涉及许多产业和学科，是一篇大文章。要在短短半小时内做出透彻的分析，是不可能的。我想着重阐述这个产业链的某些发展趋势及其特点，帮助企业认清自己在这个产业链中所处的地位及其生存状态、发展前景，不断创新观念，捕捉商机，在竞争中占领更大的市场份额，以跨越式发展思路把企业做大做强。

2. 中国旅游业的前景人人看好

中国旅游业 20 多年发展的辉煌业绩，已在国内各行各业各个阶层树立起“朝阳产业”“新的经济增长点”的形象。原国家旅游局在对我国 40 年两个阶段发展战略中描述道：经过前 20 年的努力，已实现从旅游资源大国到亚洲旅游大国的历史性跨越，再经过 20 年的努力，到 2020 年，将实现从亚洲旅游大国到世界旅游强国的发展目标。

国际上的旅游权威机构的预测比上述描述还要乐观。世界旅游组织称，到 2020 年，中国将成为全球第一位最大的旅游目的地。世界旅游业理事会（WTTC）专题报告指出，到 2020 年，中国旅游业将为 GDP 贡献 3 万多亿元人民币（2017 年年底，中国旅游业的收入已达到 5.4 万亿，大大超过世界旅游理事会的预测），理所当然地成为中国经济的支柱产业。中国旅游业直接就业人数将达 1900 万，间接就业人数达 6900 万，所提供的就业岗位将排在各产业之首。

2005 年，中国旅游业持续保持强劲的发展态势，各项经济指标全面增长：入境旅游人数 12029 万人次，同比增长 10.3%；入境过夜旅游者人数为 4681 万人次，同比增长 12.1%；旅游外汇收入为 293 亿美元，同比增长 13.8%；国内旅游者人数为 12.12 亿人次，同比增长 10%；国内旅游收入为 5286 亿元，同比增长 12.2%；2005 年旅游总收入 7686 亿元，同比增长 12.4%；中国公民出境总人数为 3102.6 万人次，同比增长 7.5%。反映中国旅游业辉煌业绩的这些重要指标均创历史新高，这必将成为酒店业和酒店用品及其会展业这一产业链得以发展的基础性、源头性和动力性因素，是为今天到会的企业家们构筑信心的主要依据。

3. 酒店业将在体制重组中进一步壮大

截至 2005 年年末，我国旅游住宿设施为 286045 家，其中，星级旅游饭店为 12000 家，社会旅馆 80074 家，个体旅馆 193971 家。

这些旅游饭店是完成我国旅游住宿接待任务的骨干和中坚。但由于所有制分割造成各自为战，经营规模小而散，现有的生产力潜能没有得到充分整合和发挥。在国际饭店与餐馆业协会公布的全球 150 家酒店集团排名榜中，酒店总数为 41225 家，客房总数为 5429644 间。其中美国的饭店集团数为 74 家，近占一半，且排名位置靠前；酒店数为 27464 座，占 66.6%；客房数 3388921 间，占 62.4%。中国大陆只有上海锦江和北京 Kingdom Int' Hotel 两家集团上榜，分别以 13598 间和 10076 间客房排在第 57 位和第 85 位，这两家合在一起占饭店总数的 0.2% 和客房总数的 0.43%。从经营规模上看，以排名第一的美国圣达特集团（Cendant Corp, USA）所属酒店数为 6455 家、客房数为 541313 间，比我国全国星级酒店总和（6029 座）还多，而且这种全球范围的连锁式经营网络与我们的各自为战相比，优劣自明。在国际大市场的竞争上，我们无疑是小舢板遇上了大航母。要在竞争的态势下生存和发展，我国的酒店业通过跨所有制、跨地区、跨国界的兼并、重组、联合，向集团化、网络化、连锁化经营模式发展已势在必行。

根据我国的入世承诺，国外投资者不仅可以控股、独资经营饭店，还可以输出品牌和管理、在中国形成母子公司体系的饭店管理网络。这样，饭店业资本运营的新概念将迅速导入。海外饭店集团可以通过资本市场的并购而获取部分产权，更多的是通过非产权交易获取管理权、营销权和无形资产运作权等方式打入中国的饭店市场。2000年，世界排名前10位的饭店管理集团有9家已在华经营饭店，更多的酒店管理集团也随之做出近几年在华业务扩展的具体计划。这种扩张已有从一线城市向二线城市、从高档饭店向中低档饭店延伸的趋向。

由此分析，未来的态势很可能不是单一的中国酒店集团与国外酒店集团的对垒抗衡，而是你中有我，我中有你，形成既互相竞争又优势互补、互容双赢的局面。我们现在的市场份额无疑会部分地被别人抢占，但在捆绑式发展中接受新的理念、学会资本运营和现代企业管理手段，创造和提升自己的品牌，逐步形成有竞争力的中国酒店管理集团，同时输出管理，到国际大市场上抢占新的地盘，谋求发展的更大空间。这就叫“海阔凭鱼跃，天高任鸟飞”。在开放中才能创造出中国旅游业、饭店业发展的最佳环境，鸟儿关在笼子里是没有前程的。

与中国饭店业体制分散的现状相一致，我们目前的酒店用品生产、供应企业和会展公司也存在理念滞后，规模小而散的问题。酒店业的兼并、重组和多种形式开展合作的序幕已经拉开。作为下游和被带动的行业，酒店用品生产、供应企业和会展公司应以主动的精神，从狭窄的思路和活动空间里走出来，抢占观念、科技和品牌的制高点，谋求多方面、多层次的合作机遇，不断发展壮大自己。如果参加一次博览会能得到启发而形成自己的思路，要比签订几个供货合同的意义更大。

4. 入世后面临着许多新的发展商机

我们常说：加入WTO我们既获得了发展的机遇，也面临着挑战。机遇和挑战从来就是伴生的。直面挑战、把握机遇是我们当前要考虑的。

入世给酒店业及其用品业、会展业带来的机遇是多方面的。比如，按照“国民待遇”和“非歧视原则”，外国旅游者在华住宿时，在饭店的选择上，文件中“没有限制”性规定。这就意味着我们沿用了20多年的“涉外”和“非涉外”饭店的划分面临着取消。有人认为这将造成客源的流失，我则认为“肉烂在锅里”，但不会影响到国家旅游总收入的减少而且将会带来新的商机。

随着入世承诺的兑现、“涉外”“非涉外”饭店区别被取消，随着国际国内旅游消费水平的趋同，社会旅馆和个体旅馆建设档次、服务水准的升档提级势在必行，加强行业统一规范管理势在必行，数十万户、数百万间低档酒店旅馆的设施重新改造很快将提上日程。这就为酒店用品的生产厂家、供应商和会展商创造了绝好的商机。也为输出管理的高档酒店提供了绝好的商机，谁抓住了这个商机，谁就能壮大，谁就能发财。

再比如，逐步拆除关税壁垒，在共同市场上平等竞争，是世贸组织的一个原则。我国将在短期内大幅度降低关税。如汽车整车现行关税税率为70%~80%，2006年7月1日将降至25%；汽车零部件进口税为30%，2006年7月1日将降至10%；手机关税现在为12%，2003年将降至0；牛肉、猪肉现行关税是20%，2004年降至12%，禽肉关税到2004年降至10%，柑橘2004年从40%降至12%；纺织、建材、纸张等用品都有相应的降税规定。

关税的降低或取消刺激了海外物品的进口，节约了饭店的经营成本，带动了酒店用品代理商大宗业务的发展，为会展商提供了大量的国外客户。同时，对国内酒店用品生产厂家的产品形成压力：迫使他们改进工艺，提高质量、降低价格；扩大规模、减少成本；其中有些企业可能与海外厂家合营，利用我们的廉价劳动力和当地资源优势实现海外产品本土化。谁抓住了降低关税的机遇，谁就能获得丰厚的利润。

二、关于饭店用品供应方略的调整

这里讲的“方略”，是从宏观和战略上为饭店建设，用品供应和会展举办所出的几个主意。

1. 在国际化和行业化大背景下开拓发展空间

旅游饭店业是最早与国际接轨的行业，在国际大市场中寻求合作早有基础。我国加入WTO以后，饭店业的体制、经营格局正在发生变化，国外先进理念的导入和集团化、网络化的逐步形成，为酒店业在国际大舞台上施展才华提供了现实条件。国际经贸往来的增多为饭店业发展注入活力。全球财富500强企业，落户上海的越来越多。国内的经济走旺为饭店业的发展提供强劲支撑；旅游业的持续发展为饭店业提供充足客源；社会旅馆纳入行业管理后将增加和提高旅游接待的整体实力。与这种态势相适应，酒店用品企业也要加强体制改革，扩充规模，不断开拓发展空间。

2. 在把握战略重点中寻求新的亮点和卖点

在抓住重点的时候，我认为北京2008年奥运会和上海2010年世博会应该是亮点和卖点。

专家预测，2008年北京奥运会接待入境人数可创历届奥运会之最，达30万~35万人，奥运会期间旅游收入可达50亿元人民币。17天文章可作10年，每年增加50亿元收入，就可成功拓展为500亿元。这样的机遇千载难逢，有成功经验借鉴，有中国政府的重视和人民的支持，能不成为亮点和卖点吗?

我曾在1985年带团参加日本筑波举办的世界博览会，半年时间参观人数超过6000万。筑波弹丸之地、日本岛国人口有限，以我们中国这样一个旅游大国、人口大国和大上海客源吞吐能力而言，现在预测的上海2010年世博会参观人数仅5000万人次，我以为太保守了。就是以这样保守的预测，旅游直接收入（含门票、餐饮、纪念品，没算住宿、交通等消费）为91.1亿元。根据世界旅游组织的测算，旅游每增加直接收入1元，相关行业收入增长4.3元，即达391.7亿元。香港会展业每1港元的直接收入，相关产业增加5港元，以这个比例计算，上海世博会综合收入达455.5亿元。根据计算，至2010年，上海酒店床位数将增至40万张。这对酒店业和酒店用品行业而言，蕴藏着无数商机，今后4年将有许多工作可做。

第二个战略重点是西部大开发。西部12省区市有许多后发优势，旅游业、特别是酒店业有更多的发展空间。西部一些口岸和中心城市，在西部发展中具有区位优势，应该是重点中的重点。青藏铁路不仅是振兴西部经济的大动脉，也很可能成为中国旅游产品中的一条王牌路线。沿线的旅游设施和旅游景观建设，需要抓紧设计实施，以力求2006年铁路贯通时旅游产品正好应市。这又为在座的各位企业家提供了商机。当然，还有许多地方许多项目可以作为战略重点。

3. 在现代化和民族化中发展特色优势

酒店和酒店用品的竞争力表现在特色优势上。洋要洋得时尚出彩，土要土得原汁原味，“洋”和“土”结合，才能出特色。酒店，一般都是城市标志性建筑物，它的外形设计、内部装修，既要采用现代化设施，强化环保节能和智能化水平，提高科技含量，又要与地区、城市、景点的氛围相协调。建筑风格上为防止单调和雷同，要力戒“火柴盒”式的搭建，而强调民族特色和地方特色。装修不要一阵风，不是马赛克贴面，就是玻璃幕墙。酒店用品厂家、供应商、会展商应该是现代企业，不是旧社会的贩夫走卒。要学习新理念，研究国际酒店建筑的趋势和建筑技术、材料的发展水平，懂得建筑美学和我国各地各民族的建筑文化。要有意识地经常把海外先进的理念、材料和设备介绍给国内用户，同时注意开发本地的具有民族特色和地方特色的不可替代的产品。

4. 在标准化和个性化中提高服务档次

标准化是一种科学的现代化的管理手段，是通过规范而强制达到的一种质量要求。我国自1989年开始评定星级饭店，对于标准进行过三次修改，是根据国际通用做法并结合我国实际而确定的国家标准。截至2000年年底，已评定出6029家星级饭店，其建筑质量和服务水平得到了海内外游客的肯定，同时，为中国旅游饭店业培养锻炼了一大批骨干人才。

但随着旅游者旅游目的日趋多样性的变化，酒店设施和服务也必须向个性化发展。比如，针对商务客人而设计的商务酒店、商务楼层；发达国家时兴商务旅行中带孩子，于是夏威夷许多商务酒店设计了儿童房和水上乐园；不少国家为背包者设计的青年旅舍，为女客专门设计的女宾房；中国许多城市为考试者设计的应试房，为度蜜月者设计的新婚房，北京凯莱为体育爱好者设计的运动员房，武汉为纳凉消暑人群设计的纳凉房等。总之，有需求产生，就有产品推出，需求是多种多样不断翻新的，是为酒店和酒店用品供应商创造的卖点。谁对市场需求反应敏捷，谁就能抓住商机。

“博华”连续十五年举办酒店用品博览会，在国内同类博览会中已经形成了自己的特色和品牌，而且一年比一年好，年年都有新发展。

三、此次博览会的五大特点

1. 发展迅猛的博览会规模

此次博览会的总展示面积历史性地达到了48000平方米，与上年同比增加了近35%，共使用了上海新国际博览中心东1~4号馆。早在开展前3个月，展位销售已经出现了一位难求的局面。往年令人满意的展会效果使得许多参展企业纷纷扩大展位面积，如从18平方米到180平方米，翻了10倍。良好的业内口碑也使慕名前来的新参展企业数猛增，并仍有众多欲参展的企业在等候名单上翘首企盼。

2. 受人瞩目的国际化程度

博览会上，来自美国、意大利、西班牙、德国、土耳其、日本、韩国、新加坡等国家和地区的参展企业将占据东1号馆的大半壁江山。而世界性范围内一流的酒店用品品牌更是比比皆是、不胜枚举。国际知名的酒店用品制造协会——西班牙出口制造协会（AFEHC）和北美洲餐饮设备协会（NAFEM）也同时携其会员，鼎力加盟。

3. 规划齐全的展品区分类

中外参展企业将在博览会上集中展示数千种中外名品、精品和新品。按类别，各大展区分为餐饮设备、冰激凌设备及咖啡与茶、酒吧、清洁与洗涤、安防、视听、计算机管理设备、酒店家具与装饰品、布草与服饰、消耗品、桌面用品、康体、休闲、娱乐设施、标牌和酒店专用品，采购买家们将不会有空手而归的遗憾。而首次成为“展中之展”的2006中国国际清洁与洗涤设备展览会则将是原有展区功能的领先和提升。

4. 新颖丰富的博览会活动

博览会的各项现场活动一直广受参展企业和观众们的支持和好评。中国酒店业高层论坛、2006中国国际百瑞斯塔（咖啡师）竞赛、英国皇家泰勒茶品尝推介会、烘焙制品制作/品尝/展示会、清洗专题论坛/研讨会/操作演示会、酒店服饰表演秀、服务技能表演专场……每一项活动不仅能汇聚现场人气，也传递、交流着业内的潮流信息。

5. 精心运作的观众组织

依托主承办方在海内外的营销网络，以及15年来积累的数据库资料，博览会一直通过全方位、多渠道的媒介方式与各方买家保持着密切的联系，传达着最新、最及时的博览会信息。据预测，此届博览会的专业观众人数将突破30000人次。

许多国际大牌企业的参加，名牌产品的参展，品牌理念的导入，使本届展览会光彩夺目、殿堂生辉。展会期间，还同时举办演讲、推介、研讨、表演等丰富多彩的活动，更是启迪开智，商机多多，盛况空前。

四、把国际酒店博览会办得更好

1. 努力在旅游产业品质提升中扩大客户范围

从较大范围来讲，有一个词汇，叫作全国旅游住宿设施。它包括三个部分：一是涉外旅游饭店部分；二是社会旅馆部分；三是个体旅馆部分。截至2005年年底，中国拥有的星级饭店达12000家，其中有相当比例是老酒店，需要装修和改造。2003年，国家统计局、原国家旅游局、原国家工商行政管理局和公安部联合进行调查，所得数据如下：社会旅馆80074万户，个体旅馆193971万户。上述两类客房总数300多万间，大量的住宿接待设施属于中低档，但却接待了国内旅游中的绝大多数客源。随着“涉外酒店”限制的取消，这些住宿接待设施也逐步成为海外旅游者下榻的重要选择。但这些酒店档次偏低，管理水平偏低，更新改造的任务很重，他们对质价匹配的酒店用品需求很大。展会应为这些住宿设施和酒店用品厂家和供应商提供对接的平台，这样做符合国家关于提升旅游产业品质的要求，同时，也扩大了自己的客户范围。

2. 努力在综合性和专业性内容的结合上进一步扩大品牌的影响力

博华是著名的国际展览公司，上海国际酒店用品博览会举办了15年，已经形成了著名的品牌，以目前国内最大的、专业酒店用品展示引起业内关注。近几期博览会，与相关行业一起举办，造成了更大的影响和人气。此次会中套会，同时举办2006中国国际清洁与洗涤设备展览会、2006中国国际咖啡与茶用品展览会、2006中国国际康体健身、休闲娱乐与运动器材展览会，综合性和专业性内容相结合，引来国内外著名客商参加，致使48000平方米提早3个月销售一空，出现一位难求局面；充实的内容聚拢了展会人气，届时将有30000专业人士前往参观。这对博华和博览会品牌影响力的提升和展览所带来的综合效益，无疑是个巨大推动。这种方向应该坚持，使所有合作伙伴实现“盛世发展，商机共享”的目的。

3. 努力在全球、全国范围内抓住重点带动一般

博览会在国内办了15届，国内厂家已经陆续生长、成熟起来，有的希望参加国际的同类展览会，把中国的酒店用品厂家、销售企业推向世界，并在全球的竞争中开阔眼界，提高产品质量和经营水平的需求在不断增加。因此，在国外办展是必要的。在国内，许多中小型展览在各地经常举办，博华应抓重点地区。中国旅游业发展格局中，京沪粤是重点地区。2005年，北京接待入境旅游者363万人次，外汇收入36亿美元；接待国内旅游者12500万人次，国内旅游收入1300亿元人民币。上海接待入境旅游者444.5万人次，外汇收入35.588亿美元；接待国内旅游者9002万人次，国内旅游收入1308亿元人民币。广东接待入境旅游者1897万人次，外汇收入64.5739亿美元；接待国内旅游者2.2211亿人次，国内旅游收入1355亿元。三地接待的入境（2704.5万）和国内旅游人数（43713万）分别占全国的22.4%和36%；三地旅游收入（5066亿元人民币，其中外汇136.1619亿美元，国内旅游收入人民币3963亿元）占全国旅游总收入的65.9%。这些地方，是旅游设施最发达的地区，也是最需要举办酒店用品博览会的地方。在这些地方多办展会，可以辐射华东、华南和整个华北，其效果也应该说是最佳的。

（2006年4月4日，上海新国际博览中心，在第十五届上海国际酒店用品博览会开幕式上的演讲）

第二十四章　自驾旅游

行，是产品建设六要素之一。近几年，随着高铁、高速公路里程推进，旅游出行条件得到了巨大改善。特别是公民私家车保有量的增加，自驾游成为国内游客出游的主要方式，自驾车、房车基地建设提到日程，各地为此纷纷举办研讨会、论坛。我多次被邀请出席中国汽车俱乐部、安徽、浙江、甘肃、江苏等地的自驾车研讨会。

第一节　自驾游——汽车后市场的重要延伸

互联网、大数据、云计算，使经济、社会发展有了关乎全局的科学统计和精准判断，使跨界融合成为可能，谁利用好这个平台并建立起相适应的机制，谁就掌握了未来。我用互联网、大数据、云计算来分析一下旅游和汽车两大行业合作的美好前景。

一、“互联网 +”和“行业 +”

互联网从 1994 年面向商业用户和对普通公众开放，仅 20 多年时间，全球互联网和智能手机发展到 2014 年的 28 亿和 54 亿人。催生了一大批新技术、新服务、新业态和新模式，这种趋势还在加紧演变。有了互联网，才能共享大数据。国家十分重视这个趋势对中国现代化进程的推进力量，及时提出“互联网 +”的战略，并于 2015 年出台《关于积极推进“互联网 +”行动的指导意见》。“互联网 +”应该是多方位、多层次、多维度的。从国家和部门、行业、实体层面来说，“行业（部门、实体）+”是对国家提出的“互联网 +”的对接和深化，各有分工，如“旅游 + 互联网”“汽车 + 互联网”“旅游 + 汽车 + 互联网”等。如果在今天的会议上，这后两个“+”得到大家的重视，一个伟大的商机就被发现了！

二、“旅游＋互联网”的重大意义

1. 两次产业革命效应的重叠

人类经历了四次浪潮，即四次产业革命：农业革命、工业革命、信息革命和后工业社会，这后工业社会的代表性潮流叫“休闲”。第三次产业革命和第四次产业革命的叠加，形成了巨大效应。这是“互联网＋旅游”最大的时代背景和其形成的巨大引擎的动因。我宣传这个观点差不多有10年，国内附和者不多，在一些论坛上，有时遭到嘲笑。但令人兴奋的是，国家在顶层设计上，旅游业的地位得到充分肯定。2009年国务院41号文件为旅游业定位：要把旅游业培育成战略性支柱产业和人民群众更加满意的现代服务业，任务指标分解到各地各部门。2010年7月26日，《国务院关于加快发展旅游业意见重点工作分工方案的通知》下发，就同一件事连续发两文，并作出各部委的详细分工，中央政府采取这样的力度是空前的。这是考虑到旅游工作的战略地位和旅游部门的协调职权有限不得不采取的非常规做法——由最高权力机关下达指令的办法来强力推进。

《国务院关于促进旅游业改革发展的若干意见》连同《重点任务分工及进度安排表》一起下发。2014年，国务院办公厅又发了国办函〔2014〕121号《国务院关于促进旅游业改革发展的若干意见任务分解表的通知》，将原来的23条丰富补充为44条。这样的力度是仅见的。

中央领导多次发表支持旅游业发展的讲话，国务院常务会议经常讨论解决旅游发展中的政策和问题。旅游发展到了历史上最好的黄金期。2015年“十一”黄金周接待游客5.26亿人次，国内半数人出游，7天形成旅游大潮，亘古没有，世界唯一。《人民日报》《环球时报》发表社评：在中国经济增长下行期间，旅游作为一个难得的强劲因素在以近乎裂变的方式逆冲，一再制造高潮，像是个力挽狂澜的坯子。

2. 两大消费终端的对接

中介的存在基础是信息不对称。互联网把信息直接发到手机上，使产品终端直接和消费终端对接，让一些传统媒体和中介作用下降，同时也催生了网络新媒体。这是经济转型和万众创新时代对人们应变能力的考验。世界大潮，浩浩荡荡，适者生存，违者淘汰。

3. 两大经济范畴的一体

全球经济一体化使国内外市场连在一起。旅游、汽车都是这样。自驾车旅游市场也会这样。

4. 多产业跨界融合

旅游景区 + 产业园区 + 生活社区三区合一的产业融合体将是未来若干年旅游产品的领跑者。2013 年至 2014 年上半年，投资 100 亿元以上的旅游项目 151 个，近 2 万亿元。多数是 100 亿元以下项目，总投资一年几万亿元。旅游业成了投资和消费的主要战场。与这些大景区合作，将是汽车流通后市场的主攻方向之一。

此外，未来 5 年，“旅游业 + 互联网”将创造三个 1 万亿元红利：

“旅游业 + 互联网”是全球两个最大消费群体领域的融合，我国旅游业互联网软硬件设施建设未来 5 年将创造 1 万亿元的需求红利；

“旅游业 + 互联网”是全球两大最具成长性消费市场的叠加，我国在线旅游未来 5 年将创造 1 万亿元的市场红利。

“旅游业 + 互联网”是全球两大最具开放性和包容性经济形态的融汇，未来 5 年所催生的一大批新技术、新产品、新业态和新模式，将创造 1 万亿元的增值红利。

三、“旅游 + 汽车”——自驾游趋势如井喷般地爆发

1. 旅游出游方式

散客为主的趋势不可逆转。旅行社组团出游的仅占游客的 4%，散客成为绝对庞大群体。

2. 出行工具选择

2014 年，有 22 亿人次自驾游，占 36 亿人次国内旅游者的 61%。这个不断增长的比例在今后相当长的时期还会发展。

举大数据加以论证。美国汽车保有量 2.5 亿辆，中国汽车保有量 1.5 亿

辆。中国每千人汽车保有量是美国的 1/8，是欧洲、日本的 1/6。说明中国汽车保有量仍有很大的增长空间，而且增长速度全球第一（每年增加 2000 多万辆）。

从客源市场看，日本、韩国和中国台湾地区民众年出游次数 6~9 次，我国到 2015 年仅 2.5 次。这是温饱型出游率；到 2020 年，将达到 5 次，这是小康型出游率；到 2050 年将达到 10 次，这是富裕型出游率。以此预期计算，2020 年，我国国内游客将达到一年 65 亿 ~70 亿人次，自驾游客达到当年 40 亿人次以上。这个数量是仅就旅游游客增加比例计算的，汽车保有量增加使自驾车游客猛增的因素还没计算在内。这两个变量的叠加使未来 5 年自驾游游客达到当年 40 亿人次以上。

3. 新业态的涌现

这个庞大群体是任何国家没有而非常眼馋的，自驾游是中国游客出游方式的第一大群体，是汽车后市场的重要延伸。它是旅游和汽车行业为人民大众提供更加满意的服务创造了千载难逢的良机，也是给“旅游 + 汽车”创造了巨大的盈利空间。中国的市场好，好就好在赚钱的机会太多了，多到让你眼花缭乱，不知所措。比如，2020 年 40 亿人次以上的自驾车出游者，分属于不同品牌的汽车和俱乐部，我们的汽车俱乐部如果把这个群体组织化、产品化，与汽车营地、基地和景区联营，提供产品选择、出游信息、加油、修理、救援等系列服务，蕴藏着数以千亿元的盈利空间。这些繁杂、周细的服务是要有人做的，自驾车俱乐部分会的旅行社和 O2O 系统可以自成体系。还会演化出装备、物流、救援、培训等多方面服务内容。当前的自驾车营地行标正在起草中，此行标出台将带来一系列落实工作，以此为基地，自驾车旅游就可以设计经营起来。

4. 入境和出境自驾游市场方兴未艾

除了驾驶私家车出游之外，为了方便出行，国外入境旅游者和国内跨地区旅游的部分人群，租车旅游、异地交车的业务在国内也已兴起。这也是汽车后市场的延伸，是个性化旅游需求的必然发展。

中国公民出国旅游者已超过 1 亿人次，这其中有部分自驾游旅游者。

现在，自驾车旅游已发展到国际。惠租车《2014 年国人海外自驾游报告》，对十大客源城市和十大目的地做了详细分析。汽车俱乐部和国际同行合作的机会就要到来。前不久，在北京接待英国AA，外国同行也盯上了中国市场，当我们介绍中国自驾旅游2014年有22亿人次时，连声问：是“万”还是“亿”，当我确认为“亿”时，惊讶地连连喊“啊”，艳羡之情溢于言表，不亚于库克船长发现新大陆。是啊，面对这样的金矿，谁能不动心呢？中国的市场是巨大的，也是开放的，我们要学习发达国家的经验，共同开发做大自驾车旅游市场。

什么是汽车后市场？专业的定义是：汽车后市场是指汽车销售以后，围绕汽车使用过程中的各种服务，它涵盖了消费者买车后所需要的一切服务。也就是说，汽车从售出到报废的过程中，围绕汽车售后使用环节中各种后继需要和服务而产生的一系列交易活动的总称。有三种不同定义和四个发展阶段。从跨界和融合的角度说，汽车后市场是汽车时代的内容之一而不是全部。原来的定义没有涉及自驾游这个超过国民总数甚至五年内将是国民总数数倍的巨大群体。一跨界，眼界和业态发生了巨大变化，商机和服务得到了宽泛和延伸，这是一个巨大的金矿，等待着有远见的人们去挖掘。可以预料：在“旅游+汽车”产业融合的模式下，汽车流通领域的大老板一定会在自驾游市场的整合服务中出现。

（2015年11月18日，南京，在汽车后市场互联网机制高层论坛上的发言）

第二节　房车营地建设和甘肃旅游产业

一、自驾车、房车旅游的发展趋势

路网建设和家庭轿车保有量是自驾和房车旅游迅速增长的原因。据国家统计局数据：2015年年末，全国高速公路里程突破12万公里，达125373公里，比2012年年末增长24.7%；截至2014年，全国公路里程达446.39万公里，比上年增加10.77万公路。遍布全国城乡的30000多家景区被路网串联；中国的汽车保有量超过1.5亿辆。这就为自驾车旅游的大发展提供了先决条件。据统计，2014年全国自驾车出游总人数约为22亿人次，较2013年增长8%，约占年度出游总人数的61%。2015年在国内旅游40亿人次中，自驾游游客已占到58.5%以上，达到23.4亿人次。预计到“十三五”末，中国自驾游人数将达到58亿人次，比2015年翻一番多，约占到国内旅游人数的70%以上。

中国的房车游与国际相比，还有不小的差距。美国房车保有量890万辆，露营地16500个；欧洲房车保有量654万辆，露营地25000个；近邻韩国保有量1万辆，露营地100个；日本保有量78000辆，露营地1350个。国家应加快制定房车行业标准，规范和促进房车行业发展。全球现共有房车1800万辆，而中国房车保有量不足3万辆。有一定规模、能正常运营的露营地不足500家。可见，自驾车房车旅游发展空间巨大。

二、营地建设的迫切性

自驾车井喷般的发展凸显了营地建设的短板。早在2009年国务院出台的《关于加快发展旅游业的意见》，就明确提出，把旅游房车等纳入国家鼓励类产业目录。2015年国务院办公厅印发《关于进一步促进旅游投资和消费的若干意见》，其中第六条强调“制定全国自驾车房车营地建设规划和自驾车房车营地建设标准，明确营地住宿登记、安全救援等政策，支持少数民族地区和丝绸之路沿线、长江经济带等重点旅游地区建设自驾车房车营地。到2020年，鼓励引导社会资本建设自驾车房车营地1000个左右”。

全国自驾车房车营地建设推进会2016年7月在北京召开。原国家旅游局相关负责人表示，中国将大力推广自驾车房车旅居生活新方式。2016年全国将建设503个营地，总投资352亿元。依据全国各省区市房车营地的“十三五”规划，到2020年全国将建成由2000个房车营地组成的房车服务设施网络。目前，各地党委政府也高度重视，建设自驾车房车营地的积极性很高，规定指标很可能大幅度突破。

（山东已建在建的营地56处，覆盖全省14个城市，房车营地旅游的环线已形成，成为十大新业态之首。）

甘肃目前建成自驾车房车营地12个，2016年底将打造首批20个以上的示范性营地，改造30对交通驿站，并举办首届丝绸之路国际房车博览会，形成示范带动效应。编制了《甘肃省房车露营地发展规划》，通过三年的努力将营地范围覆盖到西四郡（武威市、张掖市、酒泉市、敦煌市）+五地（金昌市、嘉峪关市、兰州市、甘南州、陇南市），总计建设200以上个符合国际标准的房车营地。

营地建设要坚持数量和质量的统一，房车和自驾车营地的统筹。数量要根据市场需求的趋势作出适当超前性规划，积极分步骤实施。质量现在国内有两套标准：原国家旅游局制定的是国家标准，中国汽车流通协会制定的是行业标准，运作过程中各有优势。发达国家执行的是国际标准。坚持标准，才能保证质量。

房车是自驾车中的一部分，是一种可移动、具有居家必备的基本设施的车种，分自行式房车、拖挂式房车、房车帐篷等几种。目前，国内房车主要消费市场是房车营地和租赁公司。房车要进入普通百姓家庭尚有待时日，一是因为普通居民没有独立的宅院，停放不便；二是国家尚未就房车出台专门的行业标准和道路行驶规定，比如，大一点的房车现在得拿A类驾照才能开，这就大大限制了房车的购买群。

营地建设的兼顾性。自驾游市场是以家庭小轿车为主体的，这是营地接待的主要客源。房车在车位、排污、食宿等方面与普通轿车有不同需求。自驾营地和房车营地可以分置，但为了集约发展，节约土地资源和设施共享，亦可合一建设，但要兼顾房车和小汽车泊宿的不同需求，抓住重点，照顾差异，统一规划，抓紧建设。要学习先行地区的经验。北京、海南等很多地方建有房车小镇，如港中旅集团在北京市密云区按国际标准建设的南山房车小镇，规划面积近3000亩，目前已建成100个房车营位，设有综合服务会所、帐篷露营区、休闲娱乐区、ATV越野区、山野采摘区等户外活动体验区。

三、整合交通和资源优势，做大做强甘肃旅游产业

丝绸之路、黄河、长城、大漠等是甘肃重要的旅游资源，丝路、水路和天路是甘肃的交通优势，产品和交通优势二者结合，才会打造出世界级精品旅游线路。

丝路。甘肃地处河西走廊，是丝绸之路的黄金段落。随着“丝绸之路经济带”和“21世纪海上丝绸之路”国家战略的提出，丝路自驾游将成为热线活起来。甘肃率先举办房车营地建设国际论坛，抓住了甘肃旅游的关节点，富有远见卓识。

水路。黄河是中华民族的母亲河，黄河最窄的峡口在兰州，300年古梨园是可报批的世界农业遗产；震撼人心的丹霞地貌是未来的世界自然遗产，黄河三峡岸边峰林突兀，刘家峡水库辽阔深邃清澈，炳灵寺等丝路文化遗迹众多。“天下黄河美甘肃”——旅游功能。这个水路优势远远没有整合到位。

天路。概念有三个出处：一是韩红唱的歌曲《天路》，指青藏铁路；二是美国66号公路：从芝加哥到西海岸加州的圣塔蒙尼卡，全程3939公里，串联的景点最多；三是张家口的草原天路，号称京北66号公路：张北到崇礼132.7公里，现在很火，随着冬奥会的举办，还会火几年，但里程太短，不过瘾。游客将寻找真正的天路——京藏高速，途经7省区，长达3724公里，与美国66号公里长短相仿，而且与丝绸之路大部分重合，景点品位高，而且密度大，观赏价值超过美国66号公路，让自驾游客叹为观止。京藏高速在甘肃横穿，长度不足300公里，但这里是登上天路的天梯，区位优势明显。客人可以在兰州停留，纵贯甘肃之后再去青藏。只要策划好，解决好供给侧结构性不足的问题，“中国西北游，出发在兰州”的口号才能通天落地。

［2016年9月28日，在工业和信息化部与甘肃省政府举办的中国丝绸之路（嘉峪关）房车休闲旅游战略高峰论坛上的发言］

第二十五章　旅游服务

旅游业总体上属于服务业。这个服务有硬件，也有软件。硬件不仅是机器设备，还有提供的旅游产品。产品本身也包括服务。这里有员工素质、服务态度、服务标准等。国家从顶层设计做起、行业从中观承接、企业从细部落实，我们提升旅游产品和服务质量才能到位。

我选择了三篇发表过的关于这三个层次的评论，辑成一组，刊载于后，希望对旅游服务起到一点启发作用。

1995年5月30日　中国旅游报

从一张名片谈旅游服务质量

——写在质量保证金理赔制度即将实行的日子

□ 邵　春

第一节　从一张名片谈旅游服务质量

上图中的这张名片，是在 1995 年 5 月 7 日北京周边旅游展示会上，山西省天马旅行社王冲副总经理给我的。名片上方框里的内容，使我为之一振，感触良多。

近年来，旅游业发展很快，仅旅行社全国已有4200多家。但由于种种原因，旅游服务质量存在一些问题。有的旅行社在竞争中贬低同行、降价拉客，也有个别的质次价高，甚至有蒙骗顾客的事情发生。山西省天马旅行社于1995年3月在省内首家推出“质量索赔制、电话投诉制、游客回访制”，并把这些内容和省旅游局国内旅游处投诉电话，一并印在名片上分发给顾客。那些用假冒伪劣商品蒙客的人把“刀子”对准消费者，“天马”此举却把“刀子”架在自己的脖子上，把刀柄主动交给了顾客。一个仅有20人的三类社，这种勇气是值得称道的。

这一做法所以可贵，首先在于他们打出了在竞争中靠优质取胜的旗号。搞经营就是为了赚钱，但君子爱财，取之有道。以优质低价建立信誉最是高明之道。仕奇公司通过传媒向全国保证：“价格相同，我的质量最好；质量相同，我的价格最低。”率先打出“质量取胜”的旗帜，在全国引起震动，被称为“仕奇现象”，得到国家质量主管部门的肯定。“天马”的做法，与“仕奇”的保证有异曲同工之妙。我赞赏旅游界的“仕奇现象”——“天马”倡导的质量优胜的精神。

这种做法的可贵之处还在于“天马”自找压力，自觉接受监督。他们把三项承诺和上级主管投诉的电话公然印在每个工作人员的名片止，把自己置于群众和领导的直接监督下，没有给自己留下退路，使每个工作人员时时感到千万双眼睛在盯着自己，工作不能马虎，不能敷衍，不能懈怠。他们的诺言掷地有声，不是躲躲闪闪，而是坦坦然然，充分体现了办好企业的自信心。他们的保证对外是承诺，对内是压力。这压力不是上级给的，而是自找的，这自找的压力必然会变为企业的凝聚力和对工作的推动力。

这种做法的可贵之处还在于“天马”为了寻求质量优胜，把着眼点放在苦练内功上来。在市场竞争中，他们清醒地认识到，质量意识是生存意识，发展意识；伪劣假冒意识是堕落意识，自杀意识。他们坚决贯彻《反不正当竞争法》，摒弃和轻蔑一切歪门邪道，面对弄虚作假的状况忧心忡忡，不愿侧身其间，主动向省旅游局打报告，首家推出质量承诺，得到上级的肯定并在《旅游简讯》上做了介绍。为了企业的声誉，他们抓紧淡季培训和旺季岗位练兵。该社接待的每个旅游团返回太原时，总经理都去车站迎候，并递上回访单，请客人对表格上十几项服务质量指标打钩评分，回收后进行讲评。“天马”的工作人员很少埋怨游客，而是经常对照名片上的承诺找差距，服务质量岂有不日见提高之理？

各位读者，当您正在为出游而物色一家旅行社时，导游把这样一张名片递给您，信誉一定在您心中树起了一半；如果您享受了一路的优质服务后接到总经理送上的回访单，能不愿再做回头客吗？

自找的压力赢得了信誉，周到的服务得到了回报。“天马”推出的质量承诺两个月来。没有收到一次投诉，却收到了多次表扬。1995 年 4 月份接待人数与上年同期比，上升了 30%。

面对成绩，“天马”的领导并不沾沾自喜，而是恳请笔者向旅游者呼吁：消费者要勇于用法律手段来保护自己。王冲副总经理说：“没收到投诉，不是说我们的工作已十全十美。有的游客认为，投诉索赔，无所谓的事，为几个钱打官司，不值得。这是消费者的悲哀。如果没有群众的监督，旅行社的自觉很难长久。”此言不无道理。有序的市场经济与法制密不可分。从 1995 年 7 月 1 日开始，经国务院批准的旅行社服务质量保证金理赔制度将要执行。要贯彻好这一法规，旅游主管部门要执法，旅行社要守法，消费者要用法。各方共同努力，一个完整的旅游质量监督体系才能逐渐完善。

“天马”是旅游业的标志。天马旅行社所表现的精神应得到支持和爱护，使其在旅游业界得以光大。写了这个稿子，报上登了这张名片，其散发数等于本报的发行量，这是对“天马”可贵精神的宣扬。如能对旅游服务质量的提高有一点启示，吾愿足矣。

［原载 1995 年 5 月 30 日《中国旅游报》，

《人民日报》（海外版）6 月 20 日转载］

第二节　市场是检验产品和服务质量的尺度

原国家旅游局驻洛杉矶办事处和美国旅行商协会的这两份市场调查，给我们送来了喜讯，带来了激励，也让我们找到了差距。

在远程客源市场中，美国是我第一大客源国。据最新统计，1996 年来华旅游的美国人为 57.64 万人，比上年增长 12%，美国旅行商普遍反映中国生意好做。这宣告了：过去的五年中国旅游产品结构调整获得了良好的市场回报。市场是检验产品适销的尺度，只有符合消费者心理的产品才能适销对路。20 世纪 80 年代，中国刚刚对外开放，其神秘感本身就形成了强大的吸引力，游客对中国旅游产品的结构和品质要求不高。到了 90 年代，随着人们对中国神秘感的消失和旅游目的的多元化，口味变得挑剔了，单一的观光产品吸引力日见乏力。中国旅游界敏锐地认识到这一问题，从 1992 年始，每年换一个对外宣传推销主题，每五年搞一次中国旅游年，旅游产品结构调整工作也与此相一致。即：1992 年，中国友好观光年；1993 年，山水风光游；1994 年，文物古迹游；1995 年，民俗风情游；1996 年，度假休闲游。五年的努力，使“白天看庙，晚上睡觉”的单一产品形象大为改观。今年举办的’97 中国旅游年，将推出 16 条精选线路，35 个王牌景点，48 个重点旅游节庆和 15 项大型旅游活动，使产品丰富多彩，更适应各国、各阶层和不同性别、不同年龄段客人的需求，产品结构的调整将日益细化。市场效应无疑对中国旅游业是巨大的激励。

但调查的另一些数据也提醒我们，要保持清醒的头脑，要看到自己的差距：中国的旅游业起步晚，产品结构调整只是初步的；我们的度假、休闲产品还远未成气候，有些专项产品还有待开发；旅途不尽如人意之处多多、声誉欠佳；产品推销一年换一个主题似嫌频繁了一点，使人目不暇接，也不利于市场的占领、巩固和产品的日臻完善；我们这样的旅游资源大国，在美国的远东目的地中，却被排在第 20 位，不及日本（第 8 位）、韩国（第 14 位），更远远落在中国香港地区（第 6 位）之后。有自知之明才有努力方向。我们落后就落后在产品的成熟度较差和服务质量不高上。这就需要我们在继续抓产品结构调整、完善的同时，抓好市场整顿和精神文明建设；否则，服务质量上不去，产品再好也会砸锅。

（1997年2月13日《中国旅游报》）

第三节 重大的转折 可喜的突破

从世界旅游组织公布的数据分析，2006年，我国接待的入境旅游者和国际旅游收入双双跃入世界第5位，这说明我国旅游业开始从增量模式向效益模式转变，旅游产品品质和产业运营水平发生了重大变化。

当今世界经济模式有若干种，但增长模式主要有两种：增量模式和效益模式。市场化程度较高的国家，奉行的是效益模式；市场化程度较低的国家，奉行的是增量模式。增量模式以有形资源配置为主，效益模式以无形资源配置为主。我国长期以来奉行的就是增量模式为主的增长方式，很多企业的领导者重视有形资源，轻视无形资源。近几年这种状况在一些企业有所转变。入世后，我国经济增长模式逐步从增量模式转到效益模式上来，知识化、智能化、技术资本化进程加快步伐，应该在重视有形资产配置的同时更注重无形资产配置。

经济的全球化是实力的竞争。中国的企业规模比较小，有人说入世后，在全球大市场上，我们是小舢板遇上了航母。但是，不下大海，就永远不能在游泳中学会游泳。比如，美国有几十家航空公司，美西北航在美国不是太大的航空公司。全中国所有民用航空公司拥有的飞机总量才勉强相当于一个美西北航。通过与美国西北航“代码共享”等方面的合作，中国民航的管理水平和经营能力得到了很大提高。

在旅游业方面，我国2000年有8000多家旅行社，总收入56亿美元，只占美国运通旅游公司146亿美元的38%；北京排名前五位的国旅、青旅、中旅、神舟、中信，旅游营业收入之和为4.27亿美元，相当于美国运通旅游公司的2.9%。

入世后，对国内旅行社保护性政策将逐步撤销，允许开办中外合营旅行社，并逐步允许外资旅行社控股和设立外商独资旅行社。中国旅行社面临着大联合、大分化、大改组的局面，在竞争中逐步壮大产业规模和效益规模是大势所逼。

中国旅游业经过20多年发展，在增量模式方面取得了辉煌成就。我们已经完成了从“旅游资源大国”到“亚洲旅游大国”的历史性跨越，几代人为此付出了辛勤的劳动。其重点是通过对有形资源的整合、配置，完成产品的配套建设。今后20年，我们要完成从“亚洲旅游大国”向“世界旅游强国”的历史性跨越。在继续重视有形资源配置的同时，必须重视无形资源的整合、挖掘、配置，如文化层面的开掘，观念的转变、政府职能、经济结构模式的转变、人力资源的优化、企业文化的重塑、企业和产品品牌的打造和创新等，使旅游产品更具竞争力，以实现从增量模式向效益模式的过渡。

中国正在成为世界主要旅游大国。据世界旅游组织（WTO）2001年公布的统计数字，1999年和2000年，中国大陆接待入境过夜游客分别为2700万和3120万人次，仅次于法国、美国、西班牙和意大利，居世界第5位。国际旅游收入分别达到141亿美元和162亿美元，居美国、西班牙、法国、意大利、英国和德国之后，列于第7位。在这个排名榜中，美国、西班牙接待人数分别列于第2位和第3位，但收入却列于第1位和第2位，显然效益较高。而我国接待人数列于第5，而收入列于第7，说明我国旅游业的效益还不高。这里举一个德国的例子。2000年，德国接待入境游客1900万人次，仅有我国的61%，居世界第10位，但国际旅游收入却达178亿美元，超过我国外汇收入10.9%，居世界第6位，显然经济效益很高。尽管各国间物价水平有差异，客源结构、统计口径不同，地理位置有别，但总体上说，经济效益还是有可比性的。因此，德国的效益模式就有值得我们学习、借鉴的经验。

从纵向发展看，自己和自己比，2001年中国接待入境旅游者8910万人次，是1978年180万人次的49倍。旅游外汇收入178亿美元，是1978年2.36亿美元的75倍，显然数量和效益都在跨越式前进。但横着比，与发达国家比，我们的效益比较低。这里有宏观经济实力和旅游业发展阶段的原因，也有增长模式的差距。看来，从增量模式向效益模式的转变，是我们旅游产业改革的重要任务。当然，量和质是辩证的统一。没有一定的量，就不可能有高水平的质。量的积累是质的飞跃的前提。我们经过 20 多年的努力，为增量模式向增效模式转变打下了一个很好的基础。

令人高兴地看到：2001 年的情况发生了转机，这可以看作是我国旅游业在新世纪的一个转折，是一个重大突破。从世界旅游组织公布的数字看，我国接待的过夜入境旅游者人数和收入双双跃入第 5 位，历史上第一次出现量效平衡发展的局面。效益最好的是美、德两国：美接待人数第 3，收入第 1；德国接待人数第 11，收入第 6。西班牙、意大利和中国两项指标都是持平，分别列于第 2、第 4 和第 5 位。法国的效益较差，接待人数全球第 1，效益名列第 3，与美国形成鲜明对比，这可能是欧洲近距离入境旅游者较多的缘故。如果按照象限分析，我们是双高佳绩，属于“明星”一类。这个业绩的取得是不容易的。这是一个很好的兆头，说明我国旅游产品的品质在提高，市场化程度得到提升，增量模式在向增效模式转变！当然，就市场的高占有率和高增长率而言，我们的“段位”还不高，还不属于真正的“明星”，因为我们自定的目标——成为世界旅游强国还有一二十年的距离。就目前的竞争对手而言，排在我们前面的还有四个国家，他们建立起来的增效发展模式已有多年的历史，其基础之雄厚、经验之丰富是我们现在可以学习但不是现在可以比拟的，更不是短时间就可以跨越的。

从增量模式向增效模式转变，我们还要走很长的路。从“硬实力”上来讲，要与国家总体经济实力的增强相协调。从“软实力”上来说，增强市场经济的理念和建立一套与国际接轨又与我国国情相适应的管理、经营机制还有待完善。从行业产品建设来说，需要改进的方面更加具体：比如，许多景区、景点人满为患，特别是几个黄金周期间更甚。在这种情况下，不要过多强调接待人数，而主要看效益。这就需要一方面要扩大景点容量，一方面提倡躲高峰，推出一批淡季或温冷点地区的好产品，以分流客源；同时用价格杠杆调节客流，实行平、淡、旺季级差价格等措施。这对于保护环境、舒缓压力、增加效益，以形成正常秩序和良性循环，都有现实意义。

九万里风鹏正举。22 年来，我们一路赶队，从 1978 年世界排名入境人数第 48 位、国际旅游收入为第 41 位，到 2001 年两项指标双双达到第 5 位，以平均每年差不多追过 2 个竞争对手的速度迅跑。田径场上，这样的队员夺冠是可以预期的。全世界都看好中国旅游业发展的这种趋势。WTO 预测我国在 2020 年将成为全球首位旅游目的地国，我们有条件、有可能兑现这个预测。到那个时候，旅游业将成为国家硬邦邦的支柱产业，为它而奋斗是无上光荣的。我们从事旅游业的管理者和经营者，从这个高度来认识自己的责任，努力改进产品和服务质量，带头整治不诚信的社会病，实现世界旅游强国的梦想就有了扎实的基础。

（到 2017 年，我国的旅游业取得了更加辉煌的成就：旅游人数在全球排第一，总收入排第二；实现旅游收入 5.40 万亿元，旅游业对 GDP 的综合贡献为 9.13 万亿元，占 GDP 总量的 11.04%。旅游直接就业 2825 万人，旅游直接和间接就业 7990 万人，占全国就业总人口的 10.2%。已经成为国家名副其实的战略性支柱产业。这足以看出旅游业作为世界第一产业发展迅猛的势头——编书时加注）

（原载 2007 年 6 月 7 日《中国旅游报》）

第二十六章　招商引资

第一节　中国经济的驱动力

经济的驱动力，有许多说法，但资源驱动、资本驱动、创新驱动，是最基本的驱动力。

资源驱动，是低端和基础的驱动力。中国旅游业从初级阶段起步，用的就是资源驱动。所谓资源导向，就是利用资源优势发展旅游，这样节省成本，便于启动。比如，利用名山大川、著名文化古迹，知名度是历史上积累的，稍加包装和交通条件改善，即可迎客。我国20世纪80年代的产品基本上是靠资源启动的，这和我们当时的经济实力相一致，从实操上讲并没有错。

当然，资源驱动，不仅包括自然资源和历史文化资源，人力资源也是基础资源。中国旅游业启动时，人力资源的优势不在于文化程度和国际意识，而在于勤勉工作和尽职精神。当初，宣布改革开放，国外游客潮水般地涌入，连北京都没有几家酒店。客人来了，参观一天，经常被运到天津等周围城市分散安排住宿，不愿意走的就在北京饭店老楼大厅里，发一条毯子，坐在地毯上过夜。奇怪的是，傲慢惯了的欧美客人没有人提出抗议。因为他们目睹了中国接待人员跑前跑后悉心为他们服务，实在是条件所限，提意见也没有用。

我记得一个例子，国旅总社接待的一个团，在外地转机时买不上火车票，许多客人不能按时回国，工作有可能下岗。全陪直接给国务院副总理告急，派飞机把这批客人接回了北京，顺利安排客人离境，这在20世纪80年代是很难办到的，但我们的全陪尽心了，所以遇到的难处客人也理解了。那时候，接待条件最差，竟然是投诉率最低的年代。这不是也反映接待人员的素质吗？你服务诚恳、热心，客人是看在眼里的，会弥补条件的不足而避免产生怨怼。现在，我们的条件不知比过去好了多少倍，但有些接待人员的主人翁意识和服务精神淡薄了，其他什么学历、电脑水平再高，客人也不一定满意。

创新驱动，是与时俱进的驱动，也是最富有竞争精神、可持续发展的根本性驱动。这里有理念领先、科学进步、智慧优等、模式先进等一系列创新战略和措施。我们所有顶层设计、产业理念、产品建设、特色项目，都离不开创新。创新驱动是持续发展、永立不败之地最长效的驱动力。

资本驱动，是经济运行的血脉。资本不到位，再好的顶层设计、规划、策划，都得渴死饿死。所以，旅游项目规划完，招商引资是紧跟而来的任务。本来《产品建设笈与窍》这本书写完第二十四章，就应罢笔。但"笈"与"窍"让我必须再送一程：为资本驱动出一招。

现在流行的招商引资办法，是党委、政府亲自出马，在梳理项目的基础上，分解招商任务，落到每个公务员人头上，据说这个制度已实行多年，作为每个公务员的考察指标之一。

这个办法，可能会收一些效果，但如果说不到位，可怜巴巴，对一些人是勉为其难，只为完成任务没话找话，说服不了投资商，收效自然不大。

有些公务员不了解旅游市场，不懂得项目卖点，没有与投资商的关系，要推销好项目，招来投资商谈何容易！在招商引资初期，还制定了奖励政策，这对公务员队伍的腐蚀作用不能小看。有些地方，现在反腐力度加大，招商奖励政策废除，也就没有动力了，招商引资到了青黄不接的地步。

但是，从经济运行状况而言，房地产到头了，矿产业也过剩了，在这两个产业里发了财的企业家，持币代购，正在寻找新的投资方向，苦于跨界有风险，处于谨慎观察阶段。但旅游业是投资热点，这个方向他们是知道的。

投资主体以民营企业为主。2013 年我国旅游直接投资 5144 亿元中，民营企业实际投资 2935 亿元，占旅游投资总额的 57%，民间资本已经成为旅游投资的主力军。

投资领域以大型复合景区为主。2013 年具有观光、休闲、度假等复合型功能的景区，实际完成投资3116亿元，占旅游投资总额的61%，成为旅游投资的重点领域。比如，山东烟台东部滨海生态城项目、云南乌蒙古镇、安徽隋唐古镇旅游项目总投资都超过100亿元。2013年下半年和2014年上半年，投资100亿元以上的旅游项目151个，近2万亿元。还有多数是100亿元以下项目，总投资一年几万亿元。旅游业成了投资和消费的主要战场。

2015年“十一”黄金周接待游客5.26亿人次，几乎国内半数人出游，7天形成旅游大潮，亘古没有，世界唯一。《人民日报》环球时报发表社评：“在中国经济增长下行期间，旅游作为一个难得的强劲因素在以近乎裂变的方式逆冲，一再制造高潮，像是个力挽狂澜的坯子。”

在这种形势下，对投资的信心应该鼓足，方法应该改进。

第二节　创新招商引资方式

我所经历的办法是不一定再用老办法：招商任务由公务员队伍分解承包。而是由政府与工商联共同召集投资商聚会，由专家介绍项目系列，讲述独特卖点和发展前途，政府主要领导讲招商政策和优惠条件。只要项目有前途、有卖点、可赚钱，就能打动投资商。这个办法屡试不爽。

一、宋城论坛——一次研讨会招商20亿元

2000年12月，中国旅游协会、杭州市政府、中国旅游报社主办，宋城集团承办的“2000中国旅游与民营企业高峰论坛”在杭州宋城举行。18年前，时值旅游业初创时期，社会上对旅游业的认识还不高，加之房地产、矿产业风头正旺，企业家投入旅游业还没有形成潮流。众多浙江旅游资源正在规划招商阶段，浙江省和杭州市想通过一次研讨会，给有实力的企业家讲一堂旅游课。这次论坛邀请了国内旅游界的知名专家和省内有实力的企业家参加。我在会上的发言题目是《特点·亮点·重点》，讲了中国旅游业4个主要特点，民营企业加盟旅游业成为旅游多元化投资的一大亮点，与民营企业优势互补是《中国旅游报》工作的一个重点。《宋城报》以两个版面刊登了我会上的讲话。会上，专家和投资商、景区又举行多轮交流。会后，万向集

团等企业决定投资千岛湖等景区，招商总额达20多亿元。

二、象山招商：口号诠释大会后，招商100亿元

象山的旅游总体规划是国家发改委马志福博士牵头编制的。因为需要形象口号，受马志福博士和象山旅游局陈方平局长之邀，2003年之初我到象山考察，对象山的形象定位进行了研究和探讨，写出了“东方不老岛，海山仙子国”旅游形象策划文案。

在形象口号诠释大会上，面对全县干部和企业家，我首先讲了口号的策划过程。

以“不老岛”概括形象可以把古今优势都综合起来，在象山海域里，有许多秦皇汉武寻找长生不老药的岛屿。象山历史上叫“丹城”，是陶弘景炼仙丹的地方；这两条说明象山是有“不老”文化底蕴的地方。在现实中，象山男人吸烟但没有气管炎，医院不设哮喘科，这说明象山空气负氧离子多；老人普遍年轻，姑娘小腿骨比别的地方平均长1厘米，显得身材很好，这两条说明这里的海鲜钙质好。后来请专业队伍来化验，空气、水质、泥沙、土壤的矿物质和有利于人体的微量元素都高于许多长寿之乡，是名副其实的“东方不老岛”。后来，我又从县志里看到不少写象山的古诗。其中有一首，文天祥赞扬象山“海山仙子国，万象图画里”，形容女子飘飘欲仙，长袖善舞，是万象图画中的精灵。我选取第一句与东方不老岛相配，一实一虚，成为象山的形象口号。

紧接着我介绍了这个“不老岛”的健康养生产品群系，是为上海打造的休闲养生乐园，等到杭州湾大桥竣工时，我们的产品正好应市，这是难得的大好开发时机。最重要的是象山地理位置绝佳。我事先让旅游局在会场上挂了张世界地图，我说，地球上纬度相同的地方，气候、植被、矿产等资源基本一样。我用直尺把夏威夷和佛罗里达连接起来，象山就在这条连接线的延伸线上，在一个纬度。我问大家：那两地都成了著名的养生度假胜地，几乎同一纬度的象山成为这样的地方为时还远吗？于是，下面特别是企业家座位上一片交头接耳：好地方，投资去！在县旅游局等部门落实下，3个月时间，投资落地了100亿元。旅游局发布公告：一个亿以下的投资免谈。

好的形象口号是政府指导旅游业的抓手，是建设旅游产品的指南，是市场营销的旗帜，是招商引资的巨大吸引力。象山的独特卖点明确了，投资就不是问题。

（《东方不老岛 · 海山仙子国》文章发表于2004年1月7日《中国旅游报》，本套丛书之四《案例剖白说营销》中有详细内容，可供参考）。

三、栾川招商：一次会议签订10亿元合作意向书

2004年10月22日 星期五 中国旅游报

CHINA TOURISM NEWS

专题 3版

10月17日，由河南省栾川县人民政府主办、本报与栾川县旅游工作委员会承办的“2004年洛阳栾川招商投资洽谈会”正式落下帷幕。本次洽谈会成果丰硕，共签订合作意向书13份，意向合作金额9.8亿元。参加此次洽谈会的有中国旅游投资股份有限公司、中国旅游商贸服务总公司、中国国际信托投资有限公司、中国教育投资公司、加拿大豪励国际投资集团、中祥投资有限公司、深圳德邦投资控股有限公司、凤凰古城旅游有限责任公司、上海德艾投资有限公司、厦门泛美旅游投资有限公司、浙江青鸟旅游投资集团、御温泉国际度假酒店管理集团投资咨询公司等20家知名投资企业的代表。会上，本报副总编辑邵春做了生动形象的讲座。经过两天考察和洽谈，投资商们对栾川的旅游资源给予了充分的肯定。多家投资企业对招商项目表示感兴趣，并先后当场签订了13份合作意向书。其中，由中国旅游投资股份有限公司、中国旅游商贸服务总公司、中国教育投资公司、中祥投资有限公司、深圳德邦投资控股有限公司和凤凰古城旅游有限责任公司六家著名投资企业联手签订打造“老君山—龙峪湾—鸡冠洞”生态旅游区的合作意向书，将此次洽谈会推向高潮。

旅游投资界六巨头联手挺进栾川

——“2004年洛阳栾川招商投资洽谈会”硕果累累

2004年10月17日上午，河南栾川县君山饭店显得异常热闹，“2004年洛阳栾川招商投资洽谈会”正在举行。此次洽谈会是由河南省栾川县人民政府主办、《中国旅游报》与栾川县旅游工作委员会承办的。10月15日至17日，21位全国知名旅游投资商云集栾川，共谋栾川发展大计。几天来，各位投资商不辞劳苦对栾川进行实地考察，并抱着极大的开发热情。通过一天多的考察和听取本报副总编辑邵春的专题讲座，各位投资商信心十足，致使本次洽谈会成果丰硕：会上共签订合作意向书13份，意向合作金额9.8亿元。其中，御温泉国际度假酒店管理集团投资咨询公司、加拿大豪励国际投资集团、厦门泛美旅游投资有限公司、首都旅游集团世纪证券有限责任公司等多

家投资企业纷纷与当地签订了合作意向书。另外，最为瞩目的是，中国旅游投资股份有限公司牵头，与中国旅游商贸服务总公司、中国教育投资公司、中祥投资有限公司、深圳德邦投资控股有限公司和凤凰古城旅游有限责任公司共六家著名投资企业联手挺进栾川，共同签订打造“老君山—龙峪湾—鸡冠洞”生态旅游区的合作意向书。

凤凰古城旅游有限责任公司董事长、著名旅游资本运营专家叶文智对栾川县把旅游资源进行整合并推向市场的做法高度认同：“这次六家企业联手打造‘老君山—龙峪湾—鸡冠洞’生态旅游区，将拉开国内知名旅游投资企业挺进中原的序幕，同时也开创了国内多家知名旅游企业合作投资的先河，是旅游景区所有权和经营权分离的又一次大胆突破，对于推动栾川乃至洛阳旅游业发展都将具有十分重要的意义。”

参会的投资商是如何评价此次“2004年洛阳栾川招商投资洽谈会”的？他们对栾川的旅游资源和投资环境有哪些建议和意见？

中国旅游投资股份有限公司总裁刘华云：

“通过此次洽谈会期间与栾川县委、县政府领导的交流，我感觉他们对做大旅游是有清晰的认识的。

我们中国旅游投资股份有限公司牵头与其他五家投资企业联手签订打造‘老君山—龙峪湾—鸡冠洞’生态旅游区的合作意向书，就本着做‘大旅游、大品牌、大产业、大市场’的思想，实现强强联合，使景区具有强大的市场竞争力。

我觉得中国旅游报社策划的此次洽谈会，是一个双方获利的活动，为投资商和地方牵线搭桥，使供需双方面对面交流，促进资本与资源的更快结合，也增强了投资商之间的交流合作。所以，我希望中国旅游报社以后能够策划更多类似的活动。”

湖南凤凰古城旅游有限责任公司董事长叶文智：

“栾川的旅游资源非常罕见，依托洛阳的大市场，其独特的自然风光对游客会产生极强的吸引力。以前景区景点的投资开发基本都是单兵作战，每家投资企业都有成功的经验和失败的教训。我们六家投资企业联手挺进栾川，就是要做到优势互补，形成强大的集合效应，因此，启动市场速度快、力度大，这是我国旅游投资的第一次集团军作战，意义非同寻常。

作为业内主流媒体，《中国旅游报》对旅游业发展历程、未来前景、国家政策法规的导向性有深入的了解和正确把握，并凭借媒体优势掌握全国旅游资源的分布，贵报有能力成为中国旅游资源配置和整合的平台。此次成功组织了栾川招商投资洽谈会就是有力的证明。希望贵报今后组织更多的洽谈会，帮助投资界共享信息、共享资源，为中国旅游业的良性发展起到推波助澜的作用。

当然，从精益求精的角度考虑，招商组织工作还可以做得更完善些，如前期准备工作应更充分些，把投资商的详细情况反馈给地方，增强地方对投资商的了解，从而使洽谈更有针对性；另外，为地方政府提供更多的交流时间和机会；最后，提供给投资商的项目介绍应尽可能详尽一些，使投资商能够掌握未能考察到但必须了解的信息。做好以上几点可能更有利于双方洽谈合作的成功。”

厦门泛美旅游投资有限公司董事长陈智谦：

“首先，中国旅游报社组织招商投资洽谈会对旅游企业和地方政府都大有帮助，为双方提供了一个交流平台。作为投资商，我很支持也很感谢中国旅游报社，希望这样的活动能持之以恒地办下去。而且，我建议每个活动可以根据当地旅游的特点，策划出一个主题，在会前开个小型的研讨会，这样更有利于深入了解和交流，更有利于对当地旅游的宣传。

其次，我想谈谈对栾川旅游资源的印象。我觉得，第一，交通可达性好；第二，栾川的空气质量比洛阳要好一些；第三，从郑州下飞机到栾川，一路上大多是平原，而栾川的山区特点在河南省内具有独特优势；第四，栾川的山很雄伟，山形不错，景区密度高，自然资源非常好。但是目前来看，山区资源没有得到充分开发，希望尽快做个总体包装。

最后，我想说说此次洽谈会美中不足的地方。当地政府与我们交流的时间太少。作为投资方，很想了解当地政府是否有科学的观念，即旅游的科学发展观、市场理念观、地方政府政策观、资产效益观、资源有限观、智业的无限观等。如果有了充分的交流，我就可以知道当地的经营管理队伍如何，旅游人才是否充足，是否有良好的投资环境等，从而决定我们是否愿意投资。所以，希望以后的洽谈会，地方政府能够更主动充分地与投资商交流。”

（原载《中国旅游报》2004年10月22日3版）

第三节 2005中国旅洽会百亿项目签约

2005年11月1日至3日，中国旅游投资第一展闪烁东海之滨的港城宁波。以“为美丽寻找资本，让智慧创造财富”为鲜明主题的2005中国旅游投资洽谈会为旅游投资搭起了一道金桥。

一、创造：一展千亿——权威旅游投资平台初成型

体现生态绿色主题的国家局序厅，绚红热烈的北京馆，结构主义的浙江区域，大气现代的上海馆，西域风情的新疆馆，海蓝一色的天津馆，郁郁葱葱的云南印象，动感时尚的宁波水都……中国旅游以一如既往的投入和美丽迎接这国内旅游年度第三大展。但物是人非，穿梭其中不再是热情揽客的旅游景点老总们和林林总总的旅行社各色人物。在初创的中国旅游投资第一展上，旅游资源方和来自海内外的投资商、智力服务商成了主角。

包括台湾省在内的全国29个省市自治区参加了此次中国旅游投资第一展。其中，北京、上海、浙江、天津、山东、江西、陕西、广西、新疆、河南、山西、辽宁、安徽、湖北、海南、内蒙古、河北、黑龙江、贵州、湖南、宁夏、广东、重庆、云南、四川、新疆兵团等26个省市、自治区，沈阳、长春、大连、青岛、南京、成都、西安、哈尔滨、济南、厦门、珠海、肇庆、宁德、苏州、无锡、扬州、徐州、南通等18个城市单独组团参加本届旅洽会。他们带来了1000余个来自全国的精品旅游投资项目，投资总额数千亿以上。还有来自美国、加拿大、澳大利亚、马来西亚、日本、英国等16个国家的旅游组织和投资机构应邀参展。

同时，首旅集团、中旅、中青旅、陕西旅游集团、浙江旅游集团、美国国际商务联合投资集团、美国瓦尔德国际投资公司、美国金融时代国际集团、美国阿尔法国际投资集团、英国渣打银行、浙江中大、美国翰尼尔、美国百德利、加拿大豪励、携程网公司、中国（香港）国际旅游资源集团、万

豪国际酒店集团、开元旅业集团、宁波城投、横店集团、宋城集团、雅戈尔集团、南苑集团、金洲集团、五洋建设集团等1万多名国内外客商构成了旅洽会强大的投资商阵营；华侨城刘平春、宋城黄巧灵、开元陈妙林等旅游投资巨子，与悄然随40多个地方代表团而来的各地旅界风云人物成就了旅洽会的人物篇；26场紧锣密鼓的专场推介会，两场全国性的大型项目签约仪式，分别召开的国内、国外客商洽商会，众多投资企业发起成立的中国旅游投资商俱乐部，构成了旅洽会的商洽活动篇。

英国阿特金斯、美国GN等外资规划机构和广东省旅游发展研究中心、北京达沃斯巅峰、宁波红树林、深圳深度、宁波远见、深圳联合空间、杭州现代·长易景观设计、宁波远景等25家国内外众多旅游规划机构齐齐参展。他们带来了先进、成熟的投资规划理念，搭设了旅游主管部门、资源项目与投资商之间智力服务的桥梁。旅洽会还从11月2日下午起对公众开放，2万余名市民参观了展馆。

这是中国旅游业的一次战略性创新，是对现有国家级旅游会展办展模式的继承性创新。旅洽会的举办积极主动地引导和推进对旅游业的资金投入，充分发挥政府在促进旅游业发展方面的引导作用，总结交流旅游项目建设管理经验，研讨旅游投资的趋势及规律，推进我国建设世界旅游强国战略的实施，尤其对于中国旅游实现资源、资本、智慧、资讯对接的平台有着里程碑的意义。

二、硕果：万商云集160亿元签约成交各方满意

馆内：仅在二号馆占有9平方米一隅之地的长春，截至11月2日下午4点前，就接洽了近200位投资商，负责人在接受采访时连呼满意；一号馆的山东团，整个团一天半时间揽走8亿元巨资，仅东平一个县一天时间就签下一个四星酒店，一条商业街共8000万大单，另有一个价值3亿元的国家公园附属项目达成初步意向，从10月23日就前来宁波踩点的东平汉子们自然是满载而归；宁夏团11月1日就签下两个项目共计6亿元的合约：其贺兰山文化旅游带和银川河东旅游区在旅洽会当天就欢天喜地分别“下嫁”中坤国际和宁波海星；内蒙古的2.3亿元包头九峰山旅游区与福建客商牵上了线，满洲里和内蒙古大兴安岭森工集团的项目都有了眉目；有神秘客商已经抢先

向海南的一个10亿元的海洋主题公园“眉目传情”；湖北的大红山风景区和温泉开发已经有具体接洽；新疆兵团三个项目达成意向；广西的大石围天坑群和香港笔克5亿元“喜结姻缘”；玉林市陆川温泉度假区与与会浙商已经展开“热恋”；位于3号展厅的中国旅游规划设计院，短短1天半时间就已接下陕西“华山论剑”项目、深圳“地下敦煌”两张规划设计大单，项目投资额预计超15亿元；江西省推出了安源影视城建设等项目，当场签约项目13个，签约资金总额11.28亿元，项目涉及旅游景区开发、旅游工艺品制造、旅游宾馆建设等领域……

1公里以外的集体签约现场：南京团同时与浙江华门和新加坡私人别墅控股分别签下“金陵之星”摩天轮城和汤山香樟华苹酒店二期16.1亿元；山东昌乐火山口项目和马髻山旅游开发区及天湖旅游度假区建设项目签约2.3亿元。宁波17个项目80.5亿元，其中签约10个，总额为73亿元；意向签约7个，总投资为7.5亿元。

旅洽会是一次具有集中性、权威性、专业性的全国性旅游投资洽谈活动，比全国和各地综合性投资洽谈会专业性更强，针对性，目的性、方向性都非常明确。对于参展和客商双方而言，寻找洽谈伙伴、开展合作洽谈和形成合作意向效率和效果更高。

在这样一个更为高效的会展平台上，截至11月3日下午4点，2005中国旅游投资洽谈会项目总签约项目88个，成交额160亿元，达成意向68个，总投资额为212亿元。实效是会展的生命。根据组委会对参展单位的普查和与会投资商的抽样调查，94.8%的参展单位对本届旅洽会的组织和服务工作表示满意，希望参加下一届旅洽会；93.4%的与会投资商对本届旅洽会的组织和服务工作表示满意，希望参加下一届旅洽会。

三、聆听：高知高朋 七场国家级论坛影响深远

在为期三天的旅洽会期间，代表我国旅游业最高水平的七场论坛为大会带来了“精神盛筵”。

11月1日下午的中国旅游投资高层论坛，组委会事先披露，原国家旅游局顾朝曦副局长将就中国旅游投资的若干核心问题做主题演讲，宁波城一时

间一票难求，全国媒体蜂拥而至。当日全国各省市旅游局领导出席了40多位，原容量350人的全场加座40%仍然座无虚席。

11月2日、3日，中国旅游业可持续发展高层论坛、红色旅游发展研讨会、浙商·2005旅游投资高峰论坛、中国旅游景区管理研讨会陆续举办。

下午，由中国社科院魏小安研究员、中国旅游报社代总编辑邵春、首都旅游集团首旅研究院李庚首席研究员、黄龙洞投资叶文智总经理、厦门日月谷董事长陈信仲等专家，在风景秀丽的奉化溪口银凤度假村，就海峡两岸旅游等论题展开演讲。

本届旅洽会的一系列论坛活动全景式地阐释了我国旅游业和旅游投资的现状和未来的发展趋势，将对中国旅游投资的发展造成深刻而深远的影响。

四、声音：会上结盟 近百家媒体11月齐聚首

中央媒体、经济界主流媒体、全国主流城市旅游媒体齐聚宁波饭店，成立了我国第一家旅游媒体记者俱乐部。

中国旅游媒体记者俱乐部在进一步扩大中国旅游投资洽谈会影响力，提升旅洽会对中国旅游行业的带动作用的同时，将为整合国内优秀媒体资源，创造中国旅游业多方合作共赢的新局面，共同推动中国旅游业的全面可持续发展做出贡献。从7月起，中国旅游业界最权威媒体《中国旅游报》先后在头版发表了《浙商与跨国资本旅洽会寻共赢》《中国旅洽会努力打造展会实效工程》等长篇文章，全面介绍旅洽会筹备动态。《中国旅游报》还在头版显著位置开辟“走进中国旅游投资洽谈会”专栏，陆续发表旅洽会组委会招展招商部部长、原国家旅游局规划发展与财务司助理巡视员蔡家成执笔、集中探讨中国旅游业投资现存的问题及发展走向的8篇系列文章，引起了国内外旅游界的热烈回应。中央电视台一、二、四套和新闻频道从10月初起播发了百余条旅洽会形象广告片。截至11月3日，中央、省市各级媒体共发表各类旅洽会新闻稿2000余篇，各类信息4000余条，在《中国旅游报》《经济观察报》《21世纪经济报道》《旅报大中国》《青年时讯》《中国经济周刊》以及《宁波日报》《宁波晚报》《东南商报》等20多家媒体共刊发各类专版50余版，中国新闻社和城市指引杂志还专门编发了旅洽会专刊。